KORSIKA

www.baedeker.com

Verlag Karl Baedeker

Top-Reiseziele

»Kalliste«, die Schöne, wurde Korsika schon von den alten Griechen genannt: ob atemberaubende Felslandschaften oder bildschöne Sandstrände, rätselhafte Torre und Menhire oder wildromantische Inseltäler, verträumte Bergdörfer oder pulsierende Hafenstädte:

❷ ** Saint-Florent
Im Jachthafen liegen Boote aus aller Welt, an der Place des Portes reihen sich Fischrestaurants, Boutiquen und Cafés dicht aneinander.
Seite 250

❸ ** Pigna
Kommen Sie zum Musikfestival, schlendern Sie durch enge Gassen mit Ateliers von Kunsthandwerkern und Instrumentenbauern.
Seite 174

❹ ** L'Île-Rousse
Heitere Urlaubsatmosphäre prägt das hübsche Hafenstädtchen mit charmanten Restaurants, Straßencafés und Geschäften an der Strandpromenade und der Place Paoli.
Seite 175

❺ ** Calvi
Bilderbuchstadt mit Zitadelle, Traumstrand und Flaniermeile zwischen Bars und Booten am Quay Landry
Seite 200

❻ ** La Scandola
Weltnaturerbe der UNESCO und ein unvergessliches Farbenspiel von roten Felsen, die ins blaue Meer abfallen
Seite 270

❶ ** Cap Corse
Wandern auf den Monte Stello, Badespaß bei Macinaggio oder ein Langustenessen in Centuri-Port
Seite 209

❼ ✱✱ Golfe de Porto
Rote Felswände, grüne Macchia,
blaues Meer – so schön, dass die
UNESCO die Bucht zum Weltnatur-
erbe erklärte.
Seite 267

❽ ✱✱ Calanche
Je nach Lichteinfall wechseln die
Granitfelsen ihre Farbtöne –
abends scheint das Land zu glühen.
Seite 198

❾ ✱✱ Corte
In der »heimlichen Hauptstadt«
Korsikas gibt es schöne Keramik,
und der bekannte Maler Jean-
Charles Fabiani hat hier sein Atelier.
Seite 226

❿ ✱✱ Gorges de la Restonica
Wandern Sie durch das Tal, baden
Sie in kühlen Gumpen und probie-
ren Sie in der Auberge de la Resto-
nica frische Wildbachforellen.
Seite 234

⓫ ✱✱ Aléria
Ausgrabungen legten Forum, Tem-
pel und Kapitol des antiken Alalia
frei. Griechische und römische
Funde zeigt das Fort de Matra.
Seite 152

⓬ ✱✱ Ajaccio
Napoleon Bonapartes Geburtsstadt
hat ein besonderes Flair. Am Square
César Campinchi findet jeden Vor-

mittag außer Montag Korsikas
schönster Wochenmarkt statt.
Seite 140

⓭ ✱✱ Filitosa
Torreanische Denkmäler und Zeug-
nisse der Megalithkultur
Seite 237

⓮ ✱✱ Castello de Cucuruzzu
Zyklopische Felsblöcke sichern die
bedeutendste Torreanerfestung der
Mittelmeerinsel.
Seite 166

⓯ ✱✱ Aiguilles de Bavella
Spektakuläre Gebirgskette mit
gezackten Bergspitzen und Steil-
wänden
Seite 162

⓰ ✱✱ Cauria
Die besterhaltenen Dolmen und
Menhir-Statuen der Megalithkultur
Seite 287

⓱ ✱✱ Bonifacio
Die Besichtigung der alten Fes-
tungsstadt auf einem hohen
Kalksteinplateau ist ein Muss.
Seite 186

⓲ ✱✱ Golfe de Porto-Vecchio
Feinster Sandstrand, grüne Strand-
kiefern und tiefblaues Meer – die
Bucht von Porto-Vecchio ist ein
Stück vom Paradies.
Seite 273

Lust auf ...

... das »echte« Korsika? Unsere Empfehlungen zeigen, dass die Insel neben ihren traumhaften Stränden, den allgegenwärtigen Kastanienbäumen und zahlreichen geschichtsträchtigen Orten noch vieles mehr zu bieten hat.

AUTHENTISCHE GENÜSSE

- **A Fiera di U Turisimu Campagnolu**
Die landwirtschaftliche Messe von Sollacaro zeigt Korsikas unvergleichlichen Reichtum an authentischen Spezialitäten und echtem Kunsthandwerk.

- **Markt in Ajaccio** ▶
Korsikas Nationalkäse »Brocciu«, aber auch Käsesorten aus dem Restonica-Tal im Herzen der Insel oder den »verdorbenen« Käse »Casjiu Merzzu« gibt es auf dem wunderschönen Wochenmarkt, der täglich außer montags auf dem Square César Campinchi von Ajaccio abgehalten wird.

- **»U Muntagnolu«**
Das Feinkostgeschäft von Antone Filipi in Bastia ist eine einzige Verführung: Von der Decke hängen Salami und Schinken, in den Regalen stapeln sich Macchia-Honig, Myrthen-Gelee, Kastanienmarmelade, Olivenöl und andere korsische Delikatessen.

NERVENKITZEL

- **Accrobranche**
Auf Seilen durch die Bäume zu klettern, trendy »Treeclimbing« oder »Accrobranche« genannt, ist mehr als angesagt auf der Insel.

GLAMOUR-CLUBS UND SZENETREFFS

- **Via Notte**
Live-Konzerte, Fackel-Akrobatik, tolle Lightshows und der clubeigene Pool machen das Via Notte in Porto Vecchio zum angesagten In-Treff für Nachtschwärmer.

WELLNESS

- **Exotik am Strand**
Rasul-Packungen und orientalisches Hamam: Anhänger der Freikörperkultur verwöhnt das Riva Bella Thalasso & Spa Resort in Aléria nicht nur mit Thalassotherapien, sondern Wellness aus aller Welt.

- **Harmonie aus dem Meer** ▶
  Fünf Thalassobehandlungen pro
  Tag reinigen bei der »Harmony
  Week« im Thalassa Sea & Spa
  Hotel Sofitel in Porticcio sanft Ihren
  Körper und Ihren Geist. Beim
  »Korsika Special« verbindet sich
  die Heilkraft des Meeres mit der
  Wirkung ätherischer Öle Korsikas.
  Seite 113

NATUR PUR

- **Col de Bavella**
  Ein wenig erinnert der schönste
  Pass der Insel an die Dolomiten:
  Felstürme in hellem Grau ragen
  in den weiten Himmel, Lariccio-
  Kiefern klammern sich an den Fels.
  An der Nordseite des 1218 m
  hohen Sattels haben Bäche
  herrliche Badebecken und Natur-
  wasserrutschen gebildet.
  Seite 162

- **Die Tafoni der Calanche**
  Das besondere der Weltnaturerbe-
  Küste zwischen Porto und Piana
  sind die »Tafoni«, verwitterte
  Felsen, die Fantasiewesen gleichen – für Guy de Maupassant
  »eine versteinerte Menagerie
  von Alpträumen«.
  Seite 199

- **Pozzi du Renosu**
  Starten Sie vom 1289 m hohen Col
  de Verde Ihre Tageswanderung zu
  Korsikas berühmten Pozzinis – die
  mit Wasserlöchern übersäten Feuchtwiesen sind Kleinode der Bergwelt
  und Rückzugsorte für Zwergwacholder und andere botanische Raritäten.
  Seite 259

LEBENDIGE KULTUR

- **Junge Wilde**
  Flying Pancakes, Black Cursinu Junk
  Farmer, Alain Abad, L'altru Latu und
  Blague à Part sind korsische Rock-
  Bands, die die Insel zum Beben
  bringen – anzuhören in Live-Clubs
  wie La Pinta im Hafen von Bastia
  oder bei der alljährliche Fête de la
  Musique Mitte Juni.
  Seite 85

◀ **Vorhang auf!**
  1985 war das korsische Theater tot.
  Dann kam Francis Aïqui aus Schottland zurück auf die Insel, inszenierte
  mit seiner Truppe Théâtre POINT im
  AGHJA in Ajaccio »Les Samedis de
  l'Alba« und gab den Korsen ihre
  Spielfreude zurück. Zu den Prota-
  gonisten der Theaterszene gehört
  neben ihm heute auch Orlando
  Forioso, der mit seinem Teatr'Europa
  vor allem an Festivals auftritt.
  Seite 142

HINTERGRUND

Pasquale de Paoli, der
»Vater des Vaterlandes«

A
P. DE PAOLI
LIBERATORE
LA PATRIA RICONOSCE

PREISKATEGORIEN
Restaurants
(Preis für ein Hauptgericht)
🌀🌀🌀🌀 = über 25 €
🌀🌀🌀 = 20 – 25 €
🌀🌀 = 15 – 20 €
🌀 = bis 15 €
Hotels (Preis für ein DZ)
🌀🌀🌀🌀 = über 200 €
🌀🌀🌀 = 160 – 200 €
🌀🌀 = 100 – 160 €
🌀 = bis 100 €

Hinweis
Gebührenpflichtige Servicenummern sind mit einem Stern
gekennzeichnet: *0180....

ERLEBEN & GENIESSEN

Der Berg ruft: Lagebesprechung auf dem Monte Rotondo

Den Charme der Altstadt von Bastia machen die kleinen Restaurants und Cafés aus, die sich idyllisch im Halbkreis um das Hafenbecken ziehen.

REISEZIELE VON A BIS Z

PRAKTISCHE INFORMATIONEN

»Qu'est-ce que c'est?« Probieren Sie unbedingt den korsischen Brocciu-Käse!

HINTERGRUND

Kurz und knapp, verständlich geschrieben und schnell
nachzuschlagen: Wissenswertes über Korsika, über Land und
Leute, Wirtschaft und Politik, Gesellschaft und Alltagsleben

Das Gebirge im Meer

Wie ein farbiger Berg taucht die Insel aus dem Meer auf: Korsika, von den Phöniziern nur schlicht »die Bewaldete« genannt, von den Griechen indes als die »Schönste des Mittelmeers« gerühmt.

Ein Hauch von Bella Italia: Ajaccios Hafen hat Atmosphäre.

Die französische Insel Korsika ist mit 8680 km² nach Sizilien und Sardinien die **drittgrößte Insel des westlichen Mittelmeers**. Die Straße von Bonifacio trennt Korsika im Süden vom nur 12 km entfernten Sardinien. 82 km östlich von Korsika liegt das italienische Festland, dazwischen das Tyrrhenische Meer mit den Toskanischen Inseln. In Nord-Süd-Ausdehnung erreicht Korsika eine Länge von 183 km, in west-östlicher Richtung beträgt die breiteste Stelle 83 km. Fast 300 km der 1047 km langen Küste sind Strände – es gibt also durchaus einige einsame Alternativen zu den im Sommer viel besuchten Sandstränden der Ostküste: beispielsweise die verschwiegenen Buchten der West- und Südküste. Die statistische Siedlungsdichte von 36,4 Einwohnern pro km² täuscht: Über die Hälfte der Bevölkerung lebt in den dichten Ballungsräumen von Ajaccio und Bastia. Im von Landflucht gezeichneten Inneren sind es jedoch nur noch 4,2 Einwohner pro km².

FREIHEIT UND FREMDHERRSCHAFT

Korsikas geografische Gestalt ähnelt einer geballten Faust mit gestrecktem Daumen – in Silber- und Goldanhängern stilisiert, tragen viele Korsen ihre Liebe zur Heimat an einer Kette um den Hals. Allgegenwärtig ist auch das Freiheitssymbol der Korsen, das auf Fahrzeugen klebt, T-Shirts und Tassen ziert: ein schwarzer Männerkopf mit krausem Haar und weißem Stirnband. Zwar stammt der Mohrenkopf ursprünglich aus Aragon, doch 1762 bestimmte ihn der korsische Freiheitsheld Pasquale Paoli zum offiziellen Wappen und Symbol des Unabhängigkeitskampfes. Knapp 3500 Jahre lang war Korsika den Invasionen fremder Völker ausgesetzt, nach 14 Jahren beendete Genua das kurze Zwischenspiel der Freiheit. Das Intermezzo bescherte der Insel ihren einzigen König: Theodor Baron von Neuhoff. Die Herrlichkeit als Herrscher endete für den adligen Abenteurer abrupt nach acht Monaten. Dann war auch den Korsen aufgegangen, dass ihrem König das Wichtigste fehlte: Geld und Waffen. 1768 trat die Seerepublik Genua die Insel an Frankreich ab. Ungerecht behandelt, vernachlässigt und ins Abseits gedrängt fühlen sich manche Korsen auch von Paris – und fordern die Autonomie. Doch die Separatisten, die sich mit Attentaten in die Schlagzeilen bomben, finden immer weniger Rückhalt in der Bevölkerung.

AUS LEGENDEN GEBOREN

Geradezu sagenhaft jedoch verlief die erste Besiedlung. In der Antike soll eine schöne Frau namens **Sica** von zwei Verehrern bedrängt worden sein. Der trojanische Prinz Cyrnos, ein Enkel von Äneas, entführte Sica und floh mit ihr auf die Insel Korsika. Sein Rivale Sardus verfolgte das Paar, suchte jedoch auf Sardinien nach ihnen. Einer anderen Sage nach wurde Sica von ihrem Geliebten ermordet. Aus ihrem Herzen entstand die Insel, deren blutrote Sonnenuntergänge bis ans Ende der Tage an ihr tragisches Schicksal erinnern. Reine Legende ist auch das ligurische Hirtenmädchen Corsa, das Korsika entdeckt haben soll, als es schwimmend einen Stier aus seiner Herde verfolgte. Vermutlich leitet sich der Name Korsika jedoch von »kersica« und »kors« ab, was in der Sprache der Phönizier »bewaldetes Vorgebirge« bedeutete. Die Griechen nannten die Insel »Kalliste« – die »Schönste« der großen Mittelmeerinseln, und als Ile de la Beauté, als Insel der Schönheit, wird Korsika noch immer gerühmt.

DER KAISER-CLAN

Kirchen, Zitadellen und Wachtürme sind bis heute sichtbare Zeichen der Fremdherrschaft. Die Bevölkerung wurde ins Landesinnere abgedrängt, wo sie Häuser Festungen gleich errichtete. Grau, schmalbrüstig, abweisend stehen sie einsam auf dem Land oder drängen sich auf Felsspornen und Hügelspitzen. In wehrhaften Wohntürmen verschanzten sich die Familien, wenn zwischen verfeindeten Clans die Blutrache tobte – meist genügten nichtige Anlässe als Auslöser. Zu einer der einflussreichsten Familien Europas stieg ein Clan aus Ajaccio auf: **die Bonapartes**. 1769 gebar Letizia Bonaparte ihren Sohn Napoleon. Als erster Kaiser der Franzosen erfüllte er Rousseaus Prophezeiung von 1762 vollauf: »Diese kleine Insel wird eines Tages Europa in Erstaunen setzen.«

Fakten

Natur und Umwelt

Die vielfältigen Landschaftsformen und Höhenstufen, gepaart mit schadstofffreier Luft, sauberem Wasser und dünner Besiedlung im Landesinnern, bescheren Korsika eine Vielfalt der Tier- und Pflanzenwelt, die einzigartig ist im Mittelmeerraum.

Mit einer mittleren Höhe von 568 m über dem Meeresspiegel ist Korsika die gebirgigste Insel des Mittelmeers. Daher nannte der französische Schriftsteller Guy de Maupassant sie auch ein »Gebirge im Meer«. Eine ausgedehnte Gebirgskette mit mehr als **50 Zweitausendern** durchzieht Korsika von Nordwest nach Südost und teilt die Insel in zwei geologische Zonen. Den Westteil aus Granit, Gneis und Porphyr prägen kleinere, durch tiefe Flusstäler getrennte Gebirgszüge, die an den Küsten in steilen Klippen und Buchten ins Meer fallen. Die Berge des östlichen Teils aus Kalkschiefer und anderen typischen Mineralien alpiner Faltengebirge gehen erst in Hügelland, dann in die fruchtbare, 90 km breite Schwemmlandebene der Ostküste über und laufen schließlich mit flachen Sandstränden ins Meer aus. Nach Süden hin enden die Berge in der Steilküste von Bonifacio. Zwischen dem westlichen kristallinen Gebirge und dem östlichen Schiefergebiet verläuft die korsische Zentralfurche, ein schmaler Graben von Saint-Florent über Corte bis nach Solenzara. Höchster Gipfel der Insel ist der 2706 m hohe Monte Cinto.

Gebirge im Meer

Mit 1047 km stellt Korsika ein Fünftel der französischen Küstenlänge. Die **zerklüftete Westküste** beeindruckt mit Granitfelsen, die zum Himmel aufragen, Stränden mit feinstem Goldsand und malerischen Badebuchten – zu den größten Buchten der Insel gehören der Golf von Porto, der Golf von Sagone, der Golf von Ajaccio und der Golf von Valinco. Die einzigen größeren Buchten an der **familienfreundlichen Ostküste** sind der Golf von Porto-Vecchio und der kleinere Golf von Santa Manza nordöstlich von Bonifacio. Der flache Küstenstreifen zwischen Bastia und Solenzara wird vor allem landwirtschaftlich genutzt.

Wilde Buchten, weiße Strände

Auch die 40 km lange und 14 km breite Landzunge von **Cap Corse** im Norden Korsikas wird von einem zentralen Gebirgskamm, der sich vom Monte Stello bis zum Col de Teghime erstreckt, in zwei Hälften geteilt. Westlich von Cap Corse, jenseits der Karstlandschaft **Agriates,** bildet die rund 40 km lange Küste zwischen dem Tal des

Landschafts-Puzzle

Geschützte Natur: Bis zu 60 m hohe Lariciokiefern wachsen im Restonica-Hochtal, einem der schönsten Wanderziele der Insel.

▶ Französische
Schreibweise:

La Corse

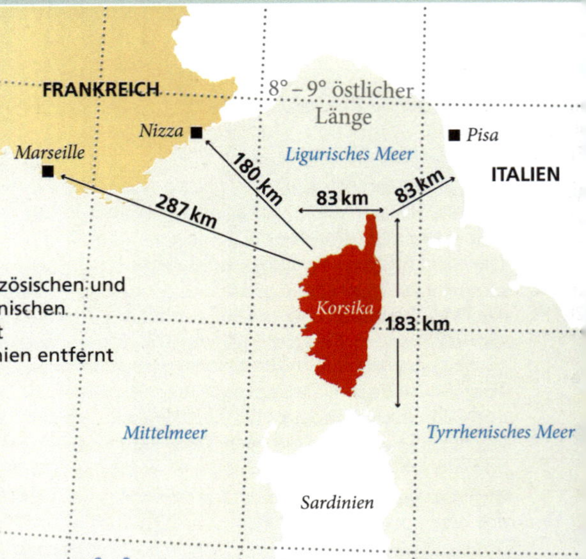

FRANKREICH

Marseille ■

Nizza ■

8° – 9° östlicher
Länge

■ *Pisa*

Ligurisches Meer

ITALIEN

287 km

180 km

83 km   83 km

Korsika

183 km

Mittelmeer

Tyrrhenisches Meer

Sardinien

Lage:
180 km vom französischen und
83 km vom italienischen
Festland entfernt
12 km von Sardinien entfernt

Fläche:
8680 km²
1047 km Küste

Einwohner: **314 500**
Frankreich insgesamt:
63,1 Mio.

Bevölkerungsdichte: **36,4 Einwohner/km²**
Korsika ist die am dünnsten besiedelte
französische Region.

©BAEDEKER

▶ Verwaltung

Zwei Verwaltungsgebiete:
Haute-Corse (Präfektur: Bastia) und
Corse-du-Sud (Präfektur: Ajaccio)

Cap Corse

L'île-Rousse   ■ *Bastia*

Calvi •

▲ *Monte Cinto*
(2706 m)

• *Corte*

Haute-Corse

Corse-du-Sud

Ajaccio •

Propriano •

• *Porto-Vecchio*

Figaro •

Bonifacio • *Cap Pertusato*

▶ Geografie

86 % Bergland, **14 %** Küstentiefland
Höchster Berg: **Monte Cinto 2706 m**,
insgesamt 50 Zweitausender

▶ Wappen

Der Korsenkopf
(»tête de maure«)
wird als Freiheits-
symbol gedeutet.
Die Herkunft ist
unklar.

▶ Tourismus

3 Mio. Besucher (2015)
75 % der Urlauber sind Franzosen; von
den ausländischen Gästen kommen 40 %
aus Italien, 18 % aus Deutschland und
14 % aus der Schweiz.

Wirtschaft

BIP (2015): 8,6 Mrd. €
BIP pro Kopf (2015): 26890 €
(Frankreich: 27856 €)

Wirtschaftswachstum (2015): 2,2%
(Frankreich: 1,1%)

Arbeitslosenquote (2015): 11%
(Frankreich: 10%)

Beschäftigungsstruktur (2015):

- ◾ Dienstleistungen
- ◾ Handel, Transport, Hotellerie-Gastronomie
- ◾ Bauwesen   ◾ Industrie
- ◾ Landwirtschaft

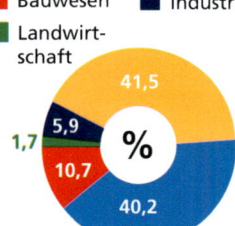

1,7 — 5,9 — 41,5 — 10,7 — 40,2 — %

▶ Klimastation Ajaccio

Durchschnittstemperaturen

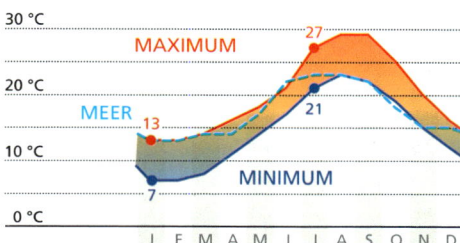

MAXIMUM — 27
MEER — 13 — 21
MINIMUM — 7

J F M A M J J A S O N D

Niederschlag

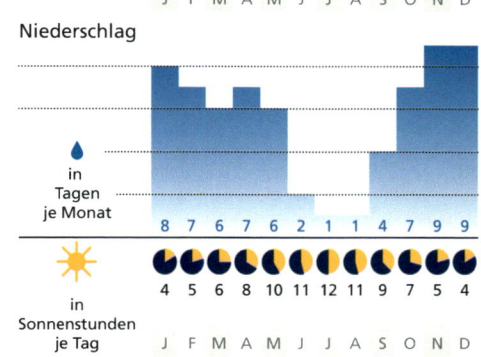

💧 in Tagen je Monat
8 7 6 7 6 2 1 1 4 7 9 9

☀ in Sonnenstunden je Tag
4 5 6 8 10 11 12 11 9 7 5 4

J F M A M J J A S O N D

Mittelmeerinseln im Vergleich

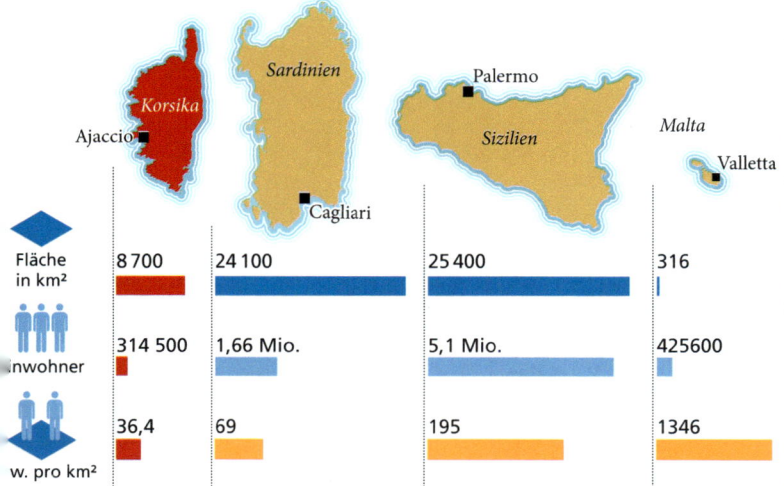

Korsika — Ajaccio
Sardinien — Cagliari
Palermo — Sizilien
Malta — Valletta

	Korsika	Sardinien	Sizilien	Malta
◆ Fläche in km²	8700	24100	25400	316
👥 Einwohner	314500	1,66 Mio.	5,1 Mio.	425600
◆ Ew. pro km²	36,4	69	195	1346

Begehrter Rohstoff: Braunrot leuchtet der geschälte Stamm der knorrigen Korkeichen.

Ostriconi und dem Tal von Galéria gemeinsam mit dem fruchtbaren hügeligen Hinterland die **Balagne.** Südöstlich erstreckt sich im oberen Tartaginetal das **Giunssani,** südwestlich die kleine Region **Filosorma** im Fangotal. Das weite fruchtbare Becken des **Nebbio** bildet das Hinterland von Saint-Florent; hinter dem Bocca (Pass) di Santu Stefanu folgt das Hügelland der **Casinca.** Weiter südlich liegt zu Füßen des 1767 m aufragenden Monte San Petrone die von Kastanienwäldern bedeckte **Castagniccia;** südlich schließt sich die größte Ebene der Insel an, die Plaine d'Aléria oder Plaine Orientale, das größte zusammenhängende, landwirtschaftlich genutzte Gebiet. Das jahrhundertelang isolierte Hochtal des Golo, **Niolo** genannt, wird im Norden vom Monte Cinto und im Westen von der Paglia Orba begrenzt. Das Bergland östlich von Corte wird **Bozio** genannt. Zwischen den Tälern des Liamone und der Licia an der Westküste liegt das kleine Talbecken der **Cinarca,** das während der Kriege zwischen Pisa und Genua Schauplatz vieler Heldentaten der Grafen von Cinarca war. Östliches Pendant ist das **Fiumorbo** mit dem schwer zugänglichen Tal des Abatesco, einst beliebter Schlupfwinkel für Banditen. Schon zur Vorzeit besiedelt waren das bei Sartène angrenzende **Sartenais,** das nordöstlich davon liegende Gebirgsland der **Alta Rocca** und die Hochebene von Cauria.

Gewässer Der zentrale Hochgebirgskamm ist die Wasserscheide der Insel. Die Flüsse der Westküste wie der nur 53 km lange Taravo und der ebenso lange Ortolo sind im Sommer nahezu ausgetrocknet, nach der Schneeschmelze und herbstlichen Regenfällen aber reißende Wildwasser. Die Wasserläufe an der Ostseite Korsikas sind meist deutlich länger. Längster Fluss der Insel ist der Golo, der nach 84 km südlich von Bastia ins Mittelmeer mündet. Der 80 km lange Tavignano erreicht bei Aléria die Küste.

Die östliche Küstenebene prägen mehrere Étangs, **Strandseen.** Sie entstanden durch Sandwälle und wurden durch Ablagerungen in Flussmündungen, Wind und Meeresströmung aufgebaut, welche die einst seichten Buchten allmählich vollständig oder nahezu vom Meer abriegelten. In diesen Lagunen bildete sich Brackwasser, das Mücken anlockte – und für die Verbreitung von **Malaria** sorgte. Erst mit der Trockenlegung der Sümpfe und dem Einsatz von DDT wurde diese

Plage besiegt. Heute locken die reichen Fischgründe viele Wasservögel an. Der nördlichste und größte Strandsee ist der 3 km breite, 10 km lange, aber nur 1 m tiefe Étang de Biguglia. Im Étang de Diane und im Étang d'Urbino bei Aléria werden Austern gezüchtet, die im Sommer in »schwimmenden« Restaurants serviert werden.

Kleine, natürliche Seen tragen zum Reiz der Bergwildnis bei, so die Gletscherseen Lac de Creno (1310 m), Lac de Nino (1743 m) – aus ihm entspringt der Tavignano – und Lac de Melo (1711 m) im Hochtal der Restonica. Der fast 5 ha große Lac de Bastiani liegt in 2089 m Höhe unterhalb des Renoso-Gipfels. Durch Talsperren entstanden künstliche Seen wie der Barrage de l'Alesani in der Castagniccia und der Lac de Calacuccia im Niolo.

Den botanischen Reichtum und die vielfältigen Vegetationszonen schützt seit 1972 der 350 510 ha große **Parc Naturel Régional de Corse.** Der Nationalpark umfasst mittlerweile ein Drittel der gesamten Fläche Korsikas – und damit einige der eindrucksvollsten und schönsten Wälder, Gebirgszüge und Täler der Insel sowie die Felslandschaft der Calanche.   **Nationalpark**

Die bemerkenswerte Unterwasserwelt zwischen Korsika und Sardinien schützt der **Parc Marin International,** der als bilaterales Pilotprojekt seit 1993 den Zusammenschluss von Naturschutzgebieten auf Korsika und Sardinien zu einem internationalen Naturpark vorantreibt. Zu ihnen gehören Les Bouches de Bonifacio, Tre Padule de Suartone, die Gebiete des Conservatoire Littorale, der Naturpark der Inselgruppe La Maddelena sowie die Insel der Îles Lavezzi, der Îles Cerbicales, der Îles Bruzzis und der Îlots des Moines. Mit einer Größe von 80 000 ha ist der **Parc Marin International des Bouches de Bonifacio** das erst bilaterale Naturschutzgebiet. Es wird von Frankreich und Italien in einer eigens für den Park neu konzipierten länderübergreifenden, aber staatsunabhängigen Rechtsform betrieben – eine weltweite Premiere!

PFLANZENWELT

Berühmt ist der Ausspruch von Napoleon, er könne Korsika mit geschlossenen Augen allein an seinem Duft erkennen. Der Korse Osolemirnix schwärmt in »Asterix auf Korsika«: »Dieser hauchzarte Duft nach Thymian und Mandeln, Feigen und Kastanien,(...) dieser Hauch von Kiefer, diese leichte Andeutung von Beifuß, diese Ahnung von Rosmarin und Lavendel ...«   **»Le Maquis Corse«**

Der Buschwald der Macchia, der rund ein Viertel der Insel bedeckt, ist eine typisch mediterrane Vegetationsform – doch nirgends ist sie so vielfältig wie auf Korsika. Sie besteht aus 1 bis 3 m hohen Bäumen   **Macchia** und Sträuchern mit meist kleinen, verdickten, immergrünen Blättern. Dazu gehören insbesondere: Ginster, Myrte, Erdbeerbaum, Weißdorn, Baumheide, Thymian, Rosmarin, Zistrose, Mastixstrauch, Lavendel und Wacholder. Die Pflanzen wachsen so stark verschlungen, dass sie einen undurchdringlichen Dschungel bilden – Jahrhunderte lang ein ideales Versteck für Banditen und Männer, die vor der Blutrache flüchteten. Der Duft der Macchia steigert sich mit dem Sonnenstand: Um sich vor Austrocknung zu schützen, sondern die Hartlaubgewächse über ihre Blätter ätherische Öle ab – mit dem unnachahmlichen Aroma.

Artenreichtum Die korsische Flora zählt rund 2000 Arten, von denen 80 nur auf der Insel vorkommen. Mehr als 100 Mittelmeerpflanzen, die auf Korsika gedeihen, fehlen im übrigen Frankreich.

Vegetationszonen Korsikas Flora prägen klar getrennte Vegetationszonen. Wo nicht Macchia das Land bedeckt, gedeihen in der **mediterranen Zone** bis 400 m Feigenkakteen, Agaven, Aloen, Oliven- und Eukalyptusbäume. Bei Porto-Vecchio an der Ostküste und auf den Hügeln der Casina erstrecken sich **Korkeichenwälder,** die erstmals im Alter von 15 bis 20 Jahren, dann aber 200 Jahre lang geschält werden. Da der erste »männliche« Kork sehr spröde ist, wird er nur in Gerbereien verwendet. Der weichere, »weibliche« Kork, der in weiteren 6 bis 12 Jahren wächst, eignet sich zur Herstellung von Flaschenkorken und Linoleum. Pro Jahr werden rund 1500 t Kork bei Porto-Vecchio geerntet.

Oberhalb der Macchia beginnt die Waldzone mit **Edelkastanien,** die wie der Feigenbaum einst wichtige Nahrungsmittel lieferten und heute noch 30 000 ha der Insel bedecken – die Hälfte davon in der Castagniccia (▸Baedeker Wissen, S. 218). Auch die **Strandkiefer** ist trotz ihres Namens z. B. im Forêt de l'Ospédale in bis zu 1000 m Höhe vertreten. In der Forêt de la Restonica bei Corte wächst die endemische **Corte-Kiefer,** in über 1000 m Höhe säumen **Buchenwälder** wie bei Vizzavona eindrucksvoll die Hänge. Am Col de Vergio und Monte Cinto markieren Birken die Baumgrenze. Im Unterholz gedeihen Thymian, korsischer Nieswurz und Waldmeister.

? BAEDEKER WISSEN

Waldbrände

90 % aller Waldbrände gehen in Korsika auf Brandstiftung oder Unachtsamkeit zurück. Wenn es nicht Hirten waren, die ihre Weidegründe vergrößern wollten, oder Spekulanten, um billiges Bauland zu schaffen, dann lösten meist glühende Zigarettenkippen, Glassplitter, Aluminium oder ein am Straßenrand auf Gras geparktes Fahrzeug das flammende Inferno aus, das Jahr für Jahr unzählige Hektar Wald zerstört und Mensch wie Tier bedroht. Brandschützer und Spezialeinheiten patrouillieren daher von Juni bis September in besonders gefährdeten Gebieten.

Landschaften, Häfen und Strände

20 km

0 100 500 1000 2000 m

C. Corse
Tollare
Centuri · Barcaggio
Macinaggio
Pta. Minervio
Santa
Mte. Stello
1307 m
Severa
Marine de Porticciolo
Cap Corse
Marine
de Pietracorbara
Pta. di Canelle
Sisco ·
Marine
de Sisco
Golfe de
St-Florent
Erbalunga
Miomo
Nonza
S. Martino di Lota
Saleccia
Loto
Pta. di
l'Acciola
Ostriconi
Bastia
Golfe de Calvi
l'Île
Rousse
St-Florent
Lozari
Marine de Sant'
Ambroggio
Monticello
Algajola
Marana
Calvi Balagne
Nebbio
Étang
de Biguglia
C. Cavalo
Golfe de
Galeria
Figarella
Tartagine
Asco
Casinca
Golo
Galeria
Fango
Mte. Cinto
2706 m
Niolo
San Pellegrino
Moriani-Plage
Moriani-Plage
Girolata
Girolata
Partinello
Pta. Rossa
Onca
Lac de
Calacuccia
Castagniccia
Cervione
Campoloro
Prunete
Golfe de Porto
Bussaglia
Marine de Ficajola
C. Rosso
Porto
Arone Calanche
Lac de
Nino
Corte
Bozio
Fium'Alto
Pta. Omignia
Cargèse
Cargèse
Sagone
Tiuccia
Golfe de
Sagone
Cinarca
Bocognano
Porto
Lac de Melo
Mte. Rotondo
2622 m
Mte. d'Oro
2389 m
Ghisoni
Plaine
Orientale
Aléria
Aléria
Étang de
Diana
Fiumorbo
Ghisonaccia
Pinea
Étang d'Urbino
C. di Feno
Bastelica
Pta. di
Capella
2042 m
TYRRHENISCHES
Ajaccio
Vignola
Ricanto
Porticcio
Zicavo
Golfe d'Ajaccio
Isolella **Ruppione**
Mte. l'Incudine
2136 m
Solaro
Solenzara
Canella
C. Muro
Porto
Pollo
Porto Pollo
Propriano
Ste-Lucie
Tarco
Favone
Golfe de Valinco
Pinarellu
Pinarellu
MEER
Campomoro
Golfe de
Valinco
Sartène
Ciprianu
Pta. di Senetosa
Sartenais
Mgne. de Cagna
Porto-Vecchio
1339 m
Golfe de Porto-Vecchio
Pta. de La Chiappa
Tizzano
Porto-Vecchio
Palombaggia
Figari
Rondinara
Roccapina
Caldarello
Rondinara
Santa
Manza
Tonnara
Golfe de Ventilegne
Golfe de Santa Manza
Pta. di Capicciolo
Bonifacio
C. Pertusato
Île Cavallo
©BAEDEKER

Leuchtturm
Hafen
Die bedeutendsten Strände
Sandstrand
Sand- / Kieselstrand
Fels- und Kieselstrand

Korsika
Korsika Kanal

Korsische Schwarzkiefer

Die Korsische Schwarzkiefer oder **Lariciokiefer** findet man an steilen Nordhängen in den Wäldern von Vizzavona, Aïtone, Valdo-Niello und L'Ospédale in Höhen von bis 1800 m. Der genügsame Baum, der sich nach Waldbränden selbst regeneriert und so bis zu 600 Jahre alt werden kann, gehört mit einem Stammdurchmesser von bis zu 2 m und einer Höhe von über 50 m zu den größten Bäumen Europas. Sein Holz wird seit jeher zum Bau von Schiffsmasten verwendet.

Hochgebirge

In den kühlen, feuchten Hochgebirgszonen zwischen 1500 und 1900 m sind Erlen und die nach Honig duftenden korsischen **Zwergerlen** vertreten; auch Ebereschen finden sich im felsigen Gelände. Ab einer Höhe von über 1900 m beginnt die **alpine Vegetation** mit Zwergwacholder, Berberitze und den Wildblumen und Gräsern der »Pozzines«. Diese mit Tümpeln und Bächen durchsetzten Feuchtwiesen bedecken auch die Torfmoore um alte Gletscherseen. In Gipfelnähe findet man das korsische Veilchen, den Widerstoß, die Bernard-Akelei und eine korsische Margeritenart.

TIERWELT

Mufflon

Symbol des Parc Naturel Régional de Corse ist das Mufflon, das seit 1956 geschützt ist. Nur wenige Hundert dieser **Wildschafe** leben heute in den Reservaten bei Asco und in der Forêt de Bavella – zu Beginn des 20. Jh.s gab es noch 5000 Mufflons. Das hellbraune Fell

Wildschwein oder Hausschwein?

der scheuen Tiere, die maximal 50 kg schwer werden, ist mit weißen Flecken gesprenkelt. Die schneckenförmig gedrehten Hörner der Mufflonwidder werden mit zunehmendem Alter wuchtiger.

Nachdem Hirsche auf Korsika längst ausgestorben waren, setzte man im Jahr 1985 acht sardische, den korsischen Hirschen nah verwandte Rothirsche in der Alta Rocca aus. Inzwischen ist ihr Bestand auf mehr als 100 Tiere gestiegen. **Rothirsche**

Die korsischen Wildschweine sind vergleichsweise klein und gedrungen – und mit der Wildheit ist es meist nicht mehr weit her, da sie häufig das Ergebnis der Begegnung mit frei laufenden Hausschweinen sind. Schwarz und rosa gescheckt, fressen sie alles, was sie in der Macchia, in Eichen- und Kastanienwäldern finden können – auch der Proviant von Wanderern ist nicht sicher vor ihnen. Heute gibt es um die 30 000 Wildschweine und **verwilderte Hausschweine,** die wegen ihres schmackhaften Fleisches ein begehrtes Jagdobjekt sind. Autofahrer müssen sich in abgelegenen Gebieten vor frei herumlaufenden Schweinen vorsehen! **Wildschweine**

Jagd und Wilderei haben die Zahl der Bart- oder Lämmergeier, der Fischadler und Königsadler auf ca. 10 Paare reduziert. Häufiger sieht man Bussarde, Sperber, Wanderfalken und Rote Milane. **Raubvögel**

Nur in Korsika zu finden ist der Korsenkleiber, der mit dem Kopf nach unten am Stamm von Nadelbäumen entlangläuft. Weiß- und Schwarzstörche, Kraniche, Gänse und andere **Zugvögel** rasten auf der Insel. Standvögel sind die korsischen Unterarten des Rothuhns, Rabe, Specht, Zwergohreule, Buchfink und Stieglitz. Ferner sieht man Amseln, die trotz Verbots gejagt und als **Pâté de merle** serviert werden, sowie Nachtigallen, Laubsänger und Kohlmeisen. An steilen Küsten ist die Korallenmöwe zu Hause. **Zug- und Standvögel**

Giftschlangen gibt es auf Korsika nicht; Eidechsen, Feuersalamander und Schildkröten leben in der Macchia. Ideale Lebensbedingungen finden auch **Schmetterlinge** wie Perlmuttfalter, Kaminbärchen und Schwalbenschwanz. Besonders beeindruckend ist die Gottesanbeterin, eine große Fangheuschreckenart, die auf der Insel lebt. Wanderer sollten sich vor der korsischen Schwarzen Witwe vorsehen – ihre Bisse können sich entzünden. **Reptilien und Insekten**

In den Wildbächen und Seen leben Aale und Bachforellen, im Meer etwa 200 Seefisch-Arten sowie scherenlose Langusten. Vorsicht geboten ist beim **Roten Drachenkopf** – die Stiche der vielen Stacheln am Kopf sind giftig. Einen Überblick über die korsische Unterwasserwelt gibt das Meeresaquarium in Bonifacio. **Fische**

Bevölkerung · Politik · Wirtschaft

Korsika litt und leidet immer noch unter Abwanderung: Mehr als ein Drittel aller Wohnungen der Insel sind Zweitwohnsitze von Korsen, die auf dem französischen Festland leben: Nizza, Toulon oder Marseille sind größere »korsische« Städte als Ajaccio und Bastia

Bevölkerungs-struktur

Korsika hatte 2015 offiziell **314 500 Einwohner.** Vermutlich leben aber nur rund 230 000 Menschen auf der Insel – für die höhere Zahl sorgen Zweitwohnsitze ausgewanderter Korsen, deren über 70 000 »résidences secondaires« in den letzten Jahren verstärkt Ziel von Anschlägen wurden. Etwa die Hälfte der Inselbevölkerung lebt in den Ballungsräumen Ajaccio und Bastia; das Landesinnere hingegen leidet seit dem 19. Jh. unter Landflucht.

»Pieds noirs«

Um den massiven Bevölkerungsrückgang um ein Drittel auf 190 000 Einwohner (1955) aufzufangen, wurden ab 1960 rund 17 000 **Algerien-Franzosen,** von den Korsen wegen der schwarzen Lederschuhe »Pieds noirs« (Schwarzfüße) genannt, sowie Gastarbeiter aus ehemaligen nordafrikanischen Kolonien angesiedelt. Die »Pieds noirs« wohnen vor allem in den Städten Ajaccio und Bastia sowie in der Ebene von Aléria und stellen heute rund 10 % der Inselbevölkerung. Da die Neuankömmlinge den Löwenanteil der staatlichen Unterstüt-

Auch in Bastia steht Fußball hoch im Kurs.

zungsgelder zur Entwicklung der Landwirtschaft erhielten, kam es immer wieder zu erheblichen Spannungen zwischen den Kolonisten und den Korsen.

Vor allem junge Menschen verließen ihre Dörfer auf der Suche nach Arbeit. Heute beträgt die Bevölkerungsdichte im Inselinneren nur 4,2 Einwohner pro km². Von den 360 Gemeinden, davon 330 Bergdörfer, zählen 150 Kommunen weniger als 100 Einwohner. Dennoch verkaufen die Korsen ihre Häuser meist nicht, sondern lassen sie leer stehen bzw. kehren als Rentner zurück, was den Altersdurchschnitt in den Dörfern erheblich anhebt. **Landflucht**

Korsika erhielt im Jahre 1970 Regionalautonomie und ist seit 1975 in die zwei Départements **Corse-du-Sud** (Département-Code und Autokennzeichen: 2 A) und **Haute-Corse** (2 B) unterteilt. Hauptstadt der Region Korsika und Sitz des Regionalparlamentes ist Ajaccio. Die Präfekturen der Départements Corse-du-Sud und Haute-Corse sind in Ajaccio bzw. Bastia. Unterpräfektursitze sind Calvi und Corte in Haute-Corse und Sartène in Corse-du-Sud. **Verwaltungsstruktur**

1982 durfte Korsika als erste Region Frankreichs sein eigenes Regionalparlament mit 61 Abgeordneten wählen. Die **Assemblée régionale** hat jedoch nur ein Vorschlagsrecht gegenüber der Zentralregierung in Paris und damit geringere Befugnisse als ein deutsches Bundesland. Nur bei der Verteilung von Steuergeldern und Subventionen für die Landwirtschaft, Industrie und den Tourismus kann das in Ajaccio ansässige Regionalparlament mitbestimmen. **Regionalparlament**

Seit Jahrhunderten regeln die auf **uralten Familienstrukturen** basierenden Clans das korsische Gemeinwesen. Persönliche Beziehungen sichern die Loyalität der Bevölkerung zum jeweiligen Clan. Die Patrone der großen Clans bestimmen bis heute die politische Landschaft Korsikas und sind als Bürgermeister, Präfekten oder auch als Minister auf nationaler Ebene in den wichtigen politischen Ämtern zu finden. Durch diese Funktionen verfügen sie auch über die **Finanzmittel,** um beispielsweise Subventionen unter den Anhängern zu verteilen. Da sich die Clans immer mit der Zentralmacht in Frankreich in einem System von Geben und Nehmen arrangierten, sind sie im Gegensatz zu den Nationalisten gegen Unabhängigkeit. **Clanwesen**

Das Wappen Korsikas (Abb. S. 16) zeigt den Kopf eines Mauren im Seitenprofil mit einem im Nacken geknoteten Stirnband auf weißem Grund. Vermutlich geht das Wappen auf die Zeit der Kreuzzüge zurück, als die **Aragonier** mit diesem Symbol auf ihren Sieg über die Ungläubigen hinweisen wollten. Nachdem Korsika und Sardinien 1279 an den König von Aragonien gefallen waren, verbreitete sich **Wappen** das Wappen auf der Insel. Damals stellte es jedoch vier Mauren mit einer Binde über den Augen und einem Ring im Ohrläppchen als Zeichen der Sklaverei dar. **Pasquale de Paoli** (►Berühmte Persönlichkeiten) übernahm 1762 das Emblem der Aragonier, das dann nur noch einen Maurenkopf zeigte; doch als Ausdruck der Befreiung der Insel von der Fremdherrschaft (►Geschichte) ließ er die Binde auf die Stirn verlegen und den Ohrring entfernen.

Autonomie-bestrebungen

Neben nationalistischen Splittergruppen erlangte die seit 1983 in den Untergrund abgetauchte **FLNC** (Front de Libération Nationale de la Corse = Front für die nationale Befreiung Korsikas) mit politischen Morden und Sprengstoffanschlägen traurige Berühmtheit. Ab Ende der 1970er-Jahre galten die Anschläge hauptsächlich den Ferienanlagen meist französischer Großinvestoren und Bodenspekulanten. Die nationalistischen Bewegungen forderten die Wiedereinführung der korsischen Sprache, eine steuerliche Inselzulage sowie die Selbstverwaltung. Damit unterscheiden sie sich vom Clansystem, das sich im Verhalten gegenüber Paris der vorhandenen politischen und wirtschaftlichen Strukturen bedient. Die Separatistengruppen sind zum einen untereinander heftig zerstritten, zum anderen diskreditieren sie sich allmählich selbst, etwa wenn sie »Revolutionssteuern" erpressen und so ihre **mafiösen Strukturen** offenlegen. Entsprechend ist ihr Rückhalt in der Bevölkerung trotz enormer optischer Präsenz mit Kürzeln und Graffitis an Hauswänden gering.

WIRTSCHAFT

»La malaise corse« – Legende und Wirklichkeit

Die sprichwörtliche »korsische Krankheit«, »la malaise corse«, der angeblich **»arbeitsscheuen« Inselbewohner** lässt sich vor allem auf ungünstige historische Bedingungen zurückführen. Eine industrielle Entwicklung hat in Korsika nicht stattgefunden – auch heute gibt es nur südlich von Bastia ein kleines Industriegebiet. Bis weit ins 20. Jh. hinein blieb Korsika von der Agrarwirtschaft geprägt. Die lange vernachlässigte Region bedurfte dringend der Förderung, denn die Arbeitslosigkeit der Inselbevölkerung betrug in den 1970er- und 1980er-Jahren 15 bis 20 %.

Ankurbelung der Wirtschaft

Seit den 1990er-Jahren hat sich durch gezielte Fördermaßnahmen die Arbeitsmarktsituation deutlich verbessert. Obgleich Korsika durch Auswanderung und Landflucht bis heute überaltert ist, steigt seit etwa zehn Jahren das Jobangebot. Vor allem **Tourismus und Bauwirtschaft** sind heute die Zugpferde der Wirtschaft, die seit 20 Jahren einen ungeahnten Boom erlebt. Die Arbeitslosenquote betrug 2015 rund 11 Prozent, weist aber starke regionale Unterschiede auf – während sie sich an der Westküste auf saisonal schwankend 7 bis 9

Weltnaturerbe und Touristenmagnet: der felsige Golf von Porto

Prozent eingependelt hat, stieg sie im Süden auf weit über elf Prozent. Insgesamt zeigt jedoch die Wirtschaftskrise, die Frankreich beutelt, auf der Insel weniger Auswirkungen als auf dem Festland.

Die Bodenschätze Korsikas – Kupfer, Pyrit, Eisenerz, Kohle sowie der mittlerweile eingestellte Abbau von Kugeldiorit und Asbest – lieferten bescheidene Erträge. In der **Landwirtschaft,** vor allem im Weinbau, arbeiten hauptberuflich nur noch 1,7 % der Inselbevölkerung. Hinzu kommt die Nutzung der Kastanienwälder, der Kiefern- und Korkeichenwälder. Von Bedeutung sind ferner die Lebensmittelindustrie und das **Bauwesen.** Gut die Hälfte der Arbeitsplätze entfällt auf **Dienstleistungen,** vorwiegend im Tourismusbereich. Acht Staudämme erzeugen Strom und sichern die Wasservorräte.

Wirtschafts-struktur

Traditionell kleine Nutzflächen und Betriebe verhinderten lange die Steigerung der Agrarproduktion. Erst mit den massiv staatlich geförderten Algerien-Franzosen hielt die intensive Landwirtschaft Einzug auf Korsika. Doch nach wie vor ist die gesamte Produktion eher regional als national von Bedeutung. In der **Ebene von Aléria** werden Wein, Obst und Zitrusfrüchte – vor allem Kiwis und Clementinen – erzeugt. Getreide- und Futtermittelanbau spielen kaum eine Rolle. Im **Weinbau** hat man sich auf Qualität besonnen: Gute Rotweine werden aus den Reben Nielluccio und Sciacarello gekeltert. Bei den

Landwirt-schaft

Willkommen im Alltag!

Korsika einmal tatsächlich abseits der Touristenströme erleben und »ganz normale« Leute treffen – einige Tipps:

FREIWILLIGENDIENSTE & WORKCAMPS

Vor allem von Mai bis September, mitunter aber auch das ganze Jahr hindurch, bieten Workcamps und Freiwilligeneinsätze für eine Woche, einen Monat oder ein Jahr die Möglichkeit, hautnah in den Alltag der Korsen einzutauchen. Meistens gibt es keinen Lohn, gelegentlich aber ein kleines Taschengeld, immer freie Kost und Logis sowie tolle Kontakte. Helfende Hände werden besonders im Natur- und Umweltschutz, bei archäologischen Ausgrabungen und Restaurierungen, bei Arbeiten mit Kindern oder Behinderten sowie bei den Festivals und Ferienprogrammen benötigt. Das Mindestalter ist meist 18, gelegentlich 15; die Altersobergrenze in der Regel 30 bis 35 Jahre. Andere Camps stehen auch älteren Erwachsenen offen, und auch die Erfahrung von Senioren ist gefragt. Die Campsprache ist meist Französisch, manchmal Englisch; gearbeitet wird rund 30 Stunden pro Woche. Veranstalter von Workcamps sind u. a.:

Sécretariat, Branche Française
75 rue du Chevalier Français, 59800 Lille
Tel : 03 20 55 22 58, sci@sci-france.org
http://sci-france.org

Études et Chantiers
10, place Sugny, 63000 Clermont-Ferrand
Tel. 04 73 31 98 04
Büro Korsika: 20246 Sorio
Tel. 04 95 38 03 87
http://etudesetchantiers.org

IN KORSIKA STUDIEREN

Erasmus, Crepuq und Free Mover: Gleich drei Programme unterstützen junge Menschen, die an der Università di Corsica Pasquale Paoli ein Auslandssemester verbringen möchten. Zentraler Ansprechpartner ist der Deutsche Akademische Austauschdienst, der während des Gastsemesters im Partnerland ein Auslands-Bafög bezahlt. Die Università di Corsica Pasquale Paoli, die auf Korsika Zweigstellen in Cargese, Calvi, Bastia und Ajaccio hat, ist weltweit mit 150 Partneruniversitäten vernetzt – unter anderem mit Kassel, Lüneburg und Stuttgart.

Università di Corsica Pasquale Paoli
BP 52, 20250 Corte
Tel. 04 95 45 00 00
www.univ-corse.fr

ALS LEHRER NACH KORSIKA

Lehrern macht es die EU leicht, auf Korsika zu arbeiten: Hospitationen und Assistenzen, aber auch Fremdsprachenkurse, berufsbegleitende Fortbildungen sowie die Teilnahme an europäischen Seminaren und Konferenzen für Lehrer von der Vorschule bis zur Sekundarstufe II werden im Rahmen des COMENIUS-Programms gefördert. Informationen und Anträge hält der Pädagogische Austauschdienst als nationale EU-Agentur bereit. Ebenfalls unterstützt werden Schulpartnerschaften.

www.kmk-pad.org
Università di Corsica Pasquale Paoli
BP 52, 20250 Corte
Tel. 04 95 45 00 00, www.univ-corse.fr

SAISONARBEIT

Viele Touristikbetriebe suchen von April bis Oktober engagierte Mitarbeiter. Während einheimische Betriebe Französischkenntnisse voraussetzen, sind sie für Anja Neumann und Michael Ofenhitzer vom Feriendorf »Störrischer Esel« in Calvi keine Pflicht: Dort urlauben vorwiegend deutschsprachige Gäste. Von Juni bis September können Jugendliche auch ihr Schülerpraktikum beim Störrischen Esel absolvieren! Sämtliche Stellenangebote sind online auf der Mitarbeiterseite einzusehen. Man benötigt eine Arbeitsgenehmigung (autorisation de travail) und eine Aufenthaltsgenehmigung (carte de séjour) – EU-Bürger erhalten beides umgehend, bei Schweizern muss der potenzielle Arbeitgeber den Behörden nachweisen, dass für den geplanten Arbeitseinsatz kein geeigneter Korse, Franzose oder anderer EU-Bürger zur Verfügung steht.

www.stoerrischeresel.com

ÖKOLOGIE KONKRET

Die vielen kleinen Höfe auf der Insel gehören zu den Pionieren des Biolandbaus – und freuen sich sehr über Unterstützung. Als seriöser Vermittler hat sich die »World Wide Opportunities on Organic Farms« (WWOOF) etabliert, die auf Korsika bei Bergbauern, Ziegenzüchtern, Gemüsebetrieben und Winzern zum »Wwoofing« lädt. Sie honorieren den Arbeitseinsatz mit kostenloser Unterkunft, Verpflegung, Sprachpraxis und hautnahem Hofleben.

www.wwoof.fr

Weißweinen empfehlen sich Malvasier und der Dessertwein Muskat. Die **Schweinezucht** im Inselsüden garantiert der korsischen Fleisch- und Wurstwarenindustrie stabile Einkünfte. Die halb verwilderten Schweine müssen kaum zugefüttert werden, da sie in der Macchia sowie in den Kastanien- und Eichenwäldern genügend Futter finden. Die **Transhumanz** als Form der Weidebewirtschaftung wurde einst in ganz Korsika gepflegt: Im September/Oktober zogen die Hirten mit ihren **Schaf- und Ziegenherden** in die tiefer gelegenen Küstenregionen und kehrten im Mai wieder auf die Hochalmen im Gebirge zurück. Dort wohnten sie in kleinen Almhütten (Bergeries = Schäfereien) und stellten Käse her. Durch das gleichmäßige Abgrasen konnten sich die Weidegründe immer wieder regenerieren, zudem brauchte man keine Futtervorräte für den Winter anzulegen. Heute wird die traditionelle Ziegen- und Schafhaltung nur noch in sehr be-

Full-Time-Job: Aus der Milch seiner Ziegen macht Hirte Petru Biancardini einen ausgezeichneten, wunderbar würzigen Käse.

scheidenem Ausmaß ausgeübt. Früher wurde ein Großteil der Schafsmilch auf das französische Festland zur Herstellung des Roqueforts
exportiert, seit einigen Jahren verarbeiten die Hirten ihre Milch lieber
selbst zu Käse. Doch auch die lokale Käseproduktion gerät gegenüber
den billigeren Massenproduk-
ten vom Festland ins Hinter-
treffen. In den Lagunen an der
Ostküste – Étang de Diane und
Étang d'Urbino – werden **Austern,** Miesmuscheln, Doraden
und Seebarben für den Export
nach Italien gezüchtet. In be-
scheidenem Maß wird auf Cap
Corse Fischfang betrieben.

Ungeachtet des kleinen Tiefs
nach dem 11. September 2001
hat sich der Fremdenverkehr
seit Beginn in den 1970er-Jah-
ren erfolgreich entwickelt.
Heute besuchen jährlich rund **3
Mio. Touristen** die Insel, die
Hälfte davon in der Hauptsaison im Juli und August. 73 %
aller Gäste sind Festlandfranzosen, darunter viele Korsen,
die ihre Familien besuchen. Ein
Viertel der ausländischen Gästen stellen die Deutschen, gefolgt von Italienern, Schweizern und Belgiern. Seit der
Gründung des Naturparks und

Seit dem 18. Jh. wurden Esel zum
Transport und als Lasttier eingesetzt.

der staatlichen Förderung des **»Grünen Tourismus«** kommen ver-
mehrt Wanderurlauber und Gäste, die beim Mountain-Bike- oder
Reiturlaub das Landesinnere entdecken wollen, nach Korsika. Da die
Korsen selbst wenig vom Massentourismus profitieren konnten – die
meisten Ferienanlagen sind in der Hand von Festlandfranzosen und
Ausländern –, kam es wiederholt zu **Sprengstoffanschlägen.** Die
Gäste jedoch waren nie gefährdet, da sich die Anschläge vor allem
gegen die Zweitwohnsitze von Festlandsfranzosen und Exilkorsen
sowie gegen Einrichtungen und Symbole der Staatsmacht, wie Gen-
darmerie- und Polizeistationen oder Gebäude der Finanzverwaltung,
richten. Da jedoch in den letzten Jahren auch Flughäfen stärker ins
Visier geraten sind, kann eine Gefährdung von Urlaubern nicht
gänzlich ausgeschlossen werden. Deutlich zugenommen haben allerdings eindeutig kriminelle Übergriffe auf Touristen.

Energie-wende

230 Sonnentage im Jahr, ergiebige Regenfälle im Winter, hohe Gebirgsketten und eine windumtoste Westküste: Korsika, das bislang von fossilen Brennstoffen – und Stromlieferungen aus Italien – abhängig war, setzt seit der Jahrtausendwende verstärkt auf **erneuerbare Energien.** Das ehrgeizige Ziel, das der frühere französische Staatspräsident Nicolas Sarkozy 2005 mit dem »La Grenelle«-Programm festlegte, gilt noch heute: 2020 will Korsika ein Drittel seines Stromes emissionsfrei erzeugen – mit Windkraft, Fotovoltaik und Biomasse. Außerdem soll die »Modellinsel« im Mittelmeer Vorbild sein für eine nachhaltige Energiewirtschaft.

Als im Jahr 2001 der **erste Windpark** am Cap Corse mit 20 Nordex 600 Kilowatt-Turbinen und einer Gesamtleistung von 12 Megawatt errichtet wurde, war er die bis dahin größte Anlage Frankreichs. Bis zum Jahr 2005 kamen drei weitere »parcs éolien« hinzu: in Rogliano,

Material für die Gewinnung von Energie aus Biomasse finden die Korsen auch in den riesigen Kastanienwäldern der Castagniccia.

Ersa und in Calinzana, wo Corseol mit zehn 60 Meter hohen Masten, an denen sich 40 Meter große Rotoren drehen, **sauberen Strom** für Calinzana, Calvi und Île-Rousse produziert. Am 28. April 2013 wurde auf einem Bergkamm zwischen Meria und Morsiglia in Haute-Corse der bis dato größte Windpark der Mittelmeerinsel eingeweiht: Seine acht Turbinen, die sich hoch oben in 91 Meter Höhe drehen, liefern 18 Megawatt pro Jahr an grünem Strom für 10 000 Haushalte. Ergänzt wird der Windpark durch eine **Solaranlage,** die mit 16 055 Panelen weitere 6,2 Megawatt für 5200 Haushalte auf dem Cap Corse liefert. Der erste Solarpark wurde 2010 bei Rapale in Betrieb genommen. Die 49 ha große Anlage mit einer Gesamtleistung von 7,7 Megawatt versorgt 3500 Haushalte.

Gespeichert wird die Sonnenkraft der Insel von **Myrte** (Mission hydrogène renouvelable pour l' intégration au réseau électrique). 2012 in der Nähe von Ajaccio offiziell eingeweiht, speichert das Pilotprojekt »Myrte« die mittels einer Photovoltaikanlage erzeugte Energie in Form von Wasserstoff und Sauerstoff so, dass sie mittels einer Brennstoffzelle (pile à combustible) bei nachlassender oder fehlender Sonneneinstrahlung in Elektrizität umgewandelt und in das Stromnetz eingespeist werden kann. Projektträger sind die »Université de Corse, das Commissariat à l' Énergie Atomique et aux Énergies Renouvelables« (CEA) und HELION, eine auf dem Gebiet der Wasserstofftechnologien tätige Tochtergesellschaft von AREVA. Bislang kann Myrte 200 Haushalte mit Elektrizität versorgen, ein Ausbau ist geplant. Denn noch immer sorgen auf Korsika naturbedingte Unterbrechungen (intermittence) für große Probleme bei den Erzeugern von Elektrizität aus erneuerbaren Quellen wie Windkraft und Solar. Anders als auf dem französischen Festland, wo die aus erneuerbaren Energien erzeugte Elektrizität direkt in das nationale Stromnetz eingespeist werden kann, sind die Übertragungsnetze auf einer Insel zu klein, um unvorhersehbare Ausfälle auffangen zu können.

Die Wälder der Insel liefern den Rohstoff für die Energiegewinnung aus **Biomasse:** Pellets. Gewonnen wird er auf 338 462 ha, und damit auf gut 80 % der gesamten Waldfläche von 401 817 ha. Doch nicht nur die Wälder, die in Südkorsika 55,9 %, in Haute Corse 37,7 % bedecken, werden als Biomasse-Ressource genutzt, sondern auch die Abgase der Käsereien, die zuvor für Probleme gesorgt hatten. Dank dem Unternehmer **André Mannoni** und dem Wissenschaftler **Jean-Luc Böhm** wird die Abluft jetzt in der Nähe von Ajaccio in einem Modellprojekt zur Biogasgewinnung genutzt: Die 10 m³ dicke Luft, die in der Käserei »A Pecurelle« in Alata entsteht, verwandelt sich jetzt täglich in 580 kW **Biostrom,** der neben Wärme dank der Einspeisevergütung für grüne Energien jährlich zudem bis zu 12 000 Euro in die Kassen der Käserei spült. Die innovative Technologie eignet sich auch für andere organische Abgase, wie sie beispielsweise in den Großkellereien an der Ostküste entstehen.

Geschichte

Fremdherrschaften und Autonomiebestrebungen

3500 Jahre lang war Korsika den Invasionen fremder Völker ausgesetzt. Auf die Torreaner folgten Schlag auf Schlag die Seemächte: Griechenland, Etrurien, Karthago, Rom, Pisa und Genua, das der Insel 500 Jahre lang seinen Stempel aufdrückte – Streiflichter einer bewegten Geschichte.

DIE STEINE DER URKORSEN

um 7000 v. Chr.	Erste Besiedlung der Insel
6750 v. Chr.	»Dame von Bonifacio«
3500 – 1600 v. Chr.	Megalithkultur mit Dolmen und Menhiren
1600 – 800 v. Chr	Torreanische Kultur: Befestigte Dörfer und Kultbauten entstehen.

Die ersten Jäger und Sammler setzten im Mesolithikum von der Insel   **Frühzeit**
Elba nach Korsika über. Sie hinterließen in der Höhle Argiuna-Sennola (Bonifacio) das älteste datierbare Zeugnis menschlichen Lebens der Insel: das Skelett der etwa 35-jährigen, 154 cm großen **»Dame de Bonifacio«,** das auf das Jahr 6750 v. Chr. geschätzt wird und heute im Museum von Levie zu sehen ist.
Die Urkorsen jagten, fischten, sammelten wilde Früchte und wanderten als Hirten mit ihren Herden im Frühling von der Küste in die kühleren Bergregionen, im Winter wieder zurück.

Im Neolithikum begann man, Häuser aus Steinen aufzuschichten   **Neolithikum**
und in Hüttendörfern auf Anhöhen, unter Felsvorsprüngen oder in   **5500 – 3000**
Höhlen zu wohnen. Es wurde getöpfert, Schafzucht und ein reger   **v. Chr.**
Obsidianhandel mit Sardinien betrieben.

Mitte des 4. Jts. kamen Hirten und Seefahrer aus Südfrankreich nach   **Megalith-**
Korsika und brachten die Megalithkultur mit. Sie entstand im Hin-   **kultur**
terland des Golfs von Valinco bei Sartène und verbeitete sich allmäh-   **3500 – 1600**
lich über die gesamte Insel. Megalithdenkmäler wie **Dolmen** und   **v. Chr.**
Menhire findet man auch zwischen Zonza und Levie, auf den Hügeln von Porto-Vecchio, bei Ajaccio, Sagone, Calvi und Saint-Florent sowie auf Cap Corse bei Calacuccia und Luri. Um 2000 v. Chr. errichteten die Einwohner gleichmäßig angeordnete Reihen von

»Vater des Vaterlandes«: Pasquale de Paoli

Der Süden Korsikas ist voller prähistorischer Funde wie die rätselhaften Menhire der Megalithkultur von Cauria.

Menhiren, sogenannte **Alignements.** Die grob behauenen Steine erhielten zuerst menschliche Formen, später kamen auch kriegerische Merkmale hinzu (▶Baedeker Wissen, S. 238).

Torreanische (Torre-) Kultur 1600 – 800 v. Chr.
In der Bronzezeit erreichten die Torreaner die Ostküste der Insel und drängten die einheimische Bevölkerung ins Inselinnere zurück. Sie hinterließen **steinerne Turmbauten,** die den Nuraghen auf Sardinien ähneln. Die Torreaner lebten im Süden der Insel in den Tälern des Taravo, des Oso und des Stabiacco sowie auf der Hochebene von Levie. Im Zentrum und Norden überdauerte die Hirtenkultur der einheimischen Stämme.

Eisenzeit 800 – 600 v. Chr.
Durch seine günstige Lage am Schnittpunkt der Handelsrouten im Nordtyrrhenischen Meer gelegen, entwickelte sich Korsika in der Eisenzeit zu einem **lebhaften Handelsplatz,** an dem Inselwaren wie Getreide, Holz, Honig und Harze gegen Metall- und Keramikgegenstände getauscht wurden. Von Norden erreichten die Ligurer Korsika, im Westen landeten die Iberer, im Süden die Libyer und im Osten die Phönizier. Um 600 v. Chr. lebten die rund 30 000 korsischen Einwohner in zwölf gut organisierten Stämmen abgeschieden im Landesinnern und widmeten sich der Wald- und Weidewirtschaft.

ERSTE INVASOREN

565 v. Chr.	Die griechische Handelskolonie Alalia wird an der Ostküste gegründet.
259 v. Chr.	Erste römische Eroberungszüge
6 n. Chr.	Korsika wird autonome römische Provinz.
2. Jh.	Verbreitung des Christentums auf Korsika

Nachdem die griechischen Phokäer um 600 v. Chr. Massilia (Marseille) gegründet hatten, errichteten sie an der Ostküste Korsikas in **Alalia,** dem heutigen Aléria, eine erste Handelskolonie. Sie brachten den Weinstock mit, bewirtschafteten die Küstenebene und nutzten die Bergwerke und Wälder. Etrusker und Karthager griffen die Phokäer im Jahr 538 v. Chr. vor Alalia auf See an. Nach einem mühsamen Sieg verlegten die Phokäer ihre Hauptstadt nach Massilia, nutzten aber Alalia weiter als Hafen. Auch die Etrusker und Syrakuser gründeten Stützpunkte; 280 v. Chr. folgten die Karthager – was die Römer auf den Plan rief.

Kolonisation um 565 v. Chr.

Im Ersten Punischen Krieg gegen Karthago ließ der römische Konsul Scipio 259 v. Chr. Alalia zerstören. Seine Eroberung der Insel stieß auf den erbitterten **Widerstand** der korsischen Stämme. Erst 100 Jahre später, nach zehn Feldzügen, konnten sich die Römer 163 v. Chr. auf der Insel behaupten. Ihre Anwesenheit beschränkte sich auf die Militärkolonien Aléria und Mariana sowie die Küstenorte Sagone, Ajaccio und Saint-Florent. Im Jahr 6 n. Chr. wurde Korsika **autonome römische Provinz.** Von 41 bis 49 n. Chr. lebte der römische Philosoph **Seneca** im Exil auf Korsika. Das Christentum verbreitete sich ab dem 2. Jh. Als korsische Märtyrerinnen werden die hl. Restituta, die hl. Devota (▶Berühmte Persönlichkeiten) und die hl. Julia verehrt.

Römische Herrschaft 259 v. Chr. bis 455 n. Chr.

PISA, PIRATEN UND DER PAPST

8. – 11. Jh.	Die Sarazenen überfallen wiederholt Korsika und errichten Stützpunkte.
829	Der toskanische Graf Bonifacio gründet die gleichnamige Stadt.
1078	Das Bistum Pisa wird zur Verwaltung Korsikas eingesetzt.
1284	Pisa verliert die Seeschlacht von Meloria, die Herrschaft Genuas beginnt (bis 1768).

Im frühen Mittelalter folgten auf die Vandalen die Ostgoten und Byzantiner, die die Insel 534 – 725 mit kurzer Unterbrechung beherrschten. Das kurze Zwischenspiel der Langobarden beendete Frankenkönig Pippin. 755 schenkte er Korsika dem Heiligen Stuhl.

Völkerwanderung und Sarazenen 534 – 980

Zwischen dem 9. und dem 11. Jh. flüchteten die Inselbewohner vor den Sarazenen ins Landesinnere. Noch heute erinnern einige Ortsnamen wie Campomoro, Morosaglia oder Morsiglia an die maurischen Beutezüge. Durch den Kampf gegen die Sarazenen zu Land und Lehntitel gekommen, etablierten sich lokale Adlige als **»Signori«,** die von ihren Burgen aus das Volk tyrannisierten. Hilfesuchend wandten sich die Korsen an den Vatikan.

Herrschaft Pisas 1078 – 1284
1078 übertrug Papst Gregor VII. die Insel dem Bischof von Pisa, Landolfo. Fast 300 Gotteshäuser im pisanischen Stil entstanden binnen Kürze. Die Entscheidung weckte den Neid der rivalisierenden **Seerepublik Genua.** Papst Innozenz III. versuchte den Streit zu schlichten und teilte die Insel 1132 in sechs Diözesen auf: Ajaccio, Aléria und Sagone blieben bei Pisa; Accia, Nebbio und Mariana erhielt Genua, das unzufrieden blieb und durch Überfälle seine Macht auszubauen suchte. Im Krieg zwischen den Seerepubliken bestimmte Pisa den korsischen Adligen **Sinucello della Rocca** als Richter. Zwar brachte er die Insel 1280 wieder unter pisanische Oberhoheit, doch nach der Niederlage in der **Seeschlacht von Meloria** 1284 musste Pisa Genua die Vormachtstellung überlassen.

500 JAHRE UNTER GENUA

1348	Ein Drittel der Bevölkerung stirbt an der Pest.
1453	Genua tritt Rechte an Korsika an die Bank des hl. Georg ab.
1553	Erste französische Besatzung
1729 – 1755	Unabhängigkeitskrieg

Seerepublik Genua 1284 – 1729
Genua fand nur bei den Clans im Norden Korsikas Verbündete, die sich gegen die dortigen Signori auflehnten. Die Grafen von Cinarca hingegen kämpften als treue Gefolgsleute von Pisa gegen Genua, und die Signori im Süden der Insel verbündeten sich mit dem König von Aragon, der vom Papst die Einsetzungsrechte für die kirchlichen Ämter von Korsika und Sardinien erhalten hatte.

Französische Interessen 1557 – 1559
Außerhalb der Landesgrenzen Korsikas war Genua mit dem spanisch-habsburgischen Reich Karls V. vebündet. Hauptgegner Frankreich hatte das Osmanische Reich als Bündnispartner. Der neben Pasquale de Paoli berühmteste Freiheitsheld Korsikas, **Sampiero Corso** (▶Berühmte Persönlichkeiten), teilte die Interessen Frankreichs. Ab 1553 versuchte König Heinrich II. von Frankreich (1519 – 1559) mit Hilfe von Sampiero Corso und türkischer Unterstützung, die Insel zu erobern. 1557 wurde Korsika Frankreich angegliedert. Nur zwei Jahre später musste Frankreich nach Niederlagen gegen Philipp II. von Spanien die Insel allerdings an Genua zurück-

geben. Es folgte eine **erneute genuesische Herrschaft von 1562 bis 1729:** 1562 kaufte Genua die Insel der Bank des hl. Georg wieder ab. Weitere Rebellionen von Sampiero Corso blieben erfolglos, und 160 Jahre genuesischer Herrschaft folgten. Neue Wachtürme gegen die zunehmende Piraterie wurden gebaut; doch die **übermäßigen Steuern,** welche die genuesischen Herren den korsischen Hirten und Bauern abpressten, führten wiederholt zu Wirtschaftskrisen und Aufständen.

> **?** BAEDEKER WISSEN
>
> *Georg, der heilige Bankier*
>
> Die äußerst finanzkräftige Bank des hl. Georg war nicht nur Geldgeber für die Kriege Genuas, sondern besaß auch eine eigene Armee. Als 1453 die Schulden Genuas bei der Bank zu hoch wurden, trat die Republik ihre Rechte an Korsika an das Geldinstitut ab, das zum Schutz der Küste 150 Wachtürme errichtete, die auch als Vorratslager und Zufluchtsort der Bevölkerung dienten.

1729 jagten die Korsen die genuesischen Steuereintreiber aus der Castagniccia und plünderten Bastia; 1730 bestimmten sie nach einer Volksabstimmung **Luigi Giafferi** und **Andrea Colonna Ceccaldi** zu Generälen ihres Volkes und riefen 1735 die Unabhängigkeit aus. Genua reagierte mit einer Seeblockade. Hilfe kam 1736: Der westfälische **Theodor Baron von Neuhoff** wurde im April 1736 zum König von Korsika ausgerufen – doch sein Königreich währte nur acht Monate (▶Baedeker Wissen S. 60/61). **Unabhängigkeitskriege 1729 – 1755**

1755 wählte das korsische Volk Pasquale de Paoli (▶Berühmte Persönlichkeiten) zum **»General der Nation«**. Im Vertrag von Versailles vom 15. Mai 1768 trat Genua seine Rechte an Frankreich ab. De Paoli, den diese Übereinkunft ausschloss, bewegte die Korsen zum Aufstand, doch wurden sie 1769 in **Ponte Nuovo** besiegt. Die Unabhängigkeit Korsikas war endgültig vorbei. Paoli ging daraufhin ins Exil nach London. **Pasquale de Paoli**

SPANNUNGSREICHE ZEITEN

1811	Korsika wird zum französischen Département Corse zusammengefasst, Ajaccio wird neue Hauptstadt.
1962 – 1966	Konflikt zwischen korsischen Bergbauern und neu angesiedelten »Pieds noirs«
1982	Korsika erhält Sonderstatus, erste Regionalwahlen.
2003	Ein Volksentscheid bestätigt die Zweiteilung der Insel in die Départements Nord und Süd.
2015	Korsika und sein Müll: Der Streit um die Schließung von Tallone sorgt im September für stinkende Müllberge.

Historische Stätten

■ Prähistorische Bauwerke
▲ Römische Ruinen
♣ Kirchen
♛ Zitadellen, Befestigungsanlagen
▯ Türme

T. Agnello
T. Meria
Pino
T. Séneque
Canari
T. Osse
Nonza
Brando
Patrimonio
Saint-Florent
Bastia
l'Ile Rousse
Algajola
Corbara
Santo Pietro di Tenda
Lumio
Arégno
Rapale
Calvi
Spelóncato
Piève
San Parteo
N.-D. de la Serra
Murato
La Canonica
Montegrosso
Bigorna
Mariana
T. Paganosa
Castello di Rostino
Vescovato
Calenzana
Castellare di Casin
Valdi di Rostino
T. Galéria
Morosaglia
l'Ambiu
Porta
Castirla
Cambia
Piedicroce
T. Girolata
Corte
Sermano
Cervione
T. Porto
Favalello
T. Turghio
Piedicroce di Gaggio
T. Sagone
Vico
T. Diane
Sari d'Orcino
Aléria
T. Pelusella
T. Vignale
Ajaccio
T. Parata
T. Capitello
Filitosa
Cast. de Cucuruzzu
T. Calanca
Cast. d'Arraggio
Ponte Spin'A Cavallu
Torre
T. Campomoro
Sartène
Porto-Vecchio
Palaggiu
Cauria
Tappa
T. Caldarello
T. Sponsaglia
T. Santa Manza
Bonifacio

20 km
©BAEDEKER

Der neue **Gouverneur Marbeuf** ergriff strenge Maßnahmen gegen die korsischen Patrioten. Im neu eingeführten Verwaltungssystem fand auch Charles-Marie Bonaparte, der Vater Napoleons, eine Anstellung. Auch Korsika litt unter der Miss- und Günstlingswirtschaft des Ancien Régime. Im Zuge der **Französischen Revolution** kehrte der begnadigte Pasquale de Paoli 1790 auf die Insel zurück. Als die Revolution schließlich in die Tyrannei der Jakobiner ausartete, holte de Paoli die Engländer zu Hilfe. Die englisch-korsische Herrschaft währte nur zwei Jahre. 1796 musste de Paoli erneut ins Londoner Exil gehen, wo er 1807 starb.

1769: Frankreich übernimmt Korsika

Im 19. Jh. startete Napoleon III. erste Versuche, die Entwicklung auf Korsika voranzutreiben. Malaria-Gebiete wurden trockengelegt, Straßen und Bahnlinien, Häfen und Leuchttürme gebaut. Der industrielle Aufschwung jedoch ging an Korsika vorbei, das kleinteilig agrarisch blieb. Wirtschaftskrisen bewirkten wiederholt **Auswanderungswellen** nach Nord- und Südamerika, auf das Festland und in die französischen Kolonien: Die Insel blutete aus.

Schleppende Entwicklung

Im Ersten Weltkrieg fielen rund 30 000 Korsen. Eine Grippeepidemie und Auswanderung dezimierten die Inselbevölkerung zusätzlich. 1942 besetzte Italien Korsika, gefolgt von den Deutschen nach der Kapitulation Italiens im September 1943. Freifranzösische Truppen, italienische Soldaten und korsische Maquis-Partisanen befreiten bis zum 4. Oktober 1943 ganz Korsika.

Erster und Zweiter Weltkrieg

Die Ansiedlung von Algerienfranzosen führte zu gefährlichen Spannungen zwischen den neuen »Pieds noirs« und der einheimischen Bevölkerung. Die Sprengstoffanschläge autonomistischer Bewegungen, besonders der Front de Libération National de la Corse **(FLNC),** richteten sich in den 1960er- und 1970er-Jahren zunächst gezielt gegen Projekte der »Pieds noirs«, später dann verstärkt gegen die »Annektierung« der Insel durch französische Bodenspekulanten und Investoren im Tourismus. 1975 besetzten radikale Autonomisten den Weinkeller von Aléria und forderten die korsische Unabhängigkeit. Als bei der Aktion zwei Polizisten der paramilitärischen CRS (Compagnie Républicaine de Sécurité) getötet wurden, stieg die Zahl der Attentate enorm an.

Autonomiebestrebungen

1982 erhielt Korsika als erste Region Frankreichs ein eigenes **Regionalparlament.** Die FLNC wurde 1983 verboten, ihre militanten Mitglieder gingen in den Untergrund. 1991 verabschiedete die französische Nationalversammlung den **»Plan Joxe«** zur Anerkennung der kulturellen Identität der Korsen. Das korsische Regionalparlament erhielt größere Autonomie in der Verkehrs- und Schulpolitik, bei Raumplanung und Wohnungsbau.

Zugeständnisse der Pariser Regierung

In den Jahren 1993 und 1994 starben insgesamt 39 Menschen durch militante Untergrundkämpfer – in einer Umfrage indes sprachen sich 1996 über 90 % der Korsen gegen die Unabhängigkeit von Frankreich aus. Im Februar 1998 wurde der damalige korsische Präfekt, **Claude Érignac,** in Ajaccio auf offener Straße erschossen. Sein Nachfolger **Bernard Bonnet** versuchte, zum Teil mit illegalen Mitteln, die Kriminalität auf Korsika einzudämmen. Nach einem Brandanschlag auf ein Restaurant wurde Bonnet jedoch seines Amtes enthoben und verurteilt.

**Autono-
misten
gegen Korsen**

Am 6. Juli 2003 lehnten 51 % der Korsen die Zusammenlegung der beiden Départements Nord und Süd zu einer Verwaltungseinheit mit mehr Selbstbestimmung ab. Zwei Tage vor der Volksbefragung nahm eine Spezialeinheit der Polizei den Mörder des Präfekten Érignac fest: Der 43-jährige Hirte **Yvan Colonna** war im Mai 1999 »in die Berge gegangen« und hatte sich mithilfe von Familie und Freunden jahrelang dem Zugriff der Justizbehörden entzogen. Er wurde etwa 40 km vor Propriano in einer Schäferhütte aufgespürt. Wenige Stunden nach der Festnahme wurden Sprengstoffattentate auf vier Villen von Festlandfranzosen verübt. Das Regionalparlament hat bislang vergeblich versucht, der Lage Herr zu werden: 2010 stürmten 15 Bewaffnete eine Ferienanlage in Castellare di Casinca und ließen zwei Sprengsätze detonieren. 2012 waren sieben Supermärkte das Ziel von Sprengstoffanschlägen. Die riesigen Filialen der Ketten Leclerc, Casino und Decathlon werden seit langem von korsischen Nationalisten wegen ihrer negativen Auswirkungen auf den Einzelhandel kritisiert. Korsika hat die höchste Zahl von Supermärkten pro Einwohner in Frankreich.
Einen Monat später wurde mit Antoine Sollacaro einer der prominentesten Strafverteidiger auf Korsika von zwei Männern auf einem fahrenden Motorrad vor seinem in Ajaccio geparkten Porsche erschossen. Sollacaro hatte den korsischen Schäfer Yvan Colonna im Prozess um die Ermordung von Claude Érignac verteidigt. Als Motiv für den Mord wird jedoch nicht das Mandat für Colonna, sondern die Nähe zum früheren Nationalisten-Führer Alain Orsoni vermutet, der 2008 nach Korsika zurückgekehrt war, um die Leitung des Fußballvereins Athletic Club d'Ajaccio (ACA) zu übernehmen.

**Politische
Lösungs-
versuche**

2015 kommt es inselweit zu Protesten, als die Müllanlage von Tallone, die mit 80 000 t im Jahr an ihre Grenzen gestoßen war, geschlossen wurde und drei kleinere Anlagen die Müllentsorgung übernehmen müssen. Korsika produziert täglich bis zu 400 Tonnen Müll. Geplant ist, die Anlage von Tallone durch einen Müllverbrennung zu erweitern – eine Vision, die den Korsen übel aufstößt.

**Wohin mit
dem Müll?**

**Seit über 40 Jahren kämpft die korsische Unabhängigkeitsbewegung
um die Autonomie – mit Gewalt und mit drastischen Parolen.**

Kunstgeschichte

Menhire mit Waffenschmuck und torreanische Kultbauten, pittoreske pisanische Kirchen, genuesische Türme und französische Prunkbrunnen: Die Kunstschätze Korsikas sind die schönsten Zeugen seiner wechselvollen Geschichte.

PRÄHISTORISCHE KULTUR

Die frühesten Kulturzeugnisse Korsikas – die schematischen **Felszeichnungen** der »Grotta Scritta« bei Olmeto auf Cap Corse – stammen aus dem Neolithikum und dienten vermutlich kultischen Zwecken. Werkzeug und Pfeilspitzen aus Obsidian belegen den Handel mit Sardinien. Bei der Impresso-Keramik wurden mit den Rändern der Cardium-Muschel Muster auf einfache Gefäßformen gedrückt.

Zeugnisse der Vorzeit

RÄTSELHAFTE MEGALITHKULTUR

Die Dolmen, Menhire und Alignements der Megalithkultur – von »megas« = groß, »lithos« = Stein – aus der Zeit um 4000 – 1000 v. Chr. wurden erstmals vom französischen Archäologen **Roger Grosjean** ab 1954 erforscht (▶Baedeker Wissen, S. 238). Wer sich für die Megalithkultur interessiert, sollte das Musée de Préhistoire Corse in Sartène und die Dolmengräber und Menhire von Cauria besuchen.

»Große Steine«

Von 4000 bis 2500 v. Chr. wurden die Toten in unterirdischen **Steinkistengräbern** bestattet. Vor manchen Gräbern erheben sich **Menhire,** 1 bis 2 m hohe Steinsäulen.

Gräber und Menhire

Um 2500 v. Chr. wurden die ersten Dolmen – keltisch »Steintisch« – aus Trag- und Decksteinen errichtet. Berühmtestes korsisches Beispiel für solch ein oberirdisches Megalithgrab ist der **»Stazzone-Dolmen«** von Fontanaccia bei Sartène. Sechs senkrechte, 1,80 m hohe Granitplatten umschließen eine 2,60 m × 1,60 m große Grabkammer, die eine 3,40 m × 2 m große Steinplatte abdeckt.

Dolmen

Die herausragende Bedeutung der korsischen Menhirfunde beruht auf skulptierten Menhir-Statuen, die ab 2500 v. Chr. bis zu 4 m hoch werden und zunehmend menschlich aussehen.

Skulptierte Menhire

Auf Goldgrund gemalte Heiligenbilder schmücken die Ikonostase der farbenfrohen griechisch-orthodoxen Kirche von Cargèse.

Meisterwerke der Frühzeit: Im Schatten eines Steineichenwäldchens stehen die gut erhaltenen Menhire von Renaggiu.

Ein Einschnitt über den »Schultern« trennt Kopf und Körper. Immer ausgeprägter werden die Gesichtszüge dieser **»Stantari«,** die später als **»Paladini«** Waffen wie Schwert und Dolch tragen. Ein schönes Beispiel ist der bewaffnete »Castaldu I« aus Ciamannacce im Taravotal. Wie Grosjean vermutet, stellen die überlebensgroßen Waffenträger Stammeshäuptlinge oder getötete Krieger dar.

Alignements   Ab 2500 v. Chr. entstanden auch Alignements, **Menhir-Reihen.** Mit 258 Granitmonolithen ist das Alignement von Palaggiu die größte megalithische Steinsetzung im gesamten Mittelmeerraum. Ebenfalls eindrucksvoll sind die Alignements von Renaggiu und Stantari auf der Hochebene von Cauria.

DAS VOLK DER TORREANER

Um 1600 v. Chr. drangen die Torreaner dank ihrer Bronzewaffen, mit denen sie den Urkorsen überlegen waren, in den Südosten Korsikas ein. Namensgeber für das Volk unbekannter Herkunft wurden ihre **turmartigen Rundbauten,** »Torres«, die sie in der Bronzezeit auf Hügeln und Anhöhen errichteten.

Torreanische   Die Turmbauten der Torreaner waren meist von einem Ring mächti-
Turmbauten   ger Zyklopenmauern aus Steinblöcken ohne Mörtelbindung umge-

ben. Ein Gang führte in die Zelle im Inneren. Ein Kuppeldach oder Steinplatten bedeckten das Gebäude. Einige Türme besaßen keine innere Cella, sondern lediglich eine Plattform auf der Spitze, die über eine Rampe zugänglich war. Die Turmbauten, die im Hinterland von Porto-Vecchio, bei Propriano und Sartène sowie in den Hochtälern des Taravo und des Rizzanèse zu finden sind, dienten vermutlich als Grabdenkmäler und Kultstätten.

GRIECHEN UND RÖMER

Die Phokäer, Griechen aus Kleinasien, gründeten die Küstenstadt **Alalia** beim heutigen Aléria, drangen aber kaum ins Inselinnere vor und hinterließen außer Nekropolen mit Keramikvasen und Gerätschaften wenig architektonische Zeugnisse. Im Museum von Aléria sind Exponate aus Alalia zu sehen.

Griechische Seefahrer

Die Römer eroberten 259 v. Chr. Alalia, bestimmten es zum Hauptort ihrer Provinz Corsica und gründeten neben kleineren Küstenorten die Stadt Mariana. Von der Römerstadt **Aléria** mit Forum, Tempel, Palast des Prätors, Häusern, Läden und »Fischfabrik« sind bemerkenswerte Ruinen erhalten. Das benachbarte **Museum »Jérôme Carcopino«** besitzt eine umfangreiche Sammlung römischer Fundstücke. In **Mariana** wurden neben der romanischen Kirche La Canonica Spuren der einstigen römischen Stadt freigelegt: Straßen, Thermen, Wohnhäuser sowie Reste der Basilika und des frühchristlichen Baptisteriums aus dem 4. Jh. Beide Städte traf das gleiche Schicksal: Nach einer militärisch bedingten Blütezeit litten sie sehr unter dem Niedergang des Römischen Reiches. Die Malaria raffte große Teile der Bevölkerung dahin, die Alalia im 5. und Mariana im 9. Jh. aufgab.

Römische Eroberung

Attischer Rhyton des 5. Jh.s v. Chr. im Museum von Aléria

Mit der Verbreitung des Christentums ab dem 3. Jh. entstanden wie in Mariana frühchristliche Basiliken, die im 9. und 10. Jh. entweder von Sarazenen zerstört oder durch Neubauten ersetzt wurden. Mit der Abwanderung in das bergige Binnenland wurden dort meist einfache Kapellen oder Pfarrkirchen errichtet, nur vereinzelt Basiliken in karger Ausstattung, etwa die Basilika und das Baptisterium von Saint-Jean bei **Corte.**

Frühchristliche Basiliken

PISANISCHE ROMANIK

Pisanische Herrschaft (1077 – 1284) Mit der pisanischen Herrschaft erhielt die sakrale Baukunst bedeutende Impulse. Zwischen 1077 und 1284 wurden mehr als 300 Kathedralen, Pfarrkirchen und Kapellen errichtet, von denen viele noch erhalten, bedauerlicherweise aber, insbesondere die kleineren, oft geschlossen sind. Die typisch pisanisch-romanische **Basilika** wurde aus vielfarbigen Steinblöcken errichtet, deren Material aus Korsika stammt: weißer Kalkstein, brauner, grüner und grauer Schiefer, gelber Tuffstein oder schwarzer Granit. Die Basilika besitzt eine runde Apsis, einen einfachen, rechteckigen Grundriss, den zwei Säulenreihen in drei Schiffe unterteilen, und rechts des Haupteingangs an der Fassade oft einen Nebeneingang. Als Schmuck dienen Blendarkaden, Bogenfriese, dekorierte Seitenfenster, Skulpturen mit geometrischen und floralen Motiven, Tiere und menschliche Figuren. Die Kirchendächer sind meist mit dünnen Schieferplatten, korsisch **»Teghie«,** gedeckt.

> **?** **BAEDEKER WISSEN**
>
> *Ein Sonderfall ...*
>
> ... ist die katholische Sainte-Dominique in Bonifacio, denn sie ist die einzige Kirche auf der gesamten Insel, die im gotischen Stil erbaut wurde.
> Einflüsse aus der Zeit der Renaissance fehlen in der korsischen Sakralbaukunst ebenfalls.

Pisanische Sakralbauten Bedeutende pisanische Kirchenbauten des ausgehenden 12. Jh.s sind die Kathedrale **La Canonica,** die benachbarte Kirche von San Parteo und die Kirche Santa Maria Assunta bei Saint-Florent. Diese Bauten waren Vorbild für weitere romanische Kirchen wie Ste-Christine in Valle di Campoloro oder einfachere Kirchen und Kapellen, z. B. in Aregno, Canari, Carbini oder Lumio.

Genuesische Kirchen Während der fast 500 Jahre andauernden Herrschaft Genuas folgte die korsische Baukunst weiter den pisanischen Gestaltungsmustern. Die Kirche **San Michele in Murato** aus dem 13. und 14. Jh. weist die typisch ligurische Zweifarbigkeit des Mauerwerks auf. Diese volkstümlich-romanische Tradition dominierte die Sakralbaukunst bis ins späte 16. Jh. In dieser Zeit entstanden auch die Kirchen von Piève, Morosaglia oder Sisco.

Kirchenfresken Die auf 1370 datierte Verkündigungsszene auf dem Triumphbogen der Kirche San Michele in Murato ist die **älteste genuesische Freske.** Die Darstellung Christi als Weltherrscher in der Chapelle San Nicolao von Sermano nahe Bozio stammt aus dem 15. Jh., die Fresken von Ste-Christine in Valle di Campoloro bei Cervione von 1473. Die Fresken der Kirchenlehrer und des hl. Michael in der Église de la Trinité von Aregno entstanden Mitte des 15. Jh.s.

Die griechisch-orthodoxe Kirche von **Cargèse** besitzt außer einem Tafelbilder Gemälde der Grablegung Jesu aus dem 13. Jh. eine byzantinische Ikone Johannes des Täufers aus dem 16. Jh. Das Bild des hl. Michael in der Kirche St-François von Canari schuf ein korsischer Künstler im 15. Jh., während das Triptychon der Himmelfahrt Mariens auf das 16. Jh. zurückgeht. Das Franziskanerkloster von Valle d'Alesani birgt eine Kopie der **»Vierge à la cerise«,** das Original der »Jungfrau mit der Kirsche« von 1450 hängt im Museum von Aléria. In St-Jean-Baptiste zu Calvi zeigen Seitentafeln eines Triptychons, 1498 vom ligurischen Maler Barbagelata geschaffen, die Verkündigung und die Heilige. In der Église de l'Annonciation in Corbara werden drei Tafelbilder der Schule von Sassetta aus dem 15. Jh. aufbewahrt, während die Pfarrkirche von Murato ein Gemälde der hl. Maria Magdalena aus der Schule Tizians aus dem 16. Jh. birgt. Die Anbetung der Hirten in Campana schuf 1638 der Spanier Francisco de Zurbaran. Die Kathedrale von Ajaccio besitzt mit der »Vierge au Sacré-Cœur« ein Werk von Eugène Delacroix (1798 – 1863), ferner 15 kleine Tafeln aus dem 17. Jh. mit dem Mysterium des Rosenkranzes.

Im Kloster St-François in Vico wird ein hölzernes Kruzifix aus dem Sakrale Plastik 15. Jh. aufbewahrt. Das kostbare Elfenbeinkruzifix eines Donatello-Schülers aus dem 15. Jh. zeigt das Musée Départemental in Levie. Die Kirche San Martino in Vescovato ist stolz auf ein genuesisches **Tabernakel aus weißem Marmor** von 1441. In Omessa wird in der Chapelle de l'Annonciade eine Marmorstatue der »Jungfrau mit dem Kind« im Stil der Florentiner Renaissance aufbewahrt. Bedeutende Beispiele für volkstümlich-religiöse Holzskulpturen sind die Christusfiguren von Bustanico bei Bozio und Calacuccia im Niolo.

Eine Genuesenbrücke verbindet seit dem 17. Jh. die Ufer des Tavignano.

Zitadellen und Wachtürme der Genuesen Unter der Bank des hl. Georg wurden ab 1453 die wichtigsten genuesischen Bollwerke erneuert – die Zitadellen von Ajaccio, Bastia, Calvi und Bonifacio sowie die Festungen von Saint-Florent, Algajola und Porto-Vecchio – ebenso die Küstenverteidigung durch **150 Wachtürme** ergänzt. Obwohl meist verfallen, prägen immer noch 60 teils restaurierte Wachtürme den Charakter der korsischen Küste.

Genueser Brücken Die Genuesen bauten die Straßen aus und errichteten meist einbogige Brücken. Berühmt ist die Brücke **Spin'a Cavallu** aus dem 13. Jh. im Rizzanèse-Tal bei Sartène; sehenswert sind auch die Bogenbrücken von Ponte Nuovo bei Morosaglia und Asco.

Barockkirchen Ende des 16. Jh.s wurde die »ländliche Romanik« durch den Genueser Barock abgelöst. Nach dem Vorbild der Genueser Chiesa dell'Assunta di Carignano von Alessi entstanden auf Korsika **Zentralbauten mit großer Kuppel** und zwei Glockentürmen, manche – wie La Porta – auch mit frei stehendem, quadratischem **Campanile.** Zu den sehenswerten Barockkirchen gehören in Bastia St-Jean-Baptiste, Ste-Marie und das Oratoire de l'Immaculée Conception, in Calvi St-Jean-Baptiste sowie die Kirchen von Pino und Piedicroce.

Traditionelle Dorfarchitektur Festungen gleich, schmiegen sich die oft unverputzten Wohnhäuser an die Berghänge. Bis heute betrachten die Korsen ihr eigenes Haus als kostbares Familiengut und lassen es lieber verfallen, als es einem Fremden zu übergeben. Seit einigen Jahren unterstützt der Staat die Restaurierung alter Wohnhäuser. Das Erdgeschoss birgt meist Ställe und Lagerräume; im Obergeschoss gruppieren sich die Schlafzimmer um den mittleren Raum mit dem Herdfeuer, dem »Fucone«. Zeugnisse der Blutrache sind die wehrhaften **»Casa Torre«**. Je größer die Familie wurde, desto mehr Stockwerke erhielten die Wohntürme. Mit terrassierten Mauern aus lose geschichteten Steinen, ähnlich der ligurischen **»Fasce«,** versuchten die Bauern einst, den steilen Bergen kleine Flecken ebenen Bodens abzugewinnen. Auch die **Hirtenkultur** hat einige Gebäudetypen hervorgebracht, die heute noch anzutreffen sind. Die **»Capanna«,** ein einfacher Steinbau aus einem Raum ohne Fenster und Kamin, umgibt als Eingrenzung für den Schafpferch ein

Korsikas beste Gemäldesammlung

Kardinal Fesch hat in Ajaccio die einzig nennenswerte Gemäldesammlung Korsikas zusammengetragen. Das Musée Fesch präsentiert fünf Jahrhunderte italienischer Malerei von der Schule Giottos bis zur venezianischen Landschaftsmalerei: Werke von Botticelli wie die »Madonna mit der Girlande«, Madonnenbildnisse von Lorenzo di Credi und Cosimo Tura, den »Mann mit dem Handschuh« von Tizian, die »Leda« von Veronese sowie Werke von Caravaggio, Landschaften von Poussin und Architekturmalerei von Panini.

Mäuerchen. Noch einfacher ist die Konstruktion der **»Baraccone«,** eine runde Sommerhütte im Gebirge, deren Kuppeldach auf mörtellos geschichteten Steinfundamenten ruht.

TRADITIONELLE MUSIK UND FESTE

Viele musikalische Traditionen sind nahezu verschwunden: die Wiegenlieder **»Nanne«,** die einst als Liebeserklärung gesungenen **»Sirinadu«,** die zur Vendetta aufrufende Totenklage **»Voceru«** und ihre sanftere Schwester **»Lamentu«.** Mit Glück sind heute noch die **»Chjame e Rispondi«** zu hören, improvisierte Frage- und Antwortgesänge, die Mutterwitz und Schlagfertigkeit verlangen. Eine Renaissance feiert hingegen die Paghjella.

Traditionelle Gesänge

Der dreistimmige **A-Capella-Gesang** der Hirten galt bereits als ausgestorben, bis ihn junge Korsen wiedererweckten. Drei Männerstimmen – Tenor, Bariton und Bass – improvisieren nach Gehör ein Lied, das entweder religiösen Inhalts ist oder Liebe, Natur und vergangene Zeiten besingt. Jede Stimme verläuft selbstständig: Der Bariton **»A Segonda«** beginnt und hält die Grundmelodie, der Bass **»A Bassu«** untermalt, der Tenor **»A Terzu«** schmückt aus. Das traditionelle Liedgut wird seit dem Mittelalter mündlich überliefert und basiert neben den Gregorianischen Gesängen auf orientalischen Ursprüngen. In den 1970er-Jahren wurde die Paghjella im Bozio von zwei Männern der heute sehr beliebten Gruppe **»Canta u Populu Corsu«** wiederentdeckt. Noch berühmter sind **»I Muvrini«.** Die »kleinen Mufflons« kombinieren die traditionellen Gesänge mit modernen Instrumenten. **»I Chjami Aghjalesi«** gehört ebenfalls zu den bekannten Gruppen, interessant sind auch »A Filetta«, »Diana di l'Alba«, »Giramondu«, »A Tavagna«, »I Cantelli«, »I Mantini«, »Vaghjime« oder das Trio »Soledonna«. Hörenswerte Einzelinterpreten sind vor allem Petru Guelfucci oder Feli (www.corsemusique. com). Jeden Sommer werden bei Konzerten und auf den vielen kleinen und großen **Musikfestivals** (▶Praktische Informationen, Feiertage und Events) wie dem **Festivoce** im Balagne-Ort Pigna so traditionelle Musikinstrumente wie Flöte oder Zither gespielt, die übrigens auch wieder auf Korsika gefertigt werden.

Paghjella

Da jede Kirche und jede Ortschaft einen Schutzheiligen besitzt, werden das ganze Jahr über feierliche Messen und Prozessionen begangen. Den Höhepunkt der Feiern bildet die Karwoche mit der Prozession des **»Catenacciu«** von Sartène (▶Baedeker Wissen, S. 288), der »Cerca« von Erbalunga am Cap Corse und den Prozessionen der fünf Bruderschaften von Bonifacio.

Religiöse Feste

Berühmte Persönlichkeiten

FAMILIE BONAPARTE

Der Stammbaum der Familie Bonaparte lässt sich bis 1440 zurück verfolgen, als Giovanni Bonaparte von Sarzana (La Spezia) nach Bastia zog, um als hoher Beamter unter dem Genueser Gouverneur zu arbeiten. Später zog die Familie nach Ajaccio. 1764 heiratete der 18-jährige Rechtsanwalt Charles-Marie Bonaparte (1746 – 1785) die gerade 14-jährige **Letizia Ramolino** (1750 – 1836). Letizia gebar 13 Kinder, von denen acht überlebten. 1768 wurde der älteste Sohn Joseph geboren. Nach der Abtretung Korsikas an Frankreich kämpfte Charles-Marie Bonaparte mit ▶Pasquale de Paoli in allen **Feldzügen gegen die Franzosen.** Letizia sammelte im Niolo Männer und Waffen zusammen. Nach der Niederlage von Ponte Nuovo anno 1769 erkannten die Bonapartes die Herrschaft Frankreichs an, und die Familie kehrte nach Ajaccio zurück.

Napoleons Geschwister und seine Nachfahren erläutert eine Infografik (▶Baedeker Wissen S. 56 /57).

Der kometenhafte Aufstieg einer Familie

NAPOLEON BONAPARTE (1769 – 1821)

Am 15. August 1769 kam in Ajaccio Napoleon Bonaparte zur Welt. Seine Mutter Letizia hatte am Gottesdienst zu Mariä Himmelfahrt teilgenommen, als die Wehen einsetzten. Nach der eiligen Heimkehr gebar sie den Sohn auf dem Sofa im Vorzimmer der ersten Etage. 1779 verließ Napoleon die Insel in Begleitung seines Vaters Charles-Marie, der als Vertreter des korsischen Adels nach Versailles ging. Napoleon besuchte die **Militärakademie von Brienne;** 1785 setzte er seine Ausbildung an der Kriegsakademie von Paris fort. 1792 wurde er zum **Oberstleutnant der korsischen Nationalgarde** ernannt und besiegte die Anhänger Pasquale de Paolis. Als sich der Konflikt mit den Paoli-Sympathisanten zuspitzte, flüchteten die Bonapartes am 3. Juni 1793 nach Toulon. Während Letizia 1797 nach Korsika zurückkehrte, sah Napoleon die Insel nur 1799 auf seinem Rückweg vom Ägyptenfeldzug wieder. Zurück in Paris, stürzte er das nach der Schreckensherrschaft von Robespierre regierende Direktorium und riss als **Erster Konsul** die Macht an sich. Auf eine allgemeine Volksabstimmung gestützt, machte er sich 1802 zum Konsul auf Lebenszeit und 1804 zum ersten **Kaiser der Franzosen** als Napoleon I. In den Kriegen gegen die von England angeführte Große Koalition unterwarf Napoleon Österreich und Preußen und besetzte Portugal und Spanien, um durch eine Kontinentalsperre England in die Knie zu zwingen. 1810 heiratete er Marie Louise von Österreich. Ihr einziger Sohn starb mit nur 21 Jahren als »König von Rom«. Durch

Erster Kaiser der Franzosen

Stand Model für Frankreichs »Marianne«: Laetitia Casta

Jérôme Bonaparte ist in der Eingangshalle des Rathauses von Ajaccio verewigt.

Kaiser Napoleon I.

Einheirat in den europäischen Hochadel als Monarch »legitimiert«, strebte Napoleon die **Herrschaft über ganz Europa** an. Das Scheitern des Russlandfeldzuges 1812 und 1813, die Niederlage in der Völkerschlacht von Leipzig im Oktober 1813 und die Besetzung von Paris zwangen Napoleon 1814 schließlich zur **Abdankung** und zum **Exil** auf Elba. Im Frühjahr 1815 versuchte er in den berühmten **»100 Tagen«** die Macht zurückzugewinnen, doch wurden seine Truppen bei Waterloo endgültig geschlagen. Napoleon selbst wurde auf die Atlantikinsel Sankt Helena **verbannt,** wo er 1821 starb. Im Jahr 1840 wurden seine Gebeine nach Paris überführt und im Invalidendom beigesetzt.

DANIELLE CASANOVA (1909 – 1943)

Widerstands-kämpferin Das Geburtshaus von Danielle Casanova in Ajaccio beherbergt heute das Musée du Capitellu. Bereits 1927 ging Danielle Casanova zum Studium der Zahnmedizin nach Paris und wurde dort Mitglied der Kommunistischen Partei. Sie beteiligte sich am Spanischen Bürgerkrieg und gab eine feministische Zeitschrift heraus. Anfang 1943 wurde sie von den Nationalsozialisten ins **Konzentrationslager Auschwitz** deportiert, wo sie typhuskranke Mithäftlinge pflegte, bis sie selbst der Krankheit erlag.

SAMPIERO CORSO (1498 – 1567)

Sampiero Corso wurde 1498 in Dominicacci bei Bastelica als Sohn wohlhabender Bauern geboren. Seine militärische Laufbahn führte ihn als **Hauptmann der »Schwarzen Bande«** der Medici nach Florenz. 1536 trat Sampiero in den Dienst des französischen Königs Franz I. und nahm an den Feldzügen gegen Karl V. teil. Nachdem er in Perpignan das Leben des Dauphins Heinrich II. gerettet hatte, ernannte dieser ihn 1547 zum **Generaloberst der korsischen Infanterie.** Reich und berühmt kehrte Sampiero auf die Insel zurück, wo er mit 49 Jahren die 15-jährige Vannina d'Ornano aus altem korsischen Adel heiratete. Unterstützt von französischen Truppen, kämpfte Sampiero 1553 für die **Befreiung Korsikas** von der genuesischen Herrschaft, bis er verraten und in Bastia gefangen genommen wurde. Heinrich II. ließ ihn befreien, um mit seiner Hilfe Besitz von der Insel ergreifen zu können. 1557 wurde Genua besiegt; Frankreich annektierte Korsika. Zwei Jahre später fiel die Insel wieder an Genua. Sampiero aber gab nicht auf. Seine Ehefrau **Vannina d'Ornano** hatte indes aus ungeklärten Gründen Kontakt mit Genua aufgenommen. Sampiero bezichtigte sie des Verrats und erwürgte sie, doch vermutlich war Eifersucht das Tatmotiv. Die Familie d'Ornano setzte ein Kopfgeld von 2000 Golddukaten auf Sampiero aus und verbündete sich mit Genua. Der Schildknappe Vittolo verriet Sampiero an Vanninas Angehörige, die ihn am 15. Januar 1567 auf der Straße von Suarella stellten und enthaupteten.

Freiheits-kämpfer

HEILIGE DEVOTA (? – 304)

Die heilige Devota wurde vermutlich auf Korsika geboren. Sie war eine **glühende Anhängerin des Christentums** und soll an allen Tagen außer am Sonntag gefastet haben. Da sie sich trotz Befehl des Präfekten Barbarus weigerte, den römischen Göttern zu opfern, ließ Barbarus sie foltern und töten. In der Nacht wurde ihr Leichnam von Christen gestohlen, die Devota fern der Insel würdig begraben wollten. Obwohl der Wind von Norden her wehte, folgte das Boot einer weißen Taube in diese Richtung und landete im Hafen von **Monaco,** wo Devota beerdigt wurde. Sie gilt als Schutzpatronin der monegassischen Fürstenfamilie Grimaldi und seit 1820 als eine der drei Schutzheiligen von Korsika.

Schutzheilige Korsikas

Familie Bonaparte

Die Buonapartes kamen aus Italien aus der Gegend von La Spezia und ließen sich 1567 in Ajaccio nieder. Heute leben noch sieben Mitglieder der einstigen Kaiserfamilie.

Charles-Marie Buonaparte (1746 – 1785)

Joseph Bonaparte, König von Neapel, König von Spanien (1768 – 1844)

Lucien Bonaparte, Präsident des Rates der Fünfhundert (1775 – 1840)

Elisa Bonaparte, Großherzogin der Toskana (1777 – 1820)

Pauline Bonaparte, Herzogin von Guastalla (1780 – 1825)

Caroline Bonaparte, Großherzogin von Berg, Königin von Neapel (1782 – 1839)

Louis Bonaparte, König von Holland (1778 – 1846)

Napoléon I. Bonaparte (1769 – 1821)

Charles Louis Napoléon III. Bonaparte (1808 – 1873)

©BAEDEKER

Napoléon (II.) Bonaparte, »König von Rom« (1811 – 1832)

Napoléon (IV.) Eugene Louis John Joseph Bonaparte (1856 – 1879)

I

II

III

IV

1769: Ende des korsischen Unabhängigkeitskrieges

9.11.1799: Staatsstreich, Napoleon I. wird erster Konsul

1815: Schlacht bei Waterloo

1870/71: Deutsch-Französische Krieg

1800

1850

Napoleon I. bis VIII.
Dieser Stammbaum zeigt die männlichen Nachkommen, die den Namen Napoleon trugen und in der fortlaufenden Nummerierung berücksichtigt sind, auch wenn die meisten von ihnen keinen offiziellen Titel führten. Der komplette Stammbaum der Bonapartes ist wesentlich umfangreicher.

▶ **Die Bonapartes heute**
Heute leben noch sieben Vertreter der Bonaparte-Familie. Sowohl Napoleon VII., als auch sein Sohn Napoleon VIII. gelten als das Familienoberhaupt, da die Nachfolge strittig ist. Napoleon VII. ist als Politiker, Bankier, Finanz- und Immobilienmakler in Frankreich tätig. Napoleon VIII. lebt in New York und arbeitet als Investment-Banking-Analyst.

Jérôme Bonaparte, König von Westfalen (1784–1860)

Napoléon Joseph Charles Paul Bonaparte (1822–1891)

Napoléon (V.) Victor Jérôme Frédéric Bonaparte (1862–1926)

Charles Marie Jérôme Victor Napoléon (VII.) (1950)

Louis Jérôme Victor Emmanuel Léopold Marie Napoleon (VI.) (1914–1997)

Jean Christophe Louis Ferdinand Albéric Napoléon (VIII.) (1986)

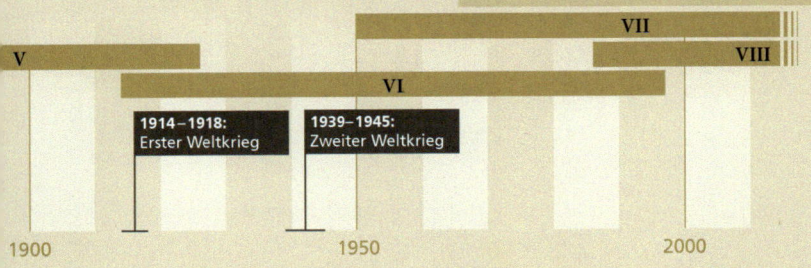

VII

VIII

V

VI

1914–1918: Erster Weltkrieg

1939–1945: Zweiter Weltkrieg

1900   1950   2000

PROSPER MÉRIMÉE (1803 – 1870)

Schriftsteller Zu literarischen Ehren kam Korsika, als ein Herr aus Paris 1839 als Inspekteur der Commission des Monuments Historiques die Insel bereiste. Mehr als die Bauten interessierten ihn die Traditionen der Insel: Vendetta und Totenklage. Seine Begegnung mit Colomba Bartoli, die unerbittlich die Fehde zwischen ihrer Familie und der Familie Durazzo geschürt hatte, inspirierte Prosper Mérimée 1840 zur Novelle **»Colomba«:** »Ich begegnete Madame Colomba, die hervorragende Gewehrkugeln herstellt und sich ebenso gut darauf versteht, sie an selbige Personen zu schicken, die das Pech haben, ihr zu missfallen.« Mérimées literarische Verarbeitung der Vendetta, fortgeführt mit »Matteo Falcone«, sorgte in Paris für Aufsehen, bescherte der Insel ein romantisch-verklärtes Bild und löste eine ungewöhnliche Reiselust aus: Man ließ sich mit verbundenen Augen in die Macchia verschleppen, um dort einen der berüchtigten Banditen zu treffen.

PASQUALE DE PAOLI (1725 – 1807)

Korsischer Staatsmann Der korsische Patriot Pasquale de Paoli mit dem Ehrentitel **»Vater des Vaterlandes«** (»Babbu di a patria«) wurde am 6. April 1725 in Morosaglia geboren. Seine Eltern waren überzeugte Anhänger der Unabhängigkeitsbewegung und gingen nach dem Zusammenbruch der Regentschaft von Theodor Baron Neuhoff (1736), bei welcher der Vater ein Ministeramt bekleidete, ins Exil nach Neapel. Hier erwarb Paoli eine hervorragende Universitätsbildung: Er beherrschte vier Sprachen und besaß neben wirtschaftlichen Kenntnissen eine umfassende klassische Bildung. Als **Kavallerieleutnant** des Reggimento Real Farnese von Syrakus unterhielt er Beziehungen zu Exilkorsen.

Nach der Ermordung des Freiheitskämpfers Gianpiero Gaffori 1753 rief man de Paoli in die Heimat, wo er am 29. April 1755 landete. Als **»General der korsischen Nation«** bestimmte de Paoli 14 Jahre lang das Schicksal Korsikas. Trotz des Widerstands einheimischer Familienclans schuf er ein demokratisches Staatssystem mit Gewaltenteilung. Er machte Corte zur Hauptstadt, verabschiedete eine neue Verfassung, organisierte ein Heer und erklärte die Unabhängigkeit Korsikas. Seine Erneuerungsprojekte erfassten alle Bereiche: Aus Wertgegenständen, welche die Kirchen stellten, ließ er Münzen prägen, er förderte die Landwirtschaft, insbesondere den Kartoffelanbau, ließ Sümpfe trockenlegen, eröffnete Bergwerke, organisierte das Volksschulwesen, gründete 1765 die Universität von Corte und veröffentlichte eine freie Zeitung. Die Werke von Jean-Jacques Rousseau

Korsischer Patriot mit Visionen: Pasquale de Paoli

Der »König von Korsika«

Er war wohl die schillerndste Persönlichkeit der korsischen Geschichte: Der westfälische Adlige Theodor Baron Neuhoff, kaum mehr als ein fahrender Glücksritter, trug 1736 für wenige Monate als Theodor I. Zepter und Krone.

Theodor Baron Neuhoff wurde 1694 in eine verarmte westfälische Adelsfamilie hineingeboren. Um dem Sohn eine standesgemäße Erziehung zu ermöglichen, gab man ihn an den Hof von Versailles, wo er als **Page** der Liselotte von der Pfalz aufwuchs. Der romantisch veranlagte Theodor spielte gern um Geld und führte ein **unstetes Dasein**, immer auf der Suche nach Finanzquellen und neuen Abenteuern. Bei seinen **Reisen quer durch Europa** blieb er an mehreren Fürstenhöfen und versuchte, durch Spekulationen zu Geld und Ansehen zu gelangen, meist jedoch mit zweifelhaftem Erfolg. Er schmückte sich mit klingenden Titeln wie Lord von England oder Grande von Spanien, spionierte für die Schweden in Spanien und heiratete eine reiche irische Erbin, die er bald wieder verließ.

Hilferuf aus Korsika

In der toskanischen Hafenstadt Livorno winkte ihm dann das Glück. Er traf auf **Exilkorsen**, die ihm die traurigen Verhältnisse ihrer Heimatinsel schilderten: Seit 1792 herrsche dort heller Aufruhr, nur mühsam könne die Republik Genua ihre Macht behaupten. 1735 sei in Corte die Souveränität der Insel erklärt worden. Da die katholische Kirche den Aufstand gegen Genua gutgeheißen hatte,

habe man die umkämpften Gebiete fürs Erste unter den Schutz der Gottesmutter gestellt und sei nun dabei, in den europäischen Residenzen nach einem geeigneten Prinzen oder Fürsten Ausschau zu halten. Theodor hörte den korsischen Gesandten aufmerksam zu und erkannte seine Chance, die er sogleich ergriff, indem er ihnen geradezu **märchenhafte Versprechungen** machte: Er wolle seine weit verzweigten Kontakte spielen lassen, um Korsika von der genuesischen Herrschaft zu befreien. Waren und Waffen könne er auf jeden Fall beschaffen. Als Gegenleistung erwarte er die Inthronisierung als König von Korsika. Die Korsen stimmten zu.

Vom Baron zum König

Neuhoff gelang es, griechische und jüdische Kaufleute in Tunis für die Insel zu interessieren. In Afrika rekrutierte er eine bunte Truppe von Söldnern und stach auf einem Schiff unter britischer Flagge in See, das mit Waffen und 6000 Schuhen als Handelsgut beladen war. Am 12. März 1736 gingen sie am Strand von Aléria an Land. **Ferdinand Gregorovius** beschrieb den albernen Aufzug in seinem Werk »Corsica« von 1854: »Er war angetan mit einem langen Kaftan von scharlachroter Seide, im Gürtel steckten reich ausgelegte Pistolen und in der rechten Hand hielt er einen langen Zepterstab.« Nach einem Umzug durch die Dörfer der Castagniccia mit Blumengirlanden und Kanonendonner wurde er im Kloster Valle d'Alesani am 15. April 1736 zum König ausgerufen. Als Residenz diente ihm der Bischofspalast von Cervione. Dem König stellte man einen Rat von 24 Männern sowie **Agostino Giafferi** und **Giacinto Paoli** als Minister zur Seite. Um des Königs Kasse zu füllen, wurden an Clanchefs Adelstitel und Ordensschmuck verteilt. Der König ließ Münzen prägen, versuchte die Wirtschaft mit der Finanzkraft jüdischer Kaufleute anzukurbeln und belagerte die Festungen von Genua.

Glücksritter, Hochstapler und Monarch: Theodor Baron Neuhoff

Das Ende der Regentschaft

Die europäischen Fürstenhöfe waren angesichts dieser Entwicklung verblüfft, sodass es Genua leicht fiel, gegen das »Königreich« einzuschreiten. Bald erkannten auch die Korsen, dass die finanziellen Versprechungen Theodors I. nicht erfüllt wurden. Um der **Rache der Korsen** zu entgehen, schiffte sich Theodor am 11. November 1736 unter dem Vorwand, sich selbst um die ausbleibenden Nachschublieferungen kümmern zu wollen, in Solenzara ein und ging schließlich, als Priester verkleidet, in Livorno in der Toskana an Land.

Erneute Versuche

Noch zweimal versuchte Theodor, sein »Königreich« zurückzuerobern. Mit finanzieller Unterstützung **holländischer Kaufleute** gelang es ihm 1738 mit drei Schiffen voller Waffen und Kriegsmaterial auf Korsika zu landen. Da inzwischen die Franzosen die Insel eingenommen hatten und ihm der korsische Adel die kalte Schulter zeigte, mussten Theodors Schiffe jedoch wieder Anker lichten. Bei seinem letzten Versuch, im Jahr 1743, ging er mit drei britischen Schiffen in L'Île-Rousse an Land. Auch diesmal wollte niemand auf ihn setzen, er hatte seine Glaubwürdigkeit verspielt. So verließ Neuhoff desillusioniert »seine« Insel und begab sich nach **London**, wo ihn seine Gläubiger für die nächsten sechs Jahre in den Schuldturm brachten. 1756 starb der einstige – und einzige – König von Korsika arm und vereinsamt. Bizarr wie sein Leben war auch sein Begräbnis: Bezahlt wurde es von einem Fremden, dessen Wunsch es war, einmal in seinem Leben einen König begraben zu lassen.

Vom korsischen Land…

… bahnte sich das Topmodel **Laetitia Casta** (▶ S. 52) seinen Weg auf die Laufstege der Welt. Streng genommen wurde sie zwar am 11. Mai 1978 in Pont Audemer in der Normandie geboren, aber Casta verbrachte jeden Sommer bei ihrem Vater im kleinen Bergdorf Lumio, auf »ihrer Insel«. Mit 15 Jahren wurde sie von der Pariser Modelagentur Madison auf Korsika am Strand entdeckt. Im Jahr 2000 löste Casta Cathérine Deneuve als »Marianne« ab. Die Büste der Nationalfigur Frankreichs wird regelmäßig nach dem Vorbild prominenter Französinnen neu gefertigt und ist in jedem Rathaus der Republik zu finden – seit 2012 ist die Schauspielerin Sophie Marceau das Vorbild.

und James Boswell trugen den Ruhm des **aufgeklärten Herrschers** über Europa hinaus in die Neue Welt. 1768 trat Genua, faktisch nicht mehr Herrscher der Insel, Korsika an Frankreich ab, ohne jedoch de Paoli zu berücksichtigen. Der »General der korsischen Nation« rief seine Landsleute erneut zu den Waffen, doch nach ersten Erfolgen gegen die Franzosen wurden die Korsen am 8. Mai 1769 in der **Schlacht von Ponte Nuovo** endgültig besiegt. De Paoli schiffte sich am 13. Juni in Porto-Vecchio ein und begab sich ins **Londoner Exil.** Nach 21 Jahren kehrte der amnestierte de Paoli im Auftrag der französischen Nationalversammlung 1789 auf die Insel zurück. Kurz darauf erklärte ihn die jakobinische Regierung zum Verräter der Nation. Korsika indes ernannte de Paoli zum **»Generalissimo«.** Er rief England zu Hilfe, und der junge Seeoffizier Nelson eroberte Saint-Florent, Calvi und Bastia. Da de Paoli bei der Gründung des englisch-korsischen Reiches 1794 wieder übergangen wurde, nahmen die Kämpfe und Aufstände kein Ende. 1795 ging de Paoli erneut ins **englische Exil,** 1796 vertrieb Frankreich die Engländer endgültig von Korsika. Pasquale de Paoli starb am 5. Februar 1807 in London.

MARIE-CLAUDE PIETRAGALLA (GEB. 1963)

Tänzerin und Choreografin   Marie-Claude Pietragalla, deren väterliche Vorfahren aus Korsika stammen, gilt als eine der besten Tänzerinnen der Gegenwart. Sie studierte Ballett an der Oper in Paris und gehörte der Kompagnie ab 1979 an. 1988 avancierte sie zur **Primaballerina,** ab 1998 war sie Direktorin des Ballet National de Marseille, das sie nach Unstimmigkeiten 2003 verließ. 2004 gründete sie ihre eigene Balletttruppe, die Pietragalla Compagnie. 2007 realisierte sie im Auftrag von Pierre Cardin das Stück »Sade«, 2011 war sie erstmals nach zehn Jahren wieder auf der Bühne des Pariser »Olympia« zu sehen, wo sie ihr Werk »La Tentation d'Eve« tanzte. Marie-Claude Pietragalla ist mit dem Tänzer und Choreografen Julien Derouault liiert, mit dem sie nicht nur eine gemeinsame Tochter (Lolal) hat, sondern seit mehr als zehn Jahren auch äußerst erfolgreich zusammenarbeitet. So haben sie 2004 bei Paris gemeinsam ein **Théâtre sur Corps** (Körpertheater) gegründet, das als Forum choreographische Experimente aller künstlerischen Techniken mit dem Tanz verbindet. Wer mehr wissen möchte: Informationen gibt es unter www.pietragalla.com.

MARIE SUSINI (1916 – 1993)

Die korsische Schriftstellerin Marie Susini aus Renno beschrieb in ihren Romanen und Dramen das **Alltagsleben** in Korsika, Sitten, Gebräuche und Grundhaltungen nach den strengen Regeln der Familie. Besonderes Augenmerk legte sie auf die Rolle der korsischen Frau. Die bedeutende korsische Schriftstellerin hatte Kontakte zu Albert Camus, war seit 1970 Mitglied der Jury des Prix Femina, seit 1980 Mitglied der Académie des Sciences Humaines und ist in Vico, südlich von Renno, begraben.

**Schrift-
stellerin**

ERLEBEN UND GENIESSEN

Was sind die kulinarischen Klassiker Korsikas? Welche Gegenden und Unterkünfte eignen sich besonders für Ourdoorfans, welche für Familien? Wo gibt es die schönsten Souvenirs und welche Feste sollten Sie auf keinen Fall verpassen? Lesen Sie es nach – am besten schon vor der Reise!

Baden

Traumhafte Strände und türkisblaues Wasser

Helle, lange Sandstrände, einsame Buchten, wilde Klippen und türkisfarbenes Wasser: Nicht zuletzt 1047 Kilometer traumhafter Badeküste haben die Mittelmeerinsel zum Urlaubsmekka gemacht. Hinzu kommen drei Dutzend Naturbadestellen in Bächen und Flüssen, von denen viele noch Trinkwasserqualität haben.

Die Wasserqualität der Badestellen an der Küste und im Inland wird seit 1999 in regelmäßigen Abständen vom korsischen Umweltamt kontrolliert (www.oec.fr). Über die **Qualität des Badewassers** sämtlicher Badeplätze Korsikas informiert das französische Gesundheitsministerium mit einer interaktiven Karte auf der Website http://baignades.sante.gouv.fr.
Die durchschnittliche Wassertemperatur beträgt im Sommer 24 °Celsius, im Oktober noch angenehme 20 °Celsius und im Winter immerhin noch 14 °Celsius. *Sauberes Badevergnügen*

Große, lange Sandstrände auf insgesamt 80 km Länge, die flach ins Meer abfallen, sind das Markenzeichen der korsischen Ostseeküste, die zwischen Bastia, Ghisonaccia und Aléria fest in der Hand von Familien und FKK-Anhängern ist. Zu den schönsten Stränden der Insel gehört die **Plage de Cannelle** mit ihrem feinweißen Sand, kristallklaren Wasser und Schnorchelfelsen im Norden der Bucht. Auch in der Hochsaison nicht überlaufen ist am hellgrauen Strandband zwischen Bastia und Solenzara dieses Fleckchen nördlich von Ghisonaccio: Von der Ferienanlage Perla di Mare geht es erst auf Asphalt, dann auf Sand und Schotter zum Naturschutzgebiet von Pinia, das sich bis zum Étang d'Urbino hochzieht. Stellen Sie ihr Fahrzeug erst am zweiten Parkplatz ab. Zum Strand sind es von dort rund 150 m – je weiter gen Norden Sie laufen, desto einsamer wird es! *Sandstrände*

An der Südküste lösen **mächtige Felsen** die langen Sandstrände ab. Wie kleine Fjorde reichen hier die Meeresbuchten ins Land, gesäumt von mehreren winzigen, vorgelagerten Inselchen. Noch dramatischer zeigt sich jedoch die Westküste, wo sich zwischen felsigen Vorgebirgen die weiten Täler zu breiten Buchten öffnen. Besonders reizvoll sind die Golfe von Calvi, Girolata, Valinco, Porto, Ajaccio und Sagone, die von Kiesel- und Sandstränden sowie von Klippen und küstennahen Riffs geprägt sind. *Felsenbuchten*

Endlose Sonnentage am Strand von Palombaggia genießen ...

Zauberhafte Badebucht mit glasklarem Wasser: Ficajola ist mit ihrem flachen Einstieg auch für kleinere Kinder bestens geeignet.

Wassersport-möglich-keiten

Segler freuen sich an diesem Ort über stabile Winde, **Surfer** über die Brandung, die an vielen Tagen im Jahr perfekte Wellen liefert. Anders als an der Ostküste können hier jedoch starke Westwinde das Meer bis zum Grund aufwühlen und die Sicht beim Schnorcheln oder Tauchen noch für Stunden nach dem Sturm trüben. Im Nordwesten und in der Straße von Bonifacio gibt es zeitweise zudem gefährliche Meeresströmungen.

FKK

Besonders die langen Sandstrände im Osten der Insel sind beliebt bei FKK-Anhängern. Hier sind auch einige Campingplätze und Bungalowsiedlungen für Nudisten direkt am Strand entstanden (z. B. nördlich von Prunete). Die meisten Ferienanlagen besitzen jedoch getrennte FKK-Strände.

Baden im Fluss

Eine Alternative zu Strand und Meer sind die Flüsse – rund 30 idyllische Flussbadestellen locken auf der Insel. Für Familien sehr zu empfehlen sind das **Ascotal**, das **Tavignanotal** und die sechs offiziellen Flussbadestellen westlich von **Solenzara**.

Nord

Schwarze Schönheit: Hohe Felsen umrahmen den sehr feinsandigen, **dunklen Sandstrand von Nonza am Cap Corse.**
Über eine kurvige, schmale Straße, die für Wohnmobile nicht geeignet ist, erreicht man die sandig-schöne **Plage de Barcaggio** mit Paradeblick auf die Île de la Giraglia, den nördlichsten Punkt Korsikas. Wer sich beim Sonnen bewegen will: Laufen Sie am Strand entlang zum Genueserturm von Agnello!

West

Bräunen mit Burgblick: Sonnen und schwimmen an der 6 km langen **Plage von Calvi** mit Blick auf die mächtige Zitadelle
Türkisfarbenes Wasser plätschert an den weiten Sandstrand von **Lozari,** der selbst zur Hauptsaison nicht überlaufen ist.
Eine versteckte Strandperle ist **L'Ostriconi** kurz vor Ille Rousse an der N197 aus Saint-Florent

kommend. Den Berg hinauffahren, parken, hinunterkraxeln und ab ins Meer – herrlich!

Ost

Südlich von Porto-Vecchio konkurrieren die Badebucht von **Santa Guilia** und die 2 km lange **Plage de Palombaggia** um den Titel »schönster Strand der Insel«. Selbst kleinste Kinder fühlen sich am sanft auslaufenden Sandstrand der **Baie de Stagnolo** nördlich von Porto-Vecchio wohl.

Süd

Unterhalb des Löwen von Roccapina erstreckt sich eine sandige Badebucht mit überaus feinem Sand und seichtem Wasser. Zur **Plage de Roccapina** führt eine gut befahrbare Schotterpiste. Eine Piratenbucht wie aus dem Film versteckt sich unter dem **Sémaphore de Pertusato.** Zum kleinen Strand hinab geht's rechter Hand vom Leuchtturm auf einem 400 m langen Pfad.

Essen und Trinken

Mehr als Käse und Kastanien

Sonnige Küsten und schroffe Berge, Bauernkost und Gourmetküche: Frankreichs wilde Insel, auf der Napoleon geboren wurde, liebt auch in der Küche die Kontraste. Korsika ist eine Insel für alle Sinne, und besonders für den Gaumen.

Welche Genüsse **typisch korsisch** sind, verraten die zehn Feinschmeckerstraßen **»Routes des Sens Authentiques«** (Routen der authentischen Sinne), die es zu entdecken lohnt. In Hofläden, auf bunten Bauernmärkten und in liebevoll eingerichteten Feinkostboutiquen präsentieren die Korsen stolz ihre unverfälschten Produkte: Schinken und Schafskäse, Wein oder Olivenöl, Honig, Kräuter und Naschwerk aus Nougat oder kandierten Früchten. Doch auch abseits dieser kulinarischen Straßen lassen sich Kleinode entdecken, die es zu probieren lohnt – und viele neue Geschmackswelten eröffnen. Seien Sie mutig! Die kleinen Flyer zu den einzelnen Strecken gibt es bei Visit Corsica, den Office de Tourisme und auch im Internet unter **www.gustidicorsica.com**.

Preiskategorien der Restaurants ▸S. 6

Ursprünglich war die korsische Küche eine Arme-Leute-Küche, ländlich, bodenständig, verwurzelt in der Subsistenzwirtschaft und abhängig von den Jahreszeiten. Die Männer gingen zur Jagd und Angeln, halb verwildert zogen – und ziehen bis heute – Schafe, Schweine und Ziegen durch das Inselinnere. Die **Kastanie** war der Brotbaum der Korsen; Gartenbau und Kleintierhaltung ergänzten den Speiseplan. Gewürzt wurde vor allem mit Wildkräutern wie Katzenminze und Macchia, die vielen Gerichten den unverwechselbaren Geschmack der **Macchia** gaben.

Traditionelle Küche

Allgegenwärtig sind besonders an der Küste und im küstennahen Hinterland sowohl die Einflüsse des nahen Italien, die sich vor allem in der Liebe zu **Pizza** und **Pasta** widerspiegeln, als auch die kulinarischen Traditionen des französischen Festlandes: eine Speisekarte ohne **Entrecôte** oder **Foie Gras** – für jedes halbwegs ordentliche Lokal undenkbar! Bei den Portionen haben die Gastronomen mit der Haute Cuisine wenig im Sinn. Für sie gilt immer noch das alte korsische Sprichwort:»O paglia o fenu, basta che u corpu sia pienu«: Ob mit Stroh oder Heu geschlafen wird, wichtig ist, der Bauch ist voll! Aufwändig angerichtete Mini-Mahlzeiten, garniert mit Gault-Millau-Mützen und Michelin-Sternen, sind etwas für Pariser – auf Korsika heißt schlemmen, ausgiebigst zu speisen.

Italienische und französische Einflüsse

Alle Gaumenfreuden Korsikas finden sich auf den Märkten der Insel.

Korsikas Schlemmersterne

Zwei Michelinsterne:
Casa del Mar, Porto-Vecchio
www.casadelmar.fr
Hauptgerichte 48 – 62 €

Ein Michelinstern:
La Table by La Villa, Hôtel de la Villa
www.hotel-lavilla.com, Menü 70 – 120 €
Le Pirate, Erbalunga, www.restaurant
lepirate.com, Menü 40 – 100 €
U Pasqualo Paoli, L'Île Rousse
www.pasquale-paoli.com
Menü 30 – 110 €
Restaurant Oggi, Hôtel Chez Charles
Lumio, www.hotelcorse-chezcharles.
com, Hautgerichte 40 – 45 €

Hotel La Roya, Saint-Florent
www.hoteldelaroya.com
Menü 55 – 100 €
Le Palm Beach, Ajaccio
www.palm-beach.fr
Menü ab 90 €
Le Belvédère, Porto-Vecchio
www.hbcorsica.com
Menü 95, 120 €
La Table de la Cala Rossa, Porto-
Vecchio, www.hotel-calarossa.com
Hauptgerichte ab 49 €, Acht-Gänge-
Entdecker-Menü 150 €
le Lido, Propriano
www.le-lido.com
Menü 80 €

Korsische Gepflogenheiten

Ganz spontan sollte man jedoch nicht seinen Hunger stillen wollen – da bleiben dann nur Snackbars oder ein Croque-Monsieur in der Café-Bar. Die Restaurants halten sich an die **festlandfranzösischen Sitten.** Gegessen wird mittags von 12.00 – 14.00, abends mitunter ab 19.00, meist aber erst ab 19.30. Die letzten warmen Gerichte verlassen gegen 21.00 Uhr die Küche, um 22.00 Uhr machen es die Kellner, die noch länger gemütlich beim Wein zusammensitzen wollen, unmissverständlich klar, dass geschlossen wird – und nur Café-Bars noch länger geöffnet haben.

Authentische Küche

Zu den besten Adressen für eine authentische korsische Küche gehören nicht die Lokale, die in bekannten Schlemmerbibeln verzeichnet sind, sondern unscheinbare Häuser am Wegesrand, die als **Gite d'étape** oder **Fermes auberges** am Straßenrand aufgestellt haben oder zum Fremdenzimmer einen **Table d'hôte** anbieten. In diesen Gasthöfen kommt auf denn Tisch, was die Einheimische selbst am liebsten essen. Hausmannskost, mal einfach, mal raffiniert, aber immer authentisch und sehr schmackhaft.

Sterneküche

Doch auch an der Küste gibt es immer wieder Lokale, die durch Qualität, Ambiente und Engagement überraschen. Hoch gelobt wird von Gourmetkritikern stets der gebürtige Italiener Davide Bisetto, der nach Wanderjahren in Deutschland und Britannien seit 2004 Küchenchef des Restaurants im Designhotel **»Casa del Mar«** von Porto-Vecchio – und als einziger Koch der Insel mit zwei Michelinsternen dekoriert ist. Eine Entscheidung, die Einheimische wie Gäste des Öfteren hinterfragen. Ihr Urteil: überteuert und wenig kreativ. Und während man bei Bisetto stets immer einen Tisch erhält, sollte man für die Tafelfreuden bei den nur einfach besternten Stars wie Julien Diaz vom Restaurant »Oggi« in Lumio oder Ange Cananzi, Maître Restaurateur 2012 vom Pasqualo de Paoli in L'Île Rousse, stets rechtzeitig im Voraus reservieren.

SPEZIALITÄTEN AUF KORSIKA

Als Vorspeise wird gerne **»Charcuterie corse«,** die traditionelle Aufschnittplatte, serviert. Die verwilderten Hausschweine ernähren sich in den Wäldern von Kastanien, Eicheln und den Gewürzkräutern des Unterholzes, und ihr Fleisch wird geräuchert: Diese exklusiven Faktoren verleihen den korsischen Schweinefleischprodukten einen ganz besonderen Geschmack (▶Baedeker Wissen, S. 78). Versuchen sollte man den Räucherschinken **»Prisittu«,** der im Sommer mit Feigen serviert wird, den würzigen Rollschinken »Coppa«, aber auch »Lonzu« (geräuchertes Schweinefilet), »Pulpone« (Presssack), »Figatelli« (geräucherte Leberwürstchen) sowie die Würste aus Quenza und dem Niolo. Hoch geschätzt wird auch Amselpastete mit Myrtenbeeren – trotz der Einwände von Naturschützern. *Vorspeisen*

Der erste Gang ist meist eine Suppe, ein Nudelgericht – oder eine **»Pulenta«,** ein Brei aus Kastanienmehl. Pulenta mit kalter Ziegenmilch heißt »Birulli« und wird oft mit geräucherten Leberwürstchen verzehrt. **»Aziminu«** nennt man die korsische Fischsuppe. *Erster Gang*

Nur an der Küste ist **Fisch** ein fester Bestandteil der korsischen Küche. Gegrillt, gebraten oder im Rohr gebacken werden Seebarben, Zahnbrassen, Goldbrassen, Seewolf und Sardinen, im Landesinneren kommen vorwiegend Forellen und Aale auf den Tisch. Lieber als das importierte Rindfleisch essen die Korsen **Lamm- oder Ziegenfleisch,** das mit den aromatischen Macchiagewürzen zubereitet wird. Weitere typisch korsische Hauptgerichte sind vor allem Kutteln mit Zwiebeln (»piverunata«), geschmortes Zicklein mit Paprika, Wildschweinkeule mit Kastanienpüree und geräuchertes Ziegenfilet (»migisca«). *Hauptgerichte*

Frische Gewürze vom Markt verfeinern die Inselgerichte.

Korsische Kastanien

Eine ganze korsische Region hat ihren Namen von der Kastanie: Die Castagniccia im Osten der Insel ist das Hauptanbaugebiet der essbaren Edelkastanie (franz. châtaigne), die auf Korsika auf einer Fläche von 31 000 ha angebaut wird. Die Genueser trieben die Kultivierung voran, und so wurde die Kastanie für eine geraume Zeit zum Hauptnahrungsmittel der Korsen; heute haben sie aus der Not eine Tugend gemacht und verkaufen Kastanienprodukte mit Erfolg an Touristen.

▶ **Unechte und echte Kastanien**
Man sollte die Rosskastanie, deren Früchte im Herbst in Deutschlands Wäldern zu finden sind, nicht mit der Edelkastanie verwechseln. Sie tragen zwar beide den Namen Kastanie und sehen sich sehr ähnlich, stammen aber von völlig verschiedenen Pflanzenfamilien.

Aesculus Hippocastanum

Ordnung: Seifenbaumartige
Familie: Seifenbaumgewächse
Unterfamilie: Rosskastaniengewächse (Hippocastanoideae)
Gattung: Rosskastanien (Aesculus)
Art: Gewöhnliche Rosskastanie

Blütezeit
J F M **A M** J J A S O N D

Fruchtreife
J F M A M J J A **S O** N D

Castanea Sativa

Ordnung: Buchenartige
Familie: Buchengewächse
Unterfamilie: Quercoideae
Gattung: Kastanien (Castanea)
Art: Edelkastanie

Blütezeit
J F M A M **J J** A S O N D

Fruchtreife
J F M A M J J A S **O N** D

Verbreitung der Edelkastanie
Die Edelkastanie ist die einzige Vertreterin der Gattung Kastanie in Europa. Sie braucht feucht-gemäßigtes Klima und saure Böden.

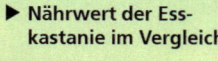

▶ **Nährwert der Esskastanie im Vergleich**

■ Eiweiß
■ Fett
■ Kohlenhydrate

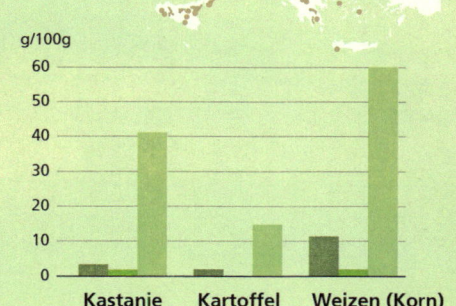

©BAEDEKER

Kastanienprodukte
Esskastanien kann man nicht nur als Maroni, sondern auf vielfältige Art genießen.

Brot
Aus Kastanienmehl wird Brot gebacken.

Püree
Als Beilage zu Hauptgerichten eignet sich der Brei aus Kastanien.

Kuchen
Kuchen sind eine weitere Möglichkeit, das Kastanienmehl zu verwenden.

Marmelade
Sogar als Marmelade sind Kastanien lecker, zum Beispiel auf Pfannkuchen.

Bier
Das Kastanienbier der Brauerei Pietra verwendet Kastanienmehl aus der Castagniccia.

Honig
Auch lecker: Honig aus Kastanienblüten.

Chillig: sich mit Freunden auf ein Glas Wein oder Pietra-Bier treffen

Käse Nicht wegzudenken aus der korsischen Küche ist **»Brocciu«,** ein milder Frischkäse aus Schafs- oder Ziegenmilch oder einem Mix beider Milchsorten, der in warmer Molke bis zum Ausflocken erhitzt und dann abgeschöpft wird (►Baedeker Wissen, S. 79). Verzehrt wird »Brocciu« in vielen Varianten: ungewürzt, mit Zucker und Aquavit oder gesalzen, als Pfannkuchen mit Pfefferminze oder in Süßspeisen. Andere Käsesorten aus Schafsmilch, wie **»Toma«** und **»Fetta«,** werden in den Bergen des Niolo hergestellt. Zu einer typisch korsischen Käseplatte gehören schließlich auch korsischer Schafskäse (»Brebis«) oder Ziegenkäse (»Chèvre«).

Süßspeisen Zu den typischen Süßspeisen zählen die **»Castagnina«**-Torte aus Kastanien, Walnüssen, Pinienkernen, Mandeln und Rosinen, **»Fritelle«**-Krapfen mit frischem »Brocciu«, Honig, Früchten oder Kräutern, der Orangenblütenpudding **»Fiadone«,** die Brioche-ähnlichen »Falculelle« von Corte und die **»Canistrelli«,** ein Mürbegebäck mit Anis, Mandeln, Haselnüssen oder Kastanien.

Honig und Konfitüren Den korsischen Honig prägen die intensiven Düfte der Macchia. Berühmt ist vor allem der Honig aus Asco. Besondere Konfitüren werden aus den Beeren des Erdbeerbaums, aus Myrtenbeeren, Esskastanien und Zitrusfrüchten erzeugt. Auch für kandierte Zitronatzitronen ist Korsika bekannt.

WAS TRINKT MAN?

Griechen brachten vor 2500 Jahren erste Reben nach Korsika. Die **Korsischer** Römer weiteten den Weinbau aus und exportierten korsischen Wein **Wein** nach Italien. In den 1960ern begann an der Ostküste die staatliche Förderung der Weinbauern, die größtenteils Landweine mit der Bezeichnung **»Vin de Pays. L'Île de Beauté«** erzeugten. Massenanbau und Weinpanschskandale brachten den korsischen Wein Anfang der 1970er in Verruf. Heute erzeugen 450 Produzenten, davon 124 eigenständige Weingüter, neben Tafelweinen in den neun AOC-Regionen der Insel – Ajaccio, Corse, Calvi, Muscat und Coteaux du Cap Corse, Figari, Patrimonio, Porto-Vecchio, Sartène – hervorragende Tropfen, die keinen Vergleich scheuen müssen. Drei Rebsorten, die nicht auf dem französischen Festland angebaut werden, dominieren den Anbau: die tiefrote **Nielluccio**-Traube als Variante des toskanischen Sangiovese, die **Sciacarello**-Traube, die einen

vollmundigen Rosé ergibt, sowie die weiße **Vermentino**-Traube (Malvoise de Corse), die auf Cap Corse wächst. Ebenfalls dort angebaut wird der weiße **Muskateller** (▶Baedeker Wissen, S. 80/81).

Auch Bier ist ein beliebtes Getränk, ob aus der Flasche (canette) oder **Bier** vom Fass (bière pression). Das korsische **»Pietra«**-Bier erinnert im Geschmack an Kastanien. **Mineralwasser** gibt es als stilles Tafelwasser (eau minérale) oder mit Kohlensäure (eau gazeuse); aus Korsika kommt z. B. das mineralienreiche **Orezza**-Wasser der Castagniccia. Als Aperitif ist wie überall in Frankreich der **Pastis** bzw. Ricard beliebt, ein mit viel Eiswasser aufgefüllter Anisschnaps; landestypischer sind der süße Likör **»Cap Corse«** aus Bastia und der **»Vin de Noix (Nusswein)«**, der an Portwein erinnert.

WINZERVEREINIGUNGEN

Comité Intersyndical des Vins de Corse (CIV)
7, Bd. du Charles de Gaulle
F-20200 Bastia
Tel. 04 95 32 91 32
www.vinsdecorse.com

U. V. A. Corse
c/o Clos Capitoro Route de Sartène – Ld Pisciatella
F-20116 Porticcio
Tel. 04 95 25 19 61
www.clos-capitoro.com

Typische Gerichte

Charcuterie Corse: Eine beliebte traditionelle Vorspeise ist die Schlachterplatte mit Fleischspezialitäten der frei herumlaufenden korsischen Schweine. Klassiker der **Charcuterie Corse** sind die **»Coppa«,** ein in Salz und Wein eingelegter Rollschinken aus Schweine-

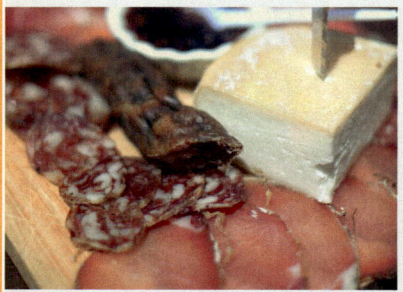

nacken, und der **»Lonzu«,** ein mild geräuchertes, gepfeffertes Schweinefilet, das hauchdünn geschnitten perfekt zum Aperitif passt. Der rohe Räucherschinken **»Prisuttu«** wird im Sommer mit Feigen genossen, die groben Würstchen **»Figatelli«** aus Schweinespeck, Leber und Innereien wie Herz und Niere sind roh oder gegrillt ein traditionelles Winteressen. Zur Charcuterie Corse gehören schließlich auch noch die Saucisson de Sanglier, eine geräucherte Wildschweinmettwurst, sowie die Blutwurst **»Sangui«** und eine Vielzahl von Pasteten, die meist mit Myrte gewürzt werden.

Pulenta: Kastanien waren auf Korsika das Brot der armen Leute. Zu Mehl gerieben, lieferten die nähr-

stoffreichen Nussfrüchte ein Gericht, das tagein, tagaus den Hunger stillte: Pulenta. Der Brei aus **Kastanienmehl** und Wasser, einzig mit etwas Salz gewürzt, erlebt heute in den Feinschmeckerrestaurants als kulinarisches Symbol Korsikas seine Renaissance, wo er in Scheiben zu gebratenen »Figatelli«-Würstchen, Wildschweinleber, Spiegeleiern oder Brocciu gereicht wird. Arme Menschen können sich die Pulenta heute kaum noch leisten: Ein Kilo Kastanienmehl kostet auf der Insel heute mehr als zehn Euro.

Bastelle: Zu Allerheiligen (1. Nov.) und zum Tag der Toten (2. Nov.) dürfen sie nicht fehlen: **Bastelle,** kleine rechteckige **Blätterteig- oder Hefeteigtaschen,** die mit Mangold (blettes), Kürbis (courges) oder Zwiebeln (oignons) gefüllt werden. Ihre Fertigung ist in den Dörfern und Weilern der Insel bis heute eine Gemeinschaftsaufgabe, zu der sich Frauen allen Alters rund um den kommunalen Backofen versammeln, den Teig ansetzen, mit Gemüse füllen und in großen Mengen backen, ehe die Dorfbewohner sie zu Ehren der Verstorbenen einander schenken und noch warm verzehren.

Stufatu: Der kulinarische Einfluss des nahen Italien lässt sich auch nicht beim Stufatu leugnen, einer **Lasagne nach Inselart.** Anders als auf dem Festland kommt sie nicht als Schichtnudelauflauf aus dem Ofen, sondern wird erst auf dem Teller komponiert: Auf die Nudeln kommen erst etwas geriebener Käse, dann die mit Schinkenwürfeln durchsetzte Tomatensoße und – wie ein Nest in der Mitte – das gekochte Rinds-, Kalbs- oder Lammragout. Jetzt noch ein wenig geraspelten korsischen Hartkäse vom Tomme Corse darüber, eine Scheibe frisches Brot und einen guten Landwein wie Gaspa Mora: bon appétit!

Zuppa Corsa (soupe corse): Ein typisches Winteressen sind die traditionellen **korsischen Suppen,** die so gehaltvoll sind, dass sie eigenständige Mahlzeiten darstellen. Doch, Vegetarier aufgepasst, auch die vermeintlich reinen Gemüsesuppen wie die beliebte Zuppa Corsa enthalten stets Fleischanteile. Für die korsische Nationalsuppe wandert zunächst ein Schinkenknochen in den Topf, dann das klein geschnippelte Gemüse, das der eigene Garten liefert, ehe Lardons, Würfelschinken, für die würzige Note sorgen. Serviert wird die Zuppa Corsa mit Kartoffeln oder Nudeln, manchmal auch mit großen Bohnen.

Brocciu: Die Milch der korsischen Schafe, die ungehindert durch das bergige Inselinnere ziehen, liefert den Rohstoff zum einzigen AOC-Käse der Insel: **Brocciu.** »Wer ihn nicht gekostet hat, kennt nicht die Insel«, schrieb der Journalist und Schriftsteller **Émile Bergerat** im ausgehenden 19. Jh. über den Nationalkäse der Korsen, und bis heute gehört er von früh bis spät zum **korsischen Leben** einfach dazu. Frisch und mild auf die morgendliche Tartine, mittags ins Omelette, abends in die Pulenta oder Cannelloni, und zwischendurch in jeden **Fiadone** (Käsekuchen), jedes **Falcullela** (Zuckerküchlein) und zu jedem »Gouter«, dem kleinen Imbiss mit Käse, Wein und frischem Baguette.

Canistrelli: Italiens Einfluss zeigt sich auch bei den **Canistrelli-Keksen.** Ihre Heimat sind die Mandelbaumregionen der Insel, wo sie aus wenig Mehl, aber vielen Mandeln sowie Zitrone, Anissamen oder Fenchel als Aromaträger gebacken, geschnitten und erneuten gebacken werden. Der zweite Backvorgang ist entscheidend für die trockenen Plätzchen: Erst er macht die **Mandelkekse** so knusprig. Wichtig: Nur »Canistrelle« kommen aus Korsika, »Canestrelle« hingegen vom italienischen Festland.

Korsischer Wein

Franzosen lieben korsischen Wein – werden dort doch Trauben ange-
baut, die auf dem Festland selten und gar nicht wachsen: der Nielluc-
ciu, das rote Herz von Patrimonio, der Sciaccarellu, der auf dem Granit
des Westens wächst, und die alte mediterrane Weißwein-Sorte Vermen-
tinu, die mitunter mit roten Trauben für ausdrucksstarke Rosé-Weine
gekeltert wird. Im Ausland indes wird korsischer Wein zu Unrecht im-
mer noch mit billiger Pansche assoziiert.

Schuld am schlechten Ruf sind die einfachen Massenweine von den Monokulturen der Ostküste, die Zweidrittel der jährlichen Weinproduktion liefern, und ein Weinpanschskandal, der längst vergangen, aber nicht vergessen ist. Verursacht wurde er von den Pieds Noirs, Flüchtlingen aus dem Algerienkrieg, die an der Ostküste mit staatlicher Hilfe von 1953 bis 1973 mehr als 20 000 Hektar Rebfläche anlegten. Da der korsische Boden, anders als in der algerischen Heimat, nicht die gewohnten tiefroten, alkoholreichen Rotweine lieferte, halfen die Winzer ein wenig nach – mit Chaptalisation. Die illegale Praxis – seit 1969 war die Beimischung von Zucker in den Most offiziell verboten – ließ nicht nur die Zuckerimporte auf die Insel von 300 auf 32.000 Tonnen explodieren, sondern sorgte auch für Widerstand mit Waffengewalt. Aufgebrachte Einheimische, die sich um Edmond Simeonie von der ARC (Action régionaliste corse) versammelt hatten, besetzten kurzerhand die Weinkeller des als Weinpanscher bekannten Winzers Henri Depeille. Bei der Räumung durch die Polizei gab es neben Verletzten auch zwei Tote – und einen Skandal, der wochen-

lang die Schlagzeilen bestimmte und den Ruf des korsischen Weins für Jahrzehnte ruinierte. Lediglich der Tafelwein der Ostküste wird bis heute ins Languedoc verschifft, um dort mit preiswerten Zechweinen verschnitten zu werden. Zu den einfachen Massenweinen gehört auch der in Deutschland erhältliche Réserve du Président, den eine Weingenossenschaft bei Aléria als Rot- und Rosewein herstellt.

Engagierte Winzer

Doch immer stärker beweisen engagierte Winzer, dass die drei traditionellen Rebsorten **Niellucciu** (so heißt der Sangiovese auf Korsika), **Sciaccarellu** und **Vermentinu** auch für große Weine taugen. Stolz vertreten sie heute auf internationalen Messen die neun AOC-Regionen der Insel – Ajaccio, Corse, Calvi, Muscat und Coteaux du Cap Corse, Figari, Patrimonio, Porto-Vecchio, Sartène – und locken Winzer aus aller Welt nach Korsika, wo sie mit neustem Know-how Tropfen produzieren, die keinen Vergleich scheuen müssen.
Einer von ihnen ist **Richard Spurr**. Seine Mutter ist Irin, sein Vater Brite, und Richard, der mit seinem Ohrring, den tätowierten Armen, dem Dreitagebart und den Strub-

belhaaren eher wie ein Rockstar aussieht, ist der erste ausländische Winzer Korsikas. Und inzwischen einer der höchst gelobten. Im Februar 2007 übernahm der ehemalige Wasserpolo-Profi das verlassene Weingut von La Signoria bei Calvi und brachte das 16 ha große Gelände aus eigener Kraft auf Vordermann. Das nötige Rüstzeug hatte er vorher auf Weingütern von Faugères und an der Universität von Montpellier erworben, die er ohne Diplom, aber mit einer Dame verließ – Marjolie. Inzwischen ist die Önologieprofessorin seine Gattin. Während eines Urlaubs verliebten sich beide in die Umgebung von Calvi, erwarben dort mit Hilfe von zwei korsischen Weinbauern einen Weinberg, der in den 1960er Jahren von der Familie Michelin angelegt worden war, und nannten ihr Weingut **Enclos des Anges.** Was sie dort aus Niellucciu, Carignan und Grenache-Trauben für traumhafte Tropfen zaubern, lässt Gäste wie Kritiker jubeln – samtene Rotweine von tiefdunkler Farbe, deren Tannine Erinnerungen an große Weine wecken. Und auch die lang vernachlässigten Vermentinu-Weinstöcke liefern heute köstliche blassgoldene Weißweine, die in Apfel- und Pfirsicharomen schwelgen. Dass sie im ersten Jahr 2007 allerdings einen Alkoholgehalt von 17.7 % erreichten, war reinster Zufall – denn, so Richard, »2007 war mein Jahr der Experimente«.

Ein Quereinsteiger ist auch **Nicolas Mariotti Bindi,** den Alain Ducasse in seinem Pariser Schlemmertempel Plaza Athénée schon vor Jahren auf seine erlesene Weinkarte nahm: Der Vermentinu des jungen Juristen sei ein Juwel, schwärmte Frankreichs berühmtester Dreisternekoch. Seitdem hat Nicolas Mariotti Bindi die hohe Qualität seiner Weine halten können. In Bastia als Sohn eines Advokaten geboren, war Bindi zunächst auch in die Fußstapfen des Vaters gefolgt, hatte an der Sorbonne Jura studiert – und in Paris erkannt, dass die Liebe zum Wein stärker war als zur Juristerei. Er machte Praktika im Beaujolais, wurde Manager des Weingutes Domaine Leccia, das er noch immer betreut, und erwarb 2007 vom Patrimonio-Winzer Henri Orenga de Gaffory die ersten fünf Hektar eigenen Landes, auf denen der überzeugte Bio-Winzer nur autochtone Sorten anbaut: weißen Vermentinu (1,1 ha) und dunklen Niellucciu (3,9 ha), fermentiert mit selbst hergestellter Bio-Hefe.

Feiern Sie mit!

Kleine Insel, große Feste: Das ganze Jahr hindurch lieben es die Korsen, ausgiebig zu feiern – ihre Inselheiligen und katholischen Traditionen, ihre köstlichen Erzeugnisse wie Wein, Honig, Mandeln oder Meeresfrüchte, ihre lebendige Kultur mit Kunst, Tanz, Theater und Film – und ihren Wind, der mal sanft oder stürmisch stark über die Schöne im Mittelmeer bläst.

Eine ausführliche Version des reichen korsischen Veranstaltungskalenders gibt es online unter **www.visit-corsica.com**; die wichtigsten Veranstaltungen – von religiösen Festen über Karneval bis zu den schönsten Kultur-Events sind hier zusammen gestellt.

Was, wann, wo?

GESETZLICHE FEIERTAGE

1. Januar
Neujahrstag (Jour de l'an)
März / April
Ostermontag (Lundi de pâques)
1. Mai
Tag der Arbeit (Fête du travail)
8. Mai
Waffenstillstand 1945 (Armistice)
Mai / Juni
Christi Himmelfahrt (Ascension)
14. Juli
Nationalfeiertag (Fête nationale)
15. August
Mariä Himmelfahrt (Assomption)
1. November
Allerheiligen (Toussaint)
11. November
Waffenstillstand 1918 (Armistice)
25. Dezember
Weihnachtsfeiertag (Noël)
An Feiertagen bleiben Ämter, Geschäfte und manche Museen geschlossen. Ein Feiertag ist häufig auch das Fest des Schutzpatrons eines Ortes.

EVENTS

IM JANUAR

Festa di Sant'Antonio
Prozessionen in Aregno und Corbara

FEBRUAR

Carnaval
Karnevalsumzug in Corte

MÄRZ

Notre-Dame de la Miséricorde
18. März: Fest der Schutzheiligen von Ajaccio

KARWOCHE (SAINTE SEMAINE)

Karfreitag
Prozessionen in vielen Inselorten. Höhepunkte: Bußgang des Catenacciu in Sartène (►Baedeker Wissen, S. 288), La Granitola in Calvi, Prozession der fünf Bruderschaften in Bonifacio, Prozession Le Christ Mort in Corte

Traditionsreiche Osterbräuche wie die Karfreitagsprozession machen Korsika im Frühjahr zu einem beliebten Reiseziel.

sowie die A Cerca (Die Suche)-
Prozession zu Kirchen und
Kapellen in der Umgebung
von Erbalunga

Ostermontag
Cérémonie de la Lavanda
Prozession mit Segnung des
traditionellen Canistrelli-Gebäcks
in Calvi.
Prozession der hl. Restituta in
Calenzana, dessen Bewohner
ihre heilige Schutzpatronin über
die Landstraße bis nach Saint-
Blaise tragen.

APRIL
Le Pays d'Ajaccio fête
le printemps
Kulturfrühling mit 70 Veranstaltungen rund um Ajaccio

MAI
Christ des Miracles
3. Mai: Prozession zu Ehren des
Kruzifixes von Ste-Croix in Bastia

La Feria di u Casgiu
Wählen Sie auf dem Käsemarkt in
Venaco aus dem reichen Angebot
und kosten Sie korsische Käse-
spezialitäten, wie Vastelicacciu,
Venachese (oder Venacu), Miu-
lincu, Calinzanincu und Sartinese.

Festimare
Fünftägiges Festival rund um das
Thema Meer in L'Île-Rousse

Tour de Corse
Autorennen um 10 000 Kurven
zwischen Calvi und Ajaccio
www.asacc.fr

**Am Ostermontag wird die Statue der hl. Restituta von Calenzana
über die Landstraße bis nach Saint-Blaise getragen.**

JUNI
Fest des hl. Erasmus
2. Juni: zu Ehren des Schutzheiligen der Fischer und Seeleute in den Hafenstädten Ajaccio, Bastia, Propriano und Calvi

Cavall'in festa
Pferdemarkt in Corte mit Pferdeparaden, Dressur, Kunstreiten und Kutschfahrten
www.corte-tourisme.com

Targa Corsica
Oldtimer-Rallye, Calvi (1 Woche)

Fête de la Musique
Musikfestival anlässlich der Sommersonnenwende in vielen Städten der Insel. http://fetedela
musique.culturecommunication.
gouv.fr

San Ghjuvà
23. Juni: korsische Musik und Dichtung in Corte

Fest des Johannes des Täufers
24. Juni in Bastia zu Ehren des Schutzpatrons der Stadt

Jazzfestival Calvi
www.calvi-jazz-festival.com

Contafoli – La Nuit du Conte
Märchenerzählnacht in Vero
http://contafoli.conte-corse.fr

JULI
A mimoria di u vinu/ Foire du Vin
Luri, Weinfest der Produzenten von Cap Corse
www.foiresdecorse.com/fiera-di-u-vinu

14. Juli, Nationalfeiertag
Tanz und Feuerwerk, auf der gesamten Insel

Festival des Arts Vivants
Eine ganze Woche lang Freilufttheater in der mittelalterlichen Cité von Bonifacio
www.bonifacio.fr

A Notte di a Memoria/ Nuit de la Mémoire (auch genannt: La Relève des Gouverneurs)
Die Ablösung der Gouverneure ist ein äußerst sehenswertes Historienspektakel in Bastia mit 120 Darstellern in Kostümen und Illumination der Zitadelle.
www.patrimoine-bastia.com

Festival International Jacques Luciani
Internationales Folklore-Festival in Corte

Foire du Livre Corse
Korsische Buchmesse in L' Île-Rousse

Les Nuits de la Guitare
Gitarrenfestival in Patrimonio
▶Abb. S. 86
www.festival-guitare-patrimonio.com

Estivoce
Traditionelle Musik in Pigna, Calenzana und anderen Balagne-Dörfern
www.centreculturelvoce.org

Jazz in Aiacciu
Jazz an ungewöhnlichen Orten in Ajaccio
www.jazzinaiacciu.com

Gitarrenjazz der Weltklasse hört man Mitte Juli in Patrimonio.

AUGUST
Notre-Dame-des-Neiges
Wallfahrt zur Marienstatue Notre-Dames-des-Neiges am Col de Bavella

Mariä Himmelfahrt
15. Aug.: Der kirchliche Feiertag und Geburtstag von Napoleon wird in Ajaccio mit Umzügen und Gedenkfeiern begangen, in Calvi mit Gottesdiensten und dreitägigem Volksfest.

Hl. Bartholomäus
24. Aug.: Prozession, Bonifacio

Festa Antica
Römisches Historienspektakel in den Ruinen von Aléria

Festival de Musique
Dreitägiges Musikfestival in Erbalunga

www.festival-de-musique-erbalunga.com

A Fiera Di U Turismu Campagnolu
Messe für ländlichen Tourismus in Sollacaro

Folie's bonifaciennes
Straßen(kunst)fest mit Feuerwerk in Bonifacio
www.bonifacio.fr

Foire de l'amandier
Mandelfest i Aregno

SEPTEMBER
Am 8. Sep. 1735, dem Tage der Geburt Mariä, hat sich die Insel von der Genuenser Herrschaft befreit und die Jungfrau als Schutzpatronin erwählt – Anlass genug für eine »fête nationale«. In Bonifacio werden Auberginen gratis

zur Verkostung geboten, und überall erklingt die korsische Hymne »Dio vi salvi regina«, die auf einem Kirchenlied zu Ehren der Jungfrau basiert. Ein Höhepunkt der Feiern ist die Wallfahrt zur Kirche Notre-Dame-des-Graces in Lavasina; Casamiccioli feiert drei Tage lang (6.–8. Sep.) das Fest A Santa dei Niolo mit Prozession und Jahrmarkt.

Rencontre Polyphonique
Internationales Treffen zur Polyphonie in Calvi
www.l-invitu.net

Settembrinu de Tavagna
Musikfestival in den fünf Orten Peru Casevecchje, Velone-Olmeto, Taglio Isolaccia, Poggio-Mezzana und Talasani, der Mikroregion Tavagna
www.tavagna.com

Mele in Festa
Honigfest in Murzo
www.mieldecorse.eu

Festival International de Tango Argentin
Internationales Tango-Festival in Bonifacio
www.bonifacio.fr

OKTOBER
Musicales
Musik, Tanz und Theater in Bastia
www.musicales-de-bastia.com

Festiventu
Festival rund um den Wind in Calvi, www.facebook.com/lefestivalduvent

Tour de Corse Historique
Fünftägige französische Rallye-Meisterschaft für Oldtimer
www.tourdecorse-historique.fr

Mare in Festa
Abschluss der Sommersaison mit dem Finale der französischen Offshore-Meisterschaften der Rennboote, Solenzara
www.cotedesnacres.com

Nautic e Mare
Seglertreffen mit Musik, Bonifacio
www.bonifacio.fr

NOVEMBER
Fête du Marron
Eintägiges Kastanienfest in Évisa. Spezialität des Dörfchens ist die Kastaniensorte »Insitina«.
www.evisa.fr/fete-du-marron

Arte Mare / Festival du Film des Cultures Méditerranées
Filmfestspiele der Mittelmeerländer in Bastia
www.arte-mare.eu

DEZEMBER
Fiera di a castagna
Kastanienfest in Bocognano, das neben Gaumenfreuden auch Kunsthandwerksstände bietet.
www.fieradiacastagna.com

Weihnachtsmärkte, u. a. in Ajaccio auf der Place du Diamant, in Oletta (3. Advent), Poggiolo, Propriano und Porto Vecchio

Festival de la BD d'Ajaccio
Comicfestival, Ajaccio
http://festivalbdajaccio.com

Mit Kindern unterwegs

Großer Spaß für kleine Leute

Sonne, Sand, Meer und Berge, Animation in den Urlaubsorten und Abenteuer auf eigene Faust: Für einen Familienurlaub mit Kindern ist Korsika perfekt. Und das Beste: viele Erlebnisse kosten keinen einzigen Cent, bescheren aber unvergessliche Kindheitserinnerungen.

Im Meer baden oder in den Becken, die Flüsse in den Fels gegraben haben, über die Felsen der Küste oder die Berge klettern, Fische gucken, Muscheln sammeln, Burgen bauen, beim Beachvolleyball baggern, schnorcheln oder auf Bäume klettern. Mit dem Fahrrad geht es bergauf und bergab über die Insel oder die abwechslungsreiche Küste entlang. Im Herbst lädt eine kräftige Brise zum **Drachensteigen** ein, im Dezember locken **Weihnachtsmärkte** und die **Fiera di a Castagna** in Bocognano (Bucugnà), bei der das kulinarische Erbe rund um die Kastanie so ausgiebig wie sonst kaum auf Korsika gefeiert wird. Das ganze Jahr hindurch ist die spannende Geschichte der Mittelmeerinsel lebendig: von eindrucksvollen Osterprozessionen über Spuren aus dem Leben Napoleons bis hin zu Zeugnissen aus grauer Vorzeit, die sich bei Filitosa und Caura bestaunen lassen. Und wer **»Asterix auf Korsika«** kennt, kann in Aléria im Fort Matra und bei den Ausgrabungen das römische Erbe der Insel entdecken.

Vielfältiges Angebot

Die schönste Zeit für Familien, die noch keine schulpflichtigen Kinder haben, sind die Monate Juni und September, wenn die Strände nicht überfüllt sind, das Meer aber schon warm ist. Nur eines sollten Sie beim Reisegepäck nicht vergessen, wenn Sie mit kleinen Kindern unterwegs sind: einen robusten, geländegängigen Wagen – mit Klappbuggys wird selbst ein Stadtspaziergang auf den mitunter abenteuerlich anmutenden Gehwegen zum anstrengenden Hürdenlauf.

Reisen, wenn's am Schönsten ist

PLANTSCHEN, BADEN, SCHNORCHELN

Mit der **korsischen Schmalspurbahn** durch die Schluchten und Täler der Bergwelt im Inselinnern zu tuckern ist nicht nur für Fans von »Thomas, der kleinen Lokomotive« ein Erlebnis. Zur Bahnfahrt von Corte nach Vizzavona gehören Picknickkorb und Badezeug: Nur eine Stunde vom Bergbahnhof entfernt, hüpft der Wildbach Agnone bei den Cascades des Anglais über imposante Felsblöcke ins Tal: Abkühlung und Adrenalinkicks sind garantiert!

Mit Micheline zum Bad in den Bergen

Summer in the City: Ajaccios Place Général de Gaulle wird Spielplatz.

Baden im Fluss Nördlich von Galéria hat der **Fango-Fluss** neben der D351 eine wunderschöne **Naturbadelandschaft** geschaffen – mit roten Felsen zum Rumklettern und traumhaften Fleckchen zum Sonnenbaden. Auch bei **Montestremo** kann man herrlich im Fango mit dem Nachwuchs plantschen und baden! Auch der Cavu hat mehrere Naturbadebecken geschaffen; besonders beliebt und schön sind die glatten, flachen Felsen, die bei **Sainte-Lucie** nördlich von Porto Vecchio von seinen Fluten umspült werden. Tipp Nummer drei: das Naturbadebecken des **Bucatoghju** zwischen Santa Maria Poghju und San Nicolao westlich von Moriani – dort gibt es sogar einen Miniwasserfall!

Hits für Kids

SCHMALSPURBAHN
Tramway de Balagne
www.train-corse.com
Zwischen Calvi und Île-Rousse fährt die Schmalspurbahn »Tramway de Balagne« von Juli bis Mitte September fünf Mal täglich von Strand zu Strand – schaukelnd und tutend: Bereits die Fahrt ist ein Erlebnis, und viel schöner als mit den Schnellbussen, die ebenfalls auf der Strecke verkehren.

Begeistert den Nachwuchs: der Schildkrötenpark in Vero

NATUR ERLEBEN
A Cupulatta
N193, F-20172 Vero
Tel. 04 95 52 82 34
Jul./Aug. tgl. 9.30 – 19.00 Uhr, April–Mitte Mai, Mitte Sept.–Okt. 10.00 –17.30 Uhr
www.acupulatta.com
Erw. 11 €, Kinder (5-11 Jahre) 8 €, unter fünf Jahren frei
3000 Schildkröten aus 170 Rassen aus aller Welt lassen sich auf einer Führung durch den 2,5 ha großen Naturpark beobachten, in dem seit 1998 Erd- und Wasserschildkröten gezüchtet und erforscht werden.

KAJAKTOUR
FÜR KIDS
Bonif'Kayak
Plage de Piantarella, Bonifacio
Tel. 06 27 11 30 73
www.bonifacio-kayak.com
Kayak pro Person ab 8 € für eine Stunde, 90 Min. Kayaktour pro Person 35 €
In der türkisfarbenen Lagune von Piantarella starten geführte Kinderfahrten und Familientouren durch das Réserve Naturelle des Bouches de Bonifacio an der Südspitze der Insel.

Endlich Ferien! Jetzt heißt es, am Strand auf Entdeckertour zu gehen, über Steine hüpfen, Muscheln suchen und stundenlang baden.

UNTERWASSERWELT HAUTNAH
Kallisté Plongée

Sylviane Rossi
Route de Bonifacio
F-20137 Porto-Vecchio
Tel. 04 95 70 44 59
www.corsicadiving.com
Wie wäre es mit Schnorcheln oder Schnuppertauchen? Sylviane Rossi, selbst Mutter von drei Kindern, weiß genau, wie man den Nachwuchs für das empfindliche Ökosystem Meer richtig sensibilisieren kann. Ihre erfahrenen Guides nehmen Kleingruppen, Familien oder Einzelgäste auf eine spannende Erkundungstour des Meeresbodens vor den Îles de Lavezzi mit.

ABENTEUER IN DEN WIPFELN
Rêves de cimes

Chemin de Culetta, F-20167 Mezzavia, Tel. 04 95 21 89 01
www.revesdecimes.fr
April – Allerheiligen, Juni – Sept. 10.00 –19.00, sonst bis18.00 Uhr, am Wochenende, nur So. (Sept./ Okt.), in den Schulferien, tgl., Preis je nach Körpergröße 12 – 22 €
Der schönste und größte Hochseilgärten (accrobranche) versteckt sich bei Vero im Wald: »Rêves de cimes« mit 14 Seilstrecken und 172 »Ateliers«, sprich Hindernissen, stellt Klein wie Groß auf die Probe. Tipp: Beim Parcours »Bio-Diversité« lassen sich unterwegs die korsische Flora und Fauna entdecken.

Hand- und Hausgemachtes

In den Lädchen und auf den Märkten Korsikas gibt es vieles zu entdecken! Ob kunstvolle Unikate oder inseltypische Leckereien – hier findet jeder das passende Souvenir, das nach der Heimreise beim Träumen von der Insel hilft.

Kunsthandwerk

Schnitzereien aus Kastanienholz, Web-, Textil- und Töpferwaren gehören zu den schönsten Erzeugnissen des traditionellen **korsischen Kunsthandwerks**, das durch die Gründung der Kunsthandwerksvereinigung **»Corsicada«** in Pigna 1964 wiederbelebt wurde. Mittlerweile gibt es drei Vereinigungen mit eigenen Verkaufsstätten: Casa di l'Artigiani, Corsic'Arte und Casa Paesana.

Route des Artisans

In der Balagne führt die Route des Artisans (Strada di l'Artigiani) zu Keramikern, Korbflechtern und anderen Kunsthandwerkern, die in den umliegenden Dörfern arbeiten. Wer Bastia auf seiner Reiseroute stehen hat, kann sich außerdem auf einen sonntäglichen Flohmarktbummel auf der von Platanen beschatteten Place und netten Cafés gesäumten St-Nicolas freuen.

Kulinarisches Shopping

Die einzigartigen Genüsse Korsikas sind keine raren Spezialitäten, sondern allgegenwärtig – **korsische Produkte** (produits corse) gibt es längst auch im Supermarkt. Schöner ist das kulinarische Shopping jedoch unter freiem Himmel und in kleinen Läden. Honig, Kräuter, Olivenöl, Konfitüre, Wein, Wurst, Schinken und Käse sind beliebte Mitbringsel – und eine Möglichkeit, ein bisschen vom Duft der Macchia mit nach Hause zu nehmen.

Sie finden alle Arten von Köstlichkeiten auf den vielen **Märkten,** die während der Saison im Freien abgehalten werden, bei den vielen Erntefesten und **»Fête culinaire«,** in liebevoll geführten Feinkostläden oder direkt beim Erzeuger. Die Preise jedoch sind in jedem Fall deutlich höher als erwartet.... denn »le bon goût du terroir«, der authentische Geschmack einer Region, ist auch in Frankreich ein ganz heißer Trend. Das lässt die Preise steigen – und die Korsen legen noch eins drauf. Die gepfefferten Forderungen sollten jedoch nicht die Freude am Genießen und Entdecken verderben – bei unseren Adressen gibt es garantierte beste Qualität fürs Geld. Und seien Sie mutig: Korsika lockt mit außergewöhnlichen Köstlichkeiten – oder haben Sie schon einmal Erdbeerhonig (miel d'arbousier) oder Weißweinkekse (cucciole au vin blanc) gekostet?

Würziger Käse, luftgetrockneter Schinken oder Wildschweinsalami? Auf den Bauernmärkten der Insel lässt sich Typisches entdecken.

Einkaufstipps für Feinschmecker

GENUSS-REICH
Tempi fà
7, Avenue Napoléon
F-20110 Propriano
Tel. 04 95 76 06 52
www.tempi-fa.com
Das Feinkostgeschäft Tempi Fà,
das tagsüber Charcuterie, Käse,
Wein, Öl und andere korsische
Köstlichkeiten verkauft, verwandelt sich abends zu einer angesagten Bar à Vin, in der regelmäßig Chant Corse erklingt.

MIT UND OHNE ALKOHOL
Cap Corse Mattei
15, Boulevard du Général de
Gaulle, F-20200 Bastia
Tel. 04 95 32 44 38
www.capcorsemattei.com
Die Firma Mattei, die seit 1872
nach einem Rezept von Louis

**König der korsischen Käse ist
der Brocciu aus Ziegenmilch.**

Napoleon Mattei den legendären
»Cap Corse«-Aperitif aus Muskat-
wein und Quinquina (Chinarinde)
in Flaschen füllt, hat auch Nicht-
alkoholisches im Sortiment wie
Anis-, Grenadine- und Zitronen-
Sirup, die perfekt zu sommerlichen Mixgetränken passen.

KÖSTLICHER STINKER
**Bergerie & Fromagerie
D'Acciola**
Route de Bonifacio, F-20100
Sartène, Tel. 04 95 77 14 00
www.lacorsedesorigines.com
An der Straße Sartène-Bonifacio,
8 km außerhalb
nur Mitte Juni – Mitte Sept.
Auch wenn er etwas stinkt: Der
Bauernkäse »casgiu casanu«, den
die Käserei auf einem kleinen
Mittagstisch serviert, ist köstlich.
Wählen Sie die Käseterrine mit
verschiedenen Kräutern oder den
herzhaften Kastanienmehl-Pfann-
kuchen. Dazu werden lokale
Weine gereicht.

MOULIN DE PRUNETE
Aqua Vida, Prunete
F-20221 Cervione
Tel. 04 95 38 01 84
an der N 198 in Prunete,
10 km von Moriani-Plage
Mo. – Sa. 9.00 – 12.00,
15.00 – 19.00 Uhr
Joseph Rioli übernahm 1982 die
Mühle von seinem Vater, tauschte
1995 bei umfangreichen Moder-
nisierungen die alte Presse gegen
ein modernes Ölwerk aus und
verarbeit seitdem jedes Jahr mehr
als 400 Tonnen Oliven der Sorten
Ghjermana, Sabine und Picholine,

die auf seinem sechs Hektar großen Hain wachsen, zu edlen Ölen,
die längst mehr prämiert wurden
(0,75 l ab 12 Euro).

SÜSSE MARONEN!
Casa di a Castagna
F-20173 Zecavo
Tel. 04 95 24 47 63
www.casadiacastagna.fr
Véronique Léoni hat mit ihrer
Boutique das südkorsische Dörf-
chen Zecavo zum Mekka von
Maronen-Fans gemacht. Grundla-
ge für ihren Erfolg legten 1995
kandierte Maronen, heute gehö-
ren auch Kastaniencreme und
Kastanienkonfitüre, mit einem
Schuss Schnaps verfeinert, zum
Sortiment.

ÖLE DER EXTRAKLASSE
Anna Amalric
Domaine de Marquiliani
F-20270 Aghione
Tel. 04 95 56 64 02
Neben ihrem einzigen »Fruitée
sauvage«-Öl produziert Anna
Amalric noch eine Handvoll anderer Olivenöle, die allesamt ausgezeichnet sind – und sehr unter-
schiedlich! Ihre kalten Pressungen
sind inzwischen so beliebt, dass
auch »Oliviers & Co.« sie mittlerweile im Sortiment führt (www.
oliviers-co.com/de/domaine-de-
marquiliani-500ml-2012.html).

SCHLEMMERHOF
Casa Accinta
Le Verger de Raphaëlle
F-20240 Ghisonaccia
Tel. 04 95 56 09 11
http://www.bienvenue-a-la-ferme.
com/ferme-le-verger-de-raphael-
le-87409/contact_plan_acces

Sie baut Oliven, Haselnüsse, Clementinen und Feigen an, produziert eigenen Honig und herrliche
Öle, backt köstliche Kuchen, liebt
kulinarische Experimente, züchtet
Esel und spricht sogar Deutsch:
Wer Raphaëlle Peignier-Astima
auf ihrem Hof besucht, kann
Korsika auf vielfältige Weise
kennenlernen und erleben.

WUNDERWELT
DES NOUGATS
**Confiserie
Saint Sylvestre**
F-20250 Soveria
Tel. 04 95 47 42 27
www.confiserie-saintsylvestre.fr
Alle typischen Aromen der Insel
hat Marcel Santini in seinem unvergleichlichen Nougat eingefan-
gen: feinste Noten von Orange,
Clementine und Zitronat, aber
auch Feigen, Erdbeeren, Kastani-
en und Nüsse – ein 100 g-Barren
kostet 3 Euro.

Übernachten

Schlafen Sie gut!

Eine herrschaftliche Villa mit eleganten Zimmern und allem Komfort, eine luxuröse Nobelherberge mit Infinity-Pool und Feinschmeckerlokal oder lieber ein kleines, familiär geführtes Haus aus Naturstein, harmonisch in die Landschaft eingefügt? Als Tourismusinsel mit langer Tradition bietet Korsika für jeden Geschmack etwas, von luxuriös bis ausgefallen. Und an Campingplätzen, Ferienhäusern oder Chambre d'Hôtes gibt es auch keinen Mangel.

Fast 90 % der Hotels und Feriendörfer liegen **an der Küste** – im Hinterland fehlen komfortable Bleiben für die wachsende Zahl der Gäste. Dort sind meist nur einfache Zeltplätze und Schutzhütten zu finden. Erst langsam wandelt sich diese Situation.

Mit Blick aufs Meer

Korsika bietet Campern besonders an der Küste viele Plätze in einer unvergleichlich schöner Lage. Die rund 220 Campingplätze tragen, je nach Ausstattung, ein bis fünf Sterne; das Angebot dominieren Zwei- (Nordkorsika) und Dreisterneanlagen (Südkorsika). Vier Sterne tragen neun Plätze, darunter die **Marina d'Erba Rossa** im nordafrikanischen Stil, zu dessen Highlights ein Streichelzoo für Kinder und ein Pool am Strand gehören (www.marina-erbarossa.com).
Korsikas einziger Fünf-Sterne-Campingplatz **Arinella Bianca** in Ghisonaccia ist auch der einzige der Insel, der sich umfassend auf Gäste mit Handicap eingestellt hat – auch zwei behindertengerechte Wohnmobile zur Miete gehören zum Angebot!
Perla di Mare (www.perla-di-mare.fr) ist ein Juwel an der Costa Serena im Osten der Insel mit komfortablen Mini-Villen im Stil eines korsischen Dorfes und wunderschönem Terrassenrestaurant am Meer, wo abends korsische Spezialitäten serviert werden. Im benachbarten Club Nautique können Wassersportgeräte wie Wasserski, Jetski, Surfboards und Segelboote gegen Gebühr entliehen werden.
Die Preise der Campingplätze bewegen sich auf deutschem Niveau. Die einfachen »Aire Naturelle de Camping« wurden von der Forstverwaltung idyllisch in der Natur angelegt. Zwei Dutzend Bauernhöfe bieten Camping à la Ferme. **Wildes Zelten** ist generell verboten und wird mit bis zu 1500 Euro Bußgeld bestraft. Regionale **Campingplatzverzeichnisse** gibt es bei den lokalen Tourismusbüros, ein Verzeichnis aller französischen Plätze beim französischen Fremdenverkehrsamt Atout France (▶Auskunft).

Camping

Ab in den Urlaub: Das stylische Boutiquehotel La Plage Casadelmar in Porto-Vecchio punktet mit seinem Pool und Panoramablick aufs Meer.

BAEDEKER TIPP

! *Auszeit im Kloster*

Aus spirituellem Blickwinkel lässt sich Korsika bei einer Nacht im Kloster erleben. Gäste sind nach vorheriger Anmeldung willkommen im:
Couvent de Corbara
www.stjean-corbara.com
Couvent de Saint-François
www.guidestchristophe.com/
hebergements/corse/couvent-
saint-francois.html
Couvent de St-François du Niolu
Tel. 04 95 48 00 11
Couvent de Marcasso
www.notredamedesperance.com
Maison St-Hyacinthe
www.maison-saint-hyacinthe.com

Wer im Nationalpark oder in anderen Regionen im Landesinnern wandert, kann in mehr als hundert einfachen Hütten für Selbstversorger **(Refuges)** und mitunter bewirtschafteten **Gîtes d'étapes** übernachten. Übersicht der Berghütten: www.gites-refuges.com.

Die staatlich geprüften, rund 1000 **Ferienhäuser** und -wohnungen von **»Gîtes de France«** (www.gites-corsica.com) tragen je nach Ausstattung ein bis vier Ähren. Die halbstaatliche Organisation Clévacances (www.clevances.com) ist auf Korsika mit 168 Objekten vertreten, die je nach Komfort 1–5 Schlüssel tragen. Die Ferienwohnungen oder -häuser in ländlichen Gebieten, die **Gîtes Ruraux** (www.bienvenuealaferme.com), sind möbliert und mit allem Notwendigen ausgestattet. Sie liegen meist nahe eines Bauernhofs oder eines Dorfs und werden wochenweise vermietet.

Gesund in den Tag starten mit frischen Früchten zum Frühstück

Typisch französisch und sehr beliebt sind »Chambres d'Hôtes«, Gästezimmer mit Frühstück, die auf Bauernhöfen in den Bergen ebenso angeboten werden wie an der Küste. Im schönsten Fall laden Madame oder Monsieur zum Table d'hôtes, zum gemeinsamen Mahl mit den Besitzern und anderen Gästen. Besser lässt sich Korsika kaum kennenlernen! Eine Übersicht der korsischen Privatvermieter hat die **Association des Gîtes et des Chambre d'Hôtes** auf ihrer Website www.hebergement-corse.com zusammengestellt. Ganz besonders schön, ausgefallen oder romantisch sind die Mitgliedshäuser des Verbandes Chambres d'Hôtes de Charme, www.chambresdhotes-decharme.com. Achtung: Viele Privatvermieter akzeptieren keine Kredit- oder EC-Karte, sondern nur Bargeld!

Chambres d'Hôtes (B & B)

Zwei Dutzend Landgasthöfe im Inselinneren gehören zum Verband Casa Toia (www.auberges-casa-toia.com) und laden herzlich dazu ein, auf der **»Route des Auberges«** von Bastia nach Bonifacio etappenweise korsische Küche und Kultur in einfachen, oft sehr charmanten Häusern zu genießen.

Landgasthöfe

Die 315 **Feriendörfer** auf Korsika mit ein bis vier Sternen konzentrieren sich an der Ost- und Südküste und sind meist nur während der Sommersaison geöffnet. Fünf Anlagen sind FKK-Anhängern vorbehalten. Auf Selbstversorger ausgelegt sind auch die 115 Apartmentanlagen (Résidences), die nur Ferienwohnungen, aber keine Geschäfte, Gastronomie oder andere Einrichtungen bieten. Ein jährlich aktualisiertes Verzeichnis der Feriendörfer und Ferienanlagen kann beim französischen Fremdenverkehrsamt Atout France (▶Auskunft, S. 302) angefordert und online unter www.visit-corsica.com/de in der Rubrik »Unterkunftsarten« eingesehen werden.

Feriendörfer

> **?** | BAEDEKER WISSEN
>
> *Preiskategorien*
>
> Die angegebenen Preise beziehen sich auf ein Doppelzimmer ohne Frühstück.
>
> €€€€ über 200 €
> €€€ 160 – 200 €
> €€ 100 – 160 €
> € unter 100 €
>
> Hotels und Pensionen
> ▶Reiseziele von A bis Z

HOTELS

Wie die Feriendörfer, so konzentrieren sich auch die 366 korsischen Hotels mit ihren insgesamt 11 011 Zimmern auf die Küsteregion. Das Gros der Häuser trägt zwei und drei Sterne und hat meist weniger als 30 Zimmer; von den 25 Häusern mit mehr als vier Sternen befinden sich 20 in Südkorsika. Geöffnet sind die meisten Hotels von Ostern bis Ende September; im Winter sind in den Badeorten so gut wie kei-

Rechtzeitig buchen!

ne Unterkünfte verfügbar. Wer die Insel während der französischen Sommerferien (Juli/August) besuchen möchte, muss rechtzeitig buchen – viele Unterkünfte haben Stammgäste, die am Ende des Urlaubs bereits für das nächste Jahr das gewünschte Zimmer reservieren. Ein jährlich aktualisiertes Hotelverzeichnis kann beim französischen Fremdenverkehrsamt Atout France (▶S. 302) angefordert und online unter www.visit-corsica.com/de in der Rubrik »Unterkunftsarten« eingesehen werden.

JUGENDHERBERGEN

Auf Korsika gibt es keine Jugendherberge mehr, die dem französischen Jugendherbergsverband angeschlossen ist.

BERGHÜTTEN

Parc Naturel Régional de Corse

2, Rue Major Lambroschini
F-20184 Ajaccio Cedex 1
Tel. 04 95 51 79 10
http://parc-corse.com

CAMPING

GIE Corsica Camping

20, Rue Saint-Charles
F-20000 Ajaccio
Tel. 04 95 21 14 47
www.corsicacamping.com

CHAMBRES D'HÔTES

Service Tourisme de la Chambre d'Agriculture

http://www.chambragri2b.fr/
Nordkorsika:
15, Av. Jean Zucarelli
F-20200 Bastia
Tel. 04 95 32 84 40

Lassen Sie ihre Träume fliegen im Hotel Les Voyageurs in Bastia.

Südkorsika:
B. P. 913, F-20700 Ajaccio Cedex 9
Tel. 04 95 29 26 00
Der Service Tourisme de la
Chambre d'Agriculture vermittelt
Kost und Logis auf den Bauern-
höfen der Insel.

Gîtes de France Corse

77, Cours Napoléon
F-20000 Ajaccio
Tel. 04 95 10 06 14
www.gites-corsica.com

Casa Toia

20, Cours Général Leclerc
F-20000 Ajaccio
Tel. 04 95 51 07 29
www.auberges-casa-toia.com

FERIENHAUSANBIETER
NOVASOL GmbH

Gotenstr. 11, D-20097 Hamburg
Tel. 040/688 71 51 82
www.novasol.de
Novasol vermittelt in Deutschland
auch die korsischen Ferienwohnungen von Cuendet:
www.cuendet.de

Inter Chalet

Heinrich-von-Stephan-Str. 25
D-79100 Freiburg/Br.
Tel. 0761/21 00 77
www.interchalet.com

Clévacances

15, Maison Romieu
F-20200 Bastia
Tel. 04 95 32 46 31
www.clevacances.com

HOTELVERZEICHNISSE
Agence de Tourisme
de la Corse

www.booking.com

BAEDEKER TIPP

Zwischen Bergen und Meer

La Plage Casadelmar ●●●●
Presqu'Ile du Benedettu BP82
F-20538 Lecci de Porto-Vecchio
Tel. 04 95 71 02 30, ▶Abb. S. 96
www.laplagecasadelmar.fr
15 stylische Zimmer und Suiten,
alle haben eine Terrasse zum
Meer oder Garten. Freuen Sie sich
auf einen Pool mit Panormablick
und einen weißen Sandstrand mit
Sonnenschirmen und Liegestüh-
len. Im Restaurant & Grill wird
vorzüglich mit regionalen Produk-
ten gekocht. Bootsausflüge,
Golfen, Tauchen, Quadtouren,
Jetski, Hubschrauberrundflüge
oder Wellnesspackages – hier
bleiben keine Wünche offen.
Les Voyageurs ●● – ●●●
9, Ave Marechal Sebastiani, F-20200
Bastia, Tel. 04 95 34 90 80, www.
hotel-lesvoyageurs-bastia.com
Keine fünf Gehminuten vom
Fährhafen wartet das originelle
Designhotel mir 24 hübschen
Zimmern; kostenfreie Privatpark-
plätze – bitte vorab reservieren!
A Spelunca ● / ●●
Ancien Palais du Cardinal Savelli
F-20226 Speloncato, Tel. 04 95 61
50 38, www.hotel-a-spelunca.com
So also hat Kardinal Savelli zu Zei-
ten von Papst Pius IX. gewohnt.
Beeindruckend die riesige Treppe,
die zu den recht einfachen
Zimmern führt. Das Restaurant
serviert regionale Spezialitäten.

---

www.hrs.com
www.visit-corsica.com, ▶S. 303

Logis de France

Tel. 01 45 84 83 84
www.logishotels.com/de

Urlaub aktiv

Fun & Action

Die kleine Mittelmeerinsel hat Einiges zu bieten. Ihre traumhaften Strände und Buchten laden außer zum Baden auch zum Surfen und Tauchen ein. Spektakuläre Ausblicke auf Insel und Meer belohnen nach anstrengenden Wanderungen und Klettertouren in der fantastischen Bergwelt. Auch bei Radlern, Seglern, Golfern und Wellnessfans steht Korsika hoch im Kurs.

Auf Korsika gibt es **sechs Golfplätze**, von denen fünf auch von Gästen bespielt werden dürfen. Korsikas einziger 18-Loch-Golfplatz wurde von dem Golfplatzarchitekten R. T. Jones am Golf von Sperone entworfen. Ältester Golfplatz der Insel ist die Neun-Loch-Anlage von Borgo südlich von Bastia. Schöne Ausblicke auf die Balagne bietet der Neun-Loch-Golfplatz im Dörfchen Speloncato. Der dritte Neun-Loch-Platz befindet sich südlich von Ajaccio am Golf de Porticcio. Nur sechs Löcher hat der Platz von Porto Vecchio am Golf de Lezza. Der Sechs-Loch Golfplatz CSA BA 126 von Solenzara im Süden Korsikas ist nur für Clubmitglieder zugänglich.

Golf

Wie auf einem Turnier Golf spielen können Gäste der **Domaine de Murtoli**. Ihre zwölf Greens, die der kalifornische Golf-Designer Kyle Phillips bewusst rustikal gestaltet hat, führen zurück an die Ursprüngen des Golfsports, als der Begriff »par« noch nicht seine heutige Bedeutung besaß. Wer hier abschlägt, kann immer wieder aufs Neue seinen Parcours selbst gestalten – mal im Uhrzeigersinn, dann umgekehrt. Oder wählt von ein und demselben Abschlag verschiedene Löcher aus, spielt über Kreuz: mehr als 50 Parcours-Varianten mit Bahnen von 100 – 500 m inklusive 3 »par 5«. Für Anfänger steht ein eigener Übungsplatz zur Verfügung, mit Green und Bunker, so dass unterschiedliche Schlagtechniken geübt werden können.

Korsika ist ein Traumziel für **Radfahrer** (▶Baedeker Wissen S. 106). Je nach Kondition locken sportliche oder familiäre Strecken. Hunderte von Waldwegen, Wanderpfa-

> **BAEDEKER TIPP**
>
> ! *Radtouren*
>
> Mit 50 Tourenvorschlägen deckt »Korsika per Rad« von Wolfgang Kettler (Neuenhagen 2013) die gesamte Insel ab. 33 MTB-Touren enthält der »Rad- und Moutainbikeführer« von Henning Schmalfuß (Bergverlag Rother 2015).

den und kleinen Straßen können ganzjährig befahren werden. Schlaglöcher, enge Kurven und rasante Abfahrten verlangen jedoch höchste Aufmerksamkeit. Für größere Touren sind ein **robustes Tou-**

Hoch hinaus: Korsika ist ein Paradies für Kletterer.

BAEDEKER WISSEN

Auf Schusters Rappen

- Hausmann, Willi und Kristin: Korsika· GR 20, Bergverlag, Rother 2014. Einstieg, Verlauf und Gipfel – alles Wissenswerte übersichtlich aufbereitet.
- Wolfsberger, Klaus: Korsika. Die schönsten Küsten- und Bergwanderungen. 77 Touren mit GPS-Daten. Rother 2015.
- Holtkamp, Stefanie: Korsika mit Kindern: 45 Wander- und Entdeckertouren für Familien. Naturzeit Reiseverlag 2014. Kurze und lange Touren, nach Altersgruppen gestaffelt.

renrad oder **Mountainbike** erforderlich. Ideal für Radtouren sind die Monate Mai, Juni und September. Rennräder und Mountainbikes vermietet **Europe Active**, das auch geführte Touren mit Gepäcktransport im Begleitfahrzeug anbietet (http://cycling.europe-active.co.uk). Velotravel organisiert im Frühjahr eine zehntägige Korsikarundfahrt (www.velotravel.de). Gut trainierte Radfahrer können in etwa zwei Wochen die gesamte Insel umrunden.

Fast 1000 km Wanderwege sind für Reiter geöffnet. **Reitvereine** organisieren Reiterferien, Ein- oder Mehrtagestouren, bei denen in Biwaks, Bauernhäusern oder einfachen Hotels mit Stall genächtigt wird. Das einheimische »Korsische Pferd« wurde mit arabischen und anglo-arabischen Pferden gekreuzt. Robust und daran gewöhnt, weite Entfernungen zwischen Küste und Bergen zu überwinden, ist das trittsichere Pferd für die bergige Insel hervorragend geeignet.

Lagebesprechung in 2622 m Höhe auf dem Monte Rotondo

WANDERN

Korsika trägt zu Recht den Beinamen **»Gebirge im Meer«:** Mehr   *Faszinierende*
als 50 Gipfel sind höher als 2000 m – der höchste, der Monte Cinto,   *Bergwelt*
ist gar 2706 m hoch. 2000 km Wanderwege führen hinein in diese
Bergwelt; darunter berühmte und beliebte Wanderrouten mit unterschiedlichen Schwierigkeitsgraden, die man nicht unterschätzen
sollte. Bis in den Juni hinein liegt in oberen Lagen Schnee, und das
Wetter kann plötzlich umschlagen. Viele Abschnitte haben alpinen
Charakter, nichts für leichtes Schuhwerk und unzureichende Kleidung! Karten- und Informationsmaterial zu den Routen, der Natur,
zu Berghütten und geführten Touren erhält man gegen Gebühr bei
der Verwaltung des Naturparks.

Eine genaue Beschreibung des **Fernwanderweges GR 20** zwischen   *Wanderwege*
Calenzana und Conca und seiner Tagesetappen findet sich im Haupt-
teil ▶Reiseziele, Parc Naturel Régional de Corse. Außer dem sehr
anspruchsvollen GR 20 gibt es auf
Korsika noch einige andere mehrtägige Wanderwege, die in der Regel
auf vier bis sieben Stunden pro Tag
ausgelegt sind: **»Tra Mare e Monti«** bietet eine acht- bis zehntägige
nördliche Variante von Calenzana
nach Cargèse und eine südliche
fünftägige Variante von Ajaccio
nach Propriano. Selten überschrei-
tet der Weg die 1000-m-Marke,
führt aber durch Ortschaften, in denen man sich mit Lebensmitteln
eindecken oder eine entspannende
Kaffeepause gönnen kann.
Die drei **»Da Mare a Mare«** verbinden Ost- und Westküste miteinan-
ander. »Da Mare a Mare Nord«
führt in zehn Etappen von Pianella
über Corte nach Cargèse (Variante
ab dem Rotondo-Massiv), »Da

> ! **BAEDEKER TIPP**
>
> *Wanderungen mit dem Lastesel*
>
> Zu Fuß durch die ursprüngliche
> Natur streifen, während der Esel
> das Kind oder Gepäck trägt –
> solche Touren bieten an:
> **La Ferme aux Ânes** R.N. 200
> F-20251 Giuncaggio
> Tel. 04 95 48 82 06
> **Asinu di Campitello**, Route de
> Porto Pollo D157, F-20113 Olmeto
> Tel. 06 03 28 92 00
> **Balagn'ane**, ld. de la Campanella
> F-20259 Olmi Capella
> Tel. 04 95 61 80 88
> **La Promenâne**, F-20224 Alber-
> tacce Tel. 06 15 29 45 64
> www.randonnee-ane-corse.com

Mare a Mare Centre« in sieben Etappen von Ghisonaccia nach
Porticcio und »Da Mare a Mare Sud« in sechs Etappen von Porto-
Vecchio nach Propriano.
Für Tageswanderungen sehr gut geeignet sind die von der National-
parkverwaltung orange gekennzeichneten **»Sentiers de Pays«**, bei-
spielsweise in den Regionen von ▶Alta Rocca, Bozio, Fiumorbo,
Giussani – einer herrlichen Gebirgslandschaft zwischen der Haute
Balagne und dem Asco-Tal –, und dem ▶Niolo.

Rauf aufs Rad

Korsika ist ein Paradies für Radfahrer. Wohl kaum eine andere Insel kann mit so abwechslungsreichen und landschaftlich eindrucksvollen Strecken für jedes Niveau, jede Altersklasse und jeden Konditionstypen aufwarten. Das wussten auch die Veranstalter der Tour des France, als sie Korsika zu einem Schauplatz des Rennens ernannten.

Traumterrain für echte Profis

Zum Jubiläum der **100. Tour de France** gab es im Jahr 2013 eine Premiere: Erstmals machte das wichtigste Radrennen der Welt auf einer Mittelmeerinsel Halt – Korsika war Austragungsort der ersten drei Teilstrecken. Am 29. Juni fiel der Startschuss zur Tour in der südkorsischen Hafenstadt Porto Vecchio mit einer 200-km-Strecke für Sprinter durch flaches Terrain nach Bastia.

Am Folgetag ging es dann weiter nach Ajaccio, und damit 155 km lang durch eine Bergwelt, welche die gleiche Topographie wie die Vogesen oder das Zentralmassiv aufweist – und mit dem Col de Bellagranajo (723 m), dem Col de la Serra (807 m), dem Col de Vizzavona (1.163 m) sowie dem steilen Monte Salario (410 m) die ersten Herausforderungen an die Fahrer stellte. Haupthindernisse auf der dritten und letzten korsischen Etappe über 145 km nach Calvi waren der Col de San Bastiano (415 m), der Col de Lava (498 m), der Col de Palmarella (374 m) und der Col de Marsolino (443 m). Korsika ist seit 2010 übrigens auch Austragungsort des Rad-Etappenrennens **Critérium International.**

Abwechslung für motivierte Amateure

Korsika erfreut sich bei Pedal-Urlaubern seit Jahren wachsender Beliebtheit. Je nach Kondition und Ambition locken **sportliche oder familiäre Strecken.** Hunderte von Waldwegen, Wanderpfaden und kleinen Straßen können ganzjährig befahren werden. Schlaglöcher, Steine und frei herumlaufende Schweine, enge Kurven und rasante Abfahrten verlangen jedoch höchste Aufmerksamkeit von den Fahrern. Für größere Touren sind ein **robustes Tourenrad** oder **Mountainbike** samt Kettenschaltung mit Bergübersetzung sowie ein Schutzhelm unbedingt erforderlich; ultraleichte Rennräder sollten höchstens beim Sprint an der Küste zum Einsatz kommen. Da die Leihräder auf Korsika nicht immer im besten Zustand sind, sollte man nach Möglichkeit lieber das eigene Fahrrad mitbringen. Ideal für Radtouren sind die Monate Mai, Juni und September – im Hochsommer wird es auf den asphaltierten Straßen sehr heiß, und dadurch verursachte Halluzinationen führen immer wieder zu schweren Unfällen. Für Fahrten abseits großer Straßen empfehlen sich die Karten von IGN im Maßstab 1:25.000.

Ein letzter Blick in die Karte und schon kann es losgehen!

Die schönsten Radtouren

Die meisten Freizeitradler halten sich an der Küste auf. Doch auch das **Landesinnere** hat einiges zu bieten – ganz besonders dann, wenn Sie unseren Tipp beherzigen: Lassen Sie sich Ihr Fahrrad auf ausgewählten Linien von CorsicaBus (www.corsicabus.org) ins Inselinnere befördern – und radelnd Sie dann auf überwiegend abschüssigen Strecken zurück zur Küste. Oder mieten Sie sich ein E-Bike – Leihräder sind an immer mehr Orten im Verleih, zum Beispiel bei der Office de Tourisme in Bastia.

Ebenfalls nur wenig beschwerlich mit kaum nennenswerten Steigungen, dafür aber mit atemberaubendem Panorama, sind ab Bastia eine **Rundfahrt um das Cap Corse** sowie die Strecke von **Ajaccio** nach **Porto.** Nur mäßig anstrengend und zugleich wunderschön ist auch eine Radtour von **Propriano via Sartène nach Bonifacio.** Ein Erlebnis sind zudem Fahrten von Galeria ins Fangotal oder von Porto-Vecchio zu den torreanischen Fundstätten. Von **L'Île-Rousse** können Sie die **Balagne** mit dem Drahtesel entdecken.

Gut trainierte Radfahrer können in etwa zwei Wochen die gesamte Insel umrunden. Es gibt **geführte Radtouren,** die im Voraus gut durchorganisiert sind, sodass man sich selbst nur auf sein Rad schwingen und losradeln muss: Gepäck und Ausrüstung werden transportiert, und auch für Verpflegung unterwegs, technische Betreuung sowie die Unterbringung in Hotels ist gesorgt; dem Radausflug steht also nichts mehr im Weg.
Radtouren & Adressen: ▶S. 112

Organisationen und Wandervereinigungen

Der korsische Waldverband **Office National des Forêts** organisiert Ausflüge in die Wälder Korsikas. Der Verein **Muntagne Corse in Libertà** schlägt Wanderrouten vor, die in Ajaccio starten und landschaftliche Höhepunkte sowie kulturelle Eigenheiten der Region berücksichtigen. Er bietet Begleitung von Gruppen durch Bergführer und Routen mit unterschiedlichen Anforderungen an. Die Organisation **I Muntagnoli Corsi** hat ihren Sitz in Quenza zu Füßen der berühmten Aiguilles de Bavella, die das Ziel von kurzen geführten Wanderungen sind. Mehrtägige Touren mit erfahrenen Bergführern folgen mit einigen Varianten dem GR 20.

WASSERSPORT

Baden

►S.66-69

Korsika bietet nicht nur entlang der Küste, sondern auch auf den Flüssen Abwechslung für Wassersportler. Über lokale Veranstalter und Vermieter informieren die örtlichen Tourismusbüros; das französische Fremdenverkehrsamt ATOUT France listet in der kostenlosen Broschüre »Wassersport« die vielfältigen Angebote auf.

Angeln

Angeln zählt zu den beliebtesten Freizeitbeschäftigungen der Franzosen. Reglementierungen und Verbotszeiten hängen von Gegend und Gewässerkategorie ab. Wer in öffentlichen Gewässern angeln will, benötigt einen Erlaubnisschein der **Société de Pêche,** für private Gewässer die Erlaubnis des Besitzers. Angeln im Meer ist vom

Hart am Wind: Vor einer Kulisse, wie sie die Bucht von St. Florent gewährt, macht Kitesurfen doppelt Spaß.

Ufer aus mit höchstens zwei Ruten erlaubt. Im Naturschutzgebiet Scandola ist Angeln grundsätzlich verboten und bei den Lavezzi-Inseln nur eingeschränkt erlaubt.

Canyoning

Corte hat sich zur Hochburg für Canyoning entwickelt. Zahlreiche Anbieter veranstalten dort geführte nasse Schluchtenabstiege an – mit Rutsch- und Seilbahnen, Tauchstrecken und 10-m-Sprüngen in türkisblaue Bade-Gumpen inmitten einer traumhaften Bergkulisse.

Rafting, Kanu, Kajak

Rasante Schlauchboot-, Kanu- und Kajaktouren auf reißenden Gebirgsflüssen vversprechen während der Schneeschmelze ab März bis Ende Mai auf dem Tavignano, Taravo, Rizzanese, Asco, Liamone, Golo und Vecchio spannende Momente.

Segeln

Korsika besitzt 19 Jachthäfen mit vielen Charterfirmen für Segel- und Motorboote und über 9000 Liegeplätzen (▶Karte S. 21), die online reserviert werden können unter www.resaportcorse.com. Vorsicht ist geboten rund um Bonifacio, wo der Untergrund felsig ist. Die Broschüre **»Corse Nautique«**, kostenlos erhältlich in den Touristenbüros, informiert über Ankerplätze, Reparaturwerkstätten und Ähnliches. Ein guter Törnführer mit leuchtenden Badebuchten, atemberaubenden Steilküsten und stillen Ankerplätzen ist Klaus-Jürgen Röhrings »Korsika, Sardinien, Elba« (Delius Klasing 2014). Hier findet man neben den notwendigen nautischen Informationen auch solche zu Land und Leuten. Die Wettervorhersage ist in allen Häfen angeschlagen.

In jedem Badeort besteht die Möglichkeit, zu surfen und ein Brett zu mieten. Außer im Golf von Porto,

> **BAEDEKER TIPP**
>
> *Zuschauen lohnt sich ...*
>
> - beim **Corsica Raid**, einem extremen Multisportrennen, bei dem 450 km und insgesamt 20 000 Höhenmeter in sechs Tagen nonstop zurückgelegt werden – zu Fuß, per Rad und im Kajak (Juni, www.corsicaraid.com)
> - bei der Rallye »Terre de Corse« (Okt., www.terredecorse.fr)
> - bei der internationalen **Segelregatta** Mediterranean Trophy (Juli, www.mediterranean-trophy.com)
> - bei den Spielen des **Nationalliga**-Fußballclubs SC Bastia im Stadion von Furiani.

Surfen

wo hohe Wellen und schroffe Felsen das Surfen sehr gefährlich machen, sind alle Küstengewässer geeignet. Hotspots sind die **Bouches de Bonifacio** und der Golf von Porto-Vecchio, Propriano und Sagone. Auch das Kitesurfen hat in Korsika immer mehr Anhänger.

Tauchen

Große Teile der westlichen Küstengewässer sind mit ihrem glasklaren Wasser und ihrer faszinierenden Unterwasserwekt zum Tauchen hervorragend geeignet. Gute Tauchgründe findet man bei Centuri-

Port auf Cap Corse, bei Porto-Vecchio und den Îles Cerbicale, den Lavezzi-Inseln, bei Tizzano und in den Golfen Valinco, Pero und Porto an der Westküste, versunkene Schiffswracks bei Calvi, Porticcio, Porto-Vecchio und Camporolo. Tauchschulen gibt es in jedem größeren Ferienort. Bei Scandola ist Tauchen strikt verboten. Wer sich nicht daran hält, muss mit empfindlichen Strafen rechnen. Der Unterwasserführer »**Korsika: Von Bonifacio bis île Rousse**« (White Star 2010) von Kurt Amsler beschreibt 26 der schönsten Tauchgründe an der Westküste Korsikas zwischen den Lavezzi-Inseln im Süden bis zu den Dive-Spots vor Île Rousse im Norden. Dreidimensionale Darstellungen vom Meeresgrund einschließlich eingezeichneter Tauchroute sowie ein Anhang mit den häufigsten Tier- und Pflanzenarten.

WELLNESS

Thalasso, Balneo und Beauty Kuren mit schwefelhaltigem Thermalwasser sind möglich in Barracci, Caldane, Pietrapola-les-Bains, Grosseto-Prugno und Guagno-les-Bains. Im Hotel Sofitel Golfe d'Ajaccio Thalassa Sea & Spa in Porticcio wird die Kraft des Meeres als Quelle der Erholung eingesetzt: Das Programm »Remise en forme« verbindet die Techniken der **Thalassotherapie** mit Beauty-Pflege und Diätetik. Ebenfalls direkt am Meer, aber deutlich günstiger, sorgen die Thalasso- und Balneotherapien des FKK-Campingplatzes Riva Bella. Massierende Unterwasserstrahlen im beheizten Innenpool, aber auch ein Hammam und wohltuende Massagen aus aller Welt sind im Angebot des Day Spa »Aquavital« in Calvi.

WINTERSPORT

Skilifte Die höchsten und schneereichsten Gebiete sind in den Monaten Dezember bis April für den Wintersport geeignet. Sowohl Abfahrt als auch Langlauf ist möglich rund um Haut-Asco (1425 – 1820 m; 2 Skilifte), dem wichtigsten »Skizirkus« der Insel, Col de Vergio / Castellaccio (1404 – 1584 m; 2 Skilifte; Tourenskilauf, einzige Waldpiste der Insel), Ghisoni / Capanelle (1580 – 1750 m; 3 Skilifte, derzeit nicht in Betrieb), Quenza / Coscione-Plateaus (1500 m; 2 Loipen à 3,9 bzw. 15 km), Soccia (Lang- und Tourenskilauf) und Zicavo / Coscione-Plateau (1500 m) sowie Bastelica / Val d'Ese (1600 – 1950 m; 2 Skilifte) im Süden der Insel. Der Betrieb sämtlicher Skilifte ist seit Jahren sehr unregelmäßig!

Skitour Die großartige, aber auch sehr anspruchsvolle **Haute Route** von Asco nach Bastelica folgt in acht Tagesetappen dem Fernwanderweg

Ski und Snowboard fahren auf einer Mittelmeerinsel? Auch das geht auf Korsika. Für viele das schönste Skigebiet ist das Val d'Ese.

GR 20 (▶ Reiseziele, Parc Naturel Régional de Corse) und berührt die höchsten Berge der Insel. Nur wirklich gut trainierte und technisch versierte Skiläufer sind in der Lage, diese Tour zu bewältigen. Als neues Alpingebiet ist Lattiniccia im Gespräch, wo der korsische Skiverband 30 km Piste anlegen will.

ANGELN
Fédération de la Corse pour la Pêche et la Protection du Milieu Aquatique
19, Av. du Docteur Noël Franchini
F-20090 Ajaccio
Tel. 04 95 23 13 32
www.federationpeche.fr/20

GOLF
Ligue Corse de Golf
Rue Marcel Paul
20, Résidence le Cézanne
F-20200 Bastia
Tel. 04 95 32 54 53
www.liguecorsedegolf.org

KANU, KAJAK UND RAFTING
Fédération Française de Canoë Kayak
87, Quai de la Marne
F-94340 Joinville le Pont Cedex
Tel. +33 1 45 11 08 50
http://www.ffck.org/pratiquer

Comité Régional Corse de Kayak
Corri Bianci
Route de Sartène
F-20117 Eccica Suarella
Tel. 04 95 25 91 19
www.ffck.org

RADFAHREN
Fédération Française de Cyclotourisme
Vivre la Corse en velo
Résidence Napoleon
23, Cours General Lederc
F-20000 Ajaccio
Tel. 04 95 21 96 94
www.ffct.org

Team Cyclo Corsica
Immeuble Orazzi, Bat. A 2
19, Av. du Docteur Noël Franchini
F-20090 Ajaccio
Tel.04 95 20 43 43
http://corsecyclotourisme.org

A la Decouverte de la Corse
Place de l'église
F-20290 Campile
Tel. 04 95 58 80 09
www.lacyclotourisme.com

REITEN
Comité Régional de Tourisme Équitre de Corse (CRTE)
Maison de l'Agriculture
19, Av. du Docteur Noël Franchini
BP 913
F-20700 Ajaccio Cedex 9
Tel. 04 95 22 28 35
www.cre-corse.fr

SEGELN
Fédération Française de Voile
Ligue Corse de Voile
Base Nautique
F-Port de Plaisance, 20260 Calvi
Tel. 04 95 60 49 43, www.ffvoile.fr

TAUCHEN
Comité Corse de la Fédération Française de Sports Sous-Marin
Lot. Castellacio, Immeuble Bardeglinu, F-20220 Ile Rousse

Tel. 04 95 57 48 31
www.ffessm.fr

WANDERN
Parc Naturel Régional de Corse
Bergwetter: Tel. 08 99 71 02 20
Auskunft: Tel. 04 95 50 59 04
www.parc-corse.org

Office National des Forêts Direction régionale de Corse
Résidence La Pietrina
Avenue de la Grande Armée
F-20000 Ajaccio
Tel. 04 95 23 78 20, www.onf.fr

Fédération Française de la Montagne et de l'Escalade Comité Départemental
Association Équateur
B. P. 20513
F-20186 Ajaccio Cedex 2
Tel. 06 18 09 17 29
www.ffme.fr

I Muntagnoli Corsi
Gîte d'Étape Pentaniella
F-20122 Quenza
Tel. 04 95 78 64 05

Muntagne Corse in Libertà
7, Avenue de la Mediterranée
F-20090 Ajaccio
Tel. 04 95 20 53 14

WELLNESS
Aquavital
Route de Calenzana
F-20260 Calvi
Tel. 08 99 69 84 76
www.acquavital.com

Riva Bella Naturise Thalasso & Spa Resort
Route de Riva Bella

Perfekte Blaupause: Schmucke Jachten dümpeln im Hafen von Bonifacio.

F-20270 Aléria
Tel. 04 95 38 81 10
http://naturisme-rivabella.com

Thalassa Sea & Spa
Hotel Sofitel
Domaine de la
Pointe de Porticcio
F-20166 Porticcio
Tel. 04 95 29 40 40
www.thalassa.com

Frankreichweites Portal zur
Thalassotherapie:
www.allo-thalasso.com

WINTERSPORT
Comité Régional
Corse de Ski
981, Route de Petrelle
Lieudt Chialza, F-20620 Biguglia
Tel. 06 20 48 29 39
http://franckrinaldi.free.fr

TOUREN

An der Küste entlang oder lieber in die Berge? Spektakuläre
Schluchten durchwandern, im Kastanienland den Spuren der
Geschichte folgen oder uralte Dörfer entdecken? Wir verraten
Ihnen, wo Korsika am schönsten ist.

Touren durch Korsika

Napoleon behauptete, er könne seine Heimat an ihrem Duft erkennen. Ihr Parfüm heißt Macchia und wird Sie auf allen Touren begleiten.

Tour 1   **Klippen, Kirchen und korsischer Wein**
Schroffe Felsküste, sanfte Badebuchten und idyllische Bergdörfer gehören zur Tour um das Cap Corse. Im Süden lernt man die Olivenhaine und Weinberge des Nebbio-Beckens, die Austernbänke des Étang de Biguglia und endlos lange Sandstrände kennen.
▶Seite 120

Tour 2   **Der wilde Süden**
Die Route kombiniert Höhepunkte der korsischen Vergangenheit mit spektakulären Landschaften: torreanische Festungen, rätselhafte Megalithdenkmäler, die Kalkklippen von Bonifacio und das grandiose Bavella-Massiv.
▶Seite 123

Tour 3   **Steinerne Märchenwälder und**
spektakuläre Schluchten
Die roten Felsen der Calanche habe der Teufel geschaffen, erzählt eine alte korsische Legende, und auch bei der tiefen Schlucht der Scala Santa Regina soll der Höllenfürst seine Hand im Spiel gehabt haben.
▶Seite 127

Tour 4   **Hinauf zum Aussichtsgipfel der Calanche-Küste**
Durch den Wald, vorbei an fantastisch anmutenden Felsskulpturen, hinauf zum Gipfel des Capu d'Orto und wieder zurück - eine Tageswanderung, bei der Groß und Klein auf ihre Kosten kommen.
▶Seite 130

Tour 5   **Kontraste zwischen Ost und West**
Auf dem Weg von der Westküste durch die Balagne und Castagniccia bis zur Ostküste reihen sich die vielen Facetten Korsikas aneinander: zerklüftete Küsten, einsame Wüsten, fruchtbare Hochplateaus, tiefe Schluchten, Städte voller Flair und herrliche Strände.
▶Seite 132

Unterwegs auf Korsika

Zauberhaftes Spiel von Bergen und Meer

Unablässig wettstreiten Berge und Meer auf Korsika um die schönste Landschaft. Wälder mit Kastanien und Schwarzkiefern widerstehen der Macchia, die wie eine grüne Decke die Dörfer umhüllt. Festungen und Wachtürme schützen die 1047 km lange Küste, die im Osten flach, im Westen mit schroffen Klippen bewehrt ist. Korsika kann man in aller Beschaulichkeit entdecken und nichts als den Wind, die Wellen oder eine Nachtigall hören. Nur in den Ferienorten dröhnen in der Hochsaison Jetskis die Küste entlang.

Mit dem Auto, per Bahn oder Boot

Wer Land und Leute richtig kennenlernen möchte, ist auf der Insel auf den eigenen Wagen oder ein Leihfahrzeug angewiesen – Letzteres unbedingt frühzeitig buchen! Wohnmobile lösen zwar die Übernachtungsfrage, sind hier aber wegen der teils sehr schmalen Straßen nur bedingt geeignet. Viele kleinere Orte im Hinterland werden nur einmal wöchentlich von Bussen angefahren, einzig die Küstenorte werden täglich bedient. Grandiose Aussichten auf Korsikas Berge und Täler eröffnen sich bei einer Fahrt mit der **korsischen Schmalspurbahn,** von den Einheimischen auch Micheline genannt, die Bastia mit Ajaccio via Corte sowie Calvi und Porto Vecchio verbindet. Zu den Stränden zwischen Calvi und L'Île- Rousse rattert im Sommer die **Tramway de Balagne.**

Besonders zu empfehlen sind außerdem **Schiffsausflüge** zu den Îles Sanguinaires, Îles Lavezzi, Îles Cerbicales, nach Girolata, La Scandola, die Küste der Calanche entlang und zu den traumhaft schönen Stränden der von Macchia überzogenen Landschaft der Agriates.

Wandern, Radeln und Reiten

Die traditionellen **Hirtenwege** und Maultierpfade, die durch das Landesinnere führen, wurden für Mountainbiker, Reiter und Wanderer äußerst vorbildlich markiert. Die Schönheiten der Küste erschließen alte **Zöllnerpfade.**

Bon Appétit

Die Liebe zu Korsika geht unzweifelhaft auch durch den Magen. Während an der Küste Dorade, Wolfsbarsch oder Meeraal mit frischen Kräutern, Tomaten und Zwiebeln gegart oder gegrillt werden, lockt das korsische Hinterland mit Schinkenspezialitäten, Honigen in Farbnuancen von Goldgelb bis Nachtschwarz, Olivenöl, Gebäck

Schiefergedeckte Häuschen drängen sich am Hafen von Centuri, dem schönsten Dorf am Cap Corse, das für den Langustenfang bekannt ist.

aus Kastanienmehl (▶Baedeker Wissen S. 74) und dem inseltypischen Käseklassiker Brocciu. Den Spuren der korsischen Küche folgen die sehr empfehlenswerten Schlemmerrouten **»Routes des Sens Authentiques«**.

Korsika ist im Gegensatz zu anderen Mittelmeerinseln noch nicht allzu sehr vom Pauschaltourismus überrollt. Große Ferienanlagen finden sich v. a. bei Calvi, Ghisonaccia und Porto-Vecchio; das Angebot an Hotels im Landesinnern ist imer noch recht gering. Am Meer oder in den Bergen, auf dem Bauernhof, in Privatzimmern oder auf Campingplätzen – Übernachten ist teuer, wild Zelten strikt verboten! Wer in der Hauptsaison reisen möchte, muss daran denken, frühzeitig zu buchen.

Wie man sich bettet

Tour 1 # Klippen, Kirchen und korsischer Wein

Start und Ziel: Saint-Florent
Länge der Tour: 220 km
Dauer: 2 Tage

Die Halbinsel von Cap Corse ist Korsika im Kleinformat: ein »Gebirge im Meer«, das sich bis heute seinen ganz eigenen Charakter bewahrt hat – im Westen eine wilde, karge Felsküste, im Osten flach auslaufende Badebuchten inmitten einer üppigen Vegetation, im Innern liegen idyllische Bergdörfer. Im Süden grenzt die Halbinsel an die Olivenhaine und Weinberge im fruchtbaren Becken des Nebbio, an die Austernbänke des Étang de Biguglia sowie an die endlos langen Sandstrände der Ostküste.

Vom Nebbio zur Westküste des Cap Corse

❶****Saint-Florent,** der Hauptort des Nebbio, ist Ausgangs- und Endpunkt der äußerst kurvenreichen Rundreise durch den Norden Korsikas, die – von einigen Abstechern abgesehen – dem Verlauf der D 80 auf Cap Corse folgt. Erste Station ist das Winzerdorf ❷*Patrimonio, in dem vor allem aus der Nielluciu-Traube Spitzenweine gekeltert werden. Weinkeller entlang der Straße laden zur Degustation. Tipp: Der Direktverkauf der Domaine Orenga de Gaffory findet rund einen Kilometer vor Patrimonio rechts der Straße statt, wo es auch einen köstlichen Muskat gibt. Im mittelalterlichen Dörf-

Rätselhafte Dolmen in der Hochebene von Cauria

chen ❸＊**Nonza,** das markant auf einem Felsdorn thront, lädt ein
schwarzer Sandstrand zum Sonnen
und Baden. Sein Genueserturm war
1768 Schauplatz einer ebenso hel-
denhaften wie listigen Tat – unterhalb lockt La Sassa mit aussichtsreicher, edler Küche (www.castalibre.
com/lasassa). ❹ **Canari** oberhalb
der Küstenstraße lohnt wegen seiner
pisanisch-romanischen Kirche San-
ta-Maria-Asssunta einen Besuch.
Bei Pino führt die Straße zum Col de
Ste-Lucie zur ❺＊**Tour de Sénèque,**
in dem der römische Philosoph
Seneca während seines Exils gewohnt haben soll – tatsächlich entstand der Turm jedoch erst im
Mittelalter. Im fotogenen ❻＊**Centuri-Port** werden die schmackhaften
Kap-Langusten fangfrisch serviert –
besonders lecker vom Patron Fern-
and, der noch selbst fischt, im Hafenrestaurant Le Langoustier.
Korsikas einzige Windmühle erreicht man vom Col de la Serra nur
zu Fuß: die 2004 restaurierte
❼ **Moulin Mattei,** berühmtes Logo
des von Mattei produzierten Aperi-
tifs »Cap Corse« und Aussichtspunkt
auf die Leuchtturminsel Giraglia.
Wenig weiter sichern auf der Pointe
de Torricella Windkraftanlagen
(▶Wirtschaft/Energiewende) die
Stromversorgung im Norden von
Cap Corse. Vorbei an Rogliano, vom
12.–16. Jh. Stammsitz des genuesischen Adelsgeschlechts Da Mare, das
fast das gesamte Kap beherrschte,
geht es zur Ostküste. Als schöne Pause zum Baden, Sonnen oder Flanie-

ren empfiehlt sich ❽＊**Macinaggio** mit seinen zahlreichen Stränden
und dem Jachthafen für mehr als 500 Boote. In einem der vielen Cafés
sollten Sie sich den Aperitif »Cap Corse« gönnen, einen chininhalti-
gen Kräuterlikör, der ein wenig an Campari erinnert. Hinter Marine
de Porticciolo erhebt sich der besterhaltene Genueserturm der korsi-

?

Unbedingt ansehen

- Der Wachturm von Nonza
- Die schönsten Kirchenbauten der Pisaner: La Canonica und San Michele
- Köstlichkeiten aus dem Meer: Kap-Langusten und fangfrische Austern
- Eine Weinprobe in Patrimonio
- Baden und Sonnenbaden an den Stränden von Macinaggio
- Jardins d´Alfabia, verwunschenes Gartenparadies mit herrschaftlichem Anwesen

schen Küste: die **Tour de Losse.** Da der Turm in Privatbesitz ist, kann er nicht besichtigt werden. Ebenfalls eine Pause wert ist **9** ***Erbalunga** mit seinen schiefergedeckten Häusern und alten Villen rund um das Hafenbecken. Höhepunkt im Jahreslauf sind zwei feierliche Prozessionen am Karfreitag. Bei der »Cerca«-Prozession werden morgens die Kirchen der Umgebung besucht; abends ziehen die Gläubigen bei der Granitola-Prozession wie eine sich schließende und öffnende Spirale in ihren Kapuzengewändern durch den Ort.

Wer **10** ***Bastia** bereits kennt, kann hinter Lavasina auf der so kurven- wie aussichtsreichen **Corniche** die betriebsame Hafenstadt umfahren. Eine fantastische Aussicht auf Stadt, Berge und die beiden Küsten des Cap Corse sind garantiert. Tipp: Genießen Sie das Panorama beim Picknick – bei der Épicerie Fine (33, Rue César Campinchi, Bastia, www.epicerie-fine-corse. com) gibt es köstliche Terrinen, Trüffelkäse und korsische Weine.

Das Herz Bastias schlägt am alten Hafen.

Bei Marana beginnen die endlos langen Sandstrände der Ostküste – und ihr nördlichster und zugleich größter der drei Strandseen: der 10 km lange, aber nur 1 m tiefe ⑪ ✴**Étang de Biguglia,** in dem köstliche Austern gezüchtet werden. Nahe seines Südufers erhebt sich ein eindrucksvolles Zeugnis pisanischer Romanik in der Küstenebene: Santa Maria Assunta, im Volksmund ⑫ ✴**La Canonica** genannt. Vorbei am Flughafen von Bastia geht es über Revinco westlich des Étang de Biguglia gen Norden bis nach Casatorra, wo die Straße durch die wildromantische Schlucht des ⑬ ✴**Défilé de Lancone** abzweigt. Im Laufe der Jahrhunderte hat sich der Bevinco-Fluss hier 120 m tief in das Schiefergestein gegraben. Nach der Schlucht führt die D 5 zum wohl schönsten und berühmtesten Kirchenbau der Pisaner: ⑭ ✴✴**San Michele** kurz vor dem verschlafenen Örtchen Murato. Zeugnisse der korsischen Frühzeit erheben sich in ⑮ **Piève** direkt neben der Dorfkirche: die drei Menhirstatuen »Murello«, »Bucentone« und »Mutola«. Durch die Weinberge, Olivenhaine und fruchtbaren Weiden des Nebbio geht es mit einem Zwischenstopp im malerischen Örtchen ⑯ ✴**Santo Pietro di Tenda,** das von einer ungewöhnlichen Barockkirche beherrscht wird, zurück nach **Saint-Florent.**

Gotteshäuser und Badespaß am Strand

Der wilde Süden

Tour 2

Start und Ziel: Bonifacio
Länge der Tour: 250 km
Dauer: 2 – 3 Tage

Die Rundroute durch den Süden der Insel kombiniert die Höhepunkte der Vergangenheit Korsikas mit spektakulären Naturlandschaften: Auf die Kalkklippen von Bonifacio folgen die spitzen Felsnadeln des Bavella-Massivs, würzige Nadelwälder und einsame Sandstrände. In Levie, Filitosa und auf der Hochebene von Cauria wird die Vorzeit wieder lebendig, durch Sartène weht bis heute das Flair des Mittelalters.

Start für den Tourenklassiker durch den Südosten ist die südlichste und wohl spektakulärste Stadt Korsikas, ❶ ✴✴**Bonifacio.** Auf der N 198 geht es – mangels fehlender Alternativen – zügig Richtung Porto-Vecchio. Kurz vor dem beliebten Feriendorf zweigt rechts die Rundstrecke über die Halbinsel La Chiappa ab. Hier versteckt sich der für viele schönste Strand Korsikas: die karibisch anmutende Doppelbucht der ❷ ✴✴**Plage de Palombaggia.** Besonders schön ist der südliche Teil: Da dieser Strandabschnitt nicht direkt mit dem Wagen, sondern nur nach zehnminütigem Fußmarsch zu erreichen ist, lockt hier noch Idylle pur – zum belebteren Nordstrand mit Wasser-

Alte Städte und traumhafte Strände

Wunder der Natur: die bizarren »Bavella-Nadeln«

sportangeboten führt eine Stichstraße. In ❸*Porto-Vecchio* bewacht eine Zitadelle den hübschen Altstadtkern am Hafen. Auf der D 368 geht es durch den harzig duftenden Nadelwald des ❹*Forêt de l'Ospédale,* der leider deutliche Schäden durch Waldbrände aufweist, stetig bergauf. Auf das kleine Bergdorf L'Ospédale mit weitem Blick über den Golf von Porto-Vecchio folgt der Stausee von Ospédale, der über einem Waldgebiet angelegt wurde – bei Niedrigwasser ragen die abgesägten Baumstümpfe aus dem See. An der Staumauer laden schattige Picknickplätze zur Rast ein. Nördlich der Staumauer beginnt an einem Parkplatz an der D 368 ein ausgeschilderter Rundweg zu den eindrucksvollen Cascade de Piscia di Gallo – als »Hahnenfall« stürzt sich der Oso gut 60 m in die Tiefe.

Bizarre Felsspitzen und torreanisches Erbe In unzähligen Kurven und Kehren schraubt sich die Straße hinauf zur Bocca d'Illarata (991 m), überwindet die Bocca di Pelza (874 m), und erreicht schließlich ❺*Zonza.* Das Bergdorf in 784 m Höhe ist das Zentrum des korsischen Pferdesports und Tor zu den »korsischen Dolomiten«. Am 9 km entfernten ❻**Col de Bavella** öffnet sich die schönste Aussicht auf die **Aiguilles de Bavella.** Fotogen umrahmen bizarr geformte Lariciokiefern die hoch aufragenden Felsnadeln des Bavella-Massivs. Tipp: von der belebten Passhöhe zu den Hochwiesen wandern und dort mit Panoramablick picknicken – leckeren Proviant gibt es in den Läden von Zonza. In ❼*Levie* wird die korsische Vorzeit lebendig. Das dortige Musée Archéologique präsentiert die »Dame von Bonifacio« und andere Fundstücke aus dem Neolithikum; am Rande des Waldes von Levie liegt das **Castellu di Cucuruzzu,** eine imposante Siedlung der Torreaner aus dem

2. Jt. v. Chr. Nächstes Ziel ist das malerisch am Nordhang des Monte Piano Maggiore gelegene Bergdorf ❽ **Sainte-Lucie-de-Tallano.**
Im nahen Steinbruch wurde der seltene Kugeldiorit abgebaut – sonst
gibt es dieses Gestein nur noch in Finnland. Hinter Sartène lockt ein
4-Kilometer-Abstecher auf der D 69 zur Spin'a Cavallu – der »Pferderücken« gilt als schönste korsische Bogenbrücke.

Zeugnisse der Vorzeit

Das Gebiet rund um ❾ ***Propriano,** das sich heute in eine moderne Urlauberhochburg mit einem großen Jachthafen und zahlreichen Hafenrestaurants verwandelt hat, war schon in vorgeschichtlicher Zeit besiedelt. Im Jahr 1594 setzte der korsische Nationalheld Sampiero Corso hier seinen Fuß an Land und begann, für die Rückeroberung Korsikas zu kämpfen. Nördlich des einstigen Fischerdorfes am Golf von Valinco birgt ein Olivenhain im Taravo-Tal die bedeutendste prähistorische Stätte Korsikas, ❿ **Filitosa.** Südlich von Propriano erheben sich auf der Hochebene von ⓫ **Cauria** eindrucksvolle Zeugnisse der korsischen Megalithkultur auf engstem Raum: das Alignement von Stantari, das Alignement von Renaggiu und das größte Menhirfeld des Mittelmeerraumes, die 258 Granitmonolithe des Alignement von Pagliaju.

> **?**
>
> **BAEDEKER WISSEN**
>
> *Unbedingt ansehen*
>
> - Strandidylle an der Plage de Palombaggia
> - Die Felsnadeln des imposanten Bavella-Massivs
> - Funde der Vorzeit in Levie
> - Die Altstadt von Sartène
> - Korsikas südlichste Stadt auf den Klippen, Bonifacio

Von der »korsischsten Stadt Korsikas« in den bergigen Süden

Das nahe ⓬ ***Sartène** bezeichnete der französische Schriftsteller Prosper Mérimée einst als »korsischste Stadt Korsikas«. In den alten Gassen des Bergdorfs mit seinen turmhohen, verwitterten Gebäuden weht noch heute das Flair des Mittelalters – besonders in der Karfreitagsnacht, wenn bei der »Catenacciu«-Prozession ein anonymer Büßer mit klirrenden Ketten an den Füßen ein schweres Holzkreuz durch die Gassen schleppt (▶Baedeker Wissen, S. 288). Auf der gut ausgebauten N 196 geht es dann zügig weiter gen Süden. Weinberge erstrecken sich beiderseits der Fahrbahn. Hinter der Brücke, die über den Ortolo führt, erblickt man die höchsten Berghänge im Süden der Insel, das Cagna-Gebirge mit der 1340 m hohen Punta d'Ovace. Bekannter ist der weithin sichtbare **Uomo di Cagna,** ein riesiges, etwa 400 t schweres Steingebilde aus der Eiszeit, das einst von Seefahrern als Landmarke zur Orientierung genutzt wurde.

Idyllische Strände

Den schönsten Blick auf den ⓭ ***Rocher du Lion** bei Roccapina bietet ein Parkplatz gegenüber einem Imbiss an der N 196. Zum schönen Sandstrand Cala de Roccapina führt eine Schotterstraße bei der Auberge Coralli. Die weitere Strecke hält immer wieder fantastische Ausblicke auf die Küste bereit: Langsam und gleichmäßig rollen die Wellen an die flach abfallenden, ausgefransten Buchten im Süden Korsikas. Wer eine Badepause einlegen möchte, sollte entweder in Pianotolli zur ⓮ ***Baie de Figari** oder hinter dem Golfe di Ventilegne zur Plage de Tonnara abbiegen – zwei herrlich idyllische und noch recht einsame Strände kurz vor dem Ende der Rundtour in **Bonifacio.**

Steinerne Märchenwälder und spektakuläre Schluchten

Tour 3

Start und Ziel: Ajaccio
Länge der Tour: 300 km
Dauer: 3 Tage

Die roten Felsen der Calanche hat laut Legende der Teufel geschaffen und auch bei der tiefen Schlucht der Scala Santa Regina soll der Höllenfürst seine Hand im Spiel gehabt haben. Voilà: unsere teuflisch schöne Rundtour zu fantastischen Felsspitzen und geschichtsträchtigen Orten im Herzen Korsikas.

Die Felsen der Calanche

Die Tour durch die faszinierenden Felslandschaften Korsikas beginnt in der korsischen Hauptstadt ❶**✶✶Ajaccio** und führt zuerst auf der D 61, dann D 81 durch die ❷**Cinarca,** den fruchtbaren Garten im Liscia-Tal. Auf einem Fels über Tiuccia erhebt sich die Ruine der einstigen Stammburg der Grafen von Cinarca, die um 1200 fast die ganze Insel beherrschten. Über die gesichtslose Feriensiedlung Sagone erreicht man ❸**✶Cargèse,** das von griechischen Flüchtlingen gegründet wurde. Inmitten seiner weiß getünchten Häuser mit bunten Fensterläden und blumengeschmückten Terrassen erheben sich zwei große Gotteshäuser: die römisch-katholische und die griechisch-orthodoxe Kirche, die im Innern schöne griechische Ikonen birgt. Den Besuch der ❹**✶✶Calanche** zwischen Piana und Porto sollten Sie für den frühen Abend einplanen: Im Licht der untergehenden Sonne leuchten die Porphyrspitzen glutrot und verwandeln sich in einen steinernen Märchenwald voller fantastischer Formationen. Kurze Wanderwege führen zu den schönsten Felsen. Der ❺**✶✶Golf von Porto** ist als Weltnaturerbe geschützt. Unbedingt einplanen: eine Bootsfahrt zum denkmalgeschützten Fischerdörfchen ❻**✶Girolata** und zum Weltnaturerbe ❼**✶✶La Scandola.** Und ein Dîner an der Marine de Porto: Hier können Sie den schönsten Sonnenuntergang von Koriska erleben.

Seglerparadies und UNESCO-Weltnaturerbe La Scandola

Über Ota, das wie eine Wabe am Berghang hoch über dem 300 m tiefer fließenden Porto klebt, geht es durch die gewaltigste Schlucht Korsikas, die ❽***Gorges de la Spelunca,** hinauf nach **Évisa.** Wer gerne wandert, kann von hier in vier Stunden die Schlucht zu Fuß erkunden oder zu den tosenden Wasserfällen der Cascades d'Aïtone gehen, die mitten in der schattigen Forêt d'Aïtone liegen. Hinter Évisa klettert die Straße zum ❾***Col de Vergio** empor, mit 1477 m der höchste befahrbare Pass der Insel. Der Rundblick auf die Zweitausender ringsum ist einmalig. Dem Lauf des Golo folgend, mit 85 km längster Fluss des Insel, geht es durch den Kiefernwald des Valdu-Niellu vorbei an Albertacce mit seinem sehenswerten prähistorischen Museum nach ❿**Cala-**cuccia. Das Bergdorf ist beliebter Ausgangspunkt für Aufstiege auf Korsikas höchsten Gipfel, den 2706 m hohen Monte Cinto. Weiter auf der D 84, beginnt hinter Corscia die enge Klamm der ⓫***Scala di Santa Regina.** Den besten Blick auf die 8 km lange Schlucht des Golo hat man von der Ponte di l'Acacia, wo ein schmaler Pfad entlang der Steilwände und Abgründe führt. Über Castirla ist die alte Hauptstadt Korsikas schnell erreicht: ⓬****Corte,** auch geografisch das Zentrum der Insel.

Schluchten-Trio

> **BAEDEKER WISSEN**
>
> **?** *Unbedingt ansehen*
>
> - Das denkmalgeschützte Dörfchen Girolata
> - Der steinerne Märchenwald der Calanche
> - Korsikas alte Hauptstadt Corte
> - Die spektakulären Schluchten Gorges de la Restonica und Gorges de Spelunca
> - Bastelica, der Geburtsort des korsischen Freiheitshelden Sampiero Corso

Felswildnis pur bieten die nahe liegenden ⓭****Gorges de la Restonica.** Wunderschöne Wanderungen führen von diesem wildromantischen Tal, das von Zweitausendern umgeben ist, bis zu den gletscherblau schimmernden Bergseen Melo und Capitello. Wer auch die Nacht hier verbringen möchte – das Hotel Dominique Colonna ist ein verstecktes Juwel mit einem guten Preis-Leistungs-Verhältnis (Vallée de la Restonica BP 83, 20250 Corte, Tel. 04 95 45 25 65, www.dominique-colonna.com).

Die Rückfahrt nach Ajaccio folgt zunächst der Strecke der korsischen Kleinbahn »Micheline«. Kurz vor Vivario erscheint die ⓮***Pont du Vecchio,** den der Eiffelturm-Erbauer Gustave Eiffel konstruierte. Die 140 m lange Eisenbahnbrücke überspannt in 97 m Höhe das Tal. Hinter dem Col de Vizzavona, mit 1163 m höchster Punkt der Bahnstrecke, geht es hinab nach ⓯***Bocognano,** wo eine lohnenswerte Wanderung in rund einer Stunde zum Brautschleier-Wasserfall führt, mit 150 m der höchste Wasserfall der Insel. Wenige Kilometer weiter zweigt gen Süden die D 27 ab, die nach der 1193 m hohen Passhöhe Punta Isa den Geburtsort des korsischen Freiheitskämpfers

Auf den Spuren der »Micheline«

Sampiero Corso erreicht: **⑯ Bastelica.** Reich an Aussichten leitet die D 3 oberhalb der Schlucht **⑰ Gorges du Prunelli** vorbei an den hübschen Örtchen Tolla und Ocana und dem blau schimmernden Stausee Lac de Tolla auf der gut ausgebauten N 196 zurück nach **Ajaccio.**

Tour 4 Hinauf zum Aussichtsgipfel der Calanche-Küste

Start und Ziel: Piana
Länge der Tour: 25 km (lange Variante), 22 km (kurze Variante)
Dauer: 6 Std.

Auch für Familien mit Kindern ist diese Tageswanderung ein Erlebnis: Vom 1294 m hohen Gipfel des Capu d'Orto reicht der Fernblick weit über den Golf von Porto, die Scandola-Halbinsel und die Bergwelt rund um die Paglia Orba.

In zwei Etappen zum Gipfel

Die Wanderung beginnt am Fußballplatz von **❶ ✶✶Piana** rund 2 km außerhalb an der Straße nach Porto auf 480 m Höhe. Ein Tipp: Brechen Sie möglichst früh auf, um vor der Mittagshitze den Gipfel zu erreichen. Der erste, flachere Teil bis zum Sattel der Bocca di Piazza

liegt im Schatten, der zweite, steilere Teil bis zum Gipfel hingegen mitten im Sonnenlicht!

Kurz hinter dem Fußballplatz überqueren Sie einen Bach. Anschließend wandern Sie durch kühlen Kiefernwald in weiten Serpentinen gemächlich immer höher hinauf. An der ❷ **Bocca di Piazza** (900 m) müssen Sie sich entscheiden, welchen Aufstiegsweg Sie bevorzugen: Sportliche Gipfelstürmer wählen den grün markierten, kürzeren Bergweg, Familien sollten der orangefarbenen Markierung folgen. Beim ❸ **Foce d'Orto** (998 m) ist der Fuß des Vorgipfels vom Capu d'Orto erreicht. Nach dem Grün des Waldes sehen Sie nun zerfurchten Fels, wie er typisch für Korsika ist: unzählige Tafoni, die wie ausgehöhlt wirken und abenteuerliche Skulpturen bilden: Löwen, Affen, Elefanten, Fische und andere Fabel- und Fantasiewesen, von Wind und Wetter in den Granit gemeißelt. Nun wird es etwas schweißtreibend: Für rund 40 Mi-

Bizarre Felsformen der Calanche

nuten geht es steil bergauf durch eine lange Rinne, die sich von links unten nach rechts oben durch die Südflanke zieht. Wo die Markierung der Wanderroute nicht klar zu erkennen ist, weisen unzählige Steinmännchen den Weg. Mitunter muss mit Hilfe der Hände ein wenig gekraxelt werden, dann geht es wieder über glatte Felsplatten weiter hinauf. Wer trittsicher ist und gutes Schuhwerk hat, wird jedoch auch als gelegentlicher Freizeitwanderer diese Herausforderungen meistern! Dies gilt auch für Kinder, die diesen recht steilen Abschnitt der Wanderung am meisten lieben. Und wenn es zu anstrengend wird, halten Sie doch einmal innen und atmen Sie tief durch: Der Duft der Thymian-, Rosmarin-, Lavendelbüsche und Macchiablumen, die sich an den Fels krallen, ist einfach himmlisch.

Nach gut drei Stunden ist der Gipfel des ❹ **Capu d'Orto** erreicht – und Zeit für ein Picknick mit Panoramablick! Der Abstieg zurück zum »stade« folgt zunächst der gleichen Route. Bei der Bocca di

Atemberaubender Golf von Porto

?

Unbedingt ansehen

- Die faszinierende Natur im Wald von Piana
- Die berühmten, witterungsbedingt zu bizarren Gestalten geformten Tafoni
- Das wunderschöne Dorf Piana mit seinen weißen Häusern und der im italienischen Stil erbauten Kirche Sainte-Marie

Piazza sollten Sie jedoch die etwas längere Variante über die ❺ ***Bocca Larga und Le Lion** wählen. Die Tiefblicke auf den Golf von Porto, die Scandola-Halbinsel und die Calanche sind vom Pfad einfach unvergleichlich. Nach Le Lion folgen Sie zunächst den Wegweisern zu »Les Roches Bleues«. Bei der Abzweigung im Kastanienhain der ❻ **Châtaigneraie** (733 m) jedoch wählen Sie den linken Weg nach Piana. Rund eine halbe Stunde später sind Sie zurück am Fußballplatz. Wer die Tour verlängern will: Fußballplatz und Dorfzentrum verbindet ein Maultierpfad, der wildromantisch ist – alte Hecken haben einen Hohlweg geschaffen, der völlig der Zeit entrückt ist.

Nicht vergessen Wie für alle Wanderungen auf Korsika gilt: **Festes Schuhwerk und Trittsicherheit** sind Pflicht. Da unterwegs Einkehrmöglichkeiten fehlen, sollten Sie Proviant und ausreichend Trinkwasser in Ihren Rucksack packen. Dort hinein gehört auch, je nach Jahreszeit, Sonnencreme und Sonnenhut bzw. Regenschutz. Und natürlich eine Kamera für die großartigen Motive und Fernblicke unterwegs.

Tour 5 Korsische Kontraste zwischen Ost und West

Start: Calvi
Ziel: Prunete

Länge der Tour: 140 km
Dauer: 1 – 2 Tage

Auf der Reise von der Westküste durch die Balagne und Castagniccia bis zur Ostküste reihen sich die vielen Facetten Korsikas wie ein Bilderbogen aneinander: zerklüftete Küsten, einsame Wüsten, fruchtbare Hochplateaus, tiefe Schluchten, Panoramafernblicke, Städte voller Flair und endlose Strände zum Sonnen und Baden. Nicht zu vergessen: die Köstlichkeiten aus Küche und Keller.

Durch die fruchtbare Balagne Die Tour beginnt am tiefblauen Golf von ❶ ****Calvi.** Man verlässt die quirlige Küstenstadt auf der N 197 Richtung Bastia und folgt dann der D 71, die als aussichtsreiche **Corniche de la Balagne** immer wieder neue, faszinierende Ausblicke auf den Golf und die Berge bietet. Hinter Lumio geht es hinauf nach ②***Sant'Antonino,** das einem Adlerhorst gleich auf der Spitze eines Kegelberges thront und mit einem 360°-Panorama über die gesamte Balagne lockt. Keine 5 km nördlich sollte man sich unbedingt ③****Pigna** ansehen. Das Örtchen gilt als Hochburg der korsischen Handwerkskunst, da hier 1964 die Corsicada-Vereinigung gegründet wurde, die mit den Case d'Artigiani Kunsthandwerkern ein Forum zur Präsentation und zum Verkauf ihrer Werke bietet. Über ④***Speloncato,** in dessen engen Gässchen die Zeit stillzustehen scheint, geht die Fahrt weiter bis nach ⑤**Belgodère,** wo die Corniche de la Balagne endet. Das Dörfchen liegt so traumhaft über dem Tal des Regino, dass es zu Recht den Namen »Schöner Aufenthalt« trägt.

Über den 844 m hohen Pass Bocca Capana schaffen die D 547 und die D 247 via Castifao und Moltifao die Verbindung zum idyllisch abgeschiedenen ⑥***Vallée d'Asco** mit der wildromantischen Granitschlucht Gorges de l'Asco. Leider sind auch hier die Folgen der vielen Waldbrände – besonders schlimm wüteten die Flammen

Panoramaroute durch die Berge

2009 – nicht zu übersehen. Ponte Leccia bildet den zentralen Bahn-
und Verkehrsknoten im Zentrum Korsikas. Während die Stadt eher
unscheinbar ist, sind die Aussichten auf das Rotondo-Massiv und die
Gipfel des Asco-Gebietes einfach grandios. Auf der engen, kurvigen
D 71 geht es – vorbei an Olivenhainen und Korkeichen – nach
7 ***Morosaglia,** mit knapp 900 Einwohnern einer der größten und
bekanntesten Orte der Castagniccia: Hier wurde der prominenteste
korsische Freiheitskämpfer geboren – Pasquale Paoli. Sein Geburtshaus ist heute ein Museum.

Die D 71 schlängelt sich weiter bergauf bis zum **8** **Col de Prato** in
knapp 1000 m Höhe. Von der Passhöhe führt in zwei Stunden ein
Wanderweg mit roter Markierung bzw. Steinpyramiden zum 1767 m
hohen **9** ***Monte Petrone** mit traumhaften Blicken auf Cap Corse
und das »Kastanienland«, das besonders im Herbst mit seiner Far-
benpracht beeindruckt. Knapp 1 km hinter dem Pass führen die

Postkartentaugliche Aussicht: Calvi besitzt herrliche Strände.

D 405, dann die D 515 nach ⑩ ***La Porta**. Mittelpunkt des Miniortes ist die St-Jean-Baptiste mit ihrem riesigen Campanile. Im Sommer sind regelmäßig Orgelkonzerte in der Barockkirche zu hören. Kurz vor Piedicroce liegt eingezäunt die Ruine des ⑪ ***Couvent d'Orezza**, das während des korsischen Unabhängigkeitskampfes Geschichte schrieb – in dem mittlerweile fast völlig überwucherten Franziskanerkloster wurde 1751 die korsische Verfassung verabschiedet. Jetzt engagiert sich der Journalist und Historiker Paul Silvani mit Unterstützung der Association Terra è Omi di a Castagniccia für die Rettung der historischen Stätte. Im Orezza-Tal wird

? BAEDEKER WISSEN

Unbedingt ansehen

- Eines der höchstgelegenen Dörfer Korsikas: Sant'Antonino mit wunderbarem Fernblick über die gesamte Balagne
- Kunsthandwerk der Corsicada-Künstler: Keramik, Korbwaren und Holzarbeiten
- Das geschichtsträchtige Franziskanerkloster Alesani, in dem sich ein westfälischer Glücksritter zum König von Korsika krönte (▶Baedeker Wissen, S. 60).
- Panoramablick vom Monte Perdone über die Castagniccia bis zum Cap Corse

auch das bekannteste korsische Mineralwasser abgefüllt, das Eau d'Orezza. Die Quelle liegt an der D 506, die in Piedicroce abzweigt. Beim Überqueren des 819 m hohen Col d'Arcacotta öffnet sich der Blick auf das weite Tal des Alesani. Hier ist allerdings Vorsicht geboten: Ziegen, Schweine und Kühe bevölkern zunehmend die Straße.

In ⑫ ***Valle-d'Alesani** lohnt ein Abstecher zum Franziskanerkloster Alesani, zu erreichen über die D 217 und D 17 Richtung Perellli. Das Kloster birgt die Kopie eines wertvollen Gemäldes aus der Siener Schule: »Die Jungfrau Maria mit der Kirsche« (1450) – das Original hängt im Louvre. Am 15. April 1736 ließ sich Theodor Baron Neuhoff hier zum König von Korsika ausrufen. Als Residenz wählte er das 17 km entfernte ⑬ **Cervione**. Einblicke in die Geschichte der Castagniccia gibt das Musée Ethnografique hinter der Kathedrale. Als letzter Kulturstopp vor der Küste lockt die romanische Kapelle Ste-Christine. Ihre Zwillingsapsis wird von schönes Fresken aus dem Jahr 1473 geschmückt. Auf der D 71 sind es nur noch wenige Kilometer bis **Prunete**, wo die Tour erfrischend endet: mit einem Bad im Meer.

Sakrale Kunst der Siener Schule

Wer mag, kann anschließend noch bis ⑭ ****Aléria** weiterfahren, die Ausgrabungsstätte der Römerstadt Alalia besichtigen und den Tag dann bei fangfrischen Austern aus dem nahen Étang de Diane und kühlem korsischen Weißwein ausklingen lassen. Unser Schlemmertipp: ⑮ ***Aux Coquillages de Diane**, knapp 2 km nördlich von Aléria direkt am Seeufer (Tel. 04 95 57 04 55, www.restaurant-coquilla gesdediana-aleria.com).

Römische Ruinen und leckere Austern

REISEZIELE VON A BIS Z

Eine Insel voller Duft und Sonne, mit Hochgebirge und den herrlichsten Stränden, mit uralten Bergdörfern und blühenden Badeorten – Korsika ist so abwechslungsreich wie ein ganzer Kontinent.

Agriates

✳ **D / E 3 / 4**

Höhe: 0 – 421 m ü. d. M.
(Col de Lavezzo)

Dornig, undurchdringlich und doch voller Düfte, so überzieht die Macchia die Agriates, ein karges heißes Gebiet, das zwischen ▶Cap Corse und ▶Balagne wunderschöne Sandstrände versteckt: Lotu, Saleccia, Malfalcu und Ostriconi.

Gebiet aus Stein und Macchia

Der Name der 55,63 km² großen **Agriates** erstaunt: »bewirtschaftete Felder«. Wo heute **Macchia** mit Erdbeerbäumen, Myrten, Zistrosen und duftenden Kräutern wie Salbei, Lavendel, Bergminze oder Rosmarin das Land überzieht, bauten zu Zeiten der Seerepublik Bauern

Die Agriates erleben

AUSKUNFT
Conservatoire du littoral
3, Rue Luce de Casabianca
F-20200 Bastia
Tel. 04 95 32 38 14
www.conservatoire-du-littoral.fr
Zuständig für Naturschutz-
angelegenheiten

Office de Tourisme
de Saint-Florent
B.P. 53
F-20217 Saint-Florent
Tel. 04 95 37 06 04
www.corsica-saintflorent.com
Ansprechpartner für Touristen

EVENT
Journée de l'Agriate
Jährlich wechselnder Thementag zur
Agriates im November

ESSEN UND ÜBERNACHTEN
Le Relais de Saliccia ❷❷
Casta agriates, F-20217 Saint-Florent

Tel. 0 4 95 37 14 60
www.hotel-corse-saleccia.com
Nicht der Komfort, sondern die Herzlichkeit von Valérie und Jean-Pierre Andreani, die herrlichen Ausblicke auf Wüste und Meer sowie die ursprüngliche korsische Küche machen das kleine, einfache Hotel mit seinen elf Zimmern und dem Ferienappartement im 200 Meter entfernten Neubau zu einem beliebten Kleinod, das rasch ausgebucht ist; geöffnet April – Sept.; MTB-Verleih, Verkauf korsischer Produkte.

Ferme Auberge Pietra Moneta ❷❷
Lieu-dit l'Ostriconi
F-20226 Palasca
Tel. 04 95 60 24 88
www.location-agriates.com
Wo einst die Postkutschen-Pferde gewechselt wurden, serviert Joël Vesperini korsische Küche mit Kräutersuppe, Lammbraten und Schafsragout. Wer draußen speisen möchte: Die Terrasse liegt leider an einer stark frequentierten Straße.

So unwirtlich die Agriates ist, so wunderschön sind ihre kilometerlangen Sandstrände, wie diese Aufnahme von Ostricioni beweist.

in kleinen Parzellen Korn an – damals galt die Agriates als »Kornkammer Genuas«. Erhalten sind heute nur Reste der Steinreihen, die die Felder begrenzten, verfallene Schäfereien und kleine **»Pagliaghi«,** mit Teghje-Schiefern gedeckte Heuschober. Als einzige asphaltierte Straße durchquert die D 81 das einsame Hügelland; zwei Schotterpisten führen durch die Macchia zum Meer. Bewohnt sind nur wenige Häuser und das Dorf **Casta.** An die Bewohner der Vorzeit erinnern die einzigen **Dolmen** der nördlichen Inselhälfte, die am Fuße des Monte Revincu zu finden sind: Casa di l'Orcu (Haus des Riesen) und Casa di l'Orca (Haus der Riesin).

»In diesem entlegenen und beunruhigenden Landstrich kommt die Fantasie alsbald vom rechten Weg ab«, schrieb Pierre Benoît 1950 in seinem Roman »Les Agriates« – ein Satz, der auch für die in jener Zeit geplanten Bauprojekte gelten könnte: eine Atomversuchsanlage und ein riesiges Ferienzentrum, für das die Rothschild-Bank bereits einen Großteil des Grund und Bodens erworben hatte. Gerade noch rechtzeitig gelang es dem Conservatoire du Littoral, zwischen 1979 und 1989 die Küste an der Wüste zurück zu kaufen und unter **Naturschutz** zu stellen.

In letzter Sekunde gerettet

Auf schlechten Schotterpisten gelangt man zu den Traumstränden der Agriates: **Lotu, Saleccia, Malfalcu** und **Ostriconi.** Saleccia diente einst gar als Kulisse für den Kriegsfilm »Der längste Tag« mit Robert Mitchum. Zur Plage du Lotu pendeln im Sommer Ausflugsboote von Saint-Florent.

*Traumstrände

Sentier du Littoral Am Ende der Plage de la Roya beginnt in Saint-Florent der einzige **Wanderweg** Korsikas, der auf den Spuren der Zöllner direkt der Küste folgt – und auf 40 km Länge bis zum Strand von Ostriconi die Schönheit der L'Agriate erschließt: romantische Buchten, kristallklares Wasser, kleine Aleppokiefernwäldchen und die vielfältige Tier- und Pflanzenwelt der Macchia.

** Ajaccio

──────── ✦ B 8 ●

Höhe: 0 – 25 m ü. d. M.
Einwohner: 66 300
Präfektursitz

Napoleon Bonaparte machte aus seiner Heimatstadt 1811 die Hauptstadt Korsikas. Heute ist Ajaccio die größte Stadt der Insel mit gepflegten Stadtstränden, breiten Boulevards, engen Altstadtgassen voller Flair und Booten aus aller Welt, die vor der Zitadelle im Hafen liegen. Außerdem ist sie Sitz des Regionalparlaments.

Schillerndes Stadtbild Die alten Viertel in der Innenstadt und außerhalb der Stadtmauer (Borgo) gehen hier unmerklich über in die modernen Geschäfts- und Wohnviertel, die sich entlang der Hafenkais und bis zu den sanften Hügeln am Stadtrand erstrecken. Großzügige Boulevards mit Straßencafés, schattige Plätze, klassizistische Prachtbauten, Amtsgebäude und verschiedene Museen kennzeichnen die **aufstrebende Stadt,** die viele Reminiszenzen an vergangene Zeiten bewahrt hat. Die schönsten Blicke auf Stadt und Hafen bieten sich vom Pointe d'Aspreto am östlichen Hafenende sowie von der Jetée de la Citadelle unterhalb der Festung. Schon **Henri Matisse** hat sich 1898 vom Farbenspiel der Stadt und ihrer Umgebung verzaubern lassen, was sich leider nicht auf Korsika selbst, dafür aber im Matisse-Museum in Nizza nachvollziehen lässt.

Napoleon Bonaparte Auf Schritt und Tritt begegnet man dem berühmtesten Sohn der Stadt: In Erinnerung an Napoleon (▶Berühmte Persönlichkeiten), am 15. August 1769 geboren, wurden Straßen, Plätze, Gaststätten nach ihm benannt, Denkmäler aufgestellt – und auch als Souvenirartikel lässt er allen anderen Nippes hinter sich. Geehrt wird Napoleon alljährlich an seinem **Geburtstag** mit einer Zeremonie, obwohl er nach seiner Abreise nach Frankreich 1793 nur noch zweimal korsischen Boden betrat: 1799 auf der Rückreise vom Afrika-Feldzug und 1815, als er Elba verließ, um erneut die Herrschaft in Frankreich anzutreten, die er in der Schlacht von Waterloo endgültig verlor.

Ajaccio erleben

AUSKUNFT
Office du Tourisme
3, Bd. du Roi Jérôme
B. P. 21
F-20000 Ajaccio
Tel. 04 95 51 53 03
www.ajaccio-tourisme.com

VERKEHR
Der Flughafen Campo dell'Oro östlich der Stadt wird täglich von Air France sowie Air Corsica angeflogen; easyjet verkehrt in der Saison zwischen Basel-Mulhouse-Fribourg sowie Genf und Ajaccio. Am besten parkt man sein Auto in der Parkgarage an der Place de Gaulle. Im Hafen legen die Autofähren von CMN La Méridionale, Corsica Ferries und SNCM an, Ausflugsschiffe pendeln zum Seebad Porticcio, zum Archipel der Îles Sanguinaires, zum autofreien Fischerdorf ▶Girolata und zum Weltnaturerbe Scandola.

SHOPPING
Kleine Boutiquen laden in der Fußgängerzone Rue Cardinal Fesch zum Bummeln ein, während der bunte Markt am Square César Campinchi jeden Vormittag außer am Montag eine Fülle heimischer Produkte bietet. Umfangreiche Korsikaliteratur hat die Buchhandlung La Marge in der Rue Emanuel Arène Nr. 4.

ESSEN
❶ *Le Palm Beach* ❸❸❸ – ❸❸❸❸
Route des Sanguinaires/Boulevard Stéphanopoli de Comnène (Route des Iles Sanguinaires), Tel. 04 95 52 01 03
www.palm-beach.fr, Menü 90 – 130 €
Ein Michelinstern funkelt seit 2015 über dem Hotelrestaurant von Wilfried Vernier, der zum Paradeblick auf das Meer

pochierte Foie Gras mit Tonkabohnen, blauen Hummer mit knusprigen Krapfen und warme Mandarinen-Soufflés serviert.

❷ *L'Assiette Gourmande* ❸❸❸
10, Rue G. Fiorella
Tel. 04 95 51 35 07
Mo. geschlossen
Im rustikalen Gourmetlokal vereint José deftige Inselküche mit mediterraner Nouvelle Cuisine – probieren Sie Muscheln in Martini-Rosso-Sauce.

❸ *A Casetta* ❸❸ – ❸❸❸
Lieu dit Canteghje Canale
Plaine de Cuttoli
20167 Cuttoli Corticchiato
Tel. 04 95 25 66 59
http://restaurant-acasetta.com
Diese köstliche korsische Küche lohnt den Abstecher von zehn Kilometern!

❹ *Le 20123* ❸❸ –❸❸❸
2, Rue Roi de Rome
Tel. 04 95 21 50 05
www.20123.fr
Korsisches Dorfambiente mitten in der City: 20123 war die Postleitzahl des Dorfes Pila Canale, das an der Landflucht zugrunde ging – und nun als Vorbild für eine romantische Kulisse dient, in der Traditionsmenüs mit abendlicher Unterhaltung für 58 € angeboten werden.

❺ *A Népita* ❸❸ *(mittags)* – ❸❸❸ *(abends)*
4, Rue San Lazaro
Tel. 04 95 26 75 68
Der Brite Simon Amdrews hat sich mit seiner täglich wechselnden Marktküche in die Herzen der Insulaner und Gäste gekocht – Michelin ist dies einen Stern wert.

⑥ *Vino del Diablo* ⊖⊖
Port de l'amirauté
Tel. 04 95 22 70 10
Wein, Tapas, leckere Tagesmenüs und
Live-Musik oder DJ-Acts von Donnerstag
bis Samstagabend: Damit wurde das Vino
del Diablo zum In-Treff am Hafen.

⑦ *Le Curieux* ⊖⊖
11, Rue Conventionnel Chiappe
Tel. 04 95 76 19 51
»Der Neugierige« serviert französische
Klassiker mit typisch korsischem Flair. Das
Magret de Canard wird mit korsischem
Honig aromatisiert, die gegrillte Dorade
mit den Kräutern der Macchia – köstlich!

ÜBERNACHTEN
❶ *Best Western Premier*
Hotel Dolce Vita ⊖⊖⊖⊖
Route des Iles Sanguinaires
F-20000 Ajaccio
Tel. 04 95 52 42 42
www.hotel-dolcevita.com
Knapp 9 km südlich von Ajaccio verwöhnt die Familie Federici ihre Gäste mit
32 hübschen Zimmern, die alle Meerblick
haben. Toll am Meer gelegen ist auch das
Restaurant »La Mer« mit kreativer Fischküche.

❷ *Fesch* ⊖⊖ – ⊖⊖⊖
7, Rue du Cardinal Fesch
Tel. 04 95 51 62 62
F-20179 Ajaccio
www.hotel-fesch.com
Stilvolles Haus mit 77 Zimmern in einer
Fußgängerzone der Altstadt

❸ *Du Golfe* ⊖⊖⊖
5, Bd. du Roi Jérôme
F-20000 Ajaccio
Tel. 04 95 21 47 64
www.hoteldugolfe.com

Hier logiert man direkt im Hafenviertel.
Viele der 55 Zimmer bieten einen herrlichen Blick über die Bucht.

❹ *Napoléon* ⊖⊖ – ⊖⊖⊖
4, Rue Lorenzo Vero
F-20181 Ajaccio Cedex 1
Tel. 04 95 51 54 00
www.hotel-napoleon-ajaccio.fr
3-Sterne-Hotel mit 62 Zimmern in einer
ruhigen Nebenstraße des Cours Napoléon, nur fünf Minuten von den Stränden
und dem historischen Zentrum entfernt

❺ *Kallisté* ⊖⊖
51, Cours Napoléon
F-20000 Ajaccio
Tel. 04 95 51 34 45
www.hotel-kalliste-ajaccio.com
Freundliches Hotel in der ersten Etage,
auch mit Vierbettzimmern für Familien

❻ *Pension Morelli* ⊖⊖
1, Rue Major Lambroschini
F-20000 Ajaccio
Tel. 04 95 21 16 97
www.ajaccio-tourisme.com/de/
Sympathische Familienpension mit sechs
Zimmern. Probieren Sie Madame Morellis
selbst gemachte Kuchen! Ausgezeichne-
tes Frühstück

KULTUR
❶ *Aghja*
6 Chemin Biancarello
Tel. 04 95 10 11 30
www.aghja.com
Die Bühne der Stadt für aktuelle Trends
in Musik und Theater. Chant Corse steht
hier ebenso auf dem Programm wie
Electro Jazz, Brechts »Kaukasischer
Kreidekreis« oder Kammerstücke, wie
»La Chambre à Milena« nach einer
Erzählung Franz Kafkas.

Ajaccio

Les Milelli, Château de la Punta

Jetée de Margonajo

VILLETTA

Av. de la Grande Armée

Cours Napoléon

Gare

Square P. Griffi

PIÉTRINA

Av. Bévérini

Vico

Palais de Justice

Place Abbatucci

Av. Napoléon-III

Bd. Madama

Boulevard Sampiero

Gendarmerie

Abbatucci-Statue

Bassin

des

Capucins

Hôpital

Av. D.ice Cuneo d'Ornano

Av. Impératrice Eugénie

Rue des Trois Marie

St-Roch

Jetée des Capucins

Palais Fesch (Musée Fesch)

San Ruchellu

R. Sébastiani

Fesch

Chapelle Impériale

Autogare

OLIVETO

Av. D.r Cuneo d'Ornano

Rue Lorenzo Vero

Cours Napoléon

Rue

Sq. César Campinchi

R. Roi Jérôme

Quai l'Herminier

Port

de Commerce

Gare Maritime

R. Sergent Casalonga

Préfecture (Palais Lantivy)

Quai République

Hôtel de Ville (Salon Napoléonien)

Jetée de la Citadelle

Place d'Austerlitz

R. Mal. Ornano

R. Gén. Lévie

Rue Gén. Campi

Av. 1er. Consul

Av. A. Sérafini

Place Mal. Foch

Napoleonstatue

Port de Plaisance Tino Rossi

Musée „A Bandera"

Police

Av. de Paris

Place Gal. de Gaulle

Av. Malpincti

Av. Napoléon

Port de Pêche

Route des Sanguinaires

Cours Grandval

Statue Napoléon und seine Brüder

Cathédrale

Pl. Letizia

Maison Bonaparte

Quai de la Citadelle

Casino

Bd. Pascal Rossini

Rue Sœur Alphonse

Rue St-Charles

Rue de Rome

Pl. Bonaparte

R. Pozzo di Borgo

Bd. d. Casanova

Plage St-François

Palais des Congrès

Bd. Lantivy

Rue Forcioli-Conti

St-Erasme

CITADELLE

Golfe d'Ajaccio

Pointe Maestrello

100 m

©BAEDEKER

Jetée de Margonajo

Jetée des Capucins

Stadt-geschichte

Ajaccio entstand aus der kleinen römischen Siedlung **Adiacum**, die im heutigen »Vigne di San Giovanni«-Viertel lag. 1492 gründete die Bank des hl. Georg (▶Geschichte, S. 39), von der Republik Genua mit der Verwaltung von Korsika betraut, die Stadt, siedelte 100 ligurische Familien an und verbot den Korsen, sich ebenfalls niederzulassen. Das änderte sich erst mit Sampiero Corso (▶Berühmte Persönlichkeiten), der Ajaccio 1553 in französischem Auftrag besetzte und die Insel eroberte. Die Genuesen kehrten wenig später zurück, gewährten 1597 allen Einwohnern das Bürgerrecht und bauten die von den Franzosen errichtete Zitadelle nach ihren Vorstellungen um. In der ersten Hälfte des 17. Jh.s zählte der Hafen von Ajaccio zu den betriebsamsten Häfen der gesamten Insel; gehandelt wurde mit Olivenöl, Wein, Getreide und Käse. Im Jahr 1715 erhielt Ajaccio die Administration für die südliche Hälfte der Insel. 1769 fiel die Insel und damit auch Ajaccio an Frankreich.

SEHENSWERTES IN AJACCIO

*Place Général de Gaulle

Die Stadtbesichtigung beginnt auf der Place Général de Gaulle, auch **Place du Diamant** genannt, die zwischen der Altstadt und den neuen Vierteln im Westen liegt. Mit ihren Cafés und dem Blick auf den Golf ist die sonnige Terrasse in der Nähe des Casinos und des Kongressgebäudes ein **traditioneller Treffpunkt** der Ajacciner. Am Südende grüßt das bronzene **Reiterstandbild Napoleons** als römischer Imperator, umringt von seinen vier Brüdern – ein Werk von Viollet-le-Duc aus dem Jahr 1865.

*Cathédrale

Vorbei am Palais de Congrès erreicht man an der Rue Forcioli-Conti die Kathedrale von Ajaccio. Der schlichte Kreuzkuppelbau wurde 1582 bis 1593 im Stil der venezianischen Renaissance errichtet. Das kostbarste Stück der Kirchenausstattung ist das Gemälde **»Vierge au Sacré-Cœur«** von Eugène Delacroix (1798 – 1863), das in der ersten Kapelle links bewundert werden kann. Die zweite Kapelle, Notre-Dame de la Miséricorde, birgt eine Marmorstatue der Heiligen Jungfrau aus dem 18. Jh., die beim Fest der **Schutzpatronin Ajaccios** am 18. März bei einer Prozession durch die Straßen getragen wird. Die dritte Kapelle ehrt mit

Kleine Pause in der Altstadt

Ajaccio ist mondäner als die anderen Städte der Insel mit großen Boulevards und Plätzen, hübscher Altstadt und urbanem Flair.

15 kleinen Tafeln aus dem 17. Jh. die Jungfrau mit dem Rosenkranz. Den Hochaltar aus weißem Marmor, über dem sich vier gewundene Säulen aus schwarzem, gelb geädertem Marmor aus Portovenere erheben, stiftete 1811 Napoleons Schwester Elisa Baciocchi. Über dem edlen Marmoraufbecken wurde der zwei Jahre alte Napoleon am 21. Juli 1771 getauft. Eine Marmortafel im linken Kirchenschiff erinnert noch heute an seinen Wunsch, in Ajaccio bestattet zu werden, falls eine Beisetzung in Paris verweigert würde.

Mit dem Besuch der Kathedrale ist man schon inmitten der malerischen Altstadt. Vieles hier erinnert an typisch italienische Städte. Es reihen sich bunt gemischt feine Restaurants, Bars in alten Kellergewölben, vollgestopfte Souvenirläden, Kunstgalerien, Hafenspelunken und Pizzerien aneinander. ***Altstadt**

Vor der **Zitadelle** aus dem 16. Jh. (militärische Zone, daher ist eine Besichtigung nur mit Führung des Office du Tourisme möglich) biegt man links auf den Boulevard **Danielle Casanova** ab, benannt nach einer Heldin der Résistance (1909 – 1943), die im Konzentrationslager Auschwitz ums Leben kam (►Berühmte Persönlichkeiten). **Citadelle**

Highlights in Ajaccio

▶ **Markt auf dem Square César Campinchi**
Dieser Markt ist außer Montag täglich vormittags geöffnet und verführt mit köstlichen Insel-Spezialitäten, wie Käse, Schinken, traditionellen Keksen und Honig – und das Beste: bei vielen Händlern darf man kosten.
▶Seite 141

▶ **Palais Fesch**
Italienische Meisterwerke und das Mausoleum der Familie Bonaparte – doch der bedeutendste Sohn der Familie fehlt.
▶Seite 147

▶ **Maison Bonaparte**
Hier wurde Napoleon am 15. August 1769 geboren – aber nicht im Bett ...
▶Seite 146

▶ **Place Général de Gaulle**
Die schönste Panoramaterrasse mit Blick auf den Golf von Ajaccio
▶Seite 144

Maison Bonaparte

Über die Rue Roi de Rome und die Rue St-Charles gelangt man zur **Place Letizia** mit einer Kinderbüste des Königs von Rom, Napoleons einzigem Sohn. In der Maison Bonaparte erblickte **Napoleon I.** auf dem Sofa des Vorzimmers im ersten Stock 1769 das Licht der Welt – die Geburtswehen hatten im Gottesdienst an Mariä Himmelfahrt eingesetzt, und es gelang seiner Mutter nicht mehr, das Schlafzimmer zu erreichen. Während des englisch-korsischen Reichs von 1794 bis 1796 beschlagnahmten die Engländer das schlichte Bürgerhaus aus dem 18. Jh. Das Erdgeschoss diente als Munitionslager, die Wohnung beherbergte Soldaten – darunter auch Hudson Lowe, den späteren Kerkermeister Napoleons auf St. Helena. 1798 wurde es auf Wunsch von Napoleons Mutter Letizia mit Entschädigungsgeldern der Engländer restauriert und umgebaut. Hinzu kamen der Salon im ersten Stock und neues Mobiliar wie das Louis-quinze-Bett und mit Intarsien geschmückte italienische Kommoden. Im »Napoleonzimmer« wohnte der Kaiser vermutlich bei seinem Aufenthalt im Jahre 1799. Im zweiten Stockwerk sind Dokumente, Porträts, Erinnerungsstü-

Stilvoll: die Maison Bonaparte

cke sowie ein Stammbaum der Familie Bonaparte ausgestellt. Über die Rue Bonaparte gelangt man zur palmenbestandenen **Place Maréchal Foch,** die den Namen eines berühmten korsischen Marschalls aus dem Ersten Weltkrieg trägt. Vom **Löwenbrunnen,** den Gerolamo Maglioli erschuf, grüßt Napoleon als römischer Imperator, umgeben von den vier namengebenden Löwen. In einer Fassadennische an der Ecke Avenue Serafini/Rue Bonaparte steht die 1656 in der Kirche St-Erasme geweihte Statue der **»Madonnuccia«,** der Schutzpatronin Ajaccios.

❶ April – Okt. Di. – So. 10.30 – 12.30, 13.15 – 18.00, Nov. – März 10.00 – 12.00, 14.00 – 16.45 Uhr, Mo. geschlossen

Erw. 7 €, unter 25 Jahren Eintritt frei

www.musee-maisonbonaparte.fr

Salons Napoléoniens

Das **Rathaus** zur Hafenseite birgt die Salons Napoléoniens, einen Empiresaal mit Porträts und Büsten der Familie Bonaparte, dem Taufschein des Kaisers vom 21. Juli 1771 im genuesischen Dialekt und der **Totenmaske Napoleons** von Antonmarchi. Die elegante Einrichtung stammt aus der römischen Residenz des Kardinals Fesch; der riesige böhmische Kristalllüster ist ein Geschenk der ehemaligen Tschechoslowakei zum 200. Geburtstag Napoleons (1969). Hinter dem Rathaus liegt die einzige **Fischhalle** Korsikas.

❶ tgl. 9.00 – 11.45, 14.00 – 17.45, Mitte Sept. – Mitte Juni bis 16.45 Uhr, Sa./So. geschl.

Erw. 2,30 €, unter 15 Jahren Eintritt frei

www.ajaccio.fr/Salons-Napoleoniens_a50.html

Rue Cardinal Fesch

Durch die Rue Cardinal Fesch, **Flaniermeile und Shoppingstraße** des stimmungsvollen Hafenviertels Borgo, gelangt man zum klassizistischen **Palais Fesch** (1827 – 1837) mit Bibliothek, der 2011 renovierten Chapelle Impériale und dem berühmten Musée Fesch. Die **kaiserliche Kapelle** im rechten Flügel des Palais wurde 1860 auf Anweisung Napoleons III. von Paccard und Cazeneuve als letzte Ruhestätte der Bonapartes errichtet. Im runden Kuppelbau sind Kardinal Fesch, die Eltern Napoleons und weitere Angehörige bestattet. Alljährlich am 5. Mai, dem Todestag Napoleons, werden Gedenkgottesdienste abgehalten.

❶ kaiserliche Kapelle, Apr. – Juni, Sept. Di. – So. 9.15 – 12.15, 14.15 – 17.15, Okt. – März nur Di. – Sa., Juli, Aug. Di. – Fr. 9.30 – 18.30, Fr. zusätzl. 21.00 – 24.00, Sa., So. 10.30 – 18.00, Mo. 13.30 – 18.00 Uhr

Erw. 1,50 €, Kinder 0,75 €

Jugendwerk Boticellis: die Madonna im Musée Fesch

Das Museé Fesch im ersten Stock gehört zu den größten Sammlungen italienischer Malerei in Europa. **Kardinal Joseph Fesch** (1763–1839), Erzbischof von Lyon und Stiefbruder von Letizia Bonaparte, war ein eifriger Kunstsammler. Rund 16 000 italienische Gemälde vom 14. bis 19. Jh. trug er zusammen, von denen heute noch 1200 Bilder vorhanden sind, und vermachte alles der Stadt Ajaccio. Die Ausstellung ist nach Themen angeordnet – religiöse Darstellungen, Porträts, Landschaften und Stillleben. Zu sehen sind Werke der Schulen von Florenz, Venedig, Rimini und Ferrara; ferner Werke flämischer, holländischer und französischer Künstler. Zu den ältesten Gemälden gehören die »Vision der seligen Clara von Rimini«, ein Triptychon von 1330, die Mitteltafel eines Polyptychons von ca. 1340, die »Mystische Hochzeit der heiligen Katharina« von Allegretto Nuzi sowie ein »Jüngstes Gericht« der Florentiner Schule. Das 15. Jh. vertreten die entzückende »Madonna mit der Girlande« (um 1470), ein Jugendwerk von **Sandro Botticelli,** die »Madonna mit zwei Heiligen« von Cosimo Tura und die »Madonna von Grenada« von Lorenzo di Credi. Aus dem 16. Jh. stammen »Der Zweite Mann mit dem Handschuh« von **Tizian** und die »Leda« von **Veronese.** Aus dem 17. Jh. sind Landschaften von Gaspar Dughet und Nicolas Poussin sowie Porträts von Baciccio und Maratta zu sehen. Das venezianische 18. Jh. wird durch Veduten von Panini und der berühmten **Canaletto-Schule** repräsentiert. Zweiter Sammlungsschwerpunkt ist die korsische Malerei mit rund 1000 Gemälden, Radierungen und Drucken, darunter »La forêt de Valdoniello« von Luc Multedo sowie Werke von Lucien Peri, François Corbellini, Charles-Léon Canniccioni, Jacques-Martin Capponi und die Ansichten von Ajaccio von Jean-Baptiste Bassoul.

❶ Okt.–April Mo., Mi., Sa. 10.00–17.00, Do., Fr. 12.00–17.00, am 3. So. im Monat 12.00–17.00, Mai–Sept. Mo., Mi., Sa. 10.30–18.00, Do. Fr., So. 12.00–18.00 Uhr
Erw. 8 €, unter 18 Jahren Eintritt frei, www.musee-fesch.com

Cours Napoléon Durch die Rue des Trois Maries erreicht man die **Hauptverkehrsader** der Stadt, den Cours Napoléon, mit Ämtern, Straßencafés und Geschäften. Durch diese Straße führen auch die meisten Kundgebungen und Prozessionen. Am nördlichen Ende der Straße liegt die **Place Abbatucci** mit der Bronzestatue des korsischen Generals Abbatucci aus Zicavo, der die Verteidigung der jungen Republik in der Schlacht von Huningue (Elsass) im Jahr 1796 mit dem Leben bezahlte. In südlicher Richtung folgt der Amtssitz des Präfekten der Region Korsika im **Palais Lantivy** von 1837.

? | BAEDEKER WISSEN

Eng verbunden mit der Stadt ...

... ist der Schlagersänger Tino Rossi, der nicht nur einem Hafenbecken seinen Namen gab, sondern auch auf dem Friedhof von Ajaccio begraben liegt. Seine Villa, in der er 1983 starb, liegt an der Küstenstraße zu den Sanguinaires-Inseln.

In der Rue Général Levie 1 dokumentiert das 2011 renovierte **landesgeschichtliche Museum** die bewegte korsische Vergangenheit sowie die Militärgeschichte des Mittelmeers mit Münzen, Waffen, Karten und Uniformen. Außerdem wird an wichtige Korsen wie Napoleon Bonaparte, Pasquale Paoli, Sampiero Corso und Danielle Casanova (▶Berühmte Persönlichkeiten) erinnert.

*Musée »A Bandera«

❶ Juli – Mitte Sept. Mo. – Sa. 9.00 – 19.00, So. 9.00 – 12.00, sonst Mo. – Sa. 9.00 – 12.00, 14.00 – 18.00 Uhr

Erw. 5 €, 10 – 18 Jahren 3 €, unter 10 Jahren Eintritt frei

www. musee-abandera.fr

Westlich der Place de Gaulle führt die von Platanen gesäumte **Prachtstraße Cours Grandval,** später Cours Général Leclerc, zur weitläufigen Place d'Austerlitz. Seine eindrucksvolle **Napoleon-Statue** ist eine Replik des Standbilds von Seuvre (1938) im Pariser Invalidendom. Es zeigt Napoleon mit Zweispitz und Redingote, einem taillierten Damenmantel mit Reverskragen. In einer Grotte der Tafonifelsen soll Napoleon als Kind gespielt haben.

Cours Grandval, Place d'Austerlitz

＊ GOLF VON AJACCIO

Die Route des Sanguinaires genannte **Küstenstraße** (D 111) verlässt die Stadt westwärts und folgt dem Nordufer des Golfs von Ajaccio, vorbei an Hotels, Restaurants, Ferienwohnungen und -anlagen bis zum Genuesenturm an der Westspitze des Golfs, der Pointe de la Parata. Kleine, **einladende Strände** säumen die 12 km lange Strecke: z. B. Barbicagia, Plage d'Ariadne, Plage du Scudo, Terra Sacra, Frati und Plage de Vignola.

*Nordküste, Route des Sanguinaires

Die äußerlich schlichte »Kapelle der Griechen« (1632), ca. 2 km außerhalb, diente einst griechischen Siedlern, die vor korsischen Hirten aus Paomina nach Ajaccio geflohen waren, als Gotteshaus. Auch heute werden noch **orthodoxe Gottesdienste** abgehalten. Neben Ge-

Chapelle des Grecs

Vom Genuesenturm Pointe de la Parata an der Route de Sanguinaires genießt man einen herrlichen Blick auf die Îles Sanguinaires.

neral Fiorella sind Mitglieder der Familie Pozzo di Borgo hier bestattet. Die Grabkapellen vornehmer Ajacciner Familien am Berghang über der Bucht bilden einen eigenartigen Gegensatz zu den benachbarten Villen und Luxushotels.

*Îles Sanguinaires Vor der **Pointe de la Parata** schließen die vier Îles Sanguinaires den Golf von Ajaccio in westlicher Richtung ab. Der winzige Archipel ist ein beliebtes Fotomotiv – bei Sonnenuntergang leuchtet sein Granitgestein blutrot auf. So erklärt sich auch der Name **»Blutinseln«.** Auf der westlichsten Insel Grande Sanguinaire, auch »Mezzo Mare« genannt, mit 1200 m Länge, 300 m Breite, und 80 m Höhe zugleich die größte Insel der Gruppe, stehen die Ruinen einer Quarantänestation und ein Leuchtturm, in dem der Dichter **Alphonse Daudet** 1869 zeitweise wohnte. Seine Erlebnisse hielt er in seinen »Lettres de mon moulin« fest.

Zur Landspitze La Parata mit dem Genuesenturm **Pointe de la Parata** führen Naturlehrpfade. Die Turmruine, von der sich ein weiter Blick auf die Îles Sanguinaires und den Golf von Sagone eröffnet, geht auf die Familie del Ponte zurück: Genua übertrug die Insel 1503 dieser Familie mit der Auflage, mindestens 600 Obstbäume und 800 Weinstöcke zu pflanzen. Zu den Inseln starten im Sommerhalbjahr **Schiffe vom Quai Napoléon** in Ajaccio. Hin- und Rückfahrt dauern zwei Stunden, der Aufenthalt auf Grande Sanguinaire eine Stunde.

Mit ihrer felsigen, abschüssigen Küste wirkt die Südseite des Golfs – obwohl längst durchgehend besiedelt und kaum zugänglich – dramatischer als die Nordseite. Die D 55, über die N 196 zu erreichen, folgt fast ihrem gesamten Verlauf und führt vorbei an Buchten mit **schönen Sandstränden.**

Südküste

Der breite und lange Sandstrand des **Seebades** Porticcio ist auch bei den Ajaccinern sehr beliebt. Entlang der Küste reihen sich traditionsreiche Nobelherbergen, Feriendörfer, Straßenlokale und Geschäfte für Ferienbedarf aneinander. Porticcio bietet zwar wenig Flair, aber einen hübschen Blick von der Punta Porticcio auf Ajaccio.

Porticcio

An der nächsten Bucht liegt die **Plage d'Agosta,** die im Süden ein genuesischer Turm auf der Pointe de Sette Nave abschließt. Es folgen die **Plage de Ruppione** und der kleine Hafen von Chiavari, der von einem dichten Kiefernwald umgeben ist. Von hier führt die D 155 zur Anse (Bucht) de **Portigliolo** mit kleinem Strand, genuesischen Turm und dem Weiler Castagna (6 km) auf der gleichnamigen Landzunge. Recht bemerkenswert ist die Aussicht auf den Golf und die kleine Île Piana sowie landeinwärts auf das Tal der Gravona und das Massiv des Monte d'Oro.

Strände

UMGEBUNG VON AJACCIO – DAS HINTERLAND

Auf der D 61 wird via Alata nach 5,5 km das Landgut Les Milleli erreicht, das die **Familie Bonaparte** aus dem Besitz des Jesuitenordens erworben hatte – der Orden war 1762 wegen seiner Einmischung in politische Belange in Frankreich verboten worden. 1793 flüchteten Letizia und ihre Töchter vor den Anhängern Paolis hierher. Napoleon blieb nur zwei Tage auf dem Gut – auf der Rückreise von Ägypten anno 1799. Das von einem uralten Olivenhain umgebene Landhaus ist bis auf Weiteres geschlossen.

Les Milelli

> ! **BAEDEKER TIPP**
>
> *Der Mythos als Männerduft*
>
> Aus den olfaktorischen Vorlieben von Napoleon kreierte Marc-Antoine Corticchiato ein Herrenparfüm, mit dem sich jetzt jeder Mann wie ein Kaiser fühlen kann: »Eau de Gloire«, eine Komposition mit Anklängen an Anis, Leder, Tabak und Macchia. (http://parfumdempire.com)

Zum **Schloss Punta**, auch Pozzo di Borgo genannt, folgt man der D 61 bis Bocca di Pruno oder Faccia di Campo und biegt dann links ab (13 km). Das Schloss wurde 1886– 1894 nach dem Vorbild des Pariser Tuilerienpalastes erbaut und brannte 1979 aus. Die Straße führt weiter bis zur 779 m hohen **Punta Pozzo di Borgo** mit großartiger Sicht auf die Îles Sanguinaires.

Château de la Punta

Schildkrötenpark
A Cupulatta

An der N 193 liegt nach 30 km beim Dörfchen **La Vignola** der größte Schildkrötenpark Europas »A Cupulatta«, der sich der Erhaltung und Zucht der gepanzerten Urtiere widmet. Hier leben auf 2,5 ha rund 136 Arten aus aller Welt, vom fingerlangen Winzling bis zur Riesenschildkröte mit drei Zentnern Lebendgewicht.

❶ April – Mitte Mai, Mitte Sept. – Mitte Okt. tgl. 10.00 – 17.00, Mitte Mai – Mitte Sept. tgl. 9.00 – 19.00 Uhr, Nov. – März geschl., Erw. 11 €, Kinder (5 – 11 Jahre) 8 €, unter fünf Jahren frei, www.acupulatta.com

Bastelica

Bastelica, knapp 10 km östlich von Ajaccio gelegen und verteilt auf fünf Ortsteile, ist den Korsen bestens bekannt als Geburtsort des korsischen Freiheitskämpfers **Sampiero Corso** (1498 – 1567, ▶Berühmte Persönlichkeiten). Auf dem Kirchplatz des Hauptorts Santos erinnert eine heroische Bronzestatue an den Freiheitskämpfer; am Geburtshaus im Weiler Dominicacci ehrt eine Gedenktafel Sampiero als »korsischsten aller Korsen«. Die aussichtsreiche D 3 zurück nach Ajaccio verläuft oberhalb der Schlucht **Gorges du Prunelli,** die zum 40 ha großen Stausee südlich von Tolla führt, der Ajaccio mit Trinkwasser versorgt. Vom **Belvédère,** auf einer kurzen Abzweigung vom **Col de Mercujo** (715 m) zu erreichen, eröffnet sich eine herrliche Sicht auf die Schlucht des Prunelli und die umliegenden Berge. Weiter flussabwärts folgt der Eccicia-Stausee. Vom Ort **Eccia-Suarella** führt ein Pfad hinauf zu einer Stele, die an den Tod von Sampiero Corso erinnern soll, der in der Macchia von Suarella von Angehörigen seiner Frau ermordet wurde, nachdem er seine Frau umgebracht hatte.

✶✶ Aléria

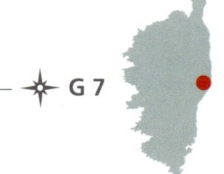

✦ G 7

Höhe: 50 m ü. d. M.
Einwohner: 2200

Das vom Fort de Matra überragte Dorf oberhalb vom Zusammenfluss des Tavignone und Tagnone kann auf eine 8000 Jahre alte Geschichte zurückblicken: In dieser Zeit erlangte das bereits in der Steinzeit besiedelte Aléria Bedeutung als Kolonie der Phokäer, als Handelszentrum der Griechen sowie als Kornkammer Roms und ehemalige Hauptstadt Korsikas.

Handelskolonie der Phokäer

Keramikfunde belegen eine Besiedlung Alérias seit dem Neolithikum (ab 5500 v. Chr.). Um 565 v. Chr. gründeten griechische Phokäer aus Kleinasien die korsische Handelskolonie **Alalia** und bauten sie ab 540 v. Chr. zu ihrer Hauptstadt aus. Die Phokäer brachten den Wein-

Aléria erleben

AUSKUNFT

Office de Tourisme
intercommunal de l'Oriente
80 avenue Saint-Alexandre Sauli
F-20270 Aléria, Tel. 04 95 57 01 51
www.oriente-corsica.com

Stadtverwaltung (Mairie)
www.aleria.fr

ÜBERNACHTEN

L'Atrachjata ⊜/⊜⊜
198, Route Nationale, F-20270 Aleria
Tel. 04 95 57 03 93
www.hotel-atrachjata.net
Geschmackvolles Haus mit 27 Z. im
Ortszentrum am Ufer des Tavigno

ESSEN

A Bella-Vista ⊜
36, Quai Saveriu Matra
Genießen Sie im einfachen Lokal
des Fort d'Aléria zu Muscheln
oder Paella den Traumblick
auf Stadt und Küste.

Aux Coquillages
de Diane ⊜⊜ – ⊜⊜⊜
2 km nördlich von
Aléria am Étang de Diane
Tel. 04 95 57 04 55
Von Juni bis September sitzt man in dem
Pfahlbau direkt an der Lagune, deren
Austern, Miesmuscheln und Loups de
Mer hier ganz frisch zubereitet werden.

stock, Weizen und den Ölbaum nach Korsika und begannen mit dem
Abbau von Kupfer, Eisen und Silberblei. Nach dem mühsam errun-
genen Sieg in einer Seeschlacht gegen die Etrusker und Karthager
535 v. Chr. verlegten die Phokäer jedoch ihre Hauptstadt nach Mas-
salia, dem heutigen Marseille.

Im Jahr 259 v. Chr. wurde Alalia von den Römern erobert und in **Flotten-**
Aléria umbenannt. Die ansässigen Karthager vertrieb Konsul Scipio **stützpunkt**
im Lauf des Ersten Punischen Kriegs, doch erst 163 v. Chr. war die **der Römer**
Eroberung der Insel abgeschlossen – und hatte rund der Hälfte der
einheimischen Bevölkerung das Leben gekostet. Um 81 v. Chr. wan-
delte der römische Diktator Sulla Aléria in eine Militärkolonie um,
später bestimmte Augustus den Étang de Diane zum Kriegsflotten-
stützpunkt und verlegte den Handelshafen an den Tavignano. Aléria – **Hauptstadt der römischen Provinz Corsica** – erhielt ein Amphitheater, einen Aquädukt und ein neues Forum. Wohlstand kehrte
ein, die Einwohnerzahl wuchs auf 20 000. Als Sklaven waren die Korsen wenig geeignet: Der römische Geograf Strabo beklagte ihre Wi-
derspenstigkeit, der Philosoph Seneca den dadurch geringen Erlös.
Mit dem Niedergang des Römischen Reichs schwand auch die Bedeutung von Aléria. Als die Vandalen 456 n. Chr. Aléria zerstörten,
hatte die Malaria die Stadt und ihr Umland bereits weitgehend ent-
völkert. Bis Mitte des 20. Jh.s zählte die Plaine Orientale um Aléria
zu den ärmsten Gegenden Korsikas.

** Die Römerstadt Aléria

Bereits Mitte des 6. Jahrhunderts v. Chr. siedelten auf der Anhöhe über dem Tavignano griechische Kolonisten. Sie kultivierten den versumpften Boden und machten das antike Alalia zum blühenden Handelszentrum. Unter den Römern entwickelte sich Aléria zur Kornkammer, diente als Flottenstützpunkt und stieg zur korsischen Hauptstadt auf. Die Ausgrabungsstätte und das Museum im Fort Matra, wo Keramiken, Grabbeigaben und Trinkgefäße zu bewundern sind, vermitteln einen guten Eindruck der antiken Römerstadt.

❶ 16. Mai – 30. Sept. 9.00 – 12.00, 13.00 – 18.00, 1. Okt. – 15. Mai 8.00 – 12.00, 13.00 – 17.00 Uhr, Erw. 2 €, Kind 1 € (Eintrittskarte gültig für Museum und die römischen Ruinen)

❶ Forum
Der trapezförmige Marktplatz wurde im Norden und Süden von Säulen aus Ziegelsteinen und je einer offenen Säulenhalle (Portikus) umgeben.

❷ Tempel
Die Ostseite begrenzte ein Tempel aus Sullas Zeiten, der – wie eine Inschrift vermuten lässt – Kaiser Augustus gewidmet war.

❸ Geschäfte
An der Südseite liegen heute die Reste einer Reihe von Geschäften; das kleine Mausoleum nahe der Porta Praetoria könnte dem Gründer der römischen Kolonie gewidmet gewesen sein.

❹ Domus mit Dolium
In dem mit feinen Stuckarbeiten verzierten Haus – nur wenige Mauern sind erhalten – wurde außer Keramiken, Münzen, Inschriften und einer Salzmühle aus Lavagestein ein riesiger Terrakottakrug (Dolium) gefunden, der im archäologischen Museum Jérôme Carcopino ausgestellt ist.

❺ Kapitol
Im Westen der Römersiedlung führte eine Treppe hinauf zum Kapitol, dem religiösen wie politischen Zentrum der Stadt, mit einem Tempel und dem Prätorium, der Residenz des Statthalters der römischen Provinz Corsica.

❻ Thermen
Durch den Nordportikus seines Amtssitzes gelangte der Statthalter direkt zu den klassischen römischen Badeanlagen (Balneum) mit Wasserbecken (Caldarium) und einem unterirdischen Kanalisationssystem (Hypokaüsten) als Bodenheizung.

❼ Fischfabrik
An das Balneum grenzt eine Fabrikanlage, in der einst Fische, Krustentiere und Muscheln verarbeitet wurden.

Nur Ruinen zeugen heute von dem einst blühenden Handelszentrum.

ne Gegenstände aus Bronze, Glas oder Eisen und **griechische Vasen** des 6. – 4. Jhs v. Chr. belegen die Handelsbeziehungen zwischen Alalia, Griechenland und den Etruskern in Italien. Besonders sehenswert ist ein Krater von ca. 425 v. Chr. – eine Art Krug, in dem die Griechen Wasser und Wein mischten –, der Dionysos zwischen zwei Satyrn (Waldgeistern) und einer Nymphe zeigt. Schön sind auch die **Grabbeigaben,** die in den großen Kammergräbern aus dem 5. Jh. v. Chr. entdeckt wurden: Dazu gehören die attische Schale des Dokimasia-Malers (um 470 v. Chr.), die Herakles im Kampf mit dem Nemeischen Löwen zeigt, und der attische Krater des Panaitios-Malers (480 v. Chr.) mit Dionysos und einem Silen bei der Weinlese. Wie vielfältig die Grabbeigaben waren, wird exemplarisch an einem Kammergrab von 450 v. Chr. dargestellt: attische Keramikschalen, Lanzenspitzen, Kurzschwerter, Dolche und Helme sowie etruskische Kleinbronzen. Aus dem wohl ältesten Grab stammen zwei attische Rhyta (Spende- oder Trinkgefäße) in Form eines Maultierkopfes (Abb. S. 47). Bemalte **Keramiken aus Kampanien, Latium und Apulien,** Amphoren und Öllampen sind aus der römischen Zeit erhalten. Ein Marmorkopf des Jupiter Ammon mit Widdergehörn, der auf das 2. Jh. n. Chr. datiert ist, wurde im Forum gefunden.

❶ 16. Mai – 30. Sept. 9.00 – 12.00, 13.00 – 18.00, 1. Okt. – 15. Mai 8.00 – 12.00, 13.00 – 17.00 Uhr, Erw. 2 €, Kind 1 € (Eintrittskarte gültig für Museum und die römischen Ruinen)

UMGEBUNG VON ALÉRIA

Schon seit der Antike werden im 600 ha großen Étang de Diane und im 750 ha großen Étang d'Urbino Muscheln und Austern gezüchtet. Dass die **Austernzucht** hier Tradition hat, kann man an der kleinen Insel »Îlot des Pêcheurs« ablesen: Die Römer verschickten die Weichteile der Austern eingesalzen nach Rom, die Austernschalen warfen sie einfach in die Mitte des Étangs, wo über die Jahre allmählich ein stattlicher Schalenberg heranwuchs. Den Austern schenkte auch Napoleon (▶Berühmte Persönlichkeiten) seine Aufmerksamkeit: Während seines Zwangsaufenthaltes auf Elba schickte er zwei Mal pro Woche einen Boten

Étang de Diane

Highlight für Fischfreunde: ein Muschelessen am Étang de Diane

zum Étang, um Austern zu kaufen – und um über Verbindungsleute den Kontakt mit dem Festland aufrechtzuerhalten.

Strand, Wein und Macchia

Von Aléria verläuft eine Stichstraße zur **Plage de Padulone,** einem weiten Sandstrand mit Bar und Restaurant. Wer einen Spaziergang durch abgeschiedenes Gelände vorzieht, wandert in anderthalb Stunden gemütlich von Aléria Richtung Nordosten durch Macchia und Weingärten auf der Landzunge zwischen dem Étang und dem Meer zur **Tour de Diane.**

Casabianda

Auf den Wiesen, Sümpfen und Teichen tummeln sich Bienenfresser, Türkentauben oder Rohrweihen; auf den Weiden werden tyrrhenische Rothirsche zur Auswilderung in andere Inselgebiete gezüchtet: Im 1750 ha großen **Tierschutzgebiet** Casabianda haben bedrohte Tierarten ein passendes Refugium gefunden, zu dem Besucher nur eingeschränkt Zugang haben.

Antisanti

Durch Weinberge und Olivenhaine führt die D 43 von Aléria zum 20 km entfernten **Bergdorf** Antisanti mit bezauberndem Ausblick: Im Osten erstreckt sich die weite Küstenebene, in der Ferne erscheinen die Tyrrhenischen Inseln, im Westen ragen die höchsten Gipfel Korsikas auf. Wie viele andere Bergdörfer wurde das Dorf im 10. Jh. von Familien gegründet, die vor den Sarazeneneinfällen an der Küste geflüchtet waren. Antisanti, im 12. Jh. die bedeutendste Ansiedlung in dieser Gegend, unterstützte im 16. Jh. Sampiero Corso (▸Berühmte Persönlichkeiten) bei seinem Kampf gegen Genua. Als es sich um 1795 gegen die Truppen Pasquale Paolis stellte, wurde es von den Belagerern in Brand gesteckt. Heutige Lebensgrundlage der Dorfbewohner ist die intensive Landwirtschaft in der Ebene von Aléria.

* Alta Rocca

✳ **D / E 9**

In den Dörfern der Berge soll die korsische Seele liegen. Wie in der Alta Rocca, wo dichte Macchia und Wälder das Land bedecken. Am besten lernt man sie auf Schusters Rappen kennen, denn sie gehört zu den schönsten Wandergebieten Korsikas.

Die Alta Rocca, benannt nach der Adelsfamilie, die im 14. und 15. Jh. das südliche Bergland beherrschte, wird im Nordwesten von der Chaîne d'Istria begrenzt, im Nordosten vom Monte Incudine und dem Bavella-Massiv und im Süden vom Massiv de l'Ospedale und dem Tal des Fiumicicoli.

Alta Rocca erleben

AUSKUNFT
Communauté
de Communes
de l'Alta Rocca
F-20170 Levie, B. P. 07
Tel. 04 95 78 56 33
www.alta-rocca.com

EVENTS
Festa di l'Oliu Novu
Alljährlich Anfang März feiert Ste-Lucie-de-Tallano sein grünes Gold mit einem ausgelassenen Volksfest zu Ehren des neuen Olivenöls, das man unbedingt probieren sollte.

Lecker und gesund: Ste-Lucie-de-Tallano ist für seine Oliven berühmt.

WANDERN
Die Alta Rocca ist Teil des ▶Parc Naturel Régional de Corse, den der Fernwanderweg GR 20 durchquert. Die Wanderroute »Da Mare a Mare« verbindet die Ost- mit der Westküste über die Alta-Rocca-Dörfer Carbini, Levie, Zonza, Quenza, Serra-di-Scopamena, Altagène und Ste-Lucie-de-Tallano.

ESSEN UND ÜBERNACHTEN
Hôtel Du Tourisme ❸❸❸
Route de Quenza
F-20124 Zonza Tel. 04 95 78 67 72
www.hoteldutourisme.fr
1882 als Postkutschenstation erbaut; das Hotel in 800 Meter Höhe lockt mit Panoramaterrasse, beheiztem Pool und korsischen Spezialitäten im Restaurant.

Auberge Sole e Monti ❸❸ – ❸❸❸
F-20122 Quenza, Tel. 04 95 78 62 53
www.solemonti.com; 19 Z.
Ein Zwei-Sterne-Paradies von Lebenskünstler Félicien Balesi mit großem Garten, Kamin und guter Küche, die mit Wildschwein, Forelle und Milchlamm verwöhnt.

SEHENSWERTES IN DER ALTA ROCCA

Die im Jahr 1840 erschienene Novelle »Colomba« von **Prosper Mérimée** (▶Berühmte Persönlichkeiten) machte das abgelegene Dorf im Südwesten der Alta Rocca berühmt. Mérimée lernte als Inspektor der historischen Denkmäler Frankreichs 1839 in Olmeto die Korsin Colomba Bartoli, geborene Carabelli, und ihre Tochter kennen. Ihr Heimatdorf Fozzano war jahrzehntelang Schauplatz einer unerbittlichen Fehde zwischen den Familien Carabelli/Bartoli und Durazzo. Colombas Vater, ihr Sohn Francesco und ein Freund der Familie waren ermordet worden, während auf der anderen Seite zwei Mitglieder der Durazzos ums Leben kamen. Anstifterin der

Fozzano

blutigen **»Vendetta«** war Colomba, für Mérimée Symbol des Korsikas von gestern. Allerdings wählte er in seiner Novelle als Schauplatz Pietranera nördlich von Bastia, um die Gemüter nicht erneut zu erhitzen. Die wuchtigen Wohntürme der beiden verfeindeten Familien sind noch erhalten. Im wehrhaften **Torre Vecchia** aus dem 14. Jh. im Unterdorf wohnten die Carabellis, die bei Mérimée della Rebbia heißen; im **Torre Nova** aus dem 16. Jh. im Oberdorf wohnten die Durazzos, bei Mérimée Barricini genannt.

Sainte-Lucie-de-Tallano   Auf den Felskuppen, die das Tal des Rizzanèse beherrschen, thronen die vier Weiler von Sainte-Lucie-de-Tallano zwischen Weinbergen, Obstgärten und Wäldern. Sie gehörten einst den Grafen von Cinarca (▶Baedeker Wissen, S. 281). Charakteristisch für diese Gegend sind die Torre, wehrhafte Granithäuser aus Vendetta-Zeiten. Eine Besonderheit – und ein schönes Souvenir – ist der bis in die 1970er-Jahre hier abgebaute **Kugeldiorit**. Die Korsen nennen dieses ausgesprochen harte Tiefengestein, das sonst nur noch in Finnland vorkommt, »Petra Ucchjata« – Augenstein: Eingelagert in die körnige Gesteinsmasse sind konzentrische Kreise von grüner Hornblende und weißem Plagioklas, einer Art Feldspat. Ein Brocken davon dient als Sockel für das Kriegsdenkmal auf dem Marktplatz. Die Geschäfte um die aussichtsreiche **Place de L'Ormeau** verkaufen den ausgezeichne-

Highlights der Alta Rocca

► **Wandern im Bavella-Massiv**
Uralte Wälder, Felsspitzen aus Granit, gurgelnde Bäche, wild lebende Schweine: das Gebirgsmassiv gehört zu den ursprünglichsten und imposantesten Ecken der Insel.
▶Seite 162

► **Pianu de Levie: Hochplateau der Vorgeschichte**
In Cucuruzzu und Capula sind die eindrucksvollsten Zeugnisse der Torreaner erhalten, die von 2000 bis 800 v. Chr. auf Korsika lebten.
▶Seite 165

► **Steine voller Augen**
Grün und weiß leuchten die Augen des Kugeldiorits, der in Ste-Lucie-de-

Tallano abgebaut wurde. Das seltene Tiefengestein ist wirklich ein ausgefallenes Souvenir.
▶Seite 160

► **Wehrhafte Häuser**
Typisch für die Dörfer der Region sind die Torre, wehrhafte Wohntürme aus Vendetta-Zeiten.
▶Seite 159

► **Baden im Bach**
Wer beim Wandern ins Schwitzen geraten ist, findet in dem Flüsschen Criviscia ein tiefes, zwischen hohen Felswänden gelegenes Badebecken. Abkühlung ist in diesem Naturparadies garantiert!
▶Seite 161

Wehrhaft und der Welt entrückt: Sainte-Lucie-de-Tallano

ten Weißwein der Region und erlesene Nuss- und Olivenöle. Die **Pfarrkirche** birgt ein marmornes Flachrelief aus dem 15. Jh. mit Maria und dem Kind in der **Ölmühle (Moulin à huile) »U Franghjonu«** aus dem 18. Jh. präsentiert ein kleines Museum die Herstellung des Olivenöls sowie regionale Erzeuger (Besichtigung: bei Interesse bitte im Rathaus melden, Tel. 04 95 78 80 13, Spende erbeten).

Bains de Caldane

In vielen Kehren windet sich die D 268 hinab zum naturbelassenen **Thermalbad** von Caldane, dessen schwefelhaltige, 40 °C warme Thermalquelle bei Hautkrankheiten und Rheuma geschätzt wird.

Aullène

Dichte Kastanienwälder umgeben das malerische Hirtendorf Aullène im Coscione-Tal. In 834 m Höhe kreuzen sich hier die Almwege, die nach Norden zum Col de la Vaccia (1199 m) und nach Westen zum Col de St-Eustache (968 m) führen – beide sind schöne Aussichtspunkte. Die leider oft verschlossene Dorfkirche ist für ihre hölzerne Kanzel aus dem 17. Jh. bekannt, auf deren kunstvoll geschnitzten Pfeilern Seeungeheuer einem Maurenkopf entspringen. Auf einer Anhöhe sind Reste des **Castello della Cuntudine** erhalten, das Sinucello della Rocca (▶Baedeker Wissen, S. 281) bauen ließ.

BAEDEKER TIPP

Erfrischend

Wo die D 420 zwischen Zonza und Quenza das Flüsschen Criviscia überquert, liegt unterhalb der Brücke ein langes, tiefes Badebecken, das zwischen hohen Felswänden bis an einen kleinen Wasserfall reicht. Das kühle Wasser lockt Korsen wie Urlauber an – meist stehen einige Autos in der Parkbucht vor der Brücke.

Quenza

In Quenza starten **Wanderungen** per pedes, Pferd oder Langlaufski auf das Plateau von Coscione, dem Quellgrund von Taravo und Rizzanese. Sehenswert ist die Pfarrkirche **San Giorgio** mit zwei Tafelbildern aus dem 16. Jh., einer skulptierten Kanzel und einer eigenwilligen Statue des hl. Stephanus. Pisaner erbauten um 1000 n. Chr. die romanische Kapelle Sainte-Marie, eine der ältesten Kirchen Korsikas. Die farbige Holzfigur der Maria mit dem Kind aus dem 15. Jh. schuf ein lokaler Künstler; der restaurierte Freskenzyklus in der Apsis entstand ebenfalls im 15. Jh.

Touristisches Zentrum der Alta Rocca und Ausgangspunkt für Ausflüge in den Süden Korsikas ist **Zonza**, oberhalb des Asino-Tals inmitten ausgedehnter Kiefern-, Kastanien- und Steineichenwälder gelegen. Vom Dorfplatz bietet sich ein weites Panorama über die Täler der Umgebung, die reiche Granitvorkommen aufweisen, wie die massiven Steinhäuser des Ortes belegen. Zonza lebt außerdem vom **Pferdesport** – auf dem Weg zum Col de Bavella liegt die Pferderennbahn von Visco. Die günstige Lage erkannten schon prähistorische Hirtengemeinschaften: Sie hinterließen Menhire und andere Zeugnisse, die sich im archäologischen Museum von Levie und in den historischen Stätten von Cucuruzzu, Capula und Caleca begutachten lassen.

** **BAVELLA-MASSIV**

Col de Bavella

Die kurvenreiche, teilweise schmale D 268 erreicht nach 9 km den 1218 m hohen **Bavella-Pass**. Seinen Sattel markieren ein Kreuz und die Statue **Notre-Dame-des-Neiges**, alljährlich am 5. August Pilgerziel frommer Gläubiger. Die steinernen Sommerhütten der Schäfer von Conca am Ostabhang gehen auf das 19. Jh. zurück. Oberhalb steht der Berggasthof **Auberge du Col** (www.auberge-bavella.com).

**Aiguilles de Bavella

Während der Fahrt – und vom Pass – eröffnen sich immer wieder herrliche Aussichten auf die Felswand der »Bavella-Nadeln«. Die Einheimischen nennen die Felsspitzen um die 1855 m hohe Punta Alta salopp **Cornes d'Asino** (Eselsohren), da sie sich östlich des Asino-Tales erheben. Nach Osten setzen sich die Aiguilles de Bavella in der Wand der Calanca Murata und der Punta Tafonata di Paliri fort. Im Norden erkennt man das Massiv des Monte Incudine. Besonders faszinierend sind die je nach Tageszeit und Witterung wechselnden Lichtreflexe dieser **einzigartigen Felslandschaft**. Im Frühling duften die ausgedehnten Wiesen verschwenderisch nach Kräutern; vereinzelt strecken alte Laricio-Kiefern ihre bizarren Zweige in den gelegentlich recht heftigen Wind.

Zu Füßen des Gebirgskamms erstreckt sich ein ca. 900 ha großer **Schwarzkiefernwald,** der nach verheerenden Bränden erneut mit Kiefern, Tannen und Zedern aufgeforstet wurde. Mit viel Glück lassen sich die fast ausgerotteten **korsischen Mufflons** beobachten, von denen nur noch wenig Hundert Tiere im Gebirge leben.

Forêt de Bavella

Wer größere Wanderungen und Bergtouren im Bavella-Gebiet unternehmen möchte, erhält bei der Verwaltung des ▶Parc Naturel Régional de Corse Infos und Kartenmaterial. Der Fernwanderweg GR 20 quert den Col de Bavella. Für weniger Ambitionierte empfiehlt sich eine Wanderung zum Cumpudellu oder **»Trou de la Bombe«** (Bombenloch), die ab der Auberge de Col zunächst dem GR 20 folgt (roter Strich), dann rechts abzweigt (rote Punkte) und nach einer Stunde samt Kletterübungen an einem 8 m großen Loch in der Felswand mit hinreißendem Ausblick endet.

Wanderungen

Das Dorf Zonza eignet sich als Startpunkt für Wanderungen in die »korsischen Dolomiten«, das wildromantische Bavella-Massiv.

Banditen der Macchia

Der »Vendetta« (= italienischer Begriff für »Blutrache«, auf Korsisch »Vindetta«) fiel laut der offiziellen Statistik zwischen 1683 und 1715 mit 28 715 Menschen fast ein Viertel der gesamten Inselbevölkerung zum Opfer – eine äußerst erschreckende Bilanz dieser blutrünstigen Form der Selbstjustiz.

»Schweig lieber – sonst fliegen Dir die Mücken in den Mund«, dieser Rat wurde schon früh den korsischen Kindern mit auf den Weg gegeben. Nichts sehen, nichts sagen: Mit einem Mantel des Schweigens deckt die Bevölkerung bis heute die Morde der Blutrache – und die Polizei steht machtlos daneben. Schon in der Römerzeit war diese barbarische Sitte auf Korsika stark ausgeprägt, wie aus den Berichten Senecas hervorgeht. Die uralte Tradition, jenseits von staatlichen Verordnungen das Recht selbst in die Hand zu nehmen, ist wohl nicht zuletzt auf die **willkürliche Justiz** der Fremdmächte zurückzuführen, welche die ungeschriebenen Gesetze des korsischen Gemeinwesens missachteten. So erlaubte der Spruch **»ex informata conscientia«** dem genuesischen Gouverneur, Angeklagte ohne Gerichtsverfahren und Einspruchsmöglichkeit zu verurteilen. Mit **»non procedatur«** wurden Verfahren ohne Angabe von Gründen einfach niedergeschlagen. Dies führte in der Praxis dazu, dass sich Verbrecher ihre Freisprüche erkaufen konnten.

Nutzlose Strafen

Theodor Baron Neuhoff, Pasquale Paoli und vor allem Napoleon I. verhängten drastische Strafen gegen Vendetta-Mörder. Konnte ein solcher selbst nicht gefasst werden, verfügte **General Morand,** der zwischen 1801 und 1811 Militärgouverneur war, dass an seiner statt vier ihm nahestehende Männer seines Familienverbands verhaftet und binnen zwei Stunden erschossen werden sollten. Aber auch diese ebenso unrechtmäßigen Methoden zur Bekämpfung der Vendetta konnten ihr kein Ende bereiten. Die Korsen hatten einen sehr weit gefassten »Ehrbegriff«, der ihnen mehr bedeutete als Geld oder Gut. So konnte es geschehen, dass die Vendetta, der **Prosper Mérimée** mit seiner Novelle **»Colomba«** (1840) ein Denkmal setzte, im 18. Jh. mehr Tote forderte als die Kriege gegen Genua und Frankreich. Zwischen 1830 und 1890 machten nach Mérimée auch Honoré de Balzac, Guy de Maupassant, Alexandre Dumas und viele andere die Vindetta zum Topos ihrer Werke, und mit ihrem Mix aus »Sex & Crime« die Blutrache-Romane zu Bestsellern jener Jahre.

»Banditen aus Ehre«

Gleichwohl ist es aus heutiger Sicht nicht zu verstehen, dass viele Menschen wegen **Bagatellkonflikten** sterben mussten – zum Beispiel wegen eines Kastanienbaums, der zwischen zwei Grundstücken stand und einen Nachbarn störte, oder wegen eines verletzten Schafs in den Herden des Niolo. Diebstahl, Verleumdung, angebliche Beleidigungen oder **Machtstreben** konnten in vielen Fällen zum Auslöser für solche tödlich endenden Streitkeiten werden. Selbst ein so banales Ereignis wie ein Esel in Nachbars Garten lieferte noch 1954 den Anlass zum Morden. In Sartène gingen die blutigen Fehden sogar so weit, dass sich ganze Stadtviertel gegenseitig bekämpften.

Die Vendetta zog sich meist über **mehrere Generationen** hin. Die verletzte Familienehre galt erst dann als gesühnt, wenn alle männlichen Familienmitglieder des anderen Lagers ermordet waren, auch wenn der Ursprung der Fehde den Beteiligten kaum noch bekannt war. Wer versuchte, sich diesem unsinnigen Treiben zu entziehen, wurde schnell als »Rimbecco«, als Feigling, abgestempelt. Die Familie achtete ihn nicht mehr – verstieß sie ihn gar, kam es einem Todesurteil gleich.

Flucht in die Macchia

Viele Männer, gefangen im überlieferten Ehrenkodex, töteten und flüchteten dann in die Macchia, wo sie sich der Unterstützung ihrer Angehörigen sicher sein konnten. Manche wurden auch als **Patrioten des korsischen Widerstandes** verehrt, die gegen Ungerechtigkeit kämpften – und sich meist auch selbst zum Held stilisierten. Selbst fremde Sympathisanten versorgten diese auf der Flucht befindlichen »Banditen aus Ehre« mit dem Nötigen. Gelang es einem dieser Rächer, die ganze feindliche Sippe

Prosper Mérimée setzte der blutigen Vendetta mit seiner Novelle »Colomba« ein Denkmal.

auszulöschen, konnte er wieder in seine Heimat zurückkehren – andernfalls musste er sein gesamtes restliches Leben im Exil im korsischen Busch verbringen. Einige, die nach mehr als 20 Jahren in der Macchia dennoch den Weg zurück zur Familie wagten, wurden noch am selben Tag aus dem Hinterhalt erschossen – und der Kreislauf der Vendetta begann von vorne. Noch im frühen 20. Jh. starben 100 Menschen durch die Blutrache, die übrigens nicht nur auf Korsika eine lange Tradition besitzt: Auch auf Sardinien, Sizilien und in Albanien kommt es bis heute vor, dass für die »Familienehre« schreckliche Morde begangen werden.

*Levie Auf dem Pianu de Levie wurden Spuren jungsteinzeitlicher und bronzezeitlicher Besiedlung entdeckt. Das **Musée Départemental de l'Alta Rocca** im Quartier Prato zeigt beeindruckende archäologische Fundstücke von Capula, Cucuruzzu, Caleca und Curacchiaghiu. Hier sieht man auch das auf 6570 v. Chr. datierte »Araguina-Skelett« der nach ihrem Fundort benannten **»Dame de Bonifacio«.** Ferner sind in diesem Museum neolithische Keramiken (►Geschichte, S. 35), bronzezeitliche Tongefäße sowie Schmuck aus Glaspaste und Bronze ausgestellt. Einen Blick wert ist auch das wertvolle Elfenbeinkruzifix mit einer ausdrucksstarken Christusdarstellung, die ein Florentiner Künstler, vermutlich ein Schüler des berühmten Bildhauers Donatello, im 15. Jh. gefertigt hat.

Musée Départemental de l'Alta Rocca: Mai – 14. Okt. tgl. 10.00 – 18.00, 15. Okt. – 30. April Di. – Sa. 9.00 – 12.00, 13.30 – 17.15 Uhr, Erw. 4 €, Kinder 2,50 €, www.cg-corsedusud.fr/patrimoine-et-culture/musee-de-levie

Carbini Im 8 km entfernten Dorf Carbini gründeten Franziskanermönche im Jahr 1365 die **Giovannali-Bewegung** (►Ghisoni), deren Anhänger sich für die Armen gegen den Adel erhoben und daraufhin als Ketzer verfolgt und getötet wurden. Namensgeber war Carbinis frühromanische Kirche ***San Giovanni** aus dem späten 11. Jh. Fassade, Seitenwände und Apsis bekrönen ein Blendbogenfries und Skulpturen. Der schlanke Campanile, der im vergangenen Jahrhundert rekonstruiert werden konnte, bestand einst aus sieben Stockwerken mit Zwillingsfenstern.

✱ PIANU DE LEVIE

Ausflug in die Vergangenheit Knapp 6 Kilometer südwestlich von Levie lassen sich zwei Siedlungsstätten der **Torreaner** (►Geschichte, S. 35) besichtigen: Cucuruzzu und Capula. Beim Tickethäuschen am großen Parkplatz am Ende einer 4 km langen Stichstraße, die von der D 268 aus Levie in Richtung St-Lucie de Tallano abzweigt, gibt es einen MP3-Guide (Ausweis ist zu hinterlegen) für den rund zweistündigen Rundgang. Zum Castello de Cucuruzzu führt ein 15-minutiger Spaziergang durch eine märchenhafte Waldlandschaft mit Steineichen, Schwarzkiefern und knorrigen Kastanien, Tafonifelsen, riesigen Granitblöcken und moosbewachsenen Mäuerchen.

Castello di Cucuruzzu Von den zehn **torreanischen Festungen in der Alta Rocca ist das Castello di Cucuruzzu die bedeutendste. Die Festung wurde in der Bronzezeit um 1500 v. Chr. erbaut, im 3. Jh. v. Chr. aufgegeben und erst 1959 von Roger Grosjean entdeckt und erforscht. Cucuruzzu liegt auf einem felsigen Hügel, umgeben von einer gewaltigen Zyklopenmauer. Der einzige Zugang, eine Steintreppe, führt im Westen zwischen einem geborstenen Felsen hindurch. Die Nischen und kleinen Räume im Innern des Mauerrings dienten als Unterstände oder zum Aufbewahren von Waffen. Den Hauptraum der Festung bildet die **Cella.** Ihr Gewölbe mit 3,5 m im Durchmesser ist aus mörtellos geschichteten Steinen in Form einer Bienenkorbkuppel ausgeführt und blieb als einziges torreanisches Gewölbe auf der Insel unversehrt erhalten. Außen führt eine Rampe auf das Dach des Denkmals. Der Blick schweift über das Tal des Rizzanèse, die Aiguilles de Bavella und das Massiv des Monte Incudine. Selbst die Dörfer Zonza und Quenza sind zu sehen. Das Kultmonument liegt

Cucuruzzu war die bedeutendste der torreanischen Festungen.

rund 10 m über den Resten eines **torreanischen Bauerndorfes,** das einst ebenfalls von einem doppelten Mauerring geschützt war.

❶ April, Mai, Okt. 9.30 – 18.00, Juni und Sept. bis 19.00, Juli und Aug. bis 20.00 Uhr, Erw. 5,50 €, Kinder 3 €

Nach weiteren 20 Minuten erreicht der Weg die Ruinen des Dorfes Capula, das auf einer **torreanischen Siedlung** der Bronzezeit errichtet, im Mittelalter zur Festung ausgebaut und 1259 durch Sinucello della Rocca (▶Baedeker Wissen, S. 281) zerstört wurde. Erhalten sind nur noch das Fragment einer Menhirstatue und die Ruinen der einst kunstvoll geschichteten doppelten Festungsmauer. Vom höchsten Punkt des Felsens öffnen sich weite Ausblicke auf die wilde Landschaft des Pianu de Levie. Wer Hunger hat oder bleiben möchte: Kosten Sie die hausgemachte Charcuterie, die zum Sechs-Gänge-Menü der Ferme Auberge A Pignata gehört, genießen Sie den weiten Blick auf die Alta Rocca aus den wunderschön rustikal-gemütlichen Komfortzimmern oder lassen Sie sich von den Jetstreams im hauseigenen Pool massieren (❸❸❸, Route du Pianu, Levie, Tel. 04 95 78 41 90, http://www.apignata.com). **Capula**

Der Rundweg endet bei der **Chapelle St-Laurent,** die 1917 auf den Grundmauern einer romanischen Kirche erbaut wurde. Für historische Patina sorgen integrierte mittelalterliche Steine. Wallfahrt ist alljährlich am 9. August. **St-Laurent**

✳ Balagne

✦ **B–D 4/5**

»Überall gibt es die üppigsten, wahrhaft paradiesischen Haine von Kastanien, Walnussbäumen und Mandeln, Gärten von Orangen und Zitronen und Ölwald an Ölwald« – so schwärmte der deutsche Kulturhistoriker Ferdinand Gregorovius im Jahr 1852 über die außergewöhnlich liebliche Hügellandschaft im Nordwesten der Insel, den »Garten Korsikas«.

Lage
Die fruchtbare Balagne erstreckt sich zwischen dem Ostriconi-Tal im Nordosten und dem Fango-Tal im Südwesten, begrenzt durch eine eindrucksvolle Gebirgskette, aus welcher auch der über 2550 m hohe Gipfel der **Punta Minuta,** des dritthöchsten Berges der Insel, hervorragt. An der Küste warten die Badeorte ▶Calvi, Algajola und L'Île-Rousse mit herrlichen Sandstränden.

Geschichte
Seit vorgeschichtlicher Zeit wussten die Menschen das fruchtbare Gebiet zu schätzen, wie die Funde von Werkzeugen aus Feuerstein und Obsidian belegen. Später kamen Phönizier, Griechen, Etrusker und die Römer, deren Spuren noch immer in ▶Calvi, L'Île-Rousse, Algajola, Spelancato und Calenzana zu sehen sind.
Nach den Sarazenen übernahmen vom 11. bis ins 13. Jh. hinein die Pisaner das Regiment und machten mit ihren zahlreichen Kirchenbauten die Region zur »heiligen Balagne«. Die Genuesen wiederum förderten die Landwirtschaft und begründeten den Ruf der Landschaft als »Garten Korsikas«. Der korsische Unabhängigkeitskampf sollte die Balagne in das nach Freiheit strebende Hinterland und die genuatreuen Küstenstädte spalten.

Balagne déserte
Südlich von Calvi und Calenzana dehnt sich die »Balagne déserte« aus, wie die ▶Agriates keine Wüste, sondern eine versteppte, fast menschenleere Landschaft mit **Macchia.** Im Winter weiden hier Ziegen und Schafe, die von den Hochalmen des Niolo durch das Fango-Tal hinuntergetrieben werden.

Balagne fertile
Heute kämpft auch der Garten Eden mit Problemen. Zwar thronen zahlreiche Dörfer mit mittelalterlichem Charme auf den Hügelkuppen. Doch die Landflucht hat auch zu massiver Entvölkerung geführt, Arbeitsplätze und Ausbildungsmöglichkeiten sind rar. Brände, die immer wieder die **Weinreben, Oliven- und Zitrusbäume** gefährden, verdrängten die Landwirtschaft und ließen letztlich den Tourismus zum Wirtschaftsfaktor Nr. 1 aufsteigen. Die gute Infrastruktur und mediterranes Flair sorgen für Besucherandrang an der

Die Balagne erleben

AUSKUNFT

L'Office de Pôle Balagne
B. P. 97 – Port de Plaisance
F-20260 Calvi
Tel. 04 95 65 16 67
www.balagne-corsica.com

EVENTS

Im Juli sollte man sich auf keinen Fall die Festivoce in Pigna mit hervorragenden Interpreten korsischer Musik und die Foire du Livre Corse in L'Île-Rousse rund um korsische Autoren und ihre Werke entgehen lassen.

ROUTE DES ARTISANS

An der »Straße der Kunsthandwerker« bei Pigna findet man landestypische Keramik, Stoffe, Holzschnitzereien und traditionelle Musikinstrumente, aber auch leckere korsische Spezialitäten, wie zum Beispiel Honig, Wurst, Schinken, Käse und aromatische Kräuter der Macchia.
www.routedesartisans.fr

ESSEN UND ÜBERNACHTEN

Siehe auch Hotels und Restaurants in ▶Calvi und Baedeker-Tipp, S. 174.

Santa Maria ⑥⑥⑥
Route du port
F-20220 L'Île-Rousse
Tel. 04 95 63 05 05
www.hotelsantamaria.com
Schickes Haus mit Blick auf den Jachthafen; Swimmingpool und Fitnessbereich sind ebenfalls vorhanden.

L'Ondine ⑥⑥ – ⑥⑥⑥
7a, Rue à Marina
F-20220 Algajola
Tel. 04 95 60 70 02
www.hotelondine.com
60 schicke Zimmer, kleiner Swimmingpool mit hübschem Garten; vom Restaurant mit Terrasse eröffnen sich weite Ausblicke auf die Bucht.

Auberge de Tesa ⑥⑥
F-20226 Belgodère
Tel. 04 95 60 09 55
www.aubergedetesa.com
Keine 2 km von den Stränden Lozaris entfernt, bietet Nicolas Albertini sechs geschmackvolle Zimmer und korsische Küche. Probieren Sie Huhn in Honig und geschmorte Lammschulter.

Bel Horizon ⑥ – ⑥⑥
4, Place Prince Pierre
F-20214 Calenzana
Tel. 04 95 62 71 72
www.calenzana.com/hotel.htm
(April – Sept.) Neben der Barockkirche gibt es 12 saubere Zimmer mit Dusche, Waschbecken und Bidet sowie WC auf der Etage. Gut und preiswert isst man im Restaurant Chez Michel.

L'Esquinade ⑥ – ⑥⑥
F-20220 Algajola
Tel. 04 95 60 70 19
www.hotel-algajola.fr
(Mai – Okt.) Familienbetrieb mit zehn Zimmern und ausgezeichneter Fischküche an der Hauptstraße

Küste, das Hinterland lockt mit Brauchtum. Entlang der **Route des Artisans de Balagne** (▶Tipp S. 93) lernt man in malerischen Bergdörfern traditionelles Handwerk der Region kennen.

Highlights der Balagne

► **Mountainbiken und Baden**
Eine herrliche Mountainbike-Tour führt von Lozari durch die Wälder des Monte Grosso zu tollen Badebecken.
►Seite 175

► **Klangvolles Dorf mit Charme: Pigna**
Nicht nur die pittoreske Lage und die alten Gassen, auch die zahlreichen Musikfestivals haben das Bergdorf berühmt gemacht.
►Seite 174

► **Sunset in funkelnden Farben**
Schöner geht die Sonne auf Korsika nicht unter: Feuerrot leuchten die Granitfelsen der kleinen Île de la Pietra vor L'Île-Rousse.
►Seite 175

► **Sant'Antonino**
Das älteste Dorf der Insel ist ein autofreies Idyll mit spektakulären Ausblicken auf die gesamte nördliche Balagne.
►Seite 173

► **Urlaub im Ritirio: Besinnung in Stille**
Der Couvent de Corbara lädt ein, in geistlichem Ambiente aufzutanken – bei besinnlichen Tagen der Einkehr im Kloster.
►Seite 98, 174

VON ALGAJOLA NACH CATERI

*Algajola Algajola hat sich den Reiz eines **mittelalterlichen Ortes** bewahrt. Das von den Phöniziern gegründete Städtchen erlebte als genuesische Garnison im 17. Jh. seine größte Blüte. Austern- und Olivenhandel machten Algajola zu einem der wichtigsten Häfen der Insel. Nach dem Einfall der Sarazenen 1643 ließ Genua die Befestigungsanlagen verstärken. Die **Zitadelle** mit zwei Bastionen ist heute in Privatbesitz und nicht zugänglich. Zum Niedergang führte aber eine Neugründung andernorts: 1758 gründete Pasquale Paoli L'Île-Rousse, der so den genuatreuen Siedlungen Algajola und Calvi eine unabhängige Konkurrenz bescherte. Erst 1920, als englische Badegäste den Ort entdeckten, blühte Algajola wieder auf.
Heute sind der kleine Jachthafen und der **lange Sandstrand** beliebte Ausflugsziele, die ganz bequem mit der Bäderbahn **Tramway de Balagne** zu erreichen sind. In der **Église St-Georges** aus dem 17. Jh. hängen eine wertvolle »Kreuzabnahme« des italienischen Malers Guercino (1591 – 1666) und ein Porträt des »Apostels von Korsika«, gemalt von Alexander Sauli.

*Marine de Sant' Ambroggio Eine der größten Ferienanlagen Korsikas ist die 4 km westlich gelegene Marine de Sant'Ambroggio mit Jachthafen, Golfplatz, Boutiquen, Restaurants, Hotels und Ferienwohnungen.

Die N 197 führt hinauf nach Lumio, das mit seiner Barockkirche über dem Golf von ►Calvi thront. Einen Besuch lohnt die **Kapelle San Pietro e San Paolo** im romanisch-pisanischen Stil, erbaut am Ende des 11. Jh.s. Oberhalb von Lumio bietet das Ruinendorf **Occi** einen herrlichen Blick über die Bucht von ►Calvi.

Lumio

VON CATERI NACH CALENZANA

Über den aussichtsreichen **Col du Salvi** erreicht man Montemaggiore, das auf einem Felsvorsprung über dem Fiume Secco liegt. Von hier stammen die Vorfahren des wohl größten Verführers der Weltliteratur: Don Juan.

Montemaggiore

Keine 11 km südlich liegt **Calenzana** inmitten von Mandelbäumen und Olivenhainen am Fuß des Monte Grosso. Lokale Spezialitäten sind der **Macchia-Honig** und der **Cusgiulelle-Kuchen.** Bekannt ist das Dorf vor allem bei Wanderfreunden: Hier beginnen die berühmte Inseldurchquerung GR 20 und die Strecke »Tra Mare e Monti« nach ►Cargèse. Im Ort erhebt sich die barocke **Église St-Blaise,** die 1691 – 1701 nach Plänen des Mailänders Domenico Baïna erbaut wurde. Der vierstöckige Glockenturm entstand 1870 – 1875.
Anders als die Küstenorte schloss sich Calenzana 1729 dem **korsischen Unabhängigkeitskampf** an. Daher wollte Genua hier ein Exempel statuieren. Kaiser Karl VI. von Österreich, der Vater Maria

Biologische Kriegsführung im 18. Jahrhundert

Dorf mit Panoramablick über die Balagne: Speloncato

Theresias, sorgte für militärischen Beistand: mit 8000 deutschen Söldnern zum monatlichen Preis von 30 000 Gulden. Als 800 von ihnen am 2. Februar 1732 in Calenzana einmarschierten, trafen sie auf unerwarteten Widerstand: Steine, kochend heißes Öl, wütende Stiere – und Bienen. Die völlig zerstochenen Angreifer ließen in Panik ihre Waffen fallen. 500 Deutsche fielen im Gemetzel und wurden von den Korsen auf dem Friedhof neben der Kirche ehrenhaft bestattet.

Nur 1 km außerhalb an der D 151 steht mitten in einem Olivenhain die letzte Ruhestätte der Schutzpatronin der Balagne: die **hl. Restituta**, die im 4. Jh. in Calvi den Märtyrertod fand. Im Jahr 1951 wurde bei Restaurierungsarbeiten im barocken Altar ein älterer Altar und der Sarkophag der Heiligen entdeckt; ihre Statue aus dem 18. Jh. steht im barocken Chor. Den Hauptaltar zieren Fresken, welche die Heilige vor ihren Richtern und bei der Enthauptung zeigen. Am Ostermontag werden die Statue und die Reliquien der Heiligen in einer **Prozession** zur Kirche St-Blaise getragen (▶Abb. S. 84); am Sonntag nach dem 21. Mai kehren sie wieder zurück in die Église Ste-Restituta.

BAEDEKER TIPP

! Eselsgeduld

In der historischen Ölmühle von Lunghignano läuft unablässig ein Esel im Kreis und sorgt für die Zerkleinerung der Früchte. Neben kaltgepresstem Öl werden Maronenkonfitüre, Nougat, Zitronen- und Kräuteressig, Lavendel- und Honigseifen sowie Keramik mit Olivendekor angeboten; www.ufragnu.com.

VON CATERI NACH BELGODÈRE

Muro
Groß und weiß überragt die **Barockkirche** von Muro die kleinen, dunklen Wohnhäuser des einstigen Olivenzentrums. Im Innern, spätbarock mit Stuck, Blattgold und Marmor verziert, soll 1730 das Gesicht einer Christusfigur zu bluten begonnen haben. Zur **Wallfahrt** in der Fastenzeit kommen Gläubige aus ganz Korsika.

In der **Glasbläserei** des Dörfchens kann man werktags David Campana bei der Arbeit zuschauen. Er ist, wie einst sein Vater Ange Philippe, der berühmteste Glasbläser der Insel und hat für Prinz Albert von Monaco u. a. einen Briefbeschwerer gefertigt(Verrerie Corse, Ld. Chioselle, Tel. 04 95 61 73 05, www.verrerie-corse.com).

Schöne Dörfer
Der wohl schönste Ort der Balagne, *Speloncato (▶Abb. S. 171, ▶Hotel S. 101), erhielt seinen Namen von einem 8 m langen Felstunnel, der zur malerischen Place de la Libération mit ihren kleinen Cafés weist. In den engen, verwinkelten Gässchen scheint die Zeit stehen geblieben zu sein. **Belgodère,** das größte Dorf der Balagne, trägt seinen Namen zu Recht: »Schöner Aufenthalt« – aussichtsreich

Pasquale Paoli ließ L'Île-Rousse Mitte des 18. Jahrhunderts zu einem Handelshafen mit wehrhaften Stadtbefestigungen ausbauen.

thront es auf einem 310 m hohen Hügel über dem Tal des Prato. Im Mittelalter war der Ort Grundbesitz der pisanischen Familie Malaspina. Von den Überresten ihrer Festung aus reicht der Blick weit über das Tal des Regino bis zum Stausee Codole. Im Chor der 1269 geweihten Barockkirche **St-Thomas** – nur zum Gottesdienst geöffnet – zeigt ein Tafelbild Maria mit dem Jesuskind zwischen zwei Aposteln und Mitgliedern der Stifterbruderschaft.

VON CATERI NACH L'ÎLE-ROUSSE

Das autofreie Dorf Sant'Antonino klettert einen 500 m hohen Kamm empor, der die Täler des Algajola und Regino trennt. Durch schmale Gassen, Passagen und Höfe der Granithäuser geht es zu Fuß oder per Esel den Felssporn hinauf, auf dem Lehnsherr Guido Savelli im 9. Jh. eine wehrhafte Fluchtburg erbaute. Von ihren Ruinen eröffnet sich ein Rundblick über die gesamte nördliche Balagne. Erholen kann man sich abends im aussichtsreichen wie stylischen **Restaurant I Scalini** –am besten vorher reservieren unter 04 95 47 12 92.

*Sant'Antonino

Inmitten duftender Orangen- und Zitronenhaine liegt das Dorf Aregno mit der 1177 geweihten **Église de la Trinité,** deren Fassade durch ein polychromes Granitmauerwerk und archaische Skulpturen im Stil der pisanischen Romanik besticht. Innen stellen zwei Fresken (15. Jh.) die Kirchenlehrer Augustinus, Gregor, Hieronymus und Ambrosius sowie den hl. Michael im Kampf mit dem Drachen dar.

*Aregno

Pigna Nicht nur zahlreiche **Musikfestivals haben Pigna berühmt gemacht, sondern auch pittoreske kleine Gassen mit kunsthandwerklichen Geschäften wie der Casa di Artigiani. Interessant sind auch die Werkstätten alter korsischer Musikinstrumente wie Zither, Harfe und Flöte. Die **Casa Musicale** ist gleichzeitig Hotel, Restaurant, Musikbibliothek und Bühne für korsische Bands, die traditionelle korsische Gesänge und neue Schöpfungen vortragen (samstags ab 22.00 Uhr, Mitte Juni bis Mitte September auch dienstags). Ein unvergessliches Erlebnis ist Anfang Juli das **Festivoce** mit Musik, Tanz und Theater (www.casa-musicale.org).

> **! BAEDEKER TIPP**
>
> *Bon appétit!*
>
> Gaumenfreuden verspricht ein Abend in der Osteria U Mulinu von Feliceto. Maître Ambrosini, dessen Schankraum in einer alten Ölmühle Brueghels »Bauernhochzeit« ziert, serviert zum Festpreis ein köstliches Menü samt Wein und One-Man-Show, die vom Jonglieren mit den Tellern bis zur musikalischen Darbietung reicht; abends tgl. außer Di., Tel. 04 95 61 73 23 – unbedingt reservieren!

Couvent de Corbara Ein hoher Glockenturm weist den Weg zur Anlage, 1430 als Waisenhaus errichtet und 1456 in ein **Franziskanerkloster** umgewandelt. Nach den Zerstörungen der Französischen Revolution bauten Dominikaner 1857 das Kloster wieder auf. Als Gäste empfingen sie u. a. den Schriftsteller Guy de Maupassant. Heute führt die **»Gemeinschaft des hl. Johannes«** das Kloster als »Ritirio« – auch Gäste sind willkomen (▶S. 98). Ein Pfad führt in 45 Minuten auf den Aussichtsberg **Monte Sant'Angelo** mit weitem Blick über die Balagne.

In der Markthalle von L'Île-Rousse korsische Klassiker kosten

In der einstigen Hauptstadt der Balagne verkündete Pasquale Paoli die Gründung von Paoliville, dem späteren L'Île-Rousse. Auf einem Felssporn thront das **Castel de Corbara,** das 816 vom römischen Adeligen Guido de Savelli errichtet, im 18. Jh. zerstört und Anfang des 19. Jh.s vom Grafen Andrea Savelli wieder aufgebaut wurde. Ein zweites Schloss aus dem Jahr 1375 schleiften die Genuesen im 16. Jh. Die barocke **Église l'Annonciation** birgt Tafelbilder des hl. Franziskus und seiner Mitbrüder. Alte Grammophone, Taschenuhren, Wanderstöcke, Puppen und historische Postkarten präsentiert Guy Savelli in seinem **Petit Musée** (Eintritt frei, Spenden willkommen).

Corbara

Das Hafenstädtchen (▶Abb. S. 173) erhielt seinen Namen von der vorgelagerten **Île de la Pietra,** deren Granitgestein bei Sonnenuntergang rot leuchtet. Heute ist Pietra keine Insel mehr, sondern über eine Mole mit dem Hauptort verbunden. Ein niedriges Vorgebirge schützt L'Île-Rousse vor den kalten Nordwinden und macht die Stadt zum **wärmsten Ort der Insel.** Im Jahr 1758 gründete Pasquale Paoli (▶Berühmte Persönlichkeiten) die Stadt unter dem Namen **Paoliville,** um den genuatreuen Städten ▶Calvi und Algajola wirtschaftlich und militärisch Konkurrenz zu machen. Die von Platanen beschattete **Place Paoli** mit der Marmorbüste des korsischen Helden säumen Straßencafés, und auch die Strandpromenade am Jachthafen verbreitet heitere Urlaubsatmosphäre. In der restaurierten Markthalle an der Place du Marché werden die Produkte der fruchtbaren Balagne feilgeboten (▶Abb. S. 174). Wer andere Strände kennenlernen möchte, besteigt die **Tramway de Balagne,** welche die Küste bis nach ▶Calvi erschließt. Nur 4 km außerhalb an der N 197 Richtung Bastia präsentiert der **Parc de Saleccia** auf 7ha raffinierte Gartenkunst mitten in der Macchia (www.parc-saleccia.fr).

**L'Île-Rousse

> **!** **BAEDEKER TIPP**
>
> *Hallo Mountainbiker!*
>
> Wer Herausforderungen sucht, bitte sehr, hier ist eine: Die Strecke führt von Lozari (6 m) auf der N 197 bis hinter Belgodère (300 m), dann auf der D 963 über Olmi-Capella (800 m) in die Wälder am Fuß des Monto Grosso und endet nach 46 km beim Forsthaus am Tartagine, wo tolle Badebecken Erfrischung bieten. Unentwegte fahren die Piste hinauf bis zum Col de Tartagine auf 1850 m.

Gute 4 km landeinwärts schmiegen sich die alten Steinhäuser des kleinen Dörfchens Monticello an den Hang, umgeben von Feigenkakteen und knorrigen Olivenbäumen.

*Monticello

Östlich von L'Île-Rousse bietet Lozari seinen Gästen ein großes Feriendorf und einen **fantastischen Sandstrand** mit Blick auf die Ausläufer der ▶Agriates und den ▶Monte Cinto, der oft bis in den späten Frühling verschneit ist.

*Strand von Lozari

✳ Bastia

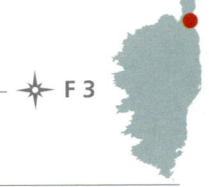

✳ F 3

Höhe: 0 – 40 m ü. d. M.
Einwohner: 44 500

Bastia blendet nicht mit malerischen Meeresbuchten, Palmen oder prunkvollen Palästen, Bastia brummt: Das »Tor zu Korsika« ist der wichtigste Fährhafen und Wirtschaftsmotor der Insel. Hier wird nicht flaniert, sondern gearbeitet – und am Abend auf der Place St-Nicholas oder beim Altstadtbummel entspannt.

Stadtge-schichte Wo vor rund 2000 Jahren die römische Siedlung **Mantinum** lag, ließ 1380 der genuesische Statthalter Leonello Lomellini das Fischerdorf Porto Cardo mit einem Turm auf einem ins Meer ragenden Felsen befestigen – der **»Bastiglia«.** Das Viertel um den Wehrturm, der Namensgeber der Stadt wurde, erhielt die Bezeichnung Terra Nova, das alte Quartier um den Porto Cardo (heute: Vieux Port, »Alter Hafen«) den Namen Terra Vecchia. 1453 wurde Bastia zur **Inselhauptstadt,** 1570 zum Bischofssitz und 1670 wurde der Hafen erweitert. Innerhalb der Ringmauer und rings um den Hafen entstanden acht- bis neunstöckige Wohnhäuser nach ligurischem Vorbild.

Während des korsischen Unabhängigkeitskriegs wurde das genuatreue Bastia 1730 von Einheimischen belagert und geplündert, 1764 überließ Genua die Stadt schließlich den Franzosen. 1798 kam es in Bastia und Umgebung erneut zum Aufstand. Doch die Rebellen wurden besiegt und ihr Anführer, der 80-jährige Agostino Giafferi, auf dem Hauptplatz von Bastia erschossen. Als Napoleon im Jahr 1811 den Rang der Inselhauptstadt an Ajaccio übertrug, antwortete Bastia auf die politische Abwertung mit dem Ausbau als Handels- und Industriestadt. Beim einzigen Luftangriff auf Korsika wurde Bastia 1943 durch amerikanische Bomben zu 80 % zerstört. Seit 1975 ist Bastia, das als wirtschaftliches Zentrum der Insel gilt, **Präfektursitz** des französischen Départements Haute-Corse.

Bastia erleben

AUSKUNFT

Office du Tourisme de l'Agglomération de Bastia
Rue José Luccioni und Place St-Nicolas
F-20200 Bastia, Tel. 04 95 54 20 40
www.bastia-tourisme.com

VERKEHR

Vom 20 km südlich gelegenen Flughafen Poretta (www.bastia.aero port.fr) fahren Air-France-Pendelbusse zum Bahnhof, Fahrzeit: 30 Min. Fährverbindungen: Fast 4 Std. dauert die Bahnreise quer über die Insel über ►Corte nach ►Ajaccio, knapp 3 Std. die Zugfahrt nach ►Calvi. Vom Gare Routière tgl. Busverbindungen nach ►Porto Vecchio, ►Calvi und ►Ajaccio. Die Busse »Rapides Blues« erschließen das ►Cap Corse. An der Place St-Nicholas startet das Touristenbähnchen »Le Petit Train« zu einer 45-minütigen Altstadttour. Die Stadtbuslinien 6 und 7 in der Innen- und der Altstadt sind kostenlos (www.bastiabus.com). Zentrale Tiefgaragen gibt es unter der Place St-Nicolas und der Place du Marché. E-Bikes verleiht das Office de Tourisme.

SHOPPING

Um die Place St-Nicolas, auf der So.morgen Flohmarkt ist, konzentriert sich das Einkaufsviertel mit Flaniermeilen wie der Rue Napoléon und dem Boulevard Paoli. (Mitte Juli bis Mitte Aug.: Nacht-Shopping bis 24 Uhr). In der Rue César Campinchi 15 gibt es bei »**U Muntagnolu**« Olivenöl, Honig, Feigenmarmelade, Schinken und Kastaniengebäck (www.umuntagnolu.com). Seit über 100 Jahren wird bei »Leoncini« in der Avenue Maréchal Sebastiani 2 feines Konfekt hergestellt. Den Aperitif-Klassiker »Cap Corse«

sollte man im Stammhaus von L. N. Mattei an der Place St-Nicholas probieren, edle Patrimonio- und Muskatweine bei »Cave Ceddas« in der Av. Emile Sari 3 und bei »Grand Vin Corse« in der Rue C. Campinchi 24.

Probieren Sie bei L.N. Mattei den Korsika-Aperitif »Cap Corse«!

ESSEN

❶ *A Casarella* ❸❸❸ – ❸❸❸❸
6, Rue Ste-Croix, Tel. 04 95 32 02 32
http://a-casarella.com
Die Mühe des Aufstiegs belohnen authentische korsische Gerichte, gewürzt mit den Kräutern der Macchia. Besonders lecker: die Fischgerichte wie Tunfisch mit karamellisierten Feigen und Casgiate, ein mit Frischkäse gefüllter Ofenkrapfen.

❷ *Lavezzi* ❸❸❸
8, Rue St-Jean, Tel. 04 95 31 05 73
Bastias beste Fischadresse mit der schönsten Terrasse am alten Hafen; der Schriftsteller Pierre Benoît verewigte in seinem Roman »Les Agriates« u. a. die Mutter des Inhabers. Ein Gedicht: Quappe mit Pfifferlingen und Petersfisch an Estragon.

❸ *Chez Jo la Braise* €€ – €€€
7, Bd. Hyacinthe de Montera
Tel. 04 95 31 36 97
So., Aug. geschlossen
Eigentlich kommt Jo la Braise aus Nizza,
doch in Bastia machte ihn seine köstliche
Pizza stadtbekannt. Schmackhaft sind
auch die Fleischgerichte vom Holzofen-
grill und die Figatelli-Wurst.

❹ *L'Onda Marina* €€
33, Rue César Campinchi,
Tel. 04 95 33 25 72
Mo. geschlossen
Haben Sie schon Austern mit Estragon
oder Brochette de Mérou genossen?
Fischfreunde mit Faible für Überraschun-
gen kommen hier auf ihre Kosten.

❺ *Pub Assunta* €
4, Rue Fontaine-Neuve
Tel. 04 95 34 11 40
In der angesagten Kneipe mit Pooltischen
und Live-Musik lokaler Bands am Do.
und an vielen Wochenenden munden Tapas, Biere und Cocktails drinnen oder auf
der Terrasse mit Blick über die Altstadt.

❻ *Glacier Raugi*
2, Rue du Chanoine
Colombani
Tel 04 94 31 22 31
Serge Raugi ist für seine
Eissorten weit über die
Grenzen Bastias be-
rühmt. Die Herstel-
lung des köstlichen
Speiseeises ist seit
drei Generationen
Familientradition.

KORSISCHES BIER
Seit 1994 brauen Do-
minique und Armelle

Sialelli in Furiani bei Bastia korsisches Bier
aus Wasser, Malz und Kastanienmehl.
Das Helle der Brasserie Pietra heißt »Serena«, das Weizen »Colomba«, das Stark-
bier »Pietra Strong«. Santé!
www.brasseriepietra.com

ÜBERNACHTEN
❶ *Hôtel l'Alivi* €€€ – €€€€
Route du Cap, F-20200 Bastia
Tel. 04 95 55 00 00,
www.hotel-alivi.com; 37 Z.
1 km nördlich des Jachthafens gelegen;
alle Zimmer des schicken Hotels haben
Meerblick; entspannen Sie am Pool.

❷ *Central* €€ – €€€
3, Rue Miot, F-20200 Bastia
Tel. 04 95 31 69 72
www.centralhotel.fr
Geplegt-nostalgisches Dreisternehaus im
Zentrum mit 18 schallisolierten Zimmern

❸ *Les Voyageurs* €€ – €€€
▶S. 101

❹ *Posta Vecchia* € – €€
Quai des Martyrs de la Libération
F-20200 Bastia
Tel. 04 95 32 32 38
www.hotelpostavecchia.com
Einfach, schlichte Zimmer oder
Komfortzimmer mit Meerblick –
Sie haben die Wahl!

❺ *Bonaparte* €€
45, Bd. Général Graziani
F-20200 Bastia
Tel. 04 95 34 07 10
www.hotel-bonaparte-
bastia.com; 23 Z.
Modernes Haus unweit des
neuen Hafens; eigener Parkplatz vorhanden

Bastia

Cap Corse, Musée du Parfum

Préfecture

Bd. du Fango

Square Maréchal Leclerc

Gare

Rue César Campinchi

Av. Maréchal Sebastiani

Rue Gabriel Peri

Boulevard Général de Gaulle

Av. Emile Sari

Rue du Nouveau Port

R. P. Guidicelli

N.-D. de Lourdes

Gare Maritime

Hôtel de Ville

Quai Est

Port de Commerce

Jetée du Large

Kriegsdenkmal

Place

Pavillon

St-Nicolas

Voie Rapide

Môle du Fango

Nouveau Port

Chemin de l'Usine à Gaz

Monserrato

Blvd. Général Giraud

Hôpital Militaire

Rue Saint-François

Rue César Campinchi

Boulevard

Napoleon-statue

Miot

Rue Napoléon

Cours H. Pieraneli

Oratoire St-Roch

Opéra

Immaculée Conception

Sacré-Cœur

Place Favalelli

TERRA VECCHIA

Mairie
Place de l'Hotel de Ville

St-Jean-Baptiste

R. des Zéphirs

Quai des Martyrs de la Libération

Rond-Point M. Giafferri

Boulevard Paoli

R. Castagno

Quai de la Santé

St-Charles

Rue Gal. de Carbucci

Quai du Sud

Rue du Colle

Vieux Port

Palais de Justice

Rue du Chanoine Letteron

Boulevard A. Gaudin

Jardin Romieu

Môle "Génois"

Tunnel

Port de Plaisance

Jetée du Dragon

Chemin des Filippins

Docteur Favale

Musée d'Ethnographie Corse

Place D. Vincetti

Place Donjon

Rue du Dragon

Place Notre Dame

TERRA NOVA

La Citadelle

Cours

Ste-Croix

Ste-Marie

Place d'Armes

Jardin du Chiostru

Rue César Vezzani

R.te du Front de Mer

Aéroport, Aléria

100 m

©BAEDEKER

Essen

1 A Casarella
2 Lavezzi
3 Chez Jo la Braise
4 L'Onda Marina
5 Pub Assunta
6 Glacier Raugi

Übernachten

1 Hôtel l'Alivi
2 Central
3 Les Voyageurs
4 Posta Vecchia
5 Bonaparte

Highlights in Bastia

▶ **Das Herz Bastias:
le Vieux Port**
Hohe Häuser, im Wind flatternde Wäsche, enge Gassen, Treppenwege und spielende Kinder: korsischer Alltag hautnah
▶Seite 181

▶ **Spektakulär: die Zitadelle**
Schweißtreibend ist der Aufstieg durch das Terra-Nova-Viertel, ebenso atemberaubend die Aussicht von ganz oben.
▶Seite 181

▶ **Place St-Nicholas**
Genießen Sie das Flair der Stadt bei einem Café crème oder einem »Cap Corse«, beim Flohmarktbummel oder beim Flanieren unter Platanen.
▶Seite 180

▶ **Wochenmarkt der Wohlgenüsse**
Samstag- und sonntagvormittags locken die Marktstände auf dem Place de l'Hôtel de Ville mit Köstlichkeiten der Region und Kunsthandwerk.
▶Seite 181

SEHENSWERTES IN BASTIA

*Place St-Nicolas Der 300 m lange und 100 m breite Platz am neuen Hafen ist eine beliebte **Flaniermeile** der Bastianer, Treffpunkt, Festbühne und Schauplatz des sonntäglichen Flohmarkts. An der Westseite erhebt sich inmitten platanenbeschatteter Straßencafés und Restaurants das Stammhaus von **L. N. Mattei,** das den korsischen Aperitif »Cap Corse« herstellt. Die Palmen der Ostseite überragen die Großfähren, die im Hafen liegen. Zwei Statuen begrenzen den Platz: im Norden ein Denkmal für die Toten beider Weltkriege, im Süden **Kaiser Napoleon** in römischer Toga. Im Pavillon werden Sommerkonzerte veranstaltet, in den Cafés ringsum das ganze Jahr über die neuesten Ereignisse und Gerüchte diskutiert.

Chapelle St-Roch Die lebhafte Rue Napoléon führt vorbei an der Chapelle St-Roch von 1604. Die Innenausstattung aus dem 18. Jh. – Holztäfelung, roter Damast und vergoldete Säulen – stammt von ligurischen Künstler, der Altar von dem Florentiner Giovanni Bilivert.

*Oratoire de l'Immaculée Conception Äußerlich unscheinbar, aber prachtvoll im Innern ist auch die **Kapelle der Unbefleckten Empfängnis,** ein einschiffiger Bau im genuesischen Barock aus dem Jahr 1611. Die Wände sind mit rotem Damast und Samt bespannt, Fresken schmücken das Gewölbe, illusionistische Malerei die Marmorkanzel. Die Marienstatue aus dem 18. Jh. wird alljährlich am 8. Dezember in einer **Prozession** zur Kirche St-Jean-Baptiste getragen. Zu den wertvollsten Exponaten des kleinen **Museums sakraler Kunst** in der Sakristei gehören eine Statue des hl. Erasmus aus dem 18. und ein mit Miniaturen geschmücktes Messbuch aus dem 17. Jahrhundert.

Auf der Place de l'Hôtel de Ville, auch **Place du Marché,** bieten am Samstag- und Sonntagvormittag Bauern und Kunsthandwerker der Umgebung auf dem **Wochenmarkt** ihre Produkte an.

Place de l'Hôtel de Ville

Sie ist das **Wahrzeichen der Stadt** und die größte Kirche Korsikas: die 1636 – 1666 erbaute Église St-Jean-Baptiste am Alten Hafen. Die Fassade im Stil des ligurischen Barock wird flankiert von zwei später hinzugefügten Glockentürmen. Die Dekoration der mit Gold, Stuck und Wandgemälde in Trompe-l'Œil-Technik geschmückten Kirche entstand im 18. Jh.; der Hochaltar aus korsischem Marmor 1844. Kardinal Fesch stiftete die Gemälde italienischer Schule.

*Église St-Jean-Baptiste

Die engen Passagen, schmalen Gässchen, Hinterhöfe und hohen Häuser des **Terra-Vecchia-Viertels,** das den **Alten Hafen** im Halbkreis umgibt, bilden den malerischsten Teil von Bastia. Fensterläden halten die größte Hitze ab und zwischen den Häuserschluchten flattert Wäsche auf der Leine. Am **Jardin Romieu** mit Aussicht auf das Hafenviertel führt die Escalier Romieu hinauf zur Zitadelle. Von der

*Vieux Port

Markant erhebt sich die Fassade von Saint-Jean Baptiste über Bastias altem Hafen mit seinen charmanten kleinen Cafés und Restaurants.

Zitadelle, einst Zentrum der administrativen und militärischen Macht Bastias, schweift der Blick über Cap Corse bis hin zu den Toskanischen Inseln. Die Befestigungsanlagen und Häuser der **Terra Nova,** die zwischen 1480 und 1521 errichtet wurden, erstrahlen heute in neuem Glanz.

Musée de Bastia

Im ehemaligen **Gouverneurspalast** präsentiert das Museum die Stadtgeschichte: Geburt und Entwicklung von Bastia, seine Rolle als Zentrum der Macht sowie als Oase der Kultur
❶ Apr. – Juni, 15. Sept. – Okt. Di. – So. 10.00 – 12.00, 13.00 – 18.00, Juli bis 15. Sept. Di. – So. 10.00 – 19.30, Nov. – März Di. – Sa. 9.00 – 12.00, 14.00 bis 17.30 Uhr, Eintritt: Mai – Sept. Erw. 5 €, nur Garten 1 €, 10 – 18 Jahre 2.50 €, unter 10 Jahren sowie Okt. – April Eintritt frei
www.musee-bastia.com

*Église Ste-Marie

Die 1495 im Stil des genuesischen Barock erbaute Kirche Ste-Marie war 1570 bis 1801 Kathedrale, dann wurde der Bischofssitz nach ▶Ajaccio verlegt. Das dreischiffige, reich dekorierte, rosa- und goldfarbene Innere ist fast 45 m lang und 23 m breit. Die Gruppe der Himmelfahrt Mariens (18. Jh.) des Sieneser Getano Macchi aus ziseliertem Silber wird in der jährlichen **Prozession am 15. August** mitgeführt. Aus der Sammlung Fesch stammen zwei Gemälde des 17. Jh.s: »Episode aus dem Leben Alexanders des Großen« und »Die Seeschlacht von Lepanto«. Das geschnitzte Chorgestühl ist ein Werk des Pisaner Bildhauers Fontana aus dem 19. Jh., die Orgel schuf Serassi aus Bergamo 1845. Der Boden wurde 1869 für den Besuch von Kaiserin Eugénie mehrfarbig mit Marmor ausgelegt – der weiße stammt aus Carrara, der blaue aus Corte, der rote aus Oletta. Auch der Amtswechsel genuesischer Gouverneure wurde in der Kirche feierlich begangen, die Schlüssel der Stadt und das Zepter Korsikas als Insignien der Macht auf einem Silberteller überreicht – heute als prachtvolles **Historienfest** all-

Ste-Croix: Die Kapelle birgt den »Christus der Wunder«.

jährlich am zweiten Juli-Wochenende zwischen dem Gouverneurspalast und der Môle Genois zu erleben. Das himmelblaue Gewölbe der 1543 in der Rue de l'Evêché erbauten Kapelle **Ste-Croix** ist geschmückt mit hübsch vergoldeten Stuckaturen, kunstvollen Arabesken und verspielten Barockengeln im genuesischen Barocchetto-Stil. Als einzigartig gilt hier der »**Christus der Wunder**« (Christ des Miracles), ein Kruzifix aus schwarzem Holz, das 1428 von zwei Fischern aus dem Meer gezogen wurde und seitdem als deren Schutzpatron verehrt wird – die dazugehörige **Prozession** findet am 3. Mai statt.

UMGEBUNG VON BASTIA

Oratoire de Monserrato

Südwestlich von Bastia versteckt sich beim Dorf **Cardo** die Kapelle Monserrato mit einer Kopie der **Heiligen Treppe** aus der Basilica San Giovanni in Laterano in Rom. Ihre 28 Stufen erinnern an die Treppe, ***Scala Santa** die Jesus zu seiner Verurteilung im Palast des Pilatus hinaufgestiegen sein soll. Das seltene Privileg einer solchen Treppe verlieh Papst Pius VII. Bastia 1816, da es aus Rom verbannten Priestern Unterschlupf bot. Seit der Fertigstellung der Treppe im Jahr 1884 steigen alljährlich am 12. Mai und am 2. Juli Pilgergruppen auf Knien die »Scala Santa« empor.

Panorama-straße zum Cap Corse

Die kurz vor dem Oratoire nach Norden abzweigende D 31 führt auf einer 25 km langen Panoramastrecke nach Miomo an der Ostküste von Cap Corse. In **San-Martino-di-Lota** werden aus Palmblättern religiöse Symbole für den Karfreitag geflochten. Von der Kirche **Sainte-Lucie** hat man einen fantastischen Ausblick auf Bastia und den Étang de Biguglia.

Étang de Biguglia

Mit 1800 ha bildet der Étang de Biguglia die größte Lagune Korsikas und ist seit 1994 als **Naturschutzgebiet** die Heimat von 30 Stand- und 60 Zugvogelarten, darunter Rohrweihen, Purpurreiher und Eisvögel. Naturfreunde bezweifeln, dass das Vogelparadies noch lange erhalten bleibt. Sein schmaler Nehrungsstreifen ist ein beliebter Badestrand, der allerdings direkt in der Einflugschneise des **Flughafens Bastia-Poretta** liegt.

Perle der pisanischen Frühromanik: La Canonica

*La Canonica Die Kathedrale **Santa Maria Assunta** gilt als Musterbeispiel der pisanischen Frühromantik auf Korsika. Die Kirche, ursprünglich ein Sakralbau aus dem 5. Jh., wurde 1119 vom Erzbischof von Pisa der Himmelfahrt Mariens (Santa Maria Assunta) geweiht, im 16. Jh. zerstört und erst im 20. Jh. wieder restauriert. Ihre volkstümliche Bezeichnung »La Canonica« rührt von den **Kanonikern** (Chorherren) her, die damals den Gottesdienst begleiteten. Die dreischiffige Pfeilerbasilika ist mit 35 m Länge, 12 m Breite und 13 m Höhe das größte romanische Bauwerk Korsikas.

Das Baumaterial – Marmorblöcke in Bernsteintönen – stammt aus den Steinbrüchen Brando und Sisco am Cap Corse. Vom Glockenturm steht nur die Basis. Das Kirchendach ist mit Hohlziegeln gedeckt. Den Architrav am Westportal schmücken Pflanzen- und geometrische Motive, den Fries über dem Giebelfeld zieren stilisierte Tiere wie Löwe, Wolf, Hirsch, Lamm und Greif. An der Südfassade erkennt man Intarsien mit konzentrischen Kreisen und Sternmotive in toskanischem Stil. Die Apsis ist gegliedert durch schlanke Pilaster mit Blendarkaden, die sich im Giebelfeld wiederholen. Im Innern, wegen Restaurierungen nur eingeschränkt zugänglich, unterteilen Pfeiler die drei Kirchenschiffe, seitlich öffnen sich kleine Kapellen mit Gewölbe. Aus dem 4. Jh. stammen südlich der Canonica die Mauerreste einer Basilika mit Apsis und eines **Baptisteriums** mit Mosaiken, die christliche Symbole wie Löwe, Hirsch, Ente und Fisch und die vier Paradies-Flüsse zeigen. Keine 300 m südwestlich steht die kleinere pisanische Kirche **San Parteo** aus dem 11. Jh., deren südliches Seitenportal von zwei einander zugewandten Löwen unter einer Palme geziert wird.

Mariana, um 93 v. Chr. vom Konsul Marius an der Golo-Mündung gegründet, wurde unter Augustus zum **römischen Flottenstützpunkt** für die Expansion nach Norden ernannt. Allerdings versandete der Hafen mit der Zeit; hinzu kamen Malaria und Beutezüge der Sarazenen. Seit dem 10. Jh. war der Ort verlassen, erst in jüngerer Zeit wurden in Mariana die Reste einer römischen Brücke über den Goto, eines Thermalbads, eines Kanals, einiger Wohnhäuser und Gräber freigelegt.

Ausgrabungen von Mariana

Das wiederholt **heftig umkämpfte Borgo** am Ostufer des Étang de Biguglia bedeutete für die Franzosen die empfindlichste militärische Niederlage im Kampf gegen die Korsen: 1738 schlug die Korsische Nationalgarde die Truppen des Grafen von Boissieux; im September 1768 eroberte das Heer von Pasquale Paoli (▶Berühmte Persönlichkeiten) erneut das von Oberst de Ludre besetzte Borgo.

Borgo

Kaum zu glauben: Biguglia war unter den Pisanern die **Hauptstadt Korsikas** – sie hatten den Regierungssitz von Mariana hierher verlegt – und auch der genuesische Gouverneur residierte hier, bis Aufständische 1372 den Ort zerstörten.

Biguglia

Die **fruchtbare Hügellandschaft** 20 km südlich von Bastia erstreckt sich zwischen den Flüssen Golo und Fium'Alto bis zum Massiv des 1218 m hohen **Monte Sant'Angelo.** Getreide, Tabak, Zitrusfrüchte, Kiwis und Wein gedeihen in der Ebene, Olivenbäume und Kastanienwälder wachsen auf den Hügeln. Im Volksmund heißen die Dörfer auf den Bergkämmen auch **»Balkone«,** da man von hier eine weite Aussicht auf die Küstenebene hat. Der 140 m hoch gelegene Hauptort **Vescovato** ist ein typisches Festungsdorf auf einem Bergkamm mit schmalen Gässchen, Treppen und Passagen, die beim zentralen Dorfplatz mit dem Adlerbrunnen zusammentreffen. Sehenswert ist in der Kirche **St-Martin** das genuesische Tabernakel aus weißem Marmor von 1441. Von 1269 bis 1570 war der Ort Bischofssitz. Im 16. Jh. wurden hier die Chronisten Ceccaldi und Filippini geboren, und auch der Freiheitskämpfer Andrea Colonna Ceccaldi, ein erbitterter Feind Genuas, erblickte in Vescovato das Licht der Welt.

Casinca

! BAEDEKER TIPP

Dorfidylle

Loreto-di-Casinca blickt aus 600 m auf die Ebene von Biguglia herab. Einladend sind das Waschhaus mit Quellwasser und ein mit uralten Platanen bestandener Dorfplatz, in dessen Bars sich schon nachmittags Männer zu einem Schwätzchen einfinden. Im Restaurant U Rataghju (Tel. 04 95 36 30 66) kann man in einer einstigen Kastanien-Dörre ausgezeichnet korsisch essen – vorausgesetzt, man hat vorbestellt. Das Restaurant öffnet nur bei Bedarf. Der Blick ist umwerfend schön – bei guter Sicht reicht er bis zu den Toskanischen Inseln.

** **Bonifacio**

✦ **D / E 11**

Höhe: 0 – 60 m ü. d. M.
Einwohner: 2930

Paul Valéry bezeichnete sie als die »malerische Hauptstadt Korsikas«: Bonifacio. Die südlichste Stadt der Insel wacht auf einem 60 m hohen Kalksteinplateau über die Meerenge »Bouches de Bonifacio«, die Korsika vom acht Seemeilen entfernten Sardinien trennt.

Traumhafte Lage

Korsikas eigenwilligste Stadt thront hoch auf einer 1,5 km langen und bis zu 150 m breiten Halbinsel, deren Kalksteinwände zur Seeseite 60 m steil ins Meer abfallen. Im Lauf der Jahrtausende hat die Brandung die Felsen unterspült, Grotten ausgewaschen und Buchten geschaffen. Bei einem Bootsausflug zu den Kalkhöhlen der Umgebung kann man diese traumhafte Lage am besten in Augenschein nehmen. Die fjordartige Bucht ist seit jeher sicherer Zufluchtsort für Schiffe, welche die gefährliche Meerenge »Bouches de Bonifacio« durchqueren. Die hohen Klippen der Halbinsel bilden eine uneinnehmbare natürliche Festung, die wegen ihrer strategisch hervorragenden Lage im Lauf der Jahrhunderte militärisch ausgebaut wurde, um Siedlung und Hafen zu verteidigen. Das unbewohnte Hinterland ist mit Macchia bewachsen und verstärkt den Eindruck der Abgeschiedenheit dieser Grenzstadt, die in ihrer Oberstadt die **Atmosphäre des genuesischen Mittelalters** bewahrt hat. Die traditionellen Einkommensquellen der Stadtbewohner waren die Handelsschifffahrt, die Langustenfischerei und die Korkverarbeitung. Inzwischen spielt der Tourismus die Hauptrolle. Im Jachthafen Bonifacios, der besonders im Hochsommer stark besucht ist, gibt es Liegeplätze für insgesamt 450 Boote. Die Badebuchten der Umgebung mit ihren wunderschönen Stränden verfügen über moderne touristische Einrichtungen, die eine schnell wachsende Zahl von Gästen anziehen.

Bonifacio, Stadt über den Wellen

Bonifacio erleben

AUSKUNFT

Office du Tourisme
2, Rue Fred Scamaroni
F-20169 Bonifacio T
el. 04 95 73 11 88
www.bonifacio.fr

Infopunkt am Hafen
Port de plaisance
F-20169 Bonifacio
Tel. 04 95 71 22 48

VERKEHR

▶Praktische Informationen: Anreise/
Reiseplanung
Der 25 km entfernte Flughafen Figari/
Sud-Corse wird täglich angeflogen (Tel.
04 95 71 10 10, www.figari.fr/aeroport-
figari-sud-corse); von dort besteht eine
Busverbindung in die Stadt. Fähren von
Saremar und Moby Lines schippern von
Bonifacio weiter nach Sardinien. Für Autofahrer stehen sieben gebührenpflichtige, bewachte Parkplätze bereit. Zwischen Unter- und Oberstadt pendelt das
Touristenbähnchen Petit Train (www.
autocars-massimi.com/fr/petit-train-
bonifacio.html, April – Okt., ab 9.00 Uhr
halbstdl., Erw. 8 €, Kinder 4 €).

TAUCHEN

Kalliste Plongée direkt neben dem Hotel
Centre Nautique (Tel. 04 95 73 02 11,
www.corsicadiving.com) bietet Tauch-
gänge rund um die Îles Lavezzi und im
Naturreservat der Îles Cerbicales. Vor
wunderschönen korallenbewachsenen
Felslandschaften mit roten Gorgonien,
Schwämmen und Anemonen tummeln
sich hier stattliche Zackenbarsche,
Mönchsfische, Muränen und
Geißbrassen!

SHOPPING

In Bonifacio sollte man sich auf jeden
Fall Zeit für einen Einkaufsbummel nehmen. Köstliches Backwerk hat die Boulangerie Faby (▶Baedeker-Tipp, S. 194),
hübsche Taschen findet man bei Casa-
doria in der Rue Doria Nr. 8 und handge-
schmiedete Messer bei Les Terrasses
d'Aragon am Quai Banda del Ferro.

BOOTSTOUR

Rund 60 Minuten dauert die Tour *grot-
tes, falaises, calanques* vom Hafen an
der spektakulären Steilküste entlang zu
zwei Grotten. Unvergesslich: der Blick
vom Wasser auf Bonifacio, das verwegen auf den Kreidefelsen thront (▶Boni-
facio, Umgebung).
❶ www.rocca-croisieres.com
Erw. 20 €, 17 – 25 Jahre 17,50 €,
13 – 17 Jahre 15 €, 8 – 12 Jahre 10 €,
unter acht Jahren frei

ESSEN

❶ *Le Voilier* ⬤⬤⬤
81, Quai Jérôme Comparetti
Tel. 04 95 73 07 06, www.restaurant-
levoilier-bonifacio.com
Im eleganten Hafenrestaurant mit Terrasse serviert Christophe Patenotte fangfrische Meerestiere und saisonale Küche
aus korsischen Produkten.

❷ *Cantina Doria* ⬤⬤
27, Rue Doria, Tel. 04 95 73 50 49,
www.cantinagrill.fr/doria.htm
Zwei Speisesäle im Ambiente von einst,
aus der Küche kommt beste korsische
Hausmannskost: Tripes à la tomate, Porc à
la Pietra, Aubergines à la Bonefacienne
oder eine Feigen-Charlotte; und zum Dessert: die köstlich-kühle Zitronencreme.

❸ *L'Archivolto* 😊😊
2, Rue Archivolto
20169 Bonifacio
Tel. 04 95 73 17 58
Charmantes, mit Antiquitäten eingerichtetes Lokal; auf der Terrasse speist
man im Schatten alter Arkaden. Probieren Sie die Lammspezialitäten.

❹ *Les 4 Vents* 😊😊
29, Quai Banda del Ferro
20169 Bonifacio
Tel. 04 95 73 07 50
(Mo. geschlossen, in der Nebensaison
auch Di.)
Die Schwestern Roulet servieren knackige Sommersalate, eine legendäre
Fischsuppe, Elsässer Choucroute und
eine unwiderstehliche Charlotte au
Chocolat.

ÜBERNACHTEN
❶ *Hôtel Genovese* 😊😊😊😊
Haute Ville
Place de Europe
F-20169 Bonifacio
Tel. 04 95 73 12 34
www.hotel-genovese.com; 14. Z.
Traumhafter Blick, luxuriöse Zimmer,
neuer Swimmingpool und exzellentes
Frühstück!

❷ *U Capu Biancu* 😊😊😊 – 😊😊😊😊
Route Canetto
F-20169 Bonifacio
Tel. 04 95 73 05 58
www.ucapubiancu.com
Eine unbefestigte Stichstraße führt zu
der idyllischen Viersterneanlage mit
rötlichen Granitfelsen am kleinen
Hotelstrand. Es gibt 28 Zimmer und
14 Suiten mit Balkon. Gadio El Hadji
zaubert für das Terrassenrestaurant
Spitzenmenüs, das Spa verwöhnt mit

Open-Air-Wasserfall und entspannen-
den Bädern in Eselsmilch.

❸ *Hôtel-Résidence Centre Nautique* 😊😊😊
Quai Nord-B.P. 65
F-20169 Bonifacio
Tel. 04 95 73 12 34
www.centre-nautique.com; 11 Z.
Nicht nur bei Seglern und Tauchern
eine beliebte Adresse direkt am Jacht-
hafen, die frisch renoviert wurde

❹ *La Caravelle* 😊😊😊
35 – 37, Quai Jérôme Comparetti
F-20169 Bonifacio
Tel. 04 95 73 00 03
www.hotelrestaurant-lacaravelle-
bonifacio.com
Das beste Hotel der Unterstadt mit
schönen Zimmern, Hafenblick und
Feinschmeckerrestaurant

❺ *Santa Teresa* 😊😊😊
Quartier St-François, Haute-Ville
F-20169 Bonifacio
Tel. 04 95 73 11 32
www.hotel-santateresa.com; 43 Z.
Stylisches Design mit viel Komfort und
schönem Meerblick wird in der ehe-
maligen Gendarmerie am Ende der
Oberstadt geboten.

EVENTS
Jul.: Theaterfest »Festival des Arts
Vivants«,
www.bonifacio.fr
1. Aug.: Folie's bonifaciennes
Straßenkunst und Konzerte
www.bonifacio.fr
Sept.: Internationales Tango-Festival,
www.tangoabonifacio.fr
Okt.: Festival „Nautic & Music"
www.festival-nautic-music.org

Das Gebiet von Bonifacio ist seit dem Frühneolithikum besiedelt. **Stadt-geschichte**
Unter dem Felsen Araguina-Sennola wurde das Skelett der 35-jährigen **»Dame von Bonifacio«** freigelegt. Die »älteste Bürgerin« Korsikas lebte circa 6750 v. Chr. (▶Alta Rocca, Levie).
Auch Homers Held Odysseus kam bei seinen Irrfahrten in den Naturhafen von Bonifacio, wo er von gigantischen Lästrygonen mit Steinen beworfen wurde. Zeugnis der **römischen Besiedlung** legt eine antike Villa aus dem 1. Jh. v. Chr. ab, die auf der Landzunge Piantarella nahe der Pointe de Sperone stand. Sie gehörte höchstwahrscheinlich einem hohen römischen Beamten, der die Seefahrt und Fischerei in den Bouches de Bonifacio und den Bergbau auf den benachbarten Inseln kontrollierte. Auf der Île Cavallo entdeckte man in der Nähe eines Granitsteinbruchs die Ruinen einer Badeanlage sowie einer Bergmannssiedlung.
Die **Gründung von Bonifacio** geht auf das Jahr 828 zurück, als Markgraf Bonifacio II. aus Lucca nach einem Sieg über die Sarazenen die Zitadelle in der Oberstadt errichtete. Im 11. Jh. erschienen die Pisaner, um 1195 von den Genuesen abgelöst zu werden, die mit »praktischer« Siedlungspolitik ihren Einfluss stärkten: Die Einwohner wurden verjagt und durch 1200 ligurische Siedler ersetzt. Durch Privilegien wie Selbstverwaltung und Münzrecht entwickelte sich Bonifacio zur genuatreuesten Siedlung auf Korsika. Waren aus Genua wie Wein, Stoffe, Töpferwaren und Gewürze, Vieh, Pökelfleisch, Käse und Leder wurden hier verladen; vom 14. Jh. an war Bonifacio ein wichtiger Umschlagplatz für Getreide. 1420 belagerten die Aragonier unter Alfons V. die Stadt erfolglos. Auch der Versuch, heimlich über die 187 Stufen der Königstreppe »Les Escaliers

Wuchtiges Bollwerk und malerischer Hafen: Die südlichste Stadt Korsikas thront verwegen auf einem 60 m hohen Kalksteinplateau.

Bonifacio

Catena-Strand

100 m
©BAEDEKER

Grotte du Sdragonata,
La Madonetta

Arinella-Strand

Anse de l'Arenella

Wanderweg

Anse de la Catena

Pointe Arenella

G o u l e t   d e   B o n i f a c i o

Pointe Caravento

Port de Commerce

Gare Maritime

Monument de la Légion Etrangère

Place Bir Hakeim

CITADELLE MONTLAUR

Cimitière

St-François

St-Dominique

Tour

Escalier du Roi d'Aragon

Grotte St-Antoine

Pointe du Timon

B o u c h e s   d e   B o n i f a c i o

Essen
❶ Le Voilier
❷ Cantina Doria
❸ L'Archivolto
❹ Les 4 Vents

Übernachten
❶ Hotel Genoves
❷ U Capu Biancu
❸ Hôtel Résidence Centre Nautique
❹ La Caravelle
❺ Hôtel Santa Teresa

du Roi d'Aragon« in die Zitadelle zu schleichen, schlug fehl: Die aufmerksame Margherita Bobia entdeckte die Spanier und schlug Alarm. Nach vier Monaten der **Belagerung** kam schließlich die genuesische Flotte zu Hilfe. 1553 bombardierten französische Truppen Heinrichs II. gemeinsam mit den Soldaten des Sampiero Corso

1 Rampe St-Jacques
2 Place Casteletto
3 Avenue de la Carotola
4 Rue St-Dominique
5 Rue Fred Scamaroni
6 Rue Torricella
7 Rue St-Jean Baptiste
8 Rue Archivolto

9 Rue Doria
10 Rue Card. Zigliara
11 Place du Marché
12 Rue M. Bobbia
13 Rue du Corps de Garde
14 Rue des Deux Empereurs
15 Rue du Portone
16 Rue de Bocche

Sartène, Porto-Vecchio

Wanderweg

Port de Pêche

Port Touristique

LA MARINE

Capo Pertusato

Quai Banda del Ferro

Colonna romana
(Monument aux Morts)

St-Erasme

Av. Charles de Gaulle

Quai J. Comparetti

Porte de France

Bastion de l'Etandard

Place d'Armes

R. Longue

R. du Palais

Place Bonaparte

Place Monte-pagano

Ste-Marie Majeure

Chapelle St-Roch

Av. Charles de Gaulle

Montée Rastello

Wanderweg zum Capo Pertusato

VILLE HAUTE

Plage Sutta Rocca

Grain de Sable

1 Maison Napoléon Bonaparte
2 Maison Charles Quint
3 Porte de Gênes
4 Jardin des Vestiges
5 Belvédère de la Manichella
6 St-Jean Baptiste
7 Loggia
8 Hôtel de Ville

(▶Berühmte Persönlichkeiten) und der Flotte des türkischen Piraten Dragut 18 Tage lang Bonifacio, dessen Bevölkerung durch die Pestepidemie von 1528 auf ein Drittel reduziert wurde. Die Angreifer hatten außer Kanonen noch eine neue, handliche Waffe mitgebracht: die Flinte. Nicht rohe Waffengewalt, sondern der **Verrat** eines nach Genua geschickten Unterhändlers, der behauptet hatte, Genua könne keine Hilfe beisteuern, zwang die Stadt schließlich zur Kapitulation. 1559 fiel die Stadt zusammen mit Korsika erneut an **Genua** und hielt während der Herrschaft von Pasquale Paoli (▶Berühmte Persönlichkeiten) eisern zur Seerepublik. Seit 1768 gehört Bonifacio wie ganz Korsika zu Frankreich, doch die ligurische Vergangenheit der Stadt ist noch heute im **lokalen Dialekt** zu hören, der als einer der reinsten der heute noch gesprochenen ligurischen Idiome gilt.

UNTERSTADT MIT JACHTHAFEN

Stadtbesichtigung per Bahn
Eine bequeme Alternative: An den Parkplätzen von la Marine startet **»Le Petit Train Touristique«** zur Altstadttour.
❶ Juli, Aug. 9.00 – 24.00, April – Juni, Sept. u. Okt. 9.00 – 12.00, 13.30 – 18.00 Uhr

La Marine
Im Halbkreis umrahmt die Unterstadt den **Hafen** von Bonifacio, überragt von der imposanten **Bastion de l'Étendard,** in der sich heute ein kleines Museum zur Stadtgeschichte befindet. Von der Bastion aus bieten sich ungewöhnliche Ausblicke auf den Meeresfelsen **Grain de Sable**, den äußersten Süden Korsikas und die sardischen Küste. Boote und Jachten, Hotels, Restaurants und Geschäfte sorgen an der Uferpromenade **Quai Comparetti** für lebhaftes Treiben. Vom Hafen starten Ausflugsschiffe zu den Inseln Lavezzi und Cavallo sowie zu der Grotte du Sdragonato.
❶ Apr. – Okt. tgl. 9.00 – 20.00 Uhr, p.P. 2,50 €

Highlights in Bonifacio

▶ **Lebensader der Unterstadt: Quai Comparetti**
Auch abends ist an der von Booten, Bars und Boutiquen gesäumten Uferpromenade noch viel los.
▶Seite 192

▶ **Festung am Rande der Klippen: die Oberstadt**
Hoch über dem Meer drängt sich die Altstadt von Bonifacio auf einem schmalen Plateau.
▶Seite 194

▶ **Doppelte Aussichten: Belvedere de la Manichella**
Über den Fjord und auf das Meer hinaus schweifen die Blicke vom kleinen Balkon an der Place du Marché.
▶Seite 194

▶ **Bootsausflug zur Grotte du Sdragonato**
Vorbei an den Felswänden des Fjords geht es zu einer Höhle mit beeindruckendem Farbenspiel.
▶Seite 196

Wenn der Hafen zu Füßen der Zitadelle schon tagsüber eine wahre
Schönheit ist, so ist er am Abend an Romantik kaum zu übertreffen.

Rund um Bonifacio blickt die **Korallenfischerei** auf eine jahrhun-
dertealte Tradition zurück. Leider sind die Bestände durch den
Raubbau der vergangenen Jahrzehnte stark zurückgegangen. Die roten Edelkorallen entstanden, als Perseus der Medusa den Kopf ab-
schlug und sich ihr Blut ins Meer ergoss – recht martialisch erklärt
die Legende die wunderschönen Meeresbewohner.

Korallen

Dem **Schutzpatron der Seeleute,** nämlich dem hl. Erasmus, ist die
Kirche am Fuß des Treppenwegs Montée Rastello zur Oberstadt geweiht. Von hier starten jährlich am 2. Juni (Patronatsfest) und am
20. Juni (Fest des hl. Sylverius, des Patrons der Langustenfischer) die
religiösen **Prozessionen.**

**Église
St-Erasme**

Die Treppe **Montée Rastello** endet an einer Brüstung neben der Ka-
pelle St-Roch. Sie wurde an der Stelle erbaut, wo das letzte Opfer der
Pestepidemie von 1528 der Krankheit erlag. Vom Aussichtspunkt **Col
St-Roch** an der engsten Stelle der Halbinsel öffnet sich ein herrlicher
Blick auf die steile Kalkwand, die Bucht und die beiden Bollwerke der
Porte de Gênes – und bei einigermaßen klarem Wetter bis nach Sar-
dinien. Ein Fußweg führt östlich zum **Capo Pertusato** und hinauf
zur **Porte de Gênes.**

**Chapelle
St-Roch**

Linker Hand sieht man gegenüber des Sutta Rocca-Strandes den vor
rund 800 Jahren von der Klippe abgebrochenen und ins Meer ge-
stürzten Felsen »Grain de Sable« (Sandkorn).

**»Grain de
Sable«**

OBERSTADT UND ZITADELLE

Porte de Gênes
Bis ins 19. Jh. war die Porte de Gênes von 1598 der einzige Zugang zur Oberstadt, die für die Einheimischen das »Bonifaziu propriu« – das wahre Bonifacio – bildet. Am Tor, auch **Porta Vecchia** genannt, beginnt ein 2,5 km langer Mauerring, der um die Stadt und ihre militärischen Anlagen führt. Die Zugbrücke, deren Gegengewichte zum Herablassen noch erhalten sind, führt auf die kleine **Place d'Armes,** einst Exerzierplatz und Standort von Silos, die Weizen für eventuelle Belagerungen enthielten.

*Belvédère, Jardin des Vestiges
Vom 65 m hohen **Aussichtsbalkon** Belvédère de la Manichella bietet sich eine ausgezeichnete Sicht auf die Bouches de Bonifacio und den Hafen. Im davor liegenden Jardin des Vestiges wurden Reste der **mittelalterlichen Stadtmauer** freigelegt.

**Ville Haute
Das Gewirr aus engen Gassen mit turmartigen, hohen Häusern erinnert an die Zeit, als drei Viertel des ummauerten Stadtbezirks von der Zitadelle eingenommen wurden und wenig Platz zur Bebauung blieb. Fast alle Gebäude der **Oberstadt** besitzen Brunnen, Zisternen und Lagerräume für Lebensmittel. Die sehr steilen, schmalen Holztreppen oder Strickleitern zum ersten Stock konnten jederzeit eingezogen werden. Der Blendbogenfries, der die Fassaden vieler Häuser abschließt, ist typisch für vornehme genuesische Wohnhäuser. Strebebögen verbinden die gegenüberliegenden Häuser. Sie gehörten einst zu einem ausgeklügelten Leitungssystem, mit dem Regenwasser von den Dachrinnen zu den hauseigenen Zisternen geleitet wurde.

Korsische Köstlichkeiten

Traditionelle Backwaren gibt es in der **Boulangerie Faby i**n der Rue St-Jean-Baptiste 4: Fugasi-Kuchen mit Orangenblütenwasser, das Totenbrot Vea Seccata und die Mandelkekse Canistrelli, die mit Zitrone oder Anis aromatisiert sind.

Loggia
In der Rue du Palais steht die romanische Kirche **Ste-Marie-Majeure,** deren Vorhalle (Loggia) einst **Versammlungsort des Stadtrats** war. Hier sprach der Podestà (Ratsvorsitzender) Recht, und die Notare schrieben ihre Urkunden. Darunter befand sich eine Zisterne mit einem Fassungsvermögen von 650 m³ – heute dient der restaurierte Wassertank als Konferenzsaal.

Ste-Marie-Majeure
Die dreischiffige Kirche aus dem 14. Jh. wurde mehrmals umgestaltet, die Portale bei der Renovierung 1879 in klassizistischem Stil erneuert. Das Innere ist reich geschmückt mit einem römischen Marmorsarkophag aus dem 3. Jh., einem Taufbecken mit Tabernakel von 1465 und einem Hochaltar mit Reliquien des hl. Bonifatius. Den

quadratischen Campanile mit vier Stockwerken aus dem 15. Jh. stellte Prosper Mérimée 1900 unter Denkmalschutz.

Die Straße verdankt ihren Namen zwei Kaisern, die hier Gast waren: 1541 übernachtete Karl V. nach dem gescheiterten Nordafrika-Feldzug im **Stadtpalais des Grafen Cataccioli** (Nr. 22); 1793 wohnte Napoleon Bonaparte, damals noch Leutnant, vor dem missglückten Landungsversuch in Sardinien in der **Maison Passano** (Nr. 31).

Rue des Deux Empereurs

Die Zitadelle, 1963 bis 1983 Stützpunkt der Fremdenlegion, beherbergt heute **französische Truppen.** Der Eingang zum Inneren der Zitadelle, die zum großen Teil besichtigt werden kann, befindet sich an der Place Bir Hakeim.

Zitadelle

Die Église St-Dominique mit ihrem achteckigen, zinnengekrönten Campanile ist die einzige gotische Kirche Korsikas. Zu den sehenswerten Gemälden der Kirche, ab 1270 von den Templern errichtet, ab dem 14. Jh. unter der Verwaltung der Dominikaner, gehören die »Rosenkranzmadonna« von 1554 und eine »Kreuzabnahme« des 18. Jh.s. In St-Dominique werden **Figurengruppen** aufbewahrt, die man bei den Prozessionen der Karwoche und den Festen des hl. Johannes und des hl. Bartholomäus mitführt, darunter die 800 kg schwere Figurengruppe »Martyrium des hl. Bartholomäus« sowie die Ensembles »Drei Marien unter dem Kalvarienberg«, »Heiliges Kreuz«, »Salome und Herodes« und »Schmerzensmutter und hl. Martha«. Die **Prozessionen** der fünf Bruderschaften in der Karwoche und beim Johannes- bzw. Bartholomäus-Fest finden trotz des großen Gewichts der Figurengruppen traditionsgemäß im Eilschritt statt. Die Läufer tragen bunte Tuniken und Kapuzen. Die lebhafte Stimmung unterscheidet sich deutlich von der ernsten Feierlichkeit der sonst auf Korsika üblichen Prozessionen.

*Église St-Dominique

Die 187-stufige **»Escalier du Roi d'Aragon«** ist nur in der Saison, von 9.00 bis 19.00 Uhr, zugänglich (p.P. 2,50 €). Die uralte »Königstreppe« diente als Zugang zur Süßwasserquelle Puits Saint-Barthélemy und zugleich als Fluchtweg zum Meer.

Am Ende der Halbinsel stößt man auf den **Cimetière Marin** mit dicht gedrängten Friedhofshäuschen und auf das ehemalige Kloster **Saint-François,** von dem nur eine Kirche aus dem 13. Jh. und ein Konventsgebäude erhalten sind.

Helle Totenstadt: Cimetière Marin

UMGEBUNG VON BONIFACIO

Capo Pertusato
Von der Chapelle St-Roch führt die **Promenade des Falaises** entlang der Küste zur 5 km entfernten Landspitze Pertusato mit Leuchtturm und sehr **schönem Badestrand** – die großartige Sicht auf die Kreidefelsen lohnt die Wanderung.

Pointe de Sperone
Die südlichste Spitze Korsikas bildet die Pointe de Sperone, auch Capo di Sperone genannt, mit steilen Klippen, Sandstränden und dem **besten Golfplatz** der Insel, der als einziger 18 Löcher besitzt.

*Bootsausflüge, *Grotte du Sdragonato
Das Ausflugsboot umfährt die Halbinsel und wendet sich Richtung Capo Pertusato im Südosten. Man passiert die Grotte de St-Antoine, die an einen Zweispitz – den berühmten Napoleonhut – erinnert, und den Aussichtspunkt »Gouvernail de la Corse«, dann geht es entlang der von den Häusern der Ville Haute gekrönten Kalksteinwand. Kurz nach den Escaliers du Roi d'Aragon macht das Schiff beim Kalksteinfelsen »Grain de Sable« kehrt und fährt hinter dem Phare de la Madonetta in die Grotte du Sdragonato hinein, durch deren gespaltene Decke das Sonnenlicht einfällt. Die rot und lila auf dem Meeresgrund schimmernden Algen verleihen der Höhle einen eigentümlichen Reiz. Kürzere Bootsfahrten führen direkt zur Grotte oder umrunden nur die Halbinsel.

*Taucherparadies Îles Lavezzi
Die Lavezzi-Inseln, 7 km südöstlich vom Capo Pertusato in der Mitte der Meerenge von Bonifacio gelegen, bieten herrliche Strände, unberührte Natur und wunderschöne Tauchgründe (▶Tauchen,

Die Unterwasserwelt der Lavezzi-Inseln begeistert Taucher.

S. 187). Auch Segler gehen in den
Buchten gern vor Anker. Im Westen
bei der Pointe d'Achiarino erinnert
eine Pyramide an den Schiffbruch
der **Fregatte »Sémillante«** am 14.
Februar 1855, die Heerestruppen
auf die Krim transportieren sollte.
Nur einer der 773 Soldaten an Bord
konnte sich retten. Wie Lavezzi gehört auch die nahe **Île Cavallo** seit
1982 zum Naturschutzgebiet der Re-
serve Naturelle des Bouches de Bonifacio. Ausflugsfahrten durch den
Archipel mit den Inseln Lavezzu,

BAEDEKER TIPP

Korsisch-sardinischer Meerespark

Die Buchten, Inseln und marinen
Biotope zwischen Korsika und
Sardinien soll künftig auf 80 000
Hektar ein binationaler Nationalpark schützen, der dann das größte französische Meeresschutzge-
biet sein wird. Wer gerne taucht
oder schnorchelt, kann bereits
heute hier eine einmalig intakte
Unterwasserwelt erleben (▸S.19).

Cavallo, Ratinbo, Piana, Porraggia und Sperduto starten im Hafen
von Bonifacio. Auf Lavazzu erschließt ein dreistündiger Rundweg die
schönsten Ecken der Insel – neolithische Höhlenwohnungen, die
verwitterten Mauern der Kapelle Santa Maria di Laviciis, den kleinen
rot-weiß gestreiften Leuchtturm, der sich über einem Felsen-Chaos
erhebt, und den benachbarten kleinen botanischen Garten, der
35 Pflanzen birgt, die auf Lavezzu heimisch sind. Mit etwas Glück
entdecken Sie vielleicht auch noch den selten gewordenen Puffin
Cendré – 350 dieser Mini-Albatrosse nisten alljährlich auf der Insel.

Der Golf von Sant'Amanza um das kleine Fischerdörfchen **Gurgazu,**
früher unter Surfern und Schnorchlern als Geheimtipp gehandelt,
gehört heute zu den bevorzugten Austragungsorten der französischen **Surfmeisterschaften.**

Golfe di Sant'Amanza

An der zerklüfteten, malerischen Küste des Golfs von Ventilegne
wartet auf Badegäste ein erholsamer Urlaub. Sehenswert ist die
Ermitage de la Trinité (7 km) mit Aussicht auf die Plage de la
Tonnara und die Montagne de Cagna. Im September ist der Ort
Schauplatz einer Wallfahrt, nach der man Auberginen à la bonifaci-
enne (mit Käse und Basilikum) verzehrt, was der Ermitage den Namen »Notre Dame des Aubergines« einbrachte.

Golfe di Ventilegne

Wie von Riesenhand wurden nördlich in **Pianotolli-Caldarello** Gra-
nitblöcke zu Felsenburgen aufgetürmt. Die malerische Bucht von
Figari mit einem Genueserturm aus dem 16. Jh. ist von mediterraner
Macchia umgeben.

***Baie de Figari**

Hinter Pianotolli-Caldarello, dem einzigen Ort auf der 54 km langen
Strecke zwischen Bonifacio und Sartène, führt eine kleine Straße in
die wenig besiedelte **Montagne de Cagna.** Im südlichsten Gebirge
der Insel ruht der **Granitblock** Uomo di Cagna in 1000 m Höhe. Der

Uomo di Cagna

400-t-Stein wirkt von Weitem wie der Kopf eines Riesen – daher der Name »Mann von Cagna«. Wahrscheinlich hat Sickerwasser diesen Felsblock geformt und unterhöhlt. Ihn zu erreichen ist eine ausgesprochen mühsame Partie und nur etwas für geübte Kletterer.

** Calanche

A / B 6

**»Diese verblüffenden Felsen schienen wie Bäume, Pflanzen, Tiere, Gebäude, Menschen, Mönche in Kutten, gehörnte Teufel und übergroße Vögel – ein Volk von Ungeheuern, eine Menagerie von Alpträumen ...«
– so beschrieb Guy de Maupassant im Jahr 1884 in »Une Vie« die bizarre Felsenlandschaft zwischen ▸Porto und Piana.**

UNESCO-Welterbe
Die verwitterten Granitfelsen der Calanche gehören zum UNESCO-Weltnaturerbe. Etymologisch leitet sich ihr Name vom korsischen »calanca« – Schutzhafen ab. Kiefern, Buchsbäume und Stechpalmen entziehen den Felsen zäh das Nötigste zum Überleben; hinter der Calanche dehnt sich ein dichter Kastanienwald aus. Je nach Tageszeit und Licht wechselt der Granit seine Farbtöne und Schattierungen, die mit dem Blau des Meeres und Azur des Himmels kontrastieren – in der Abenddämmerung scheint das Land zu glühen.

Calanche erleben

AUSKUNFT
Office du Tourisme
F-20115 Piana
Tel. 09 66 92 84 42
www.otpiana.com

ESSEN UND ÜBERNACHTEN
Le Capo Rosso ●●●●
F-20115 Piana
Tel. +33 495 27 82 40
www.caporosso.com
46 lichtdurchflutete Zimmer im edlen Design, ein schickes Schwimmbad mit Bar und ebenso traumhafter Aussicht wie vom

Gourmet-Lokal Le Neptune mit bester Fisch- und Seafood-Küche: Stilvoller kann man seinen Urlaub an der Calanche nicht verbringen!

Les Roches Rouges ●●●
F-20115 Piana
Tel. 04 95 27 81 81
www.lesrochesrouges.com
Ein echtes Juwel der Belle Époque in Top-Lage mit Feinschmeckerlokal an der D 81; Zimmer mit schöner Aussicht zum Golf von Porto

Rot an Backbord: die spektakulären Felsen der Calanche

Neben dem Farbenspiel faszinieren die Klippen mit **bizarren Löchern** oder Hohlformen, den »Tafoni« – von korsisch »tafonare« für »durchlöchern«. Ihre Entstehung ist umstritten. Eine Theorie besagt, dass durch große Temperaturunterschiede an der Gesteinskruste Eisenoxidhydrate abgeschieden werden, die im Laufe der Zeit durch Wassererosion unregelmäßige Höhlen in das Gestein fressen.

Tafoni-Verwitterungen

Kurze Wanderungen führen zu herrlichen Aussichtspunkten. Auf den unwegsamen Pfaden ist festes Schuhwerk unabdingbar. Am Fels **Tête de Chien** (Hundekopf) beginnt ein orange markierter Wanderweg zu einem 332 m hohen Plateau, an dessen Spitze ein aussichtsreicher Fels in Turmform emporragt: das **Château Fort**. Blaue Punkte markieren den **Chemin des Muletiers,** auf dem einst Maultiere von Piana nach Ota trotteten. Heute genießen Wanderer auf dem einstündigen Rundweg den Ausblick auf den Golf von Porto. Start: Marienstatue »Oratoire de la Vierge« an der D 81.

*Wanderungen

Von **Marine de Porto** aus fahren während der Hochsaison täglich Boote in rund zwei Stunden die Granitküste mit ihren bizarren Felsen entlang bis zum **Capu Rossu.** Besonders zu empfehlen ist eine Tour am frühen Abend, wenn die untergehende Sonne die Felsen beleuchtet. Viamare tartet um 17.45 Uhr vom Hafen in Porto.

Bootsfahrt entlang der Calanche

❶ Bootsfahrt: Drei Touren, Calanche de Piana, Erw. 26 €, Kinder 13 €
Scandola-Naturreservat: Erw. 38 €, Kinder 19 €, Golf-Kompletttour:
Erw. 47 €, Kind 23 €, www.viamare-promenades.com

** Calvi

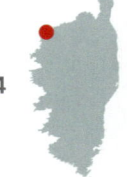

B 4

Höhe: 0 – 62 m ü. d. M.
Einwohner: 5500

Eine kleine Küstenstadt, bunt und quirlig bei Tag und Nacht, wunderschön am blauen Golf mit langem Sandstrand und mittelalterlicher Zitadelle gelegen: Calvi ist neben ▶Porto-Vecchio das beliebteste Ferienparadies der Insel – und der Legende nach der Geburtsort von Kolumbus.

Zwischen Zitadelle und Strand

Mit **mächtigen Bastionen** ragt die Zitadelle weit ins Meer und beherrscht die beiden benachbarten Buchten. An der östlichen Bucht findet man das **quirlige Hafenviertel** mit der Hafenpromenade Quai Landry und einen 6 km langen **Traumstrand.** Besonders schön ist die Szenerie am späten Nachmittag, wenn die Sonne die Zitadelle golden leuchten lässt, sich bunte Boote im türkisblauen Wasser spiegeln und schneebedeckte Bergketten am Horizont glitzern.

Stadtgeschichte

Der geschützte Naturhafen wurde bereits in der Antike von Seefahrern entdeckt, doch erst die Römer gründeten im 1. Jh. n. Chr. das Hafendorf **Sinus Casalus** oder Caesiae. Nach den Sarazeneneinfällen besetzten die Pisaner im 11. Jh. die Stadt. Im Streit mit korsischen Adelsfamilien wandte sich die Bevölkerung 1278 Hilfe suchend an **Genua,** das Calvi zur Festung ausbaute und der Stadt denselben autonomen Status wie Bonifacio verlieh. 1553 – 1559 widerstand Calvi den Eroberungsversuchen Sampiero Corsos und des türkischen Piraten Dragut. Aus dieser Zeit stammt der Treueschwur im Tor der Zitadelle: **»Civitas Calvi semper fidelis«** – »Calvi, die immer getreue Stadt«. Calvi bekräftigte seine Treue zu Genua im korsischen Unabhängigkeitskrieg und beherbergte Gegner Pasquale Paolis, wie 1793 Napoleon (beide: ▶Berühmte Persönlichkeiten). Vom 16. Juni bis 5. August 1794 bombardierten Engländer und Anhänger Paolis ununterbrochen die Stadt, bis Calvi kapitulierte. In dieser Schlacht verlor Admiral Nelson, von einem Steinsplitter getroffen, sein rechtes Auge. Im Jahr 1796 kam Calvi als letzte Stadt Korsikas zu Frankreich.

Christoph Kolumbus

Der Seefahrer und **»Entdecker Amerikas«** war Genueser. Doch ein solcher musste nicht in Genua geboren sein. Im 15. Jh. gehörte auch Calvi zur Seerepublik. Die Korsen sind daher von Kolumbus' Herkunft aus Calvi überzeugt – 1441 soll er in der »Maison natale de Christophe Colomb« in der Rue Colomb im Zitadellenviertel das Licht der Welt erblickt haben.

Calvi erleben

AUSKUNFT

Office du Tourisme
Port de Plaisance, F-20260 Calvi
Tel. 04 95 65 16 67
www.calvi-tourisme.com

VERKEHR

Der Flughafen Ste-Catherine (7 km südl., www.calvi.aeroport.fr) wird von Air France und ihren Töchtern hop! und Air Corsica, der Schweizer Swiss und Air Glaciers sowie in der Saison von FLYNIKI, Airberlin, Germanwings, Luxair und Brussels Airlines angeflogen. Fähren verbinden mit Nizza und Savona. Die Tramway de la Balagne fährt im Sommer in einer Stunde nach L'Île-Rousse (▶Balagne). Colombo Line bietet Bootstouren im Golf von Calvi, zur Halbinsel Revellata, nach Girolata und La Scandola (Tel. 04 95 65 32 10, www.colombo-line. com). Parkplätze finden sich am Place Christophe Colomb (außer Do.) und am Südende des Jachthafens.

KARWOCHE

In Calvi wird die Karwoche besonders feierlich und mit reger Anteilnahme der Bevölkerung begangen. Am Gründonnerstag führt nachmittags eine Prozession von der Kirche Sainte-Marie-Majeure zur Kirche St-Jean-Baptiste. Dort werden nach der Fußwaschung »Canistrelli« verteilt, ein traditionelles Hefegebäck. In der Karfreitagnacht führt die Prozession der »Granitola« in spiralförmigen Figuren von der Kirche St-Jean-Baptiste zum Hafenviertel. Die Bruderschaften des hl. Antonius und des hl. Erasmus tragen das Kruzifix »Christ des Miracles« und die Rosenkranzmadonna; barfüßige Büßer mit Kapuze ein Kreuz.

EVENTS

In der zweiten Junihälfte veranstaltet Calvi ein Jazz-Festival (www.calvi-jazz-festival,com), Mitte Juni bis Mitte September ein Rencontre d'Art Contemporain mit Ausstellungen zeitgenössischer Kunst (http://art-contemporain-calvi. jimdo.com). Am 15. Aug. wird mit Raketen und Böllern der Schutzpatronin Ste-Marie gedacht. Mitte September sind im Zitadellenviertel polyphone Gesänge zu hören (http://www.l-invitu.net). Open-Air-Konzerte und Straßentheater bietet das Festival du Vent Ende Oktober (www.lefestivalduvent.com).

Polyphone Gesänge in der Kathedrale

SHOPPING

Dafür empfiehlt sich die Unterstadt in und um die Fußgängerzone Rue Clémenceau. Lokale Spezialitäten gibt es Freitagvormittag auf dem Markt an der Place Christoph Colomb; zum Thema Wein ▶Baedeker Wissen, S. 80/81.

ESSEN

➊ *La Signoria* ❸❸❸❸

Route de la forêt de Bonifato
Tel. 04 95 65 93 00
www.hotel-la-signoria.com
Hotel und Restaurant am Meer;
ein drei Hektar großer, ehemaliger genue-
sischer Landsitz aus dem 18. Jahrhundert
mit Pinien und Palmen, 28 mit Antiquitä-
ten eingerichtete Zimmer mit grandioser
Aussicht, ein großes Schwimmbecken
und erlesene Gaumengenüsse von Jean-
Baptiste Ceccaldi: Das Relais & Châtaux-
Haus bei Calvi ist eine herr(schaft)liche
Perle der korsischen Hotellerie;
Jan. – März geschlossen.

➋ *L' Abricotier* ❸❸❸

10, Rue Joffre/Quai, Landry
Tel. 04 95 65 00 04 (März – Dez.)
http://abricotier-calvi.com
Gelbblau gestyltes Lokal am Jachthafen;
Klassiker: Sämige Fischsuppe, grillte
Rotbarbe und das im Tajine-Topf
geschmorte Lamm mit Couscous

➌ *U Callelu* ❸❸ – ❸❸❸

Quai Landry, Tel. 04 95 65 22 18
Familiär geführtes Restaurant, probieren
Sie das Fischmenü, bestehend aus Fisch-
suppe, gegrilltem Fang des Tages,
Dessert und Café.

➍ *U Fornu* ❸❸ – ❸❸❸

Impasse Bertoni/Boulevard Wilson
Tel. 04 95 65 27 60
http://restaurantcalvi-ufornu.com
Wählen Sie z. B. geschmortes Lamm, Can-
nelloni mit Brocciu und zum Abschluss
Torta Castagnina.

➎ *Chez Fifi* ❸❸

Rue Alsace Lorraine
Tel. 04 95 65 39 16

Preiswerte Fischgerichte, heimische Spezialitäten und abends korsische Musik

ÜBERNACHTEN

➊ *La Villa* ❸❸❸❸

Chemin de Notre Dame de la Serra
F-20260 Calvi, Tel. 04 95 65 10 10
www.hotel-lavilla.com (April – Okt.)
Relais & Châteaux-Haus mit 52 Zimmern
und Suiten, aber auch preisgünstigen
Appartements; gespeist wird im Michelin-
besternten Terrassenrestaurant.

**Hotel La Villa: herrlich
Schlemmen mit Meerblick**

➋ *Hostellerie de l'Abbaye* ❸❸❸

Montée de L'Abbaye B.P. 18
F-20260 Calvi, Tel. 04 95 65 04 27
www.hostellerie-abbaye.com
(Ostern – Okt.)
Romantische Drei-Sterne-Herberge in
einer ehemaligen Franziskanerabtei aus
dem 16. Jh.; buchen Sie ein Zimmer mit
Blick auf den bezaubernden Garten.

➌ *Hôtel Regina* ❸❸❸

Avenue Santa Maria, F-20260 Calvi
Tel. 04 95 65 24 23
www.reginahotelcalvi.com
Modernes Stadthotel mit 44 Zimmern,
kostenloser Parkgarage, aufmerksamem
Service und wunderschönem Blick von
der Poolterrasse auf die Zitadelle

❹ *Le Magnolia* ⓔⓔ – ⓔⓔⓔ
Place du Marché, F-20260 Calvi
Tel. 04 95 65 19 16,
Tel. Restaurant: 04 95 65 08 02
www.hotel-le-magnolia.com
Charmantes Haus im Zentrum mit 28
Zimmern; im Feinschmeckerrestaurant
Le Jardin speist man im Schatten eines
über 100-jährigen Magnolienbaums.

❺ *Cyrnea* ⓔⓔ
Route de Bastia
F-20260 Calvi
Tel. 04 95 65 03 35

www.hotel-cyrnea.fr
(April – Okt.)
41 großzügige Zimmer mit Balkon,
Pool und nur 400 m bis zum Strand

❻ *Du Centre* ⓔ – ⓔⓔ
14, Rue Alsace-Lorraine, F-20260 Calvi
Tel. 04 95 65 02 01 (Juni – Okt.)
Kleines Hotel mit 17 Zimmern direkt am
alten Fischmarkt; wer mittendrin sein
möchte, und sich nicht am etwas abge-
wohnten Interieur stört, findet hier die
preiswerteste Bleibe der Stadt. Achtung:
keine Kreditkarten!

Seit dem Abzug der Fremdenlegionäre aus Bonifacio und Corte
1983 gibt es nur noch in Calvi eine Fallschirmjäger-Einheit. Die letzten **Söldner** Europas gehören zum französischen Militär, kommen
aber nur außerhalb Europas zum Einsatz. Gegründet wurde die
Fremdenlegion 1831 unter König Louis Philippe zur Sicherung der
afrikanischen Kolonien. Nach dem Verlust der nordafrikanischen
Gebiete wurde die Ausbildung der Legion 1962 von Algerien nach
Korsika verlegt. Wie der Name verrät, sind etwa die Hälfte der Legi-
onäre Ausländer, die sich auf fünf Jahre verpflichten und dann die
französische Staatsbürgerschaft erwerben können. Die kahl gescho-
renen Soldaten haben bis heute einen zwielichtigen Ruf; jedem Be-
werber wird absolute Anonymität zugesichert. Dass die angegebenen
Namen stets richtig sind, darf getrost bezweifelt werden.

Fremden-
legion

▶Baedeker
Wissen S. 206

SEHENSWERTES IN CALVI

Die Besichtigung beginnt im **Hafenviertel** La Marine (▶Abb. S. 136).
In der Rue Clémenceau und entlang der mit Palmen bepflanzten
Uferpromenade **Quai Landry** reiht sich ein Restaurant mit Fisch-
oder korsischen Spezialitäten ans andere. Vom Quai Landry fahren
Boote nach ▶Ajaccio und La Scandola (▶Porto, Umgebung). Weiter
südlich ankern im Sommer bis zu 400 Boote im Jachthafen. Östlich
der Tour de Sel liegt der Fähr- und Handelshafen. Die Barockkirche
Ste-Marie-Majeure an der malerischen **Place Crudeli** ersetzte 1774
die Kapelle Ste-Marie.

**La Marine

Calvis **Wahrzeichen** wurde auf einem Granitfels errichtet, der 82 m
steil ins Meer stürzt. Einziger Zugang ist ein mit Zugbrücke und

*Zitadelle

Calvi

Punta San Francesco

Notre-Dame de la Serra, Porto

Anse de Fontanaccia

Maison Colomb

Bastion Teghiale

St-Jean Baptiste

Ancien Palais des Gouverneurs Génois

Eingangstor

Pl. d'Armes

CITADELLE

Av. de l'Uruguay

Av. Napoléon

Rue Villa Luce

Av. Saint-François

Notre-Dame- de-Loretto

Hôtel de Ville

Place C. Colomb

Bastion Spinchone

Oratoire St-Antoine

Bastion Malfetano

❸

Quai Landry

LA MARINE

Place du Dr. Maréchal

❻

Rue Clémenceau

❹

Rue Joffre

❺

Av. Gérard Marché

Cimetière

Ste-Marie Majeure

❹

Quai Landry

Tour du Sel

❷

Rue Georges Clémenceau

Quai Landry

Port de Commerce

Fort Maille-Bois

Av. Santa Maria

❸

✉

Ste-Marie

ℹ

Souspréfecture

❷

Gare

Av. de la République

Anlegestelle für Ausflugsboote

Port de Plaisance

Golfe de Calvi

100 m

©BAEDEKER

❶❺ **Flughafen, l'Ile Rousse**

Essen
❶ La Signora
❷ L'Albricotier
❸ U Callelu
❹ U Fornu
❺ Chez Fifi

Übernachten
❶ La Villa
❷ Hostellerie de l'Abbaye
❸ Hôtel Regina
❹ Le Magnolia
❺ Cyrnea
❻ Du Centre

Fallgitter gesichertes Tor am Place Christophe Colomb, das seit 1555 vom Stadtwappen samt Treuemotto »Civitas Calvi semper fidelis« geschmückt wird. Die Festungsanlage entstand im 13. Jh. und wurde von den Genuesen erweitert. Ein Mauerring mit Wehrgang verbindet die drei Bastionen, Teghiale im Nordosten, Malfetano im Südosten und Spinchone im Südwesten. Von der Bastion Spinchone führt

Highlights in Calvi

▶ **Wahrzeichen der Bilderbuchstadt: die Zitadelle**
Enge Gasschen führen zu der
zinnenbewehrten Festungsmauer
mit Fernblick.
▶Seite 203

▶ **Ein Nachmittag an Deck**
An der Hafenpromenade legen
Ausflugsboote zur Seehundsgrotte,
zur Landspitze Revellata und nach
La Scandola ab.
▶Seite 201

▶ **Flaniermeile zwischen Bars
und Booten: Quai Landry**
Von früh bis spät ist die Uferpromenade des Hafenviertels La Marine der
bel(i)ebte Corso von Calvi.
▶Seite 203

▶ **Sonne, Sand und
warme Fluten**
Am Südende des Hafens beginnt
der Traumstrand von Calvi, an dem
Strandkiefern Schatten spenden.
▶Seite 200

ein überdachter Mauergang zum **Salzturm** (Tour du Sel), der zur
Verteidigung des Hafens und der Speicher errichtet wurde und später als Salzlager diente. Für den Besuch des Wehrbaus hält das Office
de Tourisme Audioguides in vier Sprachen, so auch Deutsch, bereit
(7 €), Für Kinder wird eine Audio-Schatzsuche angeboten (4 €), bei
der sie die Festung entdecken können.

Der einstige Palast des genuesischen Gouverneurs beherbergt heute
die Verwaltung des Fallschirmjägerregiments der **Fremdenlegion.**
Ihre Hauptkaserne liegt am östlichen Ortsausgang (▶Baedeker Wissen S. 206).

**Palais des
Gouverneurs**

Auf dem höchsten Punkt der Zitadelle erhebt sich St-Jean-Baptiste.
1567 bei einer Explosion des Pulvermagazins abgebrannt, wurde die
Kirche rasch wieder aufgebaut und 1576 zur **Kathedrale** erhoben.
Das Innere auf dem Grundriss eines griechischen Kreuzes birgt einen Marmortaufstein von 1568, eine dekorierte Kanzel aus der Mitte des 18. Jh.s und Seitenteile eines Triptychons von 1498, auf dem
Verkündigung und Heilige abgebildet sind. Das Kruzifix »Christ des
Miracles« soll die türkische Belagerung 1553 beendet haben und
wird wie die Rosenkranzmadonna aus dem 15. Jh. bei den Prozessionen der Karwoche mitgeführt.

**Église
St-Jean-
Baptiste**

Der Sitz der **Bruderschaft St-Antoine** geht auf das späte 15. Jh. zurück. Das Relief über dem Türsturz zeigt den hl. Antonius als Schutzpatron des Viehs mit einem Schwein sowie den hl. Franziskus und
Johannes den Täufer als Schutzpatrone der Stadt. Führungen sind
nach vorheriger Anmeldung im Office de tourisme möglich.

**Oratoire
St-Antoine**

Legio Patria Nostra

»Die Legion ist unser Vaterland« ist das Motto der berühmt-berüchtigten Fremdenlegion. Sie wurde am 10. März 1831 von König Louis-Philippe gegründet, der Truppen für die Eroberung von Algerien brauchte. Sie ist regulärer Teil der französischen Armee und besteht ausschließlich aus Berufssoldaten. In Korsika ist die zweitgrößte Garnison stationiert.

▶ **Vom Rekrutierungsbüro bis zur Einheit**

1 REKRUTIERUNG	**2 TAUGLICHKEITS-PRÜFUNG**	**3 AUSBILDUNG**
Bewerbung in einem der elf Rekrutierungsbüros	im Hauptquartier in Aubagne	vier Monate in Castelnaudary
Altersspanne: 17–40 Jahre	medizinische, berufsspezifische, physische, psychologische Tests	dann Zuteilung zu einer der 11 Einheiten
Französischkenntnisse nicht erforderlich	Unterzeichnung des »bedingungslosen« Vertrags auf 5 Jahre	

▶ **Stationierung der Einheiten**

○ 3° REI
Kourou

○ DLEM Mayotte

©BAEDEKER

▶ **Einsätze der Fremdenlegion**

Algerien

Spanien

Krim

Italien

Mexiko

Deutsch-Franzöz. Krieg

Formosa

Tonkin

Dahomey

Sudan

Madagaskar

Erster Weltkrieg

Marokko

| 1830 | 1840 | 1850 | 1860 | 1870 | 1880 | 1890 | 1900 | 1910 |

Herkunftsländer

In der Fremdenlegion dienen aktuell 7800 Soldaten aus 136 Ländern. Viele lockt der französische Pass, den der Fremdenlegionär nach 5 Jahren Dienst erhält. Die Statistik teilt sie nach ihrer Sprachherkunft ein.

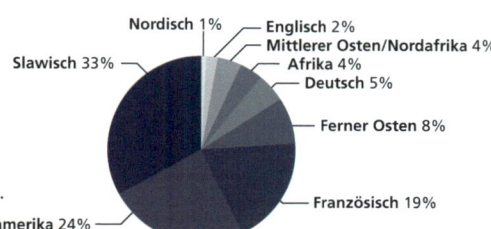

Nordisch 1%
Englisch 2%
Mittlerer Osten/Nordafrika 4%
Afrika 4%
Deutsch 5%
Ferner Osten 8%
Französisch 19%
Lateinamerika 24%
Slawisch 33%

Die Paradeuniform

Die Uniform besteht aus traditionsreichen Bestandteilen. Pioniere tragen bei Paraden weiße Handschuhe, einen Lederschurz und eine Axt über der Schulter.

»Képi blanc«
Es entstand aus dem ursprünglich über das normale Képi gezogenen weißen Überzug mit Nackenschutz.

»Les épaulettes«
Schulterklappen in den Farben Grün und Rot der Fremdenlegion

»La cravate verte«
Die grüne Krawatte gehört seit 1945 zur Paradeuniform.

»La ceinture bleue«
Die blaue Bauchbinde trugen ursprünglich alle französischen Truppen in Afrika zur Unterstützung der Leisten.

GRLE
Fontenay-sous-Bois

13° DBLE
La Cavalerie

2° REG
Saint Christol

2° REI
Nîmes

1° REC
COMLE-1° RE
Aubagne

4° RE
Castelnaudary

1° REG
Laudun

2° REP
Calvi

▶ **2° REP**
Die ca. 1200 Mann des Zweiten Fallschirmjägerregiments der Fremdenlegion sind im Camp Raffalli in Calvi stationiert.

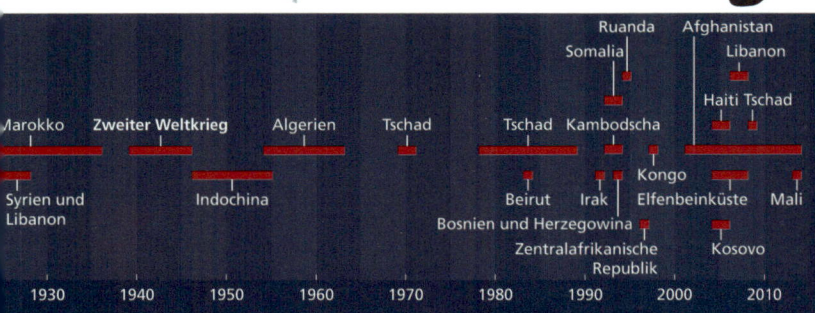

Ruanda Afghanistan
Somalia Libanon
Haiti Tschad
Marokko Zweiter Weltkrieg Algerien Tschad Tschad Kambodscha
Kongo
Syrien und Libanon Indochina Beirut Irak Elfenbeinküste Mali
Bosnien und Herzegowina
Zentralafrikanische Republik Kosovo
1930 1940 1950 1960 1970 1980 1990 2000 2010

Stets im Blick am Strand von Calvi: die Zitadelle

Collection Fesch
Teile der weltberühmten **Kunstsammlung des Kardinal Fesch,** die eigentlich in Montpellier und Ajaccio daheim ist, sind dank einer großzügigen Spende des Comte de Survilliers seit 2012 auch in Calvi zu bewundern. Es handelt sich um eine im Rathaus der Stadt untergebrachte Dauerausstellung, in der ausschließlich weltliche Motive gezeigt werden – darunter auch Werke so berühmter Maler wie Peter-Paul Rubens.

❶ Mo. – Fr. 8.30 – 12.30, 14.00 – 17.00 Uhr, Eintritt frei

UMGEBUNG VON CALVI

Notre-Dame de la Serra
Südlich der Stadt zweigt von der D 81b ein Sträßchen zur Kapelle Notre-Dame de la Serra ab, die von einer Marienstatue überragt wird. Zwar ist das Gotteshaus nicht zugänglich, der **Rundblick** vom 216 m hohen Hügel auf Calvi und den Golf, das Tal von Calenzana und das Bergmassiv des Monte Cinto jedoch fantastisch!

Halbinsel Revellata
Nur fünf Kilometer vom Trubel der Hafenstadt Calvi entfernt lockt die Punta de la Revellata mit unberührter Natur. Besonders romantisch ist die kleine Halbinsel, die nur über eine grobe Schotterstraße zu erreichen ist, in der Abenddämmerung, die ihre Felsen in allen Rottönen zum Leuchten bringt.

** Cap Corse

✦ E – G 1 – 3

Wie ein großer Zeigefinger weist die Halbinsel von Cap Corse im Nordosten Korsikas über das blaue Meer hin zur einstigen Schutzmacht Genua.

Für die Korsen ist die steil zum Meer abfallende, 40 km lange und 12 – 15 km breite Landzunge eine **»Île dans l'île«,** eine Insel auf der Insel. Sie durchzieht ein Gebirgskamm, der bei der Cima di e Follicie 1324 m erreicht. Bekannteres Wanderziel ist jedoch der 1307 m hohe Monte Stello. Um sich vor Überfällen durch Seeräuber zu schützen, wurden die Siedlungen – oft versteckt auf Anhöhen – im Inselinneren gegründet. Schmale Saumpfade führen zu den Häfen.

»Insel auf der Insel«

Die Bewohner von Cap Corse unterscheiden sich nicht nur in Mentalität und Sprache von den übrigen Korsen, sondern auch beim Wirtschaften: Sie waren nicht nur Hirten und Bauern, sondern auch Fischer und Kaufleute, die enge Handelsbeziehungen mit **Genua** unterhielten. Der Vorposten der Seerepublik wurde im 16. Jh. entlang der Küste mit 32 Wachttürmen gesichert, die zum Teil erhalten sind. Ende des 19. Jh.s setzte eine massive Abwanderung ein. Die vor allem in Puerto Rico und Venezuela zu Wohlstand gekommenen Kap-Korsen errichteten später in ihren Heimatdörfern prachtvolle Villen, die die Einheimischen **»Maisons d'Américains«** nennen.

Geschichte

Neben der Zucht von Milchkühen und Schafen prägt vor allem der **Weinbau** die Wirtschaft der Region. Weißweine und süßer Muskat werden bei Macinaggio und Tomino gekeltert, hervorragende Rotweine stammen aus Patrimonio und Umgebung. Der korsische National-Aperitif »Cap Corse« wird ebenso auf der Halbinsel erzeugt wie der Likör »Cedratina«, der aus Zitronat-Zitronen hergestellt wird. In der Fischerei dominiert der **Langustenfang.** Der wichtigste Wirtschaftszweig ist inzwischen der Fremdenverkehr, wenngleich – noch – im erträglichen Rahmen. Sehr beliebt sind Fahrradtouren rund um das Kap, das auch ein hervorragendes Tauchrevier ist.

Wirtschaft

Weinlese in Patrimonio: im Gegensatz zur Ostküste noch von Hand

Cap Corse erleben

AUSKUNFT
*Communauté de Communes
du Cap Corse*
Maison du Cap, Port Toga, F-20200 Ville
de Pietrabugno, Tel. 04 95 31 02 32
www.destination-cap-corse.com

WEINGÜTER
In und um Patrimonio warten zwei Dut-
zend Weingüter wie Antoine Arena,
Domaine Aliso-Rossi und Domaine de
Catarelli mit Dégustation und Verkauf ab
Hof. Sie keltern aus der heimischen Niel-
lucciu-Traube ausgezeichnete Rotweine,
ferner gute Weißweine und einen Mus-
cat. Am ersten Wochenende im Mai lädt
Luri zum Weinfest »Fiera di u vino«.

KORSISCHER GARTEN
Im ihren 3 ha großen »Jardins Tradition-
nels du Cap Corse« züchtet seit 1994
die Association Cap Vert mit sechs eh-
renamtlichen Helfern typisch korsische
Sorten wie die Süßzwiebel »a cipolla
capicursina«, die einst exportiert wurde,
oder die Marie-Crescioni-Tomate insgesamt mehr als 100 alte Obst- und
25 Gemüsesorten werden rund 10 km
außerhalb von Luri vor dem Vergessen
bewahrt. Ostern Okt. sind die Gärten an
ausgewählten Terminen zu besichtigen,
www.destination-cap-corse.com.

ESSEN UND ÜBERNACHTEN
Résidence Castel'Brando
€€€ – €€€€
Erbalunga, F-20222 Brando
Tel. 04 95 30 10 30, April–Okt.
www.castelbrando.com
Direkt am Meer logiert man im elegan-
ten »Palazzu« des 19. Jh.s in 35 Zim-
mern und sechs Suiten.

Le Vieux Moulin, Haupthaus:
€€€ – €€€€, *Anbau:* €€
F-20238 Centuri, Tel. 04 95 35 60 15
(März – Okt.)
www.le-vieux-moulin.net
Charmantes Haus mit 14 stilvoll-nos-
talgischen Zimmern im Haupthaus und
weiteren sechs modern-schlichten
Standartzimmern im Anbau

U Ricordu €€€
F-20248 Macinaggio
Tel. 04 95 35 40 20
(im Febr. geschlossen)
www.hotel-uricordu.com; 60 Z.
Hotel mit gutem Restaurant und
Schwimmbad, 300 m vom Jachthafen,
2 km vom Strand »Tamarone« entfernt

A Stalla Sischese €€ – €€€
Marine de Sisco, F-20233 Sisco
www.astallasischese.com
Ein Kleinod am Cap Corse ist das Hotel
von Muriel und Raphaël mit 20 stilvollen
Zimmern, Pool und einem Restaurant
mit korsischen Spezialitäten.

*U Fanale
Spécialité de Poissons* €€
Barcaggio, Tel. 04 95 35 62 72
(März – Dez.)
Die Straße dorthin ist eng, das Ambiente
von Speisesaal und Terrasse rustikal-
schlicht, doch der perfekt gegrillte Fisch,
das knackige Gemüse und die kühlen
Weine des Restaurants einfach köstlich.

VERKEHR
Wer öffentlich unterwegs ist, kann mit
den Kleinbussen der 2012 wieder aufge-
nommenen Linienverbindung Bastia –
Barrettali die Halbinsel entdecken.

DIE OSTKÜSTE DES CAP CORSE

Von Bastia aus erreicht die D 80 **Pietranera.** Über **Miomo** mit Genueserwachturm und nicht sehr einladendem Kieselstrand geht es nach **Lavasina,** dessen 1677 geweihte Kirche **Notre-Dame-des-Graces** alljährlich zum Geburtsfest der Gottesmutter am 8. September Ziel einer großen Fackel-Prozession über den Strand ist – denn die Kirche besitzt mit der **»Madonna von Lavasina«** ein angeblich wundertätiges Marienbildnis aus dem 16. Jh., geschaffen vom Raffael-Lehrer Perugino.

Von Bastia nach Lavasina

Auf der Spitze einer Klippe steht ein halb verfallener Genueserwachturm, auf der kleinen Landzunge drängen sich schiefergedeckte Fischerhäuschen vor einem kleinen Fischerhafen: Fasziniert von der **morbiden Schönheit** Erbalungas errichteten Leinwandjünger hier eine **Malerkolonie.** Auch die väterlichen Vorfahren des Dichters Paul Valéry (1871 – 1946) stammten aus Erbalunga. Seine Bekanntheit verdankt der Ort jedoch vor allem den **Prozessionen der Karwoche,** die am Gründonnerstag mit dem Treffen der weiß gekleideten Büßer beim Benediktinerinnenkloster beginnen. Am Karfreitag führt um 7 Uhr früh die Prozession **»La Cerca«** (Suche) von der Kirche Saint-Erasme auf 7 km durch alle Gemeinden der Kommune Brando; am

***Erbalunga**

> **BAEDEKER TIPP**
>
> ! *Panoramablick*
>
> In Pozzo beginnt ein markierter Wanderweg auf den 1307 m hohen **Monte Stello.** Nach drei Stunden Aufstieg eröffnet sich vom zweithöchsten Gipfel des Kaps ein traumhafter Blick über die Landzunge und das nördliche Korsika.

Abend bilden die Gläubigen in Kapuzengewändern bei der Büßer-Prozession **»Granitola«** (Spirale) mit Fackellicht traditionelle Formen wie Spirale und Kreuz. Im Ortsteil Castello birgt die mit Schieferschindeln gedeckte romanische Kapelle **Notre-Dame-des-Neiges** die ältesten Fresken der Insel, die auf 1386 datiert sind.

Hinter Erbalunga wird die Landschaft rauer, strauchige **»Garrigue«,** eine niedrige Variante der Macchia, säumt die Hänge. Vom kleinen Fischerhafen Marine de Sisco führt die D 32 hinauf nach Sisco, das im Mittelalter für seine **Erzverarbeitung** bekannt war – hier gab es Gießereien, Waffen-, Huf- und Kunstschmiede. Das Eisenerz kam von Elba, die Holzkohle stellten die Korsen selbst her. Die Pfarrkirche **St-Martin** besitzt kostbare, fein gearbeitete Kästchen aus Holz und Elfenbein vom normannischen Hof auf Sizilien sowie das Reliquiar des hl. Johannes Chrysostomus, eine Maske aus versilbertem und vergoldetem Kupfer des 13. Jh.s. Hinter St-Martin führt ein halbstündiger Fußweg zur **Chapelle St-Michel.** Von der auf 1030 datierten pisanisch-romanischen Kapelle mit Blendbogenschmuck bietet sich

Sisco

ein überwältigender Ausblick bis zum italienischen Festland. 1 km nördlich von Marine de Sisco erhebt sich hoch über der Küstenstraße die im 12. Jh. begonnene Kirche **Ste-Catherine,** deren Fassade orientalische Keramik ziert. In der Krypta sollen einst die sterblichen Überreste der hl. Julia von Nonza aufbewahrt worden sein. Während der Sarazeneneinfälle wurden sie nach Italien überführt. Hinter der Badebucht **Marina de Pietracorbara** taucht der wohl besterhaltene **Genueserwachturm** (Tour de Losse) auf, der in Privatbesitz ist.

Weindorf Luri

In Santa-Severa zweigt mit der D 180 eine der wenigen Querverbindungen nach Westen ab. In der Mitte liegt Luri, das jährlich am ersten Juliwochenende sein großes Weinfest feiert, der örtliche Weinbau wird im **Museum »A Memoria di u Vinu«** (Place San Petru) präsentiert.
❶ Juni – Sept., Mo – Sa. 10.00 – 12.00, 16.00 – 19.00 Uhr, Erw. 3 €, unter 14 Jahre Eintritt frei

*Macinaggio

Macinaggio hat sich zu einem **beliebten Ferienort** entwickelt – dank des größten Hafens am Cap Corse mit 500 Liegeplätzen, einem sehr familienfreundlichen Sandstrand und weiterer Badebuchten. Da Macinaggio Genua am nächsten lag, errichtete die Seerepublik eine Garnison im Naturhafen, den Pasquale de Paoli (▶Berühmte Persönlichkeiten) 1757 – 1761 belagerte und zum Flottenstützpunkt ausbaute. Sein Sieg über die Genuesen auf der Insel Capraja im Jahr 1767 beendete die Herrschaft der Seerepublik auf Korsika. 29 Jahre später ging Paoli bei der Rückkehr aus dem englischen Exil in Macinaggio

Prominente Besucher gingen im Hafen von Macinggio an Land: Napoleon Bonaparte, Kaiserin Eugénie und Pasquale de Paoli.

wieder an Land. An den alten Häusern am Kai erinnern Tafeln auch
an andere durchaus prominente Besucher: Napoleon Bonaparte kam
1773, Kaiserin Eugénie 1869.

DIE WESTKÜSTE

Nun verlässt die D 80 die Küste und schlängelt sich kurvenreich zur
Westküste. Den Straßenrand säumen **Erdbeerbäume** (Arbousiers),
deren Früchte im Herbst rot leuchten.

Auf den Hängen des 447 m hohen **Monte Poggio** verteilen sich terrassenförmig die acht Ortsteile von Rogliano, vom 12. – 16. Jh. Sitz
der genuesischen **Adelsfamilie da Mare,** der ein Großteil von Cap
Corse gehörte. Sie errichtete Burgen und Türme und kontrollierte
den Schiffsverkehr zwischen dem Kap und Genua. Als sich Giacomo
Santa da Mare 1553 mit Sampiero Corso gegen Genua verbündete,
büßte er dafür die drei Schlösser der Patrizierfamilie ein. 1554 wurde
daher das auf Korsisch »U Castellaciu« (schlechte Burg) genannte
Schloss San Colombano aus dem 13. Jh. von Genua zerstört. 1626
bestimmte die Seerepublik Rogliano zum Gouverneurssitz des Kaps,
und die Einwohnerzahl der »kleinen Hauptstadt« stieg auf rund 4000
an. Nach dem Besuch der **Kaiserin Eugénie,** die im Jahr 1869 in Macinaggio landete, wurde die D 53 zwischen den beiden Orten zum
»Weg der Kaiserin« ausgebaut. ***Rogliano**

Bei **Ersa** zweigt ein 15,5 km langer Rundkurs zur Nordspitze von Cap
Corse mit dem winzigen Fischerdorf Barcaggio ab, das der genuesische **Torre dell'Agnello** bewacht. Die kleine Badebucht ist bei Familien sehr beliebt, das Hotel verwöhnt im Restaurant mit leckerer
Fischküche (▶S. 208). Genau gegenüber von Barcaggio markiert auf
der kleinen Île de la Giraglia ein imposanter **Leuchtturm** den nördlichsten Punkt Korsikas. **Barcaggio, Île de la Giraglia**

Einen Traumblick auf die Nordspitze von Cap Corse genießt man
nach einem kurzen Spaziergang vom Col de Serra zur **Moulin Mattei.** Die einzige noch erhaltene Mühle Korsikas wurde vom Aperitif-
Hersteller Mattei (▶Bastia) restauriert. Kurz nach dem Col de Serra
biegt die zunehmend kurvenreiche D 35 an die steil ins Meer abfallende Westküste nach Centuri-Port ab. Der Fischerei- und Ferienort,
den schon der römische Geschichtsschreiber Plinius erwähnte, zählt
zu den schönsten Häfen am Cap Corse. Um die kleine Hafenbucht
der Langustenfischer drängen sich pastellfarbene Häuser mit Dä-
chern aus grünem Serpentinschiefer, direkt am Hafen reihen sich die
Restaurants aneinander – probieren Sie die Meeresfrüchte im **»Le
Langoustier«** (Tel. 04 95 35 64 98), der Patron Ferdinand fischt noch ***Centuri-Port**

Canaris Glockenturm

selbst. Den Hang säumen Weiler der Gemeinde Centuri und Sommerdomizile wohlhabender Familien. Gegenüber der **Bucht von Mute** lockt die kleine **Insel Centuri** mit hervorragenden Tauchplätzen. Im 13. Jh. war die Gegend Schauplatz des Kampfes zwischen Sinucello della Rocca (▶Baedeker Wissen, S. 281) und den mit Genua verbündeten Familien da Mare, Avogari und di Nebbio. Nachdem Rocca sie besiegt hatte, flüchteten sie ins genuatreue ▶Calvi. Wenige Kilometer nach **Morsiglia,** das sich bis zur Küste hinabzieht (▶S. 210), teilt sich die Straße nach Süden in die küstennahe D 80 und die D 33 am Hang, die schließlich in die D 180 von der Ostküste her mündet.

Tour de Sénèque

Ein lohnenswerter Abstecher führt nicht nur ins Landesinnere, sondern auch in die Vergangenheit Korsikas: Am Col de Lucie zweigt eine kleine Straße zur »Tour de Sénèque« ab. **Seneca** wurde 41 n. Chr. mit 39 Jahren nach Korsika verbannt, weil er angeblich die Nichte von Kaiser Claudius verführt haben soll. Der römische Philosoph soll daraufhin bis 49 n. Chr. im Seneca-Turm gewohnt haben – tatsächlich stammt der Bau jedoch aus dem 13. Jh. und gehörte der Familie da Mare. Senecas Jahre im Exil waren recht fruchtbar – der spätere Nero-Erzieher schrieb hier einen Teil seiner bedeutenden philosophischen Abhandlungen.

*Pino

145 m hoch thront Pino malerisch über einem Steilhang. In den Gärten stehen prächtige **Familienmausoleen;** gegenüber des Genueserwachturms erhebt sich das ehemalige **Kloster St-François** mit einem Fresko und Kreuzwegstationen.

Canari

Wahrzeichen des terrassenförmig angelegten Dorfes Canari am Fuß des Monte Cuccaro ist ein weithin sichtbarer **Glockenturm.** Schlichte pisanische Romanik aus dem 12. Jh. kennzeichnet die aus quadratischen, hellgrünen Schieferblöcken erbaute Kirche **Santa Maria Assunta,** deren Fassade und Gesims eigenwillige florale Motive, Masken, Menschen- und Tierköpfe schmücken. Die einschiffige Barockkirche **St-François** besitzt sehenswerte Kunstwerke, darunter ein Altarbild aus dem 15. Jh., dessen Flügel den büßenden Christus und den hl. Michael im Kampf mit dem Drachen zeigen, sowie ein Triptychon der Himmelfahrt Mariens aus dem 16. Jh. und eine Grabplatte mit der Liegefigur von Vittoria de Gentile.

Kurz vor Nonza ruht die verlassene Fabrik der bis 1965 betriebenen **Asbestmine.** Ihr Abraum, offiziell als ungefährlich eingestuft, beschert Nonza seinen berühmten **schwarzen Strand.** Mittelpunkt des mittelalterlichen Ortes, dessen helle, mit »teghie«-Steinplatten gedeckten Steinhäuser sich mit ihren kleinen Terrassengärten an einen 160 m hohen Grat anlehnen, ist der viereckige Genueserturm aus dem Jahr 1550. Unterhalb serviert La Sassa köstliche korsische Spezialitäten (Tel. 04 95 38 55 26, www.castalibre.com/lasassa).

*Nonza

Vom zinnenbewehrten **Wachturm** aus grünlichen Schieferblöcken, über malerische Treppengassen zu erreichen, öffnet sich ein eindrucksvolles Panorama über die Westküste von Cap Corse bis zum Cinto-Massiv. 1768 belagerten französische Truppen den Turm von Nonza. Der alte **Giacomo Casella,** ein Hauptmann von Pasquale de Paoli, hielt als Letzter die Stellung, indem er sich einer genialen List bediente: Mittels eines Transmissionssystems, bestehend aus einem einfachen Bindfaden, schoss er gleichzeitig aus allen Gewehren, die seine geflüchteten Soldaten zurückgelassen hatten, und ergab sich erst, nachdem die Franzosen ihm und seiner vermeintlichen Truppe freien Abzug zugesichert hatten. Auch als die Belagerer erkannten, dass sie es nur mit Casella zu tun hatten, ließen sie ihn in Ehren gehen.

Berühmtheit erlangte Nonza auch durch die **hl. Julia,** eine der drei Schutzpatroninnen Korsikas. Während der Christenverfolgungen unter Kaiser Diokletian wurde sie 303 n. Chr. hier gekreuzigt. Wo die Brüste der Heiligen zu Boden fielen, entsprang eine Doppelquelle, deren wundertätiges Wasser bis heute aus dem **Brunnen der hl. Julia** an der steilen Strandtreppe sprudelt. Julias sterbliche Reste wurden aus Angst vor der Entweihung durch die Sarazenen bereits im 8. Jh. nach Brescia überführt. Die nach ihr benannte **Église Ste-Julie** aus dem 16. Jh. ist alljährlich am 22. Mai Ziel einer **Wallfahrt.** Über dem barocken Marmoraltar der Kirche zeigt ein Gemälde das Martyrium der Heiligen. Südlich von Canari vereinigen sich die Straßen D 33 und D 80 wieder. Hinter Nonza kann man wählen zwischen der Rückfahrt nach ▶Bas-

!

BAEDEKERTIPP

Auf den Spuren der Küstenwacht

Von Macinaggio – das Auto parkt man am besten am Hafen – über Barcaggio nach Centuri-Port führt der ehemalige Zöllnerpfad »Sentier des Douaniers« rund um die Inselspitze. Geübte Wanderer benötigen sieben bis acht Stunden für die Strecke, die sich auch in zwei Etappen à vier Stunden mit Übernachtung in Barcaggio aufteilen lässt. Unabdingbar: gutes Schuhwerk und ausreichend Trinkwasser!

tia (D 81) über Patrimonio und den 536 m hohen Col de Teghime, von dem aus sich ein Abstecher zum 4 km nördlich liegenden Gipfel Serra di Pigno (961 m) empfiehlt, oder der Weiterfahrt ins schöne Saint-Florent.

*Weinbau-gebiet Patrimonio

In Patrimonio am Nordrand des Nebbio-Gebietes wurde der erste korsische Wein mit kontrollierter Ursprungsbezeichnung (**AOC**) hergestellt. Das Weinbaugebiet reicht im Westen bis zur ▶Agriates, im Norden bis nach Farinole und im Süden bis nach Oletta. Hier werden die besten **Rotweine** der Insel erzeugt, aber auch Roséweine und Weißweine, häufig aus Vrementino-Reben. Erstklassig sind die Roten von der Domaine Leccia in Poggio d'Oletta, die Roséweine vom Clos Marfisi; hervorragende Tropfen liefern auch die Weingüter Oregna de Gaffory, Campo Altoso, San Quilico, Lazzarini und Clos de Bernardi. Entlang der **»Route des Vins«** bzw. der »Strada Vinaghjola« kann man sich bei Weinproben von der hohen Qualität der lokalen Erzeugnisse überzeugen. Doch auch der Honig aus dieser Gegend muss sich nicht verstecken.

Menhir »Nativu«

Aus der Bronzezeit stammt die 2,30 m hohe **Menhirstatue** »Nativu«, die bei Bauarbeiten in Barbaggio gefunden wurde. Die Kirche **St-Martin** aus dem 18. Jh. liegt außerhalb des Dorfes und fällt durch ihre klassischen Formen und den hohen Turm auf.

* Cargèse

A 7

Höhe: 40 m ü. d. M.
Einwohner: 1300

Weiß getünchte Häuser, bunte Fensterläden, Terrassen voller Blumen: Die Griechenstadt Cargèse auf einer Felszunge am Nordrand des Golfs von Savone ist überraschend anders als die meisten korsischen Badeorte.

Cargèse erleben

AUSKUNFT
Office du Tourisme
Rue du Dr. Dragacci
F-20130 Cargèse
Tel. 04 95 26 41 31
www.cargese.net

ESSEN UND ÜBERNACHTEN
Les Lentisques €€€
Plage du Pero, F-20130 Cargèse
Tel. 04 95 26 42 34

www.leslentisques.com; 18 Z.
Gepflegte Balkonzimmer, Schwimmbad und gute Küche, 800 m vom Dorf und 100 m Strand entfernt

Saint-Jean €€ – €€€
Place St-Jean, F-20130 Cargèse
Tel. 04 95 26 46 68; 10 Z.
www.lesaintjean.com
Gutes 2-Sterne-Hotel mit leckeren Fischgerichten.

Im Jahr 1676 gab Genua 730 Griechen vom Peloponnes, die vor der **Griechische** Tyrannei des Osmanischen Reiches geflüchtet waren, Land und ge- **Kolonie** währte ihnen die Gründung von **Paomia** nördlich von Cargèse. Die erfolgreichen Neu-Bauern erregten den Neid der Einheimischen. Der **schwelende Konflikt** entlud sich im korsischen Unabhängigkeits- kampf, als sich die Cargèser auf die Seite Genuas schlugen. Die meisten griechischen Siedler flohen daher 1732 nach ▶Ajaccio, wo noch heute

die »Chapelle des Grecs« an ihr Exil erinnert. Nach dem Anschluss an Frankreich 1769 ließ **Gouverneur Marbeuf** 1774 jene 100 Wohnhäu- ser sowie eine griechisch-orthodo- xe Kirche errichten, die heute den Kern von Cargèse bilden. Während der Französischen Revolution flo- hen die griechischen Siedler 1793 erneut nach ▶Ajaccio; 1797 kehr- ten zwei Drittel von ihnen nach Cargèse zurück.

SEHENSWERTES IN CARGÈSE

Die Kirchen der beiden Konfessio- nen stehen sich genau gegenüber und bieten einen **Panoramablick** auf den Golf und den kleinen Hafen. Die römisch-katholische **Église Latine (oder Église de l'Assomption)** mit Campanile wurde 1821 bis 1831 im neobaro-

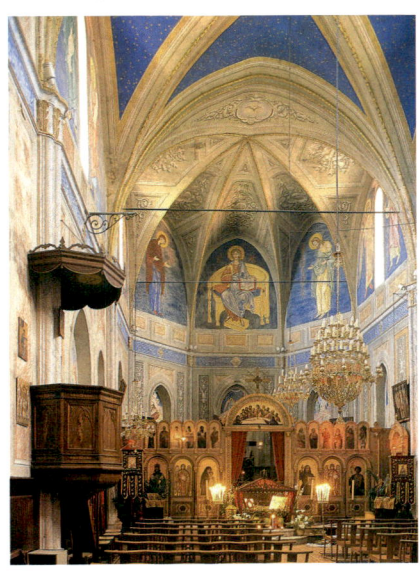

Orthodoxe Pracht in der Église Grecque von Cargèse

cken Stil erbaut. Die griechisch-orthodoxe **Église Grecque,** dem hl. Spiridon geweiht, entstand 1852 – 1870 an der Stelle eines Vorgän- gerbaus. Eine **Ikonostase** von 1886 mit auf Goldgrund gemalten Heiligenbildern trennt das Kirchenschiff vom Altarraum. Von den Siedlern aus Griechenland mitgebracht wurden vier Ikonen, darun- ter die Darstellung der Kirchenlehrer Basilius der Große, Gregor und Johannes Chrysostomus sowie eine »Grablegung Christi« (Epita- phios) aus dem 13. Jh. Der »Geflügelte Johannes der Täufer« ent- stand im 16. Jh. im Kloster auf dem Berg Athos.

Die Strände von Cargèse liegen außerhalb der Stadt. Beliebt sind vor **Strände** allem die nördlich folgenden Strände Plage de Pero, Plage de Chiuni mit dem **Club Méditerranée** und der Sandstrand Plage de Arone, erreichbar über die D 81 nach Piana (▶Porto) und die D 824.

* Castagniccia

✦ F / G 4–6

Zu Tausenden überziehen verwilderte Kastanien-bäume die Hänge, enge Landstraßen winden sich zu kleinen Weilern, die wie hingetupft wirken in der grünen Landschaft der Castagniccia, die seit jeher das politi-sche und kulturelle Kernland Korsikas bildet.

*Zu Fuß durchs Kastanien-land

Das »Kastanienland« gehört heute größtenteils zum ▸**Parc Naturel Régional de Corse** und ist als Wandergebiet gut erschlossen. Der Fernwanderweg **»Da Mare a Mare«** durchquert die Castagniccia von Moriani-Plage bis ▸Corte.

Geschichte

Im 15. Jh. verpflichtete ein genuesischer Gouverneur unter Andro-hung hoher Geldstrafen alle Landeigentümer und Bauern, jährlich mindestens vier Bäume – Oliven, Feigen oder eben Kastanien – an-zupflanzen. Gegen 1770 bedeckten Kastanienbäume ungefähr 70 % der Fläche und machten die Castagniccia zu einem blühenden, dicht besiedelten Gebiet.

Die Kastanienbäume garantierten die Ernährung der Bevölkerung im Winter, lieferten Holz für die Herstellung von Möbeln und Gerä-ten und eigneten sich darüber hinaus bestens als Futter für die Schweine. Billigere Getreideimporte und die Landflucht führten im Lauf des 20. Jh.s jedoch zur Aufgabe der Kastanienwälder sowie zur Abwanderung der Bevölkerung.

Das Kastanienland ist auch die **Wiege korsischer Patrioten** wie Pas-quale de Paoli (▸Berühmte Persönlichkeiten). In Cervione residierte der deutsche Baron von Neuhoff als König Theodor I. (▸Baedeker Wissen, S. 56/57), und im Kloster Orezza trafen sich Vertreter des korsischen Unabhängigkeitskampfes.

Edel-kastanien – vielseitig verwendbar

Die Edelkastanien, die bereits seit der Jungsteinzeit in diesem Gebiet wachsen, sind heute nur noch auf einer Fläche von rund 5000 ha zu finden. Die Wälder sind deutlich lichter geworden; viele Bäume wurden von einer **Pilzkrankheit** befallen, die schon im Frühjahr die Blätter braun färbt.

Dennoch leben in der Castagniccia noch viele **handwerkliche Tra-ditionen** fort. Korbwaren und Möbel aus Kastanienholz werden vor allem in den Dörfern La Porta, Croce und Polveroso hergestellt. **Typische Gerichte** der Region sind beispielsweise die »Pulenta«, ein Brei aus Kastanienmehl, oder die »Torta castagnina«, eine Kastani-entorte. Auch auf eine Hochzeitstafel gehören in der Castagniccia immer noch rund 20 Spezialitäten, die auf der Basis von Kastanien-mehl zubereitet werden.

Castagniccia erleben

AUSKUNFT
Syndicat d'initiative de la Castagniccia
Maison des entreprises
F-20229 Piedicroce
Tel. 04 95 33 38 21
http://castagniccia.fr

SHOPPING
In der Castagniccia werden die vielfältigsten Produkte aus Kastanien gefertigt: kulinarische Spezialitäten wie Pulenta, Canistrelli-Kekse, Kuchen, Konfitüren,

**Madame Berinis Spezialität:
Canistrelli aus Kastanienmehl**

aber auch Möbel und Gebrauchsgegenstände. Jeden Sonntag im Juli und August werden die lokalen Erzeugnisse auf dem Pass von Arcacotta verkauft.

ESSEN UND ÜBERNACHTEN
L'Ampugnani ⬤⬤ – ⬤⬤⬤
Am Kirchplatz von La Porta
Tel. 04 95 39 22 00, ab 20.00 Uhr
http://ampugnani.com
Hier wird eine ausgezeichnete korsische Küche aus frischen Zutaten der Region bereitet. Als Nachspeise sollte man sich den Käsekuchen »fiadone« nicht entgehen lassen – unbedingt reservieren!

Le Lido ⬤⬤ – ⬤⬤⬤
Moriani-Plage, F-20230 San Nicolao
Tel. 04 95 38 12 22 (April–Okt.)
12 ruhige Zimmer mit Blick aufs Meer oder den kleinen Garten, gutes Touristenmenü mit Fischsuppe, Seebarbe, Käse und Nachtisch

Le Refuge Orezza ⬤⬤
F-20229 Piedicroce
Tel. 04 95 35 82 65
www.hotel-le-refuge.fr
(April–Okt.)
Einfach-gepflegtes Wanderhotel mit traditioneller Küche, von der Aussichtsterrasse toller Panoramablick über das Tal des Fium'Alto

FAHRT DURCH DIE CASTAGNICCIA

Bei Valle di Rostino führt ein unbefestigter Weg zur mit Macchia überwucherten Ruine von **Santa Maria di Riscamone,** einer frühen pisanischen Kirche auf Korsika. Die Apsis, aus Schieferblöcken gemauert und durch Pilaster und Blendarkaden gegliedert, stammt aus dem 10. Jh., im 12. Jh. entstanden Fassade und Baptisterium.   **Valle di Rostino**

Korsikas Brotbaum

Jahrhundertelang war die Edelkastanie ein korsisches Grundnahrungs-mittel. Die getrockneten Früchte, auch Maronen genannt, wurden ge-mahlen, das Mehl zum Backen von Brot und Kuchen verwendet oder Suppen zugesetzt. Heute entstehen daraus leckere Desserts, Crêpes und Kastanienpüree – und auch gekocht als Gemüse oder geröstet als feine Knabberei sind sie eine Delikatesse (▶Baedeker Wissen S. 74).

Ursprünglich stammt die Edelkas-tanie (lat. »castanea sativa«) aus **Kleinasien**. Sie kann 20 m hoch und über 1000 Jahre alt werden. Die Bäume blühen im Mai und Juni, Erntemonate sind Oktober und November. Bis Kastanienbäu-me verwertbare Früchte tragen, müssen sie 15 Jahre lang intensiv gepflegt und veredelt werden.

Befehl aus Genua

Im 13. Jh. ermöglichte eine **List** der genuesischen Besatzungsmacht die umfassende Kultivierung der Edel-kastanie. Genua befahl den Bauern unter Androhung einer Geldstrafe jährlich den Anbau von **vier Bäu-men**. Zur Auswahl standen Feige, Olive, Kastanie und Maulbeer-baum. 1770 waren drei Viertel des kargen korsischen Bodens bedeckt von Kastanienbäumen.

Von der Frucht zum Mehl

Die alten Häuser in der Castagnic-cia besaßen stets einen Raum zum Trocknen der Kastanien. Nach der Ernte trockneten die Früchte bis zu drei Wochen auf einem Gitterrost. Die äußere Hülle wurde entfernt, indem man die Früchte in einem Ledersack auf einen Holzblock schlug. Vor dem Mahlen legte man

Kastanien werden vielseitig genutzt.

sie zum endgültigen Trocknen in den warmen Ofen.

Korsische Spezialität

Als im 19. Jh. importiertes Weizen-mehl billiger als das Kastanienmehl wurde, verwilderten die Kastanien-wälder zunehmend, die Früchte dienten als **Schweinefutter**. Schäd-linge und **Pilze** befielen die Bestän-de, sodass die Wälder immer lichter wurden. Im Zuge der Rückbesin-nung auf alte korsische Traditionen gibt es seit einiger Zeit **staatliche Unterstützung** zur Rekultivierung des korsischen »Brotbaums«. Heu-te kann man nicht nur in der Cas-tagniccia, sondern auf ganz Korsika Spezialitäten wie Kastanienkonfi-türe, Kastanienkuchen und sogar Kastanienbier kaufen.

Die D 115 führt weiter nach Castello di Rostino, an dessen Ortsausgang links der Weg zu einem Kleinod abgeht: die romanische Kapelle **St-Thomas.** In den 1930er-Jahren zerstörte eine dilettantische Restaurierung Teile der Kapelle. Unversehrt blieben im **Freskenzyklus** die Szenen »Christus als Weltherrscher« in der Apsis, »Verkündigung und hl. Michael« im Triumphbogen, Passionsszenen an der Nordwand sowie »Jüngstes Gericht« und Heiligenbilder an der Südwand.

Castello di Rostino

In dem Bergdorf wurden drei der prominentesten Freiheitskämpfer Korsikas geboren: Pasquale de Paoli, sein Bruder Clément und seine Schwester Hyancinthe. Die Statue von **Pasquale de Paoli** (▶Berühmte Persönlichkeiten) am Ortseingang stifteten Korsen aus aller Welt 1953. Sein schlichtes Geburtshaus mit Außentreppe und soliden Steinmauern im Ortsteil Stretta ist als Museum **Maison natale de Pasquale Paoli** eingerichtet. Die Urne Pasquale de Paolis, der im Londoner Exil starb, wurde am 3. September 1889 aus der Westminster Abbey in die Kapelle bei seinem Geburtshaus überführt. Neben persönlichen Erinnerungsstücken de Paolis zeigt das Museum **Exponate aus der Geschichte des Unabhängigkeitskampfes.** Dazu gehören die erste korsische Flagge mit dem Maurenkopf, der zum Zeichen der Freiheit die Binde auf der Stirn trägt und keinen Ohrring mehr hat, und das 1758 erste auf Korsika gedruckte Buch »La Justification de la Révolution corse«. Getauft wurde der Freiheitsheld de Paoli in der mehrmals umgestalteten Kirche **Santa Reparata.** Von der frühromanischen Bausubstanz zeugen im Tympanon des Westportals zwei ineinander verschlungene Schlangen, die sich in die Schwänze beißen. Schön ist auch der Kreuzweg im Innern.

Morosaglia

Der Ortsteil Rocca Soprana zieht durch seine schöne Lage und die typische Dorfarchitektur viele Feriengäste an, die von hier auf den 1767 m hohen **Monte San Petrone** wandern, den höchsten Aussichtsgipfel der Castagniccia.

❶ Mitte Mai – Sept. tgl. 9.00 – 12.00, 13.00 – 18.00, Okt. – Mai 8.00 – 12.00, 13.00 – 17.00 Uhr, Erw. 2 €, Kind 1 €

Ponte Nuovo im Tal des Golo verdankt seinen Namen einer **genuesischen Brückenruine,** die in der Schlacht vom 8. Mai 1769 Bedeutung erlangte. Damals fanden 2000 von Pasquale de Paoli befehligte Soldaten den Tod, als sie von den französischen Truppen des Grafen von Vaux auf der Brücke in die Enge getrieben wurden. Ein Denkmal erinnert an den letzten Kampf des freien Korsika – danach fiel die Insel nach 14 Jahren Unabhängigkeit an Frankreich. De Paoli flüchtete ins Exil nach London.

Ponte Nuovo

Hinter dem **Col de Prato** gibt ein schmales, kurvenreiches Sträßchen durch dichte Kastanienwälder immer wieder den Blick frei auf das 300-Seelen-Dorf La Porta und seine Barockkirche **St-Jean-Baptiste,**

*La Porta

Schieferdächer und grobe Mauern, Kastanienbäume und kleine Terrassen – dieser Weiler bei Morosaglia ist typisch für die Castagniccia.

die 1648 – 1680 vom lombardischen Architekten Domenico Baïna erbaut wurde. Ihre elegante Fassade mit Dekorationen um das ovale Fenster und Pilaster und mit Säulen zu beiden Seiten des Hauptportals harmonisiert mit dem Innern aus dem 19. Jh, dessen Schätze die **Trompe-l'œil-Malerei,** eine hölzerne Christusstatue und die Orgel von 1780 sind, die im Sommer bei Konzerten erklingt. Der Glockenturm von 1720, ebenfalls von Baïna entworfen, wirkt trotz seiner 45 m Höhe zierlich. Seine fünf Stockwerke sind üppig mit Nischen, Voluten und Säulen verziert. Nebenan speist man bestens im Restaurant l'Ampugnani Chez Elisabeth (►S. 219). Berühmtester Sohn des Ortes ist ein Spross einer seit dem 16. Jh. ansässigen Familie: **Horace Sebastiani.** Der Gefolgsmann Napoleons wurde zunächst zum Grafen, dann zum Marschall von Frankreich ernannt. Später diente der korsische Haudegen dem Bürgerkönig Louis Philippe als Minister und Botschafter Frankreichs in Neapel und London. Begraben ist der Urheber so mancher Rivalität zwischen Familien und Dörfern der Insel im Pariser Invalidendom.

Das **Franziskanerkloster** von Orezza, heute als Ruine wegen Einsturzgefahr gesperrt, war während des Unabhängigkeitskrieges eine wichtige **Bastion des Widerstandes.** Hier wurde 1751 die neue korsische Verfassung erlassen und Gianpiero Gaffori die Exekutivgewalt übertragen. 1790 trafen sich im Kloster Pasquale de Paoli und sein Widersacher Napoleon Bonaparte (▶Berühmte Persönlichkeiten).

*Couvent d'Orezza

Piedicroce im Zentrum der Castagniccia gibt den Blick frei auf die Berge von Orezza. Seine reich dekorierte **Barockkirche St-Pierre et St-Paul** birgt üppige Wand- und Deckenmalereien in leuchtenden Farben. Statuen der Namensgeber wachen über das Tafelbild im Hochaltar mit Maria und dem Kind aus dem 16. Jh. Die Orgel, 1617 für die Kathedrale Ste-Marie in Bastia gebaut und 1842 hierher gebracht, gilt als älteste der Insel.

*Piedicroce

Über die D 71 geht es zum Weiler Carcheto auf 630 m, wo Anfang des 20. Jh.s der berüchtigte Bandit und mehrfache Mörder François-Marie Castelli lebte. Es geht friedlich zu in der barocken **Pfarrkirche** mit dem großen Glockenturm. Die kräftigen Farben und der üppige Stuck im Innern sind ebenso sehenswert wie die Bilder vom Kreuzweg, 1790 von einem korsischen Künstler gefertigt. Die Alabasterstatue der Maria mit dem Kind ist ein italienisches Werk des 18. Jh.s; die Orgel stammt aus dem Kloster von Orezza.

Carcheto

An der Südgrenze der Castagniccia liegen die Weiler von Valled'Alesani inmitten grüner Kastanienwälder. Bekannt wurde der Ort durch das Franziskanerkloster, in dem sich am 15. April 1736 der westfälische **Baron Theodor von Neuhoff** (▶Baedeker Wissen, S. 60/61) zum König Theodor I. von Korsika krönen ließ. Zu seinen Ministern ernannte er die Freiheitskämpfer Agostino Giafferi und Giacinto de Paoli, den Vater Pasquale de Paolis (▶Berühmte Persönlichkeiten), als Residenz erkor er das nahe Cervione. Mit der Abwanderung aus der Castagniccia im 20. Jh. verlor auch das ***Kloster von Valle-d'Alesani** im Weiler **Perelli** an Bedeutung. 1943 stürzte der Glockenturm ein, 1987 verließen die letzten Mönche den einsamen Ort. Mittlerweile jedoch ließ die Gemeinde das Kloster renovieren, berief einen Pfarrer, richtete 1994 den Kirchturm wieder auf und veranstaltet **Konzerte** in der prachtvoll-barocken Klosterkirche. Bis vor wenigen Jahrzehnten war in der linken Seitenkapelle der Klosterkirche das Tafelbild der **»Jungfrau mit der Kirsche«** von 1450 zu sehen. Heute wird das Gemälde des Sieneser Malers Sano di Pietro im Museum »Jerôme Carcopino« aufbewahrt, im Kloster Valle d'Alesani hängt eine Kopie. Aus dem Ortsteil Perelli d'Alesani stammt **Pietro Giovanni** (1715–1801), ein fliegender Händler mit dem Spitznamen »Grosso Minuto« (Kleiner Dicker), der für seine Schlagfertigkeit und witzigen, recht volkstümlichen Geschichten berühmt wurde. In

Valled'Alesani

Das Wasser der korsischen Tafel

Seit der Antike wurde die Quelle von Orezza wegen ihres eisen- und hydrogenkarbonathaltigen Wassers geschätzt, 1866 sogar durch kaiserlichen Erlass anerkannt. Das Mineralwasser, das auf allen korsischen Tafeln daheim ist, kann man an einem Brunnen im ehemaligen Heilbad Eaux d'Orezza tgl. 9.00 – 20.00 Uhr kostenlos in seine Flaschen abfüllen.

hohem Alter ernannte ihn Pasquale de Paoli zu seinem Berater und erwies ihm so späte Ehre für seinen Mutterwitz.

Südöstlich von Carcheto führt die Straße durch das kleine Dorf **Felce**, dessen Dorfkirche einen **volkstümlichen Freskenzyklus** aus der Renaissance birgt. Den Tabernakel schnitzte ein korsischer Bandit. Im Ortsteil Poggiale wurde der Historiker Pietro Cirneo (1445 bis 1503) geboren, der »De rebus corsicis« verfasste.

Cervione Das historisch bedeutsame **Cervione** liegt wie in einem Amphitheater am Hang des Monte Castello inmitten von Kastanienwäldern, Olivenhainen und Weinbergen. Im einstigen **Bischofspalast** residierte nicht nur der »Apostel von Korsika«, Bischof Alexander Sauli (1534 – 1592; 1904 heilig gesprochen), der den Bischofssitz aus ▶Aléria hierher verlegte, sondern 1736 auch der »König von Korsika«, Baron Theodor von Neuhoff (▶Baedeker Wissen, S. 60/61), der Cervione zu seiner Hauptstadt ernannt hatte. Bischof Sauli ließ ab 1584 auf eigene Kosten die Kathedrale **St-Erasme** als eine der ersten Barockkirchen Korsikas errichten. Bemerkenswert sind der Marmorplattenbelag, die Trompe-l'œil-Malerei, der Sakristeischrank und das barocke Chorgestühl. Im ehemaligen Priesterseminar zeigt das **Musée Ethnographique** in 14 Sälen volkskundliche Exponate und historische Szenen aus dem Leben in Cervione, der Castagniccia und des »Königs von Korsika«.

❶ Place Jean Simonetti, Mo. – Sa. 10.00 – 12.00, 14.30 – 18.00 Uhr, Eintritt frei

*Chapelle Ste-Christine Die Kapelle Ste-Christine im 2 km entfernten **Valle di Campoloro** besitzt mit einer **Zwillingsapsis** einen höchst ungewöhnlichen Grundriss. Als Erklärung wird auf das doppelte Patronat der Kapelle verwiesen: die hl. Christine und der hl. Hippolyt. Die Kapelle geht auf vorromanische Zeiten zurück und wurde 1473 erneuert. Aus dieser Zeit stammen auch die hervorragend erhaltenen **Fresken der Sieneser Schule.** In der linken Apsis erkennt man Christus als Weltherrscher, die hl. Christina, Maria und einen knienden Mönch, in der rechten Apsis sieht man Christus mit den Symbolen der Evangelisten. Zwischen den beiden Apsiden sind Johannes der Täufer und die Verkündigung dargestellt, im Giebelfeld die Kreuzigung. Betende Heilige und Engel umgeben die Fresken.

Die pittoreske Corniche de la Castagniccia (D 330), die zwischen Ginster, Macchia und Kastanien am Berghang entlangführt und **herrliche Ausblicke** auf die Küste bietet, ist bedauerlicherweise für Wohnwagen nicht geeignet.

*Corniche de la Castagniccia

Am Rand der Ebene, die sich in einen riesigen Orangen- und Zitronengarten verwandelt hat, erstreckt sich der gut besuchte Strand von **Prunete.** Weiter nördlich liegt der windgeschützte Jachthafen von **Campoloro,** einer der 15 großen Sporthäfen Korsikas. Der **große Sandstrand** von **Moriani-Plage** findet v. a. bei den Einwohnern Bastias Anklang. Am Landeplatz Moriani – damals Padulella genannt – schifften sich 1739 Giacinto de Paoli, der Vater von Pasquale de Paoli, und General Giafferi ein, um sich vorübergehend ins Exil zu begeben. Auch Napoleon Bonaparte (►Berühmte Persönlichkeiten) machte hier 1815 auf der Flucht von Elba Rast.

Baden und Boote am Mittelmeer

Ungewöhnlich: die Zwillingsapsis von Ste-Christine

** Corte

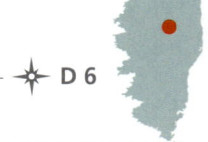

D 6

Höhe: 400 m ü. d. M.
Einwohner: 7300

Die Festungsstadt auf dem Felsdorn im Herzen Korsikas ist ein Symbol der bewegten Geschichte der Insel: Corte, von 1755 bis 1769 die offizielle und für viele bis heute die heimliche Hauptstadt Korsikas.

Das »Herz Korsikas«

Auf einem schroffen, mehr als 100 m hohen Felssporn über dem Zusammenfluss von Tavignano und Restonica thront malerisch die Zitadelle von Corte, Wahrzeichen der Stadt und für manche Autonome Sinnbild für die **»heimliche Hauptstadt«** eines unabhängigen Korsikas. Die Oberstadt (Ville Haute) mit ihren engen Gassen, Treppen und alten Häusern zieht sich an der Ostflanke den Berg hinauf. Moderne Viertel erstrecken sich zu beiden Seiten der Hauptstraße Cours Paoli und der Ufer des Tavignano. Die rund 4000 Studierenden der einzigen Universität der Insel verschaffen dem Ort ein munteres Flair. Im Sommer besuchen unzählige Touristen die Stadt – meist auf Tagesausflügen, denn es gibt kaum Hotels. Straßencafés finden sich hingegen auf jedem kleinen Platz und selbst in engen Gässchen. Die Erinnerungen an **Pasquale de Paoli** (►Berühmte Persönlichkeiten), der Corte 1755 zu seiner Hauptstadt ernannte, sind allgegenwärtig.

Stadtgeschichte

Die Lage als **Verkehrsknotenpunkt** lockte schon die Römer, die hier die Siedlung **Cenestum** gründeten. Im 13. Jh. machte Genua den seit dem 11. Jh. befestigten Ort zum Sitz der Gerichtsbarkeit im Inneren Korsikas. Die Zitadelle geht allerdings auf den korsischen Adligen **Vincentello d'Istria** (►Baedeker Wissen, S. 281) zurück, der die Stadt um 1420 im Auftrag des Königs von Aragonien eroberte. Doch schon 1434 gewannen die Genuesen wieder die Oberhand. 1553 ergab sich Corte freiwillig dem von den Franzosen ausgesandten **Sampiero Corso** (►Berühmte Persönlichkeiten), sechs Jahre später bekam Genua Corte zurück. Im korsischen Unabhängigkeitskampf war die Stadt heftig umkämpft, galt doch das Inselinnere als Herrschafts- und Rückzugsgebiet für die korsischen Nationalisten. 1746 gelang den Freiheitskämpfern unter Gianpiero und Faustina Gaffori die Einnahme Cortes. Pasquale de Paoli machte sie von 1755 bis 1769 zur politischen, wirtschaftlichen und geistigen Hauptstadt Korsikas und gründete hier 1765 die **einzige Universität der Insel.** Nach der Niederlage von Ponte Nuovo ging de Paoli ins Exil, die Franzosen besetzten Corte ohne Widerstand – und schlossen umgehend die Hochschule. Erst 1981 wurde sie mit den Fachbereichen Jura, Wirtschafts- und

Corte erleben

AUSKUNFT
Office du Tourisme
La Citadelle, F-20250 Corte
Tel. 04 95 46 26 70
www.corte-tourisme.com

SHOPPING UND VERKEHR
In der Oberstadt gibt es Kunsthandwerk-
stätten. Korsische Spezialitäten wie Käse
(Brocciu), Würste, Weine, Honig und Likör findet man u. a. am Boulevard Paoli
Nr. 2 und in der Vinothek La Vieille Cave
unterhalb der Place Paoli. In der Rue
Vieux Marché 9 versteckt sich eine Épicerie, die zu den ältesten Europas gehört. Seit 1800 pilgern Einheimische und
Gäste in den Feinkostladen von Jean-
Marie Chionga, an dessen Decke Paprika, Knoblauch und Wurstwaren von
Korsikas halbwilden Schweinen bau-
meln. Das beste Eis des Inselinnern gibt
es im winzigen Laden von Maria und

Deftige Spezialität: korsische Würste

Jean-Luc an der Place Gaffory, frische
Produkte und Spezialitäten Fr. vorm. auf
dem Wochenmarkt (Parking de la gare).
Kostenlos parken kann man – außer
beim Wochenmarkt – auf dem Parkplatz
am oberen Ende der Avenue Jean Nicoli.

Wer möchte, kann die Oberstadt mit
dem Petit Train erkunden.

SCHATZSUCHE IN CORTE
Wer findet die versteckten Schlüssel der
Schatztruhe unter den Steinen der Alt-
stadt? Wer die Fragen richtig beantwor-
tet, kommt mit jedem Schritt dem
Lösungssatz näher, mit dem der Koffer
einen Schatz preisgibt, der euch als Lohn
winkt. Die Schatzjagd in Corte ist für
Familien ein großes Vergnügen! Pro
Team kostet sie 10 €, 2 – 3 Stunden sind
Spaß und Spannung garantiert (www.
altipiani-corse.com/de/schatzjagd.php).

ESSEN
❶ *Le 24* €€€€
24, Cours Paoli, Tel. 04 95 46 02 90
(Feb. geschlossen)
Juliens Söhne Ghislain und Christiane
führen die Familientradition im ge-
mütlichen Kellerrestaurant mit korsischer
Küche weiter fort.

❷ *Le Nicoli* €€€
4, Avenue Jean Nicoli, Tel. 04 95 33 27 17
Eine kulinarische Zeitreise zwischen gestern und heute: Grégory Laeremans Bio-
Küche verbindet die traditionellen Wur-
zeln der Region mit modernen,
städtischen Einflüssen – und wurde von
Gault-Millau mit einer Haube bedacht.

❸ *A Scudella* €€
2, Place Paoli, Tel. 04 95 46 25 31
Die Gerichte sind typisch korsisch – nur
der Service ist leider mitunter etwas
langsam. Doch die leckere Küche und
das gemütliche Ambiente lassen das
rasch vergessen.

❹ *U Museu* €€

Rampe Ribanelle, Tel. 04 95 61 08 36

www.restaurant-umuseu.com

Korsische Spezialitäten im stilvollen
Rahmen (drinnen) oder rustikaler auf
der Terrasse zu Füßen der Stadtmauer

❺ *Le Café du Cours* € – €€

22, Cours Paoli, Tel. 04 95 46 00 33

http://cafeducours.free.fr

Ganz zentral an der Hauptgeschäftsstraße: charmantes Kaffeehaus und Internet-
café – bevorzugter Studententreff

ÜBERNACHTEN

❶ *Dominique Colonna* €€€

Vallée de la Restonica, B. P. 83

F-20250 Corte, Tel. 04 95 45 25 65

(Mitte März – Mitte Sept.)

www.dominique-colonna.com

Stilvolles Quartier für Naturliebhaber mit
Pool und üppigem Frühstücksbüfett. Da
Dominique Colonna bei der Fußball-WM

1958 im Trikot Frankreichs dabei war,
heißen die Zimmer nach Fußballstars.

❷ *Du Nord* €€ – €€€

22, Cours Paoli, F-20250 Corte

Tel. 04 95 46 00 68

www.hoteldunord-corte.com

Nettes Haus mit 16 großzügigen
Zimmern, davor: das Café du Cours

❸ *Hôtel de la Paix* €€

Av. Général de Gaulle

F-20250 Corte, Tel. 04 95 46 06 72

www.hoteldelapaix-corte.fr, 63 Z.

Ruhig gelegenes Hotel aus den 1930ern
mit Bar, Restaurant und Panoramablick

❹ *Hôtel Sampiero Corso* €€

Avenue Président Pierucci

F-20250 Corte, Tel. 04 95 46 09 76

www.sampierocorso.com, 31 Z.

Modernes Hotel im Zentrum mit
Garten und Terrasse

Agrar-, Geistes- und Naturwissenschaften wieder eröffnet. Pädagogen
bietet sie auch einen Abschluss in korsischer Sprache und Literatur.

Das Ehepaar Gaffori Der Arzt Gianpiero Gaffori (1704 – 1753) wurde bereits 1743 im
Kloster von Orezza zu einem der drei Führer des Unabhängigkeitskampfes bestimmt. 1746 gelang dem **»General der Nation«** die Einnahme von Corte. Gegen den Feind in der eigenen Familie half allerdings kein militärisches Manöver: Sein Bruder verriet ihn an die
Genuesen, die ihn 1753 in einen Hinterhalt lockten und ermordeten.
Mindestens ebenso berühmt wurde **Faustina Gaffori.** Zwei Geschichten verdeutlichen den Kampfgeist der unerschrockenen Gattin
des Generals. Als Genua 1746 ihren Sohn als lebendes Schutzschild
an die Mauer der Zitadelle band, feuerte sie die korsischen Patrioten
an, ihren Kampf fortzusetzen. Corte musste kapitulieren, ihr Sohn
blieb unversehrt. Als 1751 die Franzosen während der Abwesenheit
General Gafforis Corte zurückeroberten und Faustine als Geisel nehmen wollten, verbarrikadierte sich Gafforis Gattin im Wohnhaus,
hielt eine brennende Fackel an ein Pulverfass und drohte, sie würde
lieber sich und das Haus in die Luft sprengen als aufzugeben. Sie hielt
durch, bis der Hausherr zu Hilfe kam.

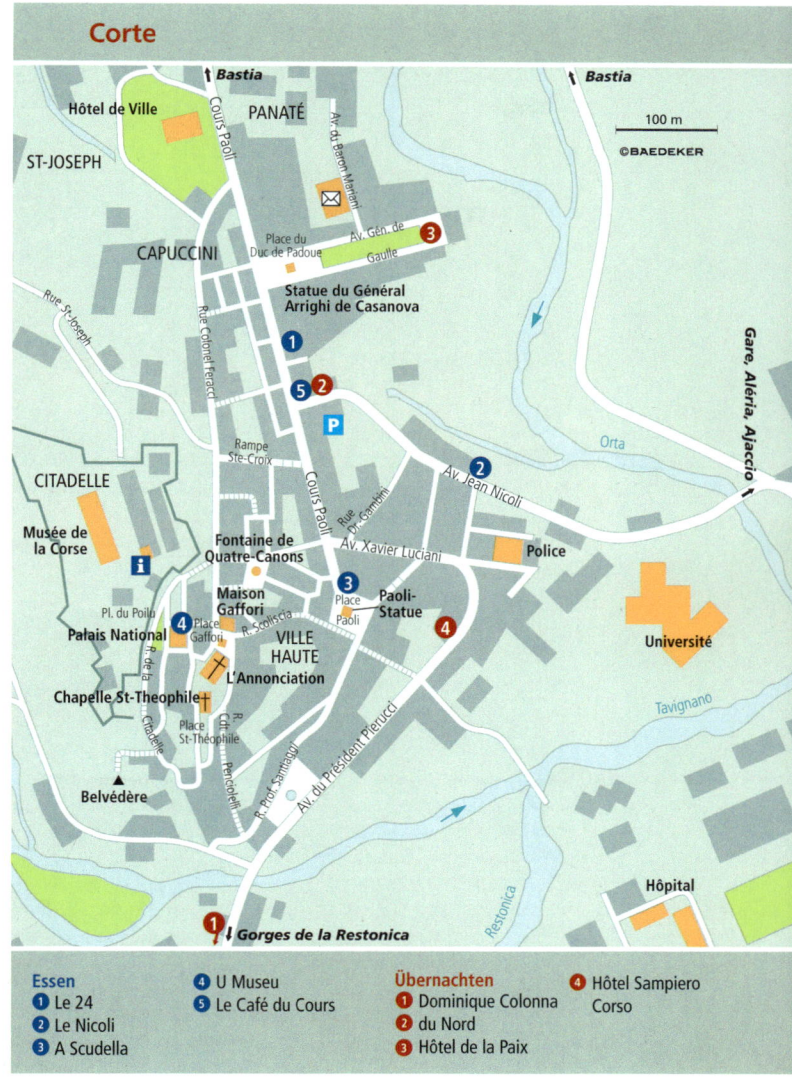

Corte

Essen
1 Le 24
2 Le Nicoli
3 A Scudella
4 U Museu
5 Le Café du Cours

Übernachten
1 Dominique Colonna
2 du Nord
3 Hôtel de la Paix
4 Hôtel Sampiero Corso

Aus Corte stammen einige bedeutende Persönlichkeiten Korsikas. Der Franziskanermönch **Theophil von Corte** (Biagio de Signori), Schutzpatron der Stadt, wurde 1930 als erster Korse von der katholischen Kirche heilig gesprochen. In Corte geboren wurden außerdem

Geburtsort bedeutender Korsen

Die höchsten Berge der Insel umgeben die alte Hauptstadt Corte.

Napoleons Bruder **Joseph Bonaparte** (1768 – 1844) sowie **Arrighi de Casanova** (1778 – 1853), ein General Napoleons und Herzog von Padua, dessen Statue auf der nach ihm benannten Place du-Duc-de-Padue vom Schöpfer der New Yorker Freiheitsstatue, Frédéric-Auguste Bartholdi, entworfen wurde.

SEHENSWERTES IN CORTE

Place Paoli   Die Stadtbesichtigung beginnt am Ende der Hauptgeschäftsstraße Cours Paoli an der Place Paoli, in dessen Mitte sich die 1864 gefertigte **Bronzestatue** des »Vaters des Vaterlandes«, Pasquale de Paoli, erhebt. Steile Treppen führen zur Oberstadt.

Place Gaffori   In der Mitte der Place Gaffori erhebt sich vor der **Maison Gaffori,** an der noch einige Einschusslöcher zu erkennen sind, das Standbild des »Generals der Nation« von 1901. Sein Sockel zeigt die beiden Szenen, die Faustina Gaffori berühmt machten. An der Südseite beherrscht der hohe, schlanke Glockenturm der **Église de l'Annonciation,** 1450 errichtet und im 17. Jh. erneuert, die Ville Haute. Sehenswert sind die geschnitzte Kanzel und das Chorgestühl aus dem 16. Jh. Hauptattraktion ist die später angebaute **Chapelle St-Théophile** mit der Wachsfigur des Heiligen, die 1979 vom Pariser Musée Grevin gestaltet wurde. Am Vorabend des Todestages wird zu Ehren des Heiligen eine Prozession veranstaltet und am 19. Mai auf dem Vorplatz der Kapelle eine Messe gelesen.

Im Haus Nr. 1 der nahen Place du Poilu kam 1768 Napoleons älterer Bruder, **Joseph Bonaparte,** zur Welt; 1778 wurde hier Napoleons General Arrighi de Casanova geboren.

Maison Casanova

Der Palais National an der Place Paoli wurde von Genua als Regierungssitz errichtet, von de Paoli 1755 – 1769 als **Regierungspalais** genutzt und beheimatete ab 1765 bis zur Schließung die Universität mit 300 Studierenden. Heute birgt das einzige von Genua hinterlassene Gebäude das **»Centre des Recherches Corses«** der Universität.

Palais National

Ein lohnenswerter Abstecher führt hinter dem Palais National über die Rue de la Citadelle zum Belvédère, der 100 m hoch über dem Tavignano **prächtige Ausblicke** über die Altstadt und den Zusammenfluss von Tavignano und Restonica bietet. Zurück am Palais National, geht es durch ein Tor ins Innere der **Zitadelle.** Genau 166 Stufen führen hinauf zum »Nid d'Aigle«, dem im Jahre 1419 von Vincentello d'Istria (▶Baedeker Wissen, S. 281) erbauten »Adlerhorst«-Turm. Seit der Schlacht bei Ponte Nuovo 1769 spielt die Zitadelle keine Rolle mehr. Im Zweiten Weltkrieg sperrten italienische Faschisten korsische Widerstandskämpfer in der Zitadelle ein, in den Jahren 1962 bis 1983 beherbergte sie Einheiten der Fremdenlegion.

*Belvédère

Das ***Musée Régional d'Anthropologie,** kurz Musée de la Corse genannt, gibt einen guten Überblick über die korsische Geschichte, Wirtschaft und Kultur. Den Glasbau, der

> ! BAEDEKER TIPP
>
> ### *Feuerfest*
>
> In der Oberstadt kommen Keramikliebhaber auf ihre Kosten. Am Place Gaffori präsentieren Félie und Fiffan Griffi bäuerliche Keramiken mit floralen Mustern in ihrer Töpferei Terraghja (Tel. 04 95 46 28 74); in der Rue Chiostra 4 zeigt die Töpferei Leonelli, was den Winter über gebrannt und mit ungiftigen Farben lasiert wurde (Tel. 04 95 46 19 53).

in die alte Serurier-Kaserne integriert wurde, entwarf der italienische Architekt und UNESCO-Sachverständige **Andrea Bruno.** Die **Galerie Doazan** enthält fast 3000 Exponate des bäuerlichen und pastoralen Alltagslebens, die der Pater und Volkskundler Doazan zwischen 1973 und 1978 sammelte. Das **»Musée en train de sa faire«** beleuchtet als »Museum, das sich im Werden befindet«, zeitgenössische soziale, wirtschaftliche und kulturelle Themen – von Industrialisierungsversuchen der französischen Zentralregierung bis zur touristischen Entwicklung und der Suche nach der korsischen Identität. Dritter Schwerpunkt sind Wechselausstellungen. Die **Phonothek** lädt zu traditioneller korsischer Musik.

❶ 1. Apr. – 21. Juni, 21. Sept. – 31. Okt. Di. – So. 10.00 – 18.00 Uhr, 22 Juni – 20. Sept. tgl. 10.00 – 20.00 Uhr, Erw. 5,30 €, 10 – 18 Jahre 3 €, unter 10 Jahren Eintritt frei, www.musee-corse.com

UMGEBUNG VON CORTE

Monte Cecu Einen herrlichen Blick auf Corte und seine Umgebung bietet der Monte Cecu, zu erreichen über die N 193, D 18 und eine unbefestigte Straße vom Col (Bocca) d'Ominanda.

Castirla Die D 18 führt weiter nach Castirla. Auf dem örtlichen Friedhof befindet sich die Ruine der präromanischen **Kapelle St-Michel;** in der Apsis sind Spuren volkstümlicher Fresken aus dem 15. Jh. erhalten: Christus und die Apostel, die Verkündigung, Maria mit dem Kinde und der hl. Michael.

Castiglione, Omessa Weiter auf der D 18 folgt das Bergdorf Castiglione, dessen Häuser sich hoch über dem Golo drängen. Auf der D 84 zurück zur N 193 Richtung Süden folgen die festungsartigen Häuser von Omessa, die sich um den barocken Glockenturm der **Kirche St-André** scharen. Im Innern sind drei Gemälde der italienischen Schule sehenswert: »Maria mit dem Kinde«, »Letztes Abendmahl« und »Kreuzabnahme«. Die **Chapelle de l'Annonciade** birgt eine Marmorstatue der Maria mit dem Kinde im Stil der Florentiner Renaissance. Die Kalkfelsen der nahen **Petraccia-Schlucht** waren früher wohl bei Banditen sehr geschätzt – wie ihr Name verrät: »Petraccia« bedeutet »böse Steine«, »Omessa« heißt »Versteck«.

Auf einer exponierten Felsspitze thront die Zitadelle von Corte.

BOZIO

Einsames Bergland

Östlich von Corte erstreckt sich zwischen der ▶Castagniccia und dem Lauf des Tavignano eine kaum erschlossene, raue Landschaft: das **Bozio**, korsisch **Boziu.** Sehr schmale, schlechte Straßen winden sich in steilen Kehren zu den Bergdörfern hinauf, die auf den Anhöhen thronen. Besonders fotogen sind die überaus malerisch gelegenen Dörfer **Sant'Andrea-di-Bozio** und **Castellare-di-Mercurio,** in denen noch viele Häuser mit den traditionellen »Teghie«-Steinplatten gedeckt sind. Der nördliche Teil des Bozio gehört zum ▶Parc Naturel Régional de Corse. Für eine Rundfahrt sollte man aufgrund der Straßensituation mehr Zeit als sonst einplanen. Wer wandern möchte, kann sich an die gut markierten Maultierpfade halten, die das Bozio durch-queren, oder dem Fernwanderweg **»Da Mare a Mare«** von Moriani-Plage an der Ostküste über Corte bis nach ▶Cargèse folgen. Ein von den Genuesen angelegter Weg führt von Corte vorbei an Altiani, Piedicorte und Pancheraccia nach ▶Aléria. Auskunft erhält man bei der Verwaltung des Regionalparks.

> **BAEDEKER TIPP**
>
> ! *Ein echter Korse*
>
> 20 km östlich von Corte lebt und arbeitet der bekannteste Maler Korsikas: Jean Charles Fabiani, dessen von Roy Lichtenstein und Andy Warhol inspirierte Pop-Art weltweit und auch in der Galerie seines B & B »Casa di Lucia« (❸❸❸) in Mazzola gezeigt wird (www.casa-di-lucia.com; Aquarell-kurse).

Sermano

Über die D 14 und D 41 erreicht man von Corte das 762 m hoch gelegene Örtchen Sermano. Hier wird bei den Gottesdiensten an hohen kirchlichen Feiertagen noch die Tradition der von drei Männerstimmen gesungenen **»Paghjella«** gepflegt. Die romanische **Kapelle San Nicolao** aus dem 7. Jh. birgt ausdrucksvolle Fresken aus der Zeit um 1450: Den Weltherrscher Jesus umringen Maria, Johannes der Täufer, Apostel, der hl. Michael und der hl. Christophorus.

Bustanico

In Bustanico befand sich 1729 ein Zentrum des korsischen Freiheitskampfes. Anführer der Rebellen war ein Grundbesitzer namens **Cardone,** dem die Enteignung drohte. Aus seinem Widerstand heraus entwickelte sich schließlich die Rebellion, die 1730 in der Plünderung Bastias gipfelte.

Erbajolo

Über die D 15 und D 16 geht es via **Sant'Antonio-di-Bozio** und den **Col de San Servione** ins südliche Bozio. Vom Friedhof in Erbajolo schweift der Blick weit über das Tavignano-Tal.

Piedicorte di Gaggio

Die Häuser von Piedicorte di Gaggio an der D 14 liegen recht verstreut auf einem Felssporn mit weitem Blick über den Tavignano und die Ebene von ►Aléria bis zum Meer. Die Pfarrkirche **Santa Maria Assunta** mit ihrer Fassade aus dem 18. Jh. zeigt am Sockel des Glockenturms einen romanischen Bogenlauf, den vier geflügelte Ungeheuer schmücken.

✶✶ GORGES DE LA RESTONICA

Wild zerklüftetes Restonica-Tal

Als **schönstes Tal der Insel** gelten die wildromantischen Gorges de la Restonica, die sich nach Westen zu einer äußerst schmalen **Klamm** verengen. In den unteren Lagen wachsen mediterrane Pflanzen und Kastanienbäume, etwas höher korsische Schwarzkiefern. An den Nordhängen und am kühlen Bett des Wildbachs gedeihen die nur hier vorkommenden **»Corte-Kiefern«**. Der Monte Rotondo, der mit 2622 m zweithöchster Berg der Insel ist, erhebt sich im Südosten, der 2295 m hohe Bergrücken des Capo a u Chiostro markiert den südwestlichen Talabschluss.

Hinweise für Besucher

Das Restonica-Tal ist nicht nur zur Hauptsaison ein Touristenmagnet. Inzwischen als **Naturschutzgebiet** deklariert, unterliegt die Zufahrt zum Tal gewissen Beschränkungen. Wenn die gebührenpflichtigen Parkplätze bei der **Bergerie de Grotelle** und bei der **Lamaghjosu** alle belegt sind, ist die Zufahrt für Privatfahrzeuge verboten. Das Parken am Straßenrand ist ebenso strikt untersagt wie wildes Zelten. Die Straße durch die Schlucht ist etwas abenteuerlich. Feste Wanderschuhe und Wetterschutz sind zu jeder Zeit nötig. Dass man immer auf den Wanderpfaden bleibt, sollte selbstverständlich sein. Bei der Touristeninformation von Corte kann man sich jederzeit über die aktuellen Bedingungen informieren.

> **BAEDEKER TIPP**
>
> *Auberge de la Restonica*
>
> Im Terrassenrestaurant der malerisch am Fluss gelegenen Auberge wird eine schmackhafte Inselküche serviert – probieren Sie die frischen Forellen aus dem nahen Wildbach (Route de Restonica; Tel. 04 95 46 09 58, www.auberge-restonica.com). Gästezimmer gibt es im nur wenige Schritte entfernten Hôtel Dominique Colonna (►Übernachten, S. 228).

Wandern und Schwimmen

Hinter der Brücke über den Timozzo-Bach führt eine schöne Wanderroute in 4 bis 5 Stunden zur bewirtschafteten Bergerie de Grotelle in 1375 m Höhe. Wer Abkühlung sucht und das kalte Wasser der Restonica nicht scheut, wird an den **Gumpen,** die der Wildbach an vielen Stellen gebildet hat, seine Freude haben.

✶Lac de Melo

Ein gelb markierter Pfad geleitet Wanderer in gut einer Stunde von der Bergerie de Grotelle zum Lac de Melo hinauf. Der **Gletschersee** in 1711 m Höhe, **Quellgrund der Restonica,** ist der drittgrößte und

Der Weg ist das Ziel: Das Restonica-Tal ist ein Paradies für Wanderer.

sicherlich meistbesuchte Bergsee Korsikas. Die Wanderung führt über Felsen und Geröllfelder und ist daher nur für geübte Wanderer zu empfehlen. Nach etwa 20 Minuten teilt sich der Bergpfad in den leichteren Accès facile, der im Frühsommer in der Regel noch Schneefelder führt, und den schwierigeren Accès difficile, bei dem unter Zuhilfenahme einer eigens zu diesem Zweck im Fels verankerten Kette eine Steilstufe überwunden werden muss. Achtung, dieser Weg ist ausschließlich für Menschen über 1,20 m und lediglich bei gutem Wetter begehbar!

An der Steinhütte der Naturparkverwaltung zweigt der gelb markierte Pfad zum malerischen Lac de Capitello auf 1930 m Höhe ab, mit 42 m der **tiefste Bergsee** Korsikas.

Lac de Capitello

Das Tavignano-Tal verläuft parallel zum Restonica-Tal im Süden und zum Niolo-Tal im Norden, besitzt keine einzige Straße und ist daher ein ideales **Wandergebiet!**
In Corte beginnt ein Höhenweg, der in ungefähr vier Stunden als Rundweg die Schönheiten der Schlucht erschließt – dazu kann man einfach der Markierung des Fernwanderwegs **»Mare a Mare Nord«** folgen (▶Karte des Nationalparks mit Wanderwegen, S. 260).

Tavignano-Tal

✳ Évisa

✦ B 6

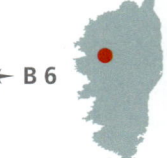

Höhe: 835 m ü. d. M.
Einwohner: 200

Zwischen der Forêt d'Aïtone im Osten und den Gorges de Spelunca im Westen liegt inmitten herrlicher Kastanienwälder das Bilderbuchdorf Évisa (lt. Insee) auf einem Felssporn vor imposanten Felswänden.

*Forêt d'Aïtone

Die 2400 ha große Forêt d'Aïtone erstreckt sich zwischen 800 und 2000 m Höhe im Hochtal des Aïtone-Flusses. Das 10 km lange und 5 km breite Waldgebiet gehört zum ▶Parc Naturel Régional de Corse und besteht hauptsächlich aus bis zu 50 m hohen korsischen **Schwarzkiefern** sowie Buchen, Strandkiefern und Schwarzerlen. Das Unterholz bevölkern Wildschweine, Hasen und Füchse – selbst Mufflons kann man mit viel Glück beobachten.

An der D 84 führt in 20 Minuten ein Weg durch Kiefernwald zu den Wasserfällen **Cascade d'Aïtone**, die zwei Wildbäche speisen. Beim Infobüro **Maison forestière de Catagnone** an der D 84 beginnt der einstündige Aufstieg zum 1391 m hohen **Col de Salto** mit Blick auf den Golf von ▶Porto. Durch den Schwarzkiefernwald Forêt de Lindinosa gelangt man nach weiteren 90 Min. zum 1475 m hohen **Col de Cocavera** mit Aussicht bis zur Paglia Orba im ▶Niolo. Die Forêt d'Aïtone bot Anfang des 19. Jh.s dem korsischen Banditen **Théodore Poli aus Guagno** sichere Zuflucht. Berühmtheit erlangte der »König des Gebirges« wegen seiner »Charta von Aïtone«, mit der er »Steuern« vom Klerus und den Reichen einsammelte und zum Teil an Bedürftige verteilte. Nur durch Verrat konnte er 1827 verhaftet und hingerichtet werden.

*Gorges de Spelunca

Für die Ausformung der Gorges de Spelunca sind die beiden Wildbäche Aïtone und Tavulella verantwortlich, die sich hinter der genuesischen Brücke Pont de Zaglia vereinigen.

Évisa erleben

AUSKUNFT
Point d'Accueil
Touristique
Capu Sopranu
F-20126 Évisa
Tel. 04 95 50 06 87
www.evisa.fr

WANDERN
Évisa ist Etappe des Fernwanderwegs
»Tra Mare e Monti Nord« und der
Nordroute von »Da Mare a Mare«. Die
unmittelbare Umgebung lädt zu ausgedehnten Wanderungen durch Kastanien-
und Nadelwälder ein. Infos zu geführten
Wanderungen erteilt das Fremdenverkehrsamt.

ESSEN UND ÜBERNACHTEN
L'Aïtone ⊖⊖
Luca, F-20120 Évisa, Tel. 04 95 26 20 04
www.hotel-aitone.com
Toussaint Ceccaldis Gasthaus am Fuße
der Forêt d'Aïtone bietet tolle Aussichten und eine weithin gerühmte Hausmannskost – Spezialität sind frische
Forellen. Relaxen Sie am Panoramapool
mit Blick zum Golf von Porto.

La Châtaigneraie ⊖
F-20126 Évisa, Tel. 04 95 26 24 47
www.hotel-la-chataigneraie.com
Gemütlicher Dorfgasthof aus grauem
Granit mit 12 grundsoliden Zimmern
und authentischer Regionalküche

Im Halbkreis schmiegen sich die Natursteinhäuser von Ota an den **Ota**
steilen Hang des Capu d'Ota. Dank seiner Abgeschiedenheit hat sich
Ota eine reizvolle Beschaulichkeit erhalten.

✶✶ Filitosa

✦ C 9

Höhe: 80 m ü. d. M.
❶ Ostern – Okt. tgl. 8.00 Uhr bis Sonnenuntergang, sonst nach
Voranmeldung, Tel. 04 95 74 00 91, Erw. 7 €, unter 8 Jahren frei

**In den Hügeln des unteren Taravo-Tals fanden Archäologen in
den 1950er-Jahren Zeugnisse aus allen drei Epochen der rätselhaften Megalithkultur – Filitosa gilt daher als bedeutendste
prähistorische Fundstätte Korsikas.**

1946 entdeckte Charles-Antoine Cesari auf seinem Grundstück ei- **Megalith-**
nige **Menhirstatuen,** die in Schafhütten eingebaut waren. Ab 1954 **kultur**
legten Archäologen, zunächst unter Leitung von Roger Grosjean, 30
anthropomorphe Menhire sowie **torreanische Denkmäler** frei, die
etliche Menhire als Baumaterial nutzten. Besiedelt ist Filitosa seit
dem Beginn der Megalithkultur um 6000 v. Chr. Um 3500 v. Chr.
kam es zu Auseinandersetzungen zwischen den Megalithikern und

In Stein gemeißelt

Die prähistorische Bedeutung Korsikas gründet sich im Wesentlichen auf ihre Megalithkultur und hier besonders auf die Statuen-Menhire, künstlich geformte Steinfiguren mit menschlichen Zügen. Doch warum die Statuen-Menhire geschaffen wurden und wen sie darstellen, dafür gibt es bis heute keine Erklärung, nur Spekulationen.

Wie Keramikfunde bezeugen, gehen die Siedlungsanfänge Korsikas auf das Neolithikum um etwa 6000 v. Chr. zurück. Hirten und Seefahrer, die Mitte des vierten Jahrtausends vermutlich aus dem südlichen Frankreich nach Korsika kamen, waren Träger einer neuen Naturreligion.

Dolmen und Menhire

Einzige Zeugnisse dieser Religion, die auf dem **Totenkult** beruhten, sind die großen Steintisch-Gräber aus mächtigen Steinplatten, die Dolmen. Fast immer befinden sich in ihrer Nähe Menhire, zylindrisch geformte, hohe, schmale Steine, die senkrecht in den Boden gerammt worden sind. Sie werden bislang entweder als symbolische **Wächter** für das Grabmal oder als Wohnstätten für den Geist der Verstorbenen gedeutet.

Alignements

In der Epoche um 2000 v. Chr. entstanden neben einzelnen Dolmen und Menhiren regelmäßig angeordnete Reihen von Menhiren, die »Alignements«. Vermutlich dienten sie als **Kalender** und **Himmelsobservatorien,** und das Gelände, auf dem sie standen, galt wohl als heiliger Ort. Im gleichen Zeitraum begannen die ursprünglich recht grob behauenen Steine menschen-

ähnliche weibliche oder männliche Gestalt anzunehmen.

Krieg im Süden

In der dritten Phase um 1600 v. Chr. erhielten manche Menhirstatuen **Symbole kriegerischer Macht,** nämlich eingemeißelte Dolche und Langschwerter, übrigens unabhängig vom Geschlecht. Nach Meinung des Archäologen Robert Grosjean zeugen diese von dem kriegerischen Konflikt zwischen der einheimischen Bevölkerung und den eindringenden **Torreanern.** Da die kriegerisch gestalteten Figuren hauptsächlich im Süden der Insel gefunden wurden, ist zu vermuten, dass die Torreaner aus südlicher Richtung kamen. Doch auf die Frage, wer sie waren und wohin sie gingen, hat bislang noch niemand schlüssige Antworten finden können.

Filitosa IX zeigt menschliche Züge.

Filitosa erleben

AUSKUNFT
Syndicat d'initiative
Filitosa, 20140 Sollacaro
Tel. 04 95 74 07 64, www.filitosa.fr

ESSEN UND ÜBERNACHTEN
Marinca €€€€
F-20113 Olmeto Plage
Tel. 04 95 70 09 00
www.hotel-marinca.com
Bezaubernde Oase am Sandstrand
zwischen alten Olivenbäumen und
knorrigen Eichen. Alle Zimmer haben
Balkon und Meerblick. Feinschme-
cker können zwischen drei ausgezeichneten Restaurants auswählen –
nur 5 km von Filitosa entfernt.

Résidence Le Torreen €€ – €€€
Filitosa, F-20140 Propiano
Tel. 08 92 23 23 10, www.locatour.
com/location/residence-le-
torreen-12688
Malerisches Feriendorf mit 20 einfachen, 20 – 30 m² großen Granithüt-
ten und schönem Pool in nächster
Nähe zur Ausgrabungsstätte

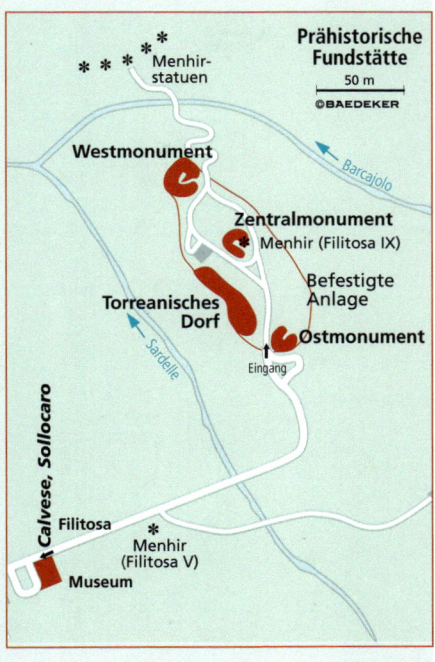

Prähistorische Fundstätte

den Torreanern. Letztere gewannen die Oberhand und verwandelten
um 1600 v. Chr. das Gelände in eine torreanische Festung. Der Sohn
des Entdeckers, Jean Dominique Cesari, unterhält und vermarktet
die Anlage, das vom Vater gestiftete Museum – und eine Bar mit pas-
sender Spezialität: Pizza Préhistorique.

Filitosa V am Eingang des Freilichtmuseums (Besichtigungsdauer **Filitosa V**
der Gesamtanlage: ca. 1,5 bis 2 Stunden) gehört mit fast 3 m Höhe zu
den größten Menhir-Statuen der Insel, auch ohne Kopf. Mit **Lang-
schwert** und **Dolch,** der in einer verzierten Scheide steckt, ist sie
zudem schwer bewaffnet. Am Rücken ist Kleidung angedeutet.

Eine enorme **Zyklopenmauer** umgibt den 130 m langen und 40 m **Torreanische**
breiten **Hauptplatz** der torreanischen Siedlung. Rechts vom Eingang **Siedlung**

Megalithkulturen

Ab ca. 3000 bis 2000 v. Chr. entstanden auf Korsika Steinkisten, Dolmen und Statuenmenhire. Auch andernorts – in- und außerhalb Europas – bildeten sich während der Jungsteinzeit und der Bronzezeit Megalithkulturen heraus. Man geht heute allerdings davon aus, dass sie sich unabhägig voneinander entwickelten.

Brownshill-Dolmen, Irland
größter Deckstein (100 t)
Breite: 4,7 m, Höhe: 6,1 m

Dolmen (Steintisch)
große Steinblöcke, die
oftmals als Grabstelle dienen.

Stonehenge, England
115 m Ø

Steinkreise
Runde oder ovale An-
ordnung von Menhire/
Findlinge. Oft in Verbin-
dung mit Grabstätten.

Alignements von Carnac
In der Bretagne gibt es
56 Steinreihen (»alignements«),
Die beedindruckendste
steht bei Carnac:
2800 Menhire auf
einer Länge von 4 km.

4500	4000	3500	30

Sieben Steinhäuser

■ Megalithkulturen   Brownshill-Dolmen
■ Pyramiden   Alignements von Carnac
■ Weitere Steinbauten   Mastabas, Vorläufer der Pyramiden

Haġar Qim

JUNGSTEINZEIT

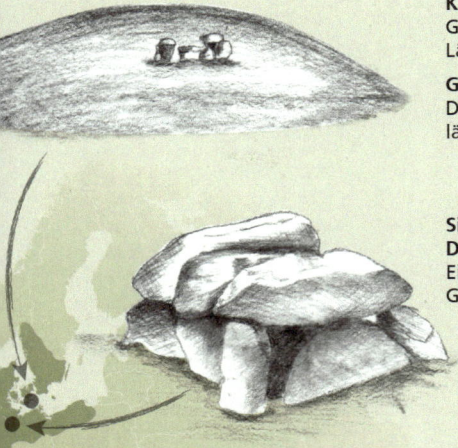

Klekkende Høj, Dänemark
Ganggrab mit Doppelkammer
Länge: ca. 7 m

Ganggrab
Der Gang führt zu einer meist
länglichen Grabkammer.

**Sieben Steinhäuser,
Deutschland**
Eine Gruppe von fünf
Großsteingräbern, hier Anlage D

©BAEDEKER

**Tempelanlage von Ḥaġar Qim
»Steine des Gebets«, Malta**
Auf Malta und Gozo sind
rund 40 Tempelanlagen
aus neolithischer Zeit erhalten. Ḥaġar Qim ist eine
der eindrucksvollsten.

Filitosa
Auf der bedeutendsten Fundstätte
Korsikas findet man sowohl Statuen-
menhire des sog. Megalithikum III
(ca. 2000 v. Chr.) als auch Bauten der
späteren torreanischen Kultur.

2500	2000	1500	1000

Stonehenge

Naveta d'es Tudons
Naos, Vorläufer der griechischen Tempel

kkendehøj

Zikkurat, stufenförmige Pyramiden, Mesopotamien

Pyramiden

Filitosa, Megalithikum III

ÄGYPTISCHES REICH

MEGALITHKULTUR

EISENZEIT

BRONZEZEIT

BAEDEKER TIPP !

Das beste Licht

Am Morgen und am späten Nachmittag finden Fotografen das beste Licht für ihre Aufnahmen – denn nur im Schein der schräg stehenden Sonne kommen die Reliefs der Menhir-Statuen ausdrucksvoll zur Geltung.

liegt das **Ostmonument,** dessen Bedeutung bis heute nicht geklärt ist. Der grabhügelförmige Bau wurde aus mörtellos geschichteten Steinen samt Rampe an der Rückseite errichtet. Links befinden sich die Reste des **torreanischen Dorfes;** die neolithischen Vorgängerbauten sind kaum noch zu sehen. Anhand einer Keramik-Scherbe konnte mit Hilfe der Radiokarbonmethode die erste Besiedlung des Dorfes auf 5850 v. Chr. datiert werden. In der Mitte erhebt sich das **Zentralmonument,** das die Torreaner für kultische Zwecke nutzten. Einst überwölbte eine 7 bis 8 m hohe, mörtellos geschichtete Turmkuppel das Gebäude mit einer kleinen Öffnung in der Mitte. Nischen und Feuerspuren lassen auf **Opfer- und Bestattungsrituale** schließen. Das Monument umgab ein runder Erdwall, den eine Zyklopenmauer stützte. Bei ihrem Bau wurden 30 Menhirstatuen verwendet, die entweder zertrümmert oder mit den Gesichtern zur Erde gerichtet waren. Sechs Oberteile von Menhirstatuen hat man in zwei Gruppen von je drei Statuen auf das Monument gestellt – Prunkstück ist **Filitosa IX** mit ausgeprägten Gesichtszügen. Das **Westmonument** wurde auf einer Verteidigungsanlage der Megalithiker errichtet und diente neben kultischen Zwecken notfalls auch der Verteidigung. Die Kammern im Innern des Rundbaus wurden zuletzt um 1200 v. Chr. benutzt.

Ein Pfad führt über den Barcajolo-Fluss zu einem **1000 Jahre alten Olivenbaum.** Dieser spendet den ersten fünf in Filitosa gefundenen Menhirstatuen Schatten.

Kultstätte der Torreaner: das Zentralmonument

Das kleine »Centre de documentation archéologique« präsentiert die Ausgrabungsfunde chronologisch bis zur römischen Zeit. Am Eingang steht die sorgfältig restaurierte **Menhirstatue Scalsa-Murta.**

Galéria

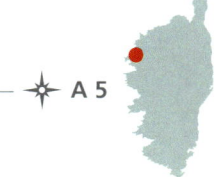

✦ A 5

Höhe: 15 m ü. d. M.
Einwohner: 330

Mare-e-Monti-Wanderer legen in Galéria gerne Rasttage ein: Im kleinen Badeort an der Mündung des Fango mit Kieselstrand, Jachthafen und genuesischer Turmruine geht es selbst zur Hochsaison noch beschaulich zu.

Im Hinterland lockt das reizvolle **Fango-Tal,** das sich vom Golf von Galéria bis zum Bergmassiv Paglia Orba erstreckt und mit seinen Nebentälern die **Filosorma** bildet. Der Fango hat die Felsbrocken in seinem Bett so rund geschliffen, dass man sich herrlich darauf sonnen kann. Abkühlung garantieren die Badegumpen des Gebirgsbachs. Wagemutige stürzen sich am Bassin hinter Tuarelli vom 8 m hohen Felsen in das tiefe Wasser. Die Wälder der Filosorma, leider häufig Opfer von Waldbränden, laden zum Wandern ein. Zahlreiche Wege folgen früheren Saumpfaden. Am Ende des Tals fordern die 2525 m hohe Paglia Orba und der 2343 m hohe **Capu Tafunatu** mit seinem 50 m breiten und 12 m hohen Durchbruch geübte Bergsteiger. Der Legende nach soll der Teufel bei einem Streit mit dem hl. Martin dieses Loch verursacht haben, als er wütend eine Pflugschar vom Niolo Richtung Meer warf. | **Lage**

Im 17. Jh. tobten in der Filosorma heftige Unruhen. Die Bank des hl. Georg hatte nämlich Neubauern im unteren Fango-Tal Ackerland | **Geschichte**

Galeria erleben

AUSKUNFT
Office de Tourisme
Carrefour du Fangu
F-20245 Galéria
Tel. 04 95 62 02 27
www.si-galeria.com

ESSEN UND ÜBERNACHTEN
L'Auberge €€
Centre du Village, F-20245 Galeria
Tel. 04 95 62 00 15
www.hotel-restaurant-auberge.com

Sophie und Fred bieten ihren Gästen hübsche Zimmer und gute korsische Küche – nur 500 m vom Strand.

Stella Marina €€
Route de la Plage, F-20245 Galeria
Tel. 04 95 62 00 03
www.hotel-stellamarina.com (Mai – Okt.)
Alle Zimmer des Strandhotels haben Meerblick; im Panoramarestaurant kommt zum weiten Blick auf die Bucht fangfrischer Fisch auf den Teller.

zugeteilt, wodurch die traditionellen Wege blockiert wurden, auf denen die Hirten aus dem ▶Niolo im Frühjahr ihre Herden von der ▶Balagne déserte zu den Hochalmen des Niolo und im Herbst wieder zurück zur Küste trieben.

Zudem standen die Bauern auf der Seite der verhassten Besatzungsmacht. 1704 plünderten Bewohner des Niolo die Besitzungen der Neuankömmlinge, und 1730 schlossen sie sich dann der Revolution gegen Genua an.

* Ghisonaccia

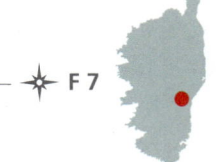

✦ F 7

Höhe: 0 – 329 m ü. d. M.
Einwohner: 3 890

Einst flüchteten die Menschen vor der Malaria, heute kommen die Urlauber: Ghisonaccia lockt mit langen Sandstränden, frischen Meeresfrüchten und Tafelwein aus der Region.

Familien-
freundliches
Urlaubsziel

Als Ghisonaccia 1841 an der **Mündung des Fium'Orbo** gegründet wurde, erhielt es den abwertenden Suffix »-accia«. Bis heute erinnert er daran, dass einst **Malaria** die Bevölkerung zum Verlassen des Küstengebietes zwang. Erst mit dem Einsatz von DDT konnten die Amerikaner 1943 die Anopheles-Mücke unschädlich machen. Bewirtschaftet wird die bis zu 12 km breite Ebene von **Franco-Algeriern**, die nach dem Verlust der nordafrikanischen Kolonien 1962 zwischen ▶Aléria und Ghisonaccia angesiedelt wurden. Angebaut werden Trauben für einfache **Tafelweine**, Zitrusfrüchte und Kiwis – seit Mitte der 1980er ist Korsika Frankreichs größter Kiwi-Lieferant. Auch der Tourismus boomt. Eine Stichstraße führt zu den besten Campingplätzen der Ostküste: »Erba Rossa« und »Marina d'Oru«. Die **Route de la Mer** erschließt als Stichstraße mit Fahrradweg den kilometerlangen, sehr feinen **Sandstrand Pinia**. In Ghisonaccia beginnt der **Fernwanderweg »Da Mare a Mare Centre«** nach ▶Ajaccio.

UMGEBUNG VON GHISONACCIA

*Défilé de
Strette,
Défilé de
L'Inzecca

Auf dem Weg nach Ghisoni verlässt die D 344 das weite Tal von Sampolo mit Kastanien und Olivenbäumen und schlängelt sich durch den Défilé de L'Inzecca, eine der engsten und wildesten Schluchten Korsikas. Teilweise hat sich der **Fium'Orbo** so tief in das grüne Serpentingestein geschnitten, dass die gut ausgebaute Straße in den Fels gesprengt werden musste. Auf Höhe des Tunnels wurde der Fluss zur

Barrage de Sampolo aufgestaut – das Baden im Stausee ist strengstens verboten! In der Défilé-de-Strette-Schlucht ragen die Steilwände bis zu 300 m auf. Riesige Felsbrocken liegen im Flussbett.

Nicht auf einem Hügel, sondern eingekesselt von Bergrücken mit dichten Kastanien- und Buchenwäldern liegt die zunehmend bei Bergwanderern beliebte Forstsiedlung Ghisoni in 658 m Höhe. Im Winter lockt ein bescheidenes Skigebiet.

Ghisoni –
Bergdorf
im Wald

Im 14. Jh. soll sich in den Wäldern bei Ghisoni Schauriges abgespielt haben: Als man dort die letzten Anhänger der **Giovannali-Sekte** (▶Alta Rocca, Levie, Umgebung), von der Kurie der Ketzerei angeklagt und verfolgt, aufspürte, wurde der Wald in Brand gesetzt und die Menschen wurden getötet. Ein anwesender Priester beging trotz des Verbots die **Bestattungszeremonie.** Beim Gesang des Kyrie erhob sich der Legende zufolge eine Taube über die Trauergemeinde und flog davon, während von den Bergen das »Kyrie Eleïson« und das »Christe Eleïson« widerhallten. Seitdem tragen zwei nahe Berggipfel diese Namen.

Ghisonaccia erleben

AUSKUNFT
Office de Tourisme
Route de Ghisoni, F-20240 Ghisonaccia
Tel. 04 95 56 12 38
www.corsica-costaserena.com

KASTANIENBIER & KÄSE
Mit Kastanienmehl braut die Brasserie Pasquale Paoli etwa 3 km südlich von Ghisonaccia in Casamozza das süffige »A Tribbiera«-Bier: Probieren Sie das helle Apa mit Honig oder das spritzige Dreikornbier Ambria. Herrliches Oliven- und Nussöl gibt es bei Raphaëlle in der Casa Accinta (▶S. 95). Allerfeinsten Käse von Schaf und Ziege affiniert seit 1896 die Fromagerie Ottavi (Rue Gare, www.fromagerie-ottavi.fr).

ÜBERNACHTEN
Casa di Maria Cicilia €€
60 Route de Ghisoni
F-20240 Ghisonaccia

Tel. 04 95 56 00 41
www.casamariacicilia.com
16 gemütliche Zimmer mit viel Teak

ESSEN
Ferme-Auberge d'Urbino €€ – €€€
Étang d'Urbino, Tel. 04 95 57 30 89
Mai bis Okt. mittags, im Sommer auch abends geöffnet
Ein Steg führt neben einer einstigen Austernbank zum schwimmenden Restaurant von Luc Bronzini de Caraffa, der garantiert frische Austern, Miesmuscheln und gebratenen Fisch mit einem lokalen, trockenen Weißwein serviert.

Les Deux Magots €€
4,5 km vor Ghisonaccia
Tel. 04 95 56 15 61
Hübsches Lokal am Strand. Besondere Gaumenfreuden sind die fleischgefüllten Muscheln und der Quappenspieß, dazu knackige Salate und köstliche Desserts.

Leinen los! Am Strand von Ghisonaccia warten Katamarane.

*Wanderung zum Monte Renoso

Mit 2352 m gehört der Monte Renoso zu den fünf höchsten Bergen der Insel. Der Gipfel ist häufig umwölkt, der gut zweistündige Aufstieg lohnt sich allerdings nur bei klarer Sicht. Von Ghisoni auf der D 69 bis Pont de Casso, dann weiter auf der D 169 zum kleinen **Wintersportgebiet Bergeries de Capannelle** fahren und vor dem Refuge U Renosu parken. Der Weg, der mit den typischen kleinen Steinhaufen (korsisch »Cairns«) gekennzeichnet ist, berührt zunächst die Pizzolo-Quelle in 1893 m Höhe, umrundet den **Lac de Bastiani,** erreicht den Gipfel der 2247 m hohen Punta Bacinello und folgt schließlich dem Grat zum **Gipfel des Monte Renoso.** Hier bietet sich ein herrliches Panorama über die nahen Spitzen von Monte d'Oro, Monte Incudine und ▶Monte Cinto sowie den südlichen Inselteil bis nach Sardinien.

Der Rückweg über den **Fernwanderweg GR 20,** auf den man auf halbem Wege zwischen Monte Renoso und Punta Orlandino stößt, verläuft über die Bergeries de Tragette. In etwa drei Stunden ist man zurück in Capannelle.

✳ Monte Cinto

———————————————— ✦ **C 5**

Höhe: 2706 m ü. d. M.

Gerade mal 25 km vom Meer entfernt ragt der Monte Cinto mit 2706 m als »Dach Korsikas« hinauf in den Himmel und krönt als höchster Gipfel die Gebirgskette zwischen den Tälern des Asco und Golo.

Sein Massiv besteht aus Kalkgestein und Konglomeraten, die von Porphyr überlagert sind; die felsige Spitze bilden Ryolithblöcke. Bis 1500 m Höhe bedecken ausgedehnte Wälder mit Tannen, korsischen Schwarzkiefern und Erlen die Hänge des Berges; bis in 1900 m Höhe gedeihen Zwergwacholder und Grauerlen sowie magere alpine Matten mit Gebirgsblumen. — **Landschaftsbild**

Nur erfahrene Bergwanderer sollten den Aufstieg wagen. **Zwei Routen** sind ausgeschildert: die anspruchsvolle Variante über den Ostgrad von Calacuccia via Refuge de l'Erco und die kürzere, einfachere Nordwand-Route, die von der Skistation Haut-Asco auf 1450 m Höhe in sechs Stunden zum Gipfel führt. Der Weg ist im Hochsommer äußerst anstrengend, da schattenlose Geröllfelder überquert werden müssen. Also unbedingt reichlich Trinkwasser mitnehmen! Informationen über Länge, Schwierigkeit, Wetteraussichten, Ausrüstung und Anforderungen an die Kondition erteilt die Verwaltung des ▸Parc Naturel Régional de Corse. — **Aufstieg**

Monte Cinto erleben

AUSKUNFT
Mairie d'Asco
Village, F-20276 Asco
Tel. 04 95 47 82 07
▸Parc Naturel Régional de Corse

»MANNA VON ASCO«
Aus Bienenkörben am Berghang holen Imker leckeren Honig. Berühmt ist das »Manna von Asco« aus dem süßen Se-kret der endemischen Wacholderart Juniperus gymperus. Es wird im Sommer »geerntet«, reift im Winter – und ist im Sommer schnell ausverkauft. Wer ein Glas dieses köstlichen regionalen Produkts ergattern kann, sollte also nicht zögern zuzugreifen und zu probieren!

ESSEN UND ÜBERNACHTEN
Hôtel-Restaurant Acropole €– €€
F-20276 Asco, Tel. 04 95 47 83 53
www.acropole-asco.com ((April – Okt.)
Die nette Herberge mit 8 geräumigen Standard- und Komfortzimmern und Halbpension gehört dem Ehepaar Vesperini. Jean Luis ist Imker, Nathalie malt Impressionen aus der Region. Die Bilder sind im Restaurant ausgestellt und werden ebenso verkauft wie der leckere Honig aus eigener Herstellung.

**Panorama An klaren Tagen ist das Panorama überwältigend. Gen Norden verbergen Monte Padro und Monte Grosso die Küste der ▶Balagne, zu sehen sind aber ▶Calvi, Saint-Florent und ▶Cap Corse, in der Ferne die Seealpen, die Ligurischen Alpen, die Côte d'Azur und die italienische Riviera. Im Nordosten erkennt man Elba und weitere Toskanische Inseln. Im Osten verstellt der Monte San Petrone den Blick auf die Plaine Orientale. Nach Süden hin folgen Monte Rotondo, Monte d'Oro, Monte Renoso, Monte Incudine, das Sartenais, das Gebiet von ▶Bonifacio und jenseits der Meerenge Sardinien. Im Südwesten blickt man auf das Capo di Muro, den Golf von ▶Ajaccio, den Golf von ▶Sagone und den Golf von ▶Porto.

Asco Erst 1937 wurde die Straße durch die wildromantische Granitschlucht **Gorges de l'Asco** gebaut, die von 900 m hohen Felsgraten

Himmelwärts: Der Panoramablick vom Monte Cinto ist spektakulär.

und Zweitausendern überragt wird – vorher war das für seinen **Honig** berühmte Bergdorf am Fuß des 2390 m hohen Monte Padru völlig abgeschieden und nur unter Freiheitskämpfern wie **Sampiero Corso** bekannt. Im Zweiten Weltkrieg versteckten die Korsen an diesem abgelegenen Ort Juden vor den Nazis. Almwirtschaft prägte den Alltag. Mitte Oktober zogen die Hirten mit ihren Schaf- und Ziegenherden hinab in die ▶Balagne und in die ▶Agriates. Anfang Juni kehrten sie zurück, schoren die Tiere, zogen weiter auf die Almen und stellten dort im Sommer Käse und Holzgeräte her.

Die Frauen im Dorf waren mit dem Weben von Stoffen und dem Nähen wetterfester **Mäntel (»Panni«)** und **Umhänge (»Pelone«)** beschäftigt, die gegen Öl aus der ▶Balagne oder Schweine aus der ▶Castagniccia eingetauscht wurden.

Das Asco-Tal gehört zum ▶Parc Naturel Régional de Corse. Das flache Untertal bedecken Eichen, Erlen, Lavendel- und Zistrosenmacchia; hinter Asco erstreckt sich die **Forêt de Carrozzica** mit korsischen Schwarzkiefern und Zwergerlen bis Haut-Asco, wo sich im Winter die Skilifte drehen. Im Hochtal, ein Refugium für bedrohte Tier- und Pflanzenarten, klettern korsische **Mufflons** über die Felsen und kreisen seltene **Bartgeier.** ***Vallée d'Asco**

Die mediterrane **Hermann-Schildkröte** kommt in freier Wildbahn kaum noch vor. Im **Village des Tortues** bei Moltifao hat die Regionalparkverwaltung daher eine Zuchtstation eingerichtet. Besuchen sollte man die Kriechtiere mit dem schönen Panzer möglichst morgens, da auch Schildkröten bei Hitze träge werden. Ausgewachsene Tiere werden ausgewildert.

❶ Jul./Aug. tgl. 9.00 – 12.00, 14.00 – 18 Uhr,
Mai, Juni, Sept. nach Anmeldung,
Tel. 04 95 47 85 03
Erw. 5 €, Kind 2 €, Besichtigung nur mit Führung

Die früheren **Almpfade** zur Punta Minuta (2556 m), zum Monte Cinto (2706 m), zum Cirque de Bonifato, zur Muvrella (2148 m) und zur Punta Gialla (2.085 m) sind als Wanderwege nur für erfahrene, schwindelfreie Bergwanderer mit angemessener Ausrüstung geeignet. Detaillierte Infosrmationen erteilt die Parkverwaltung des ▶Parc Naturel Régional de Corse. **Wanderungen**

* **Nebbio**

✦ E / F 3 / 4

Das muschelförmige Becken des Nebbio liegt wie eine fruchtbare Kammer zwischen der ▸Agriates und den südlichen Hängen des ▸Cap Corse.

Conca d'Oro Zu Recht bekam das **Alisobecken,** das 600 bis 1500 m hohe Berge einrahmen, den Beinamen »Conca d'Oro«, **»Goldmuschel«:** Wein, Oliven und Obst gedeihen bis heute bestens auf den guten Böden, auch wenn der Tourismus längst wichtigster Wirtschaftsfaktor ist.

RUNDFAHRT DURCH DAS NEBBIO

Saint-Florent Die pittoreske Altstadt auf der Halbinsel im Meer, der Sandstrand und der 1971 angelegte Jachthafen machen das **charmante Fischerdorf zu einem beliebten Urlaubsziel – mit Fischrestaurants, Eiscafés, Boutiquen und Spezialitäten-Lokalen. Der römische Handelsplatz und **mittelalterliche Bischofssitz** Nebbio lag 1 km landeinwärts. Doch im Laufe der Jahrhunderte verschlechterten sich die Lebensbedingungen deutlich. Beim Überfall der Sarazenen im 13. Jh. blieb lediglich die Kirche Santa Maria Assunta unversehrt. 1439 verlagerten die Genuesen die Siedlung von der versumpften Aliso-Mündung auf die damals ebenfalls (noch) malariaverseuchte Halbinsel und errichteten die Zitadelle, die später Wachtürme entlang der Küste ergänzten. Genua kanalisierte den Aliso, erschloss das Hinterland und baute den Hafen zum Stützpunkt seiner Kriegs- und Handelsflotte aus. 1514 wurde der genuesische Chronist und Literat **Agostino Giustinian,** der 1531 im »Dialogo nominato Corsica« das Wissen zur Geografie und Geschichte Korsikas festhielt, zum Bischof des Nebbio geweiht. 1667 kapitulierte

Genua vor der **Malariaverseuchung** und gab die Stadt auf. Fast zwei Jahrhunderte lang war Saint-Florent nicht bewohnt. Erst mit der Trockenlegung der Sümpfe unter Napoleon III. blühte das Fischerdorf wieder auf.

Die malerischsten Winkel des **Hafenviertels** liegen am Ende der Halbinsel. Die farbenfrohen Häuser am Jachthafen überragt der

Nebbio erleben

AUSKUNFT
Office de Tourisme
B. P. 53, F-20217 Saint-Florent
Tel. 04 95 37 06 04
www.corsica-saintflorent.com

ESSEN
La Rascasse ⊖⊖⊖ – ⊖⊖⊖⊖
Promenade des Quais Saint-Florent
Tel. 04 95 37 06 99
www.larascasse137.com
Jean-Michel Querci ist für seine Fischme-
nüs berühmt. Von der Terrasse blickt
man direkt auf den Hafen.

La Ferme di Campo di Monte ⊖⊖⊖
Murato, Tel. 04 95 37 64 39
www.fermecampodimonte.com
Im alten Farmhaus verwöhnen Pauline
und Josiane Juillard ihre Gäste mit defti-
ger Gemüsesuppe, Brocciu, Zicklein und
geräucherten Wurstspezialitäten.

Le But ⊖⊖⊖
Murato, Tel. 04 95 37 60 92, Mo. geschl.
http://restaurant-lebut.fr
Liebevoll mit Antiquitäten eingerichtetes
Lokal mit korsischer Küche

Tchin-Tchin ⊖⊖ – ⊖⊖⊖
Saint-Florent, Tel. 04 95 37 05 25
Am Ende der Hafenpromenade serviert

Dominique Olivier ausgezeichnete
Muscheln und kreative Fischgerichte.

Le Potager du Nebbio ⊖⊖
Paladese, Route de San Griolo
20217 Saint-Florent
Tel. 06 17 17 45 53
Auf großen Tischen unter alten Oliven
servieren Sophie und Jeremy Verdeau-
Pollini, Bio-Bauern seit 2006, sonntags
Köstlichkeiten vom eigenen Hof: gegrill-
tes Lamm im Kräutermantel der Macchia,
Huhn, Kalb und vegetarische Gerichte mit
unglaublichen Aromen und Gewürzen.

ÜBERNACHTEN
Dolce Notte ⊖⊖⊖
Route de Bastia, F-20217 Saint Florent
Tel. 04 95 37 06 65
www.hotel-dolce-notte.com
Geschmackvolle Herberge 500 m vom
Stadtzentrum mit Balkonzimmern und
Hausstrand

Bellevue ⊖⊖ – ⊖⊖⊖
F-20217 Saint-Florent
Tel. 04 95 37 00 06
www.bellevue.com.fr
21 stilvolle Zimmer mit Terrasse zum ge-
pflegten Park, Schwimmbad, Tennisplatz,
Hotel-Strand und Gourmetrestaurant mit
Blick auf den Golf und Cap Corse

Maxime ⊖ – ⊖⊖
Route de la Cathédrale
F-20217 Saint-Florent
Tel. 04 95 37 05 30; 19 Z.
www.hotel-maxime-saint-florent.fr
Schlicht, sauber und zentral, der Kanal
am Haus führt zum 100 m entfernten
Meer – wer im nicht zu großen Boot an-
reist, kann bis vor die Haustür schippern.

Am Hafen von Saint-Florent kommt der Fisch fangfrisch auf die Teller.

Glockenturm der Pfarrkirche. An der Place des Portes warten Cafés auf Flaneure, und Boulespieler testen ihre Wurfqualitäten. Die eher bescheidene **Zitadelle** von 1568 besteht aus einem zylindrischen Mittelbau mit zwei seitlichen Wachtürmen und einem rechteckigen Turm – eine auf Korsika einzigartige Struktur.

**Église Santa Maria Assunta

Die alte **Kathedrale des Nebbio** ist das einzige Überbleibsel der von den Sarazenen zerstörten Hauptstadt des Nebbio. Die pisanisch-romanische Basilika von 1125 erinnert an La Canonica (▶Bastia, Umgebung), wirkt aber prunkvoller und leichter. Die Fassade aus tarantinischem Marmor gliedern Blendbögen, die auf Kapitellen mit stilisierten Tierfiguren und geometrischen Motiven ruhen. Ungewöhnlich schön ist der **Figurenschmuck** der Säulen, die das Hauptschiff von den Seitenschiffen trennen: Muscheln, Schlangen und Löwen zieren die Kapitelle. Ein gläserner **Sarkophag** birgt die Gebeine des Heiligen San Fiurenzu.
❶ Juli, Aug. tgl. 17.00 – 20.00 Uhr, sonst Schlüssel beim Tourismusbüro.

Santo Pietro di Tenda

Das kleine Dorf Santo Pietro di Tenda thront in 360 m Höhe auf einem Kamm im Hochtal des Aliso. Beherrscht wird die Siedlung von der ungewöhnlichen Barockkirche **Saint-Jean-Evangéliste,** deren zwei Gebäude ein zentraler Glockenturm verbindet. Sehenswert im

Innern sind eine Kreuzabnahme aus dem 17. Jahrhundert und der kunstvoll geschnitzte Tabernakel des Hochaltars.

An die Besiedlung seit der Vorzeit erinnern neben der Dorfkirche von Piève die rund 3000 Jahre alten **Menhirstatuen** »Murello«, »Bucentone« und »Mutolay«, die am Col de Tenda entdeckt wurden.

Piève

Das pittoreske Bergdorf lässt sich mit dem Bähnchen **Le Petit Train** erkunden. Pasquale de Paoli (►Berühmte Persönlichkeiten), der hier vorübergehend sein Hauptquartier aufgeschlagen hatte, führte in Murato die **erste korsische Münze** ein – geprägt wurde auf der Maurenkopf. Von April bis September und über Weihnachten offeriert das Geschäft der **Casa di l'Artigiani** korsisches Kunsthandwerk. In Murato wird **Brot nach bester Bauerntradition** gebacken: Scaccie, Scacettes und Miche heißen die knusprigen Spezialitäten.

*Murato

Auf einem kleinen Plateau 470 m hoch über dem Bevinco-Tal erhebt sich weithin sichtbar **»die eleganteste Kirche der Insel«,** wie Prosper Mérimée (►Berühmte Persönlichkeiten) 1839 entzückt vermerkte. Die Außenmauern des Sakralbaus, 1280 im Stil der pisanischen Romanik erbaut, faszinieren durch das unregelmäßige Wechselspiel von dunkelgrünem Serpentin aus dem Bevinco-Tal und weißem Kalkstein. Nur der Campanile mit dem kleinen Portikus des Eingangs stört die Proportionen – er wurde Mitte des 19. Jh.s aufgestockt. Die schlichte Struktur schmücken ein Rundbogenfries und sorgfältig ausgeführte Skulpturen: verflochtene Schlangen, geometrische Ornamente und eine naive »Versuchung Evas« an der Nordwand. Die Allegorien an der Westfassade symbolisieren die Gewaltenteilung zwischen Kirche und Staat. Der rechteckige Kirchenraum ist schmucklos mit kaum sichtbaren Freskenspuren.

**San Michele de Murato

Am Kreisverkehr des 349 m hohen Col (Bocca) de San Stefano treffen sich Straßen aus allen Himmelsrichtungen – zwei von ihnen führen entlang der Schlucht **Défilé de Lancone,** die der Bevinco auf 2 km Länge in die Felswände gegraben hat, zur Ostküste. Die für Lkws gesperrte D 62 verläuft nördlich, die gut ausgebaute, dafür weniger malerische D 82 bietet südlich des Défilé einen **Aussichtspunkt** mit Fernsicht bis zum Étang de Biguglia. Nach dem Abstecher zum Défilé geht es vom Col (Bocca) de San Stefano gen Norden weiter nach **Oletta.** Das recht ursprüngliche Dorf auf einer Anhöhe im Guadello-Tal

Vom Défilé de Lancone nach Oletta

BAEDEKER TIPP !

Mit dem Boot zum Strand

Schöner baden als jenseits der Aliso-Mündung lässt es sich an den Traumstränden von Lotu und Saleccia an der Agriates-Küste. Mehrmals täglich fahren Schnellboote von Saint-Florent dorthin. Das Vergnügen ist seinen Preis wert!

ist bekannt für **köstlichen Schafskäse,** die Klosterruine St-François und den Panoramablick auf den Golf von Saint-Florent.

Am Westrand des Nebbio erstreckt sich das **Tal des Ostriconi,** der vom Monte Astu gen Norden in einem geschützten Delta ins Meer mündet. Im Tal stemmen sich fünf kleine Orte gegen einen Trend, der auf Korsika unabwendbar scheint: die kontinuierliche Entvölkerung des Hinterlandes. Gemeinsam setzen die Weiler Lama, Pietralba, Urtaca, Novella und Palasca auf **»Revitalisierung« durch Tourismus.** Mit staatlichen Zuschüssen wurden leer stehende Häuser renoviert, die jetzt Sommerhäuser für Festland-Korsen oder Ferienwohnungen sind. Ein neues Schwimmbad, Tennisplätze, Wandertouren und kulturelle Veranstaltungen komplettieren das Angebot. Im alten Pferdestall der Gemeinde Lama dokumentiert eine Dauerausstellung mit historischen Fotografien das frühere Dorfleben.

Ostriconi-Tal

Niolo

✦ C / D 5 / 6

»Das ist der Niolo, die Heimstatt der korsischen Freiheit, die uneinnehmbare Zitadelle, aus der die Erobererscharen nie die Bergbewohner haben verdrängen können«, schrieb Guy de Maupassant 1882 in seinem Roman »Ein korsischer Bandit«.

Südlich des ►Monte Cinto erstreckt sich das zum ►Parc Naturel Régional de Corse gehörende Hochtal Niolo, das **Quellgebiet des Golo.** Der längste Fluss Korsikas entspringt unterhalb der Gipfel Paglia Orba und Tafonato, durchfließt die ►Castagniccia und Casinca und mündet nach 84 km ins Meer. Die beiden einzigen Zugänge zum Niolo, bis ins 19. Jh. nur über Maultierpfade zu erreichen, bilden heute der Col de Vergio, mit 1464 m der höchste Straßenpass Korsikas, und die D 84 durch den kahlen Korridor der Scala di Santa Regina. In der **abgeschiedenen Hochgebirgsregion** mit verwilderten Edelkastanien in niedrigen Lagen und Wäldern mit korsischen Schwarzkiefern oberhalb von 1000 m Höhe haben geschützte Tierarten wie Mufflon, Bartgeier oder Königsadler ihr Rückzugsgebiet. Von den kargen Hochalmen treiben die Hirten im Herbst ihre Herden zu den Weideplätzen an der Küste und im Frühjahr wieder hinauf. Die »Wüste aus glitzerndem Granit«, so Maupassant, ist ein **Dorado für Wanderer,** während die Gipfel von Monte Cinto (2710 m), Paglia Orba (2525 m) und Capu Verdattu (2586 m) Bergsteiger fordern.

Hochgebirge mit Quelle

Dunkelgrüner Schiefer und weißer Kalk: San Michele de Murato

Niolo erleben

AUSKUNFT
Office de Tourisme
Route de Cuccia, F-20224 Calacuccia
Tel. 04 95 48 05 22
www.office-tourisme-niolu.com

EVENT
Am 8. September findet in Casamaccioli
das Fest der Santa di Niolo statt, das den
religiösen Auftakt zu Korsikas größtem
Jahrmarkt bildet, der drei Tage dauert.

**Eröffnung von Korsikas größtem
Jahrmarkt: das Fest der Santa di Niolo**

ESSEN
Auberge du Lac ⊜ – ⊜⊜
Am Seeufer von Sidossi 2 km westlich

von Calacuccia, Tel. 04 95 48 02 73
Authentische Küche des Niolo wie Man-
zu-Rinderbraten, Stufatu-Lammragout
und Wildschweinkeule

ÜBERNACHTEN
Auberge Casa Balduina ⊜⊜ – ⊜⊜⊜
Lieu dit »le Couvent«
F-20224 Calacuccia
Tel. 04 95 48 08 57
www.casabalduina.com
In ihrem Landhaus empfängt Jeanne Qui-
lichini seit 2003 aufs herzlichste ihre Gäste – in 7 charmanten Zimmern und im
lauschigen Garten, wo das Frühstück im
sommerlichen Blütentraum serviert wird.

L'Acqua Viva ⊜⊜
F-20224 Calacuccia
Tel. 04 95 48 06 90; 12 Z.
www.acquaviva-fr.com
Gemütliche Zimmer mit kleinem Balkon,
z. T. mit Bergblick

Couvent Saint François du Niolu ⊜
F-20224 Calacuccia, Tel. 04 95 48 00 11
Im ehemaligen Franziskanerkloster
wurden die Räume in helle, behagliche
Gästezimmer und Schlafsäle verwandelt.
Refektorium, Küche und Garten stehen
den Gästen zur Verfügung.

SEHENSWERTES IM NIOLO

Calacuccia Das an einem sonnigen Berghang in 830 m Höhe gelegene Calacuccia ist der **Hauptort des Niolo** und zentraler Ausgangspunkt für
Wanderer und Bergsteiger. In der **Peter-und-Paul-Kirche** ist eine
hölzerne Christusfigur sehenswert. Der Stausee **Lac de Calacuccia**
(►Abb. S. 258) mit Korsikas wichtigstem **Wasserkraftwerk** enthält
hinter der Staumauer, die 74 m lang und 256 m hoch ist, 25 Mio. m³
Wasser, das für die Stromgewinnung und die Bewässerung der

Küstenebene bei ►Bastia eingesetzt wird. Eine 9 km lange Straße führt um den Stausee herum.

Anfang September kommt Leben in das Bergnest südlich des Sees, wenn hier alljährlich das Fest der **Santa di Niolo** gefeiert wird. Auf die Prozession der Muttergottes am 8. September, bei der in Weiß gekleidete Männer mit der Statue auf den Schultern in Spiralen (Granitola) durch den Ort laufen, folgt ein dreitägiges Volksfest mit dem **größten Jahrmarkt der Insel.** Um die Feier rankt sich eine **Legende:** Ein in Seenot geratener Matrose hatte gelobt, im Fall seiner Rettung eine Statue der Muttergottes zu stiften. Er hielt sein Versprechen und das holzgeschnitzte Schmuckstück wurde der ganze Stolz eines Klosters. Als eines Tages Sarazenenschiffe am Horizont auftauchten, sollte die Muttergottes zur Sicherheit ins Landesinnere gebracht werden. Da sich die Bergdörfer um die Statue stritten, wurde das Problem salomonisch gelöst: Sie wurde einem herrenlosen Maultier auf den Rücken gebunden und das Tragetier anschließend in die Berge gejagt. Es tauchte in Casamaccioli auf – wo die Statue seitdem in der Pfarrkirche logiert. Den Namen des Hochtals trägt auch der 400 – 700 g schwere AOC-Käse »Niolo« oder »Niulincu«, der nur hier aus Schafs- oder Ziegenmilch gefertigt wird und nach drei Monaten Reife im feuchten Keller köstlich mundet.

> **BAEDEKER TIPP** !
>
> *Wander-Paradies*
>
> Fünf orange markierte Wanderwege erschließen die schönsten Ecken des Niolo. Tipps zu den Tagestouren gibt die Broschüre »Niolo«, erhältlich beim Office du Tourisme und der Nationalpark-Verwaltung: Genueserpfad (Sentier génois, 6 Std., Start: Albertacce); Rundweg durch das Tal der Schäfer (4 Std., Start: Corsica); Niolo-Panoramaweg (6,5 Std., Start: Casamaccilo); Rundweg der fünf Brüder (Tour de 5 Frati, 7 Std., Start: Calasima); Rundweg ab Calacuccia via Lozzi und Albertacce (3,5 Std.).

Östlich des kleineren Stausees von Corscia hat der Golo eine **wilde Schlucht** in den roten Granit gegraben. Auf 20 km überwindet er einen Höhenunterschied von 500 m.

Der Namen der Landschaft wird duch eine Legende erklärt: Eines Tages gerieten der hl. Martin und der Teufel über das richtige Pflügen in großen Streit. Zornentbrannt warf der Teufel den Pflug Richtung Golo, woraufhin das Gebirge auseinanderbrach und dem Fluss den Weg versperrte, der über die Ufer zu treten drohte. Erschrocken bat der Heilige die Muttergottes um Hilfe. Sie ließ sich nicht lange bitten und ordnete die Felsen so, dass sie den Zugang zum Niolo freigaben und der Golo wieder fließen konnte. Dankbar für diese Tat nannte der hl. Martin die Schlucht Scala di Santa Regina – **Treppe der heiligen Königin.**

Rund um den Stausee von Calacuccia führt eine Panoramastraße.

*Musée Lucien Aquaviva — Licnicoi hieß das Bergland des Niolo bei den alten Griechen. Mehr als 30 Fundstätten mit Menhiren, Megalithgräbern und Felszeichnungen wurden hier bislang entdeckt – die schönsten Funde, darunter die Kopfplastik Tête de Ponte-Altu, zeigt das Musée Lucien Aquaviva in **Albertacce.** Dort beginnt auch ein archäologischer Rundweg, der zu drei Menhiren und steinzeitlichen Felsunterschlüpfen führt – im Frz. »abris« genannt. Am Ortsausgang gibt es im »Le Chalet« nicht nur ordentlichen Kaffee, sondern auch korsischen Honig.

❶ Mo. – Fr. 10.00 – 12.00, 14.00 – 17.00, Sa./So. 10.00 – 12.00, 15.30 bis 18.30 Uhr, Erw. 3 €. Die Esel, die am Ortsausgang Richtung Porto unter Kastanien grasen, begleiten Wanderer – der Esel trägt das Gepäck, und auch kleine Kinder, durch die Natur, www.randonnee-ane-corse.com.

Calasima — Hinter Albertacce kommt man über die D 318 zum **höchstgelegenen Dorf Korsikas,** Calasima, das wie ein Adlerhorst in 1100 m Höhe am Fuß der Paglia Orba thront.

*Forêt de Valdo-Niello — Die D 84 windet sich nun durch den Valdo-Niello-Wald, mit 4600 ha Korsikas größter Kiefernwald, zur Passhöhe des 1464 m hohen **Col de Vergio,** Wasserscheide zwischen Ost- und Westküste und Etappe des Fernwanderwegs GR 20 (▶Parc Naturel Régional de Corse). Über die Forêt d'Aïtone geht es hinab nach ▶Évisa. Unterhalb vom Col de Vergio liegt das kleine Wintersportgebiet **Station de Vergio.**

*Wanderung zum Lac de Nino — An der **Maison forestière de Popaghja** (Forsthaus Popaghja) beginnt ein gelb markierter Wanderweg durch den Valdo-Niello mit bis zu 500 Jahre alten, 50 m hohen Baumriesen. Nach knapp einer Stunde ist die **Bergerie de Colga** am Waldrand erreicht. Auf der 1762 m hohen Bocca a Stazzona angekommen, sieht man den klaren **Lac de Nino,** mit 6,5 ha zweitgrößter Bergsee Korsikas und Quellgrund des

Tavignano. Die mit Tümpeln und Wasserläufen durchsetzten Feuchtwiesen rund um den Lac de Nino – **»Pozzines«,** vom Korsischen
»pozzi« für »Brunnen« – sind typisch für die Verlandung von Ge-
birgsseen. Auf den Wiesen gedeihen **fleischfressende Pflanzen** wie
unter anderem der Sonnentau.

* Parc Naturel Régional de Corse

— ✦ A – F 4 – 10

**Der Korsische Regionalpark bedeckt mit 3500 km²
fast 40 Prozent der Insel. Er erstreckt sich von ►Calvi
an der Nordwestküste bis hinunter nach ►Porto-Vec-
chio an der Südostküste.**

Der Parc Naturel Régional de Corse umfasst die großen Gebirgsketten mit ihren Ausläufern, die Westküste zwischen der Baie de Crova-
ni und Capo Rosso sowie Teile der ►Castagniccia und des Bozio.
Touristische Attraktionen sind die Gebirgsmassive von ►Monte Cinto, Monte Rotondo, Monte d'Oro, Monte Renoso und Monte Incudine, Kleinode die einsamen Täler, abgeschiedenen Dörfer und ausgedehnten Wälder des Inselinnern.

***Landschafts-
bild**

Hauptaufgabe des 1972 gegründeten Regionalparks ist der **Natur-
und Landschaftsschutz.** Einige Tiere, wie das Mufflon, oder die
Vegetation der Pozzines (►Niolo) werden streng geschützt. Mit dem
Schlagen von Brandschneisen und der Einsetzung von Brandwäch-
tern wird versucht, den Feuern Einhalt zu gebieten, die alljährlich
große Macchia- und Waldflächen vernichten. Im Parkgebiet liegen

**Aufgaben
der Park-
verwaltung**

Korsikas Regionalpark erleben

AUSKUNFT
Parc Naturel Régional de Corse
2, Rue Major Lambroschini
F-20184 Ajaccio Cedex 1
Tel. 04 95 51 79 10
www.parc-corse.org

Wappentier des Parks ist der Mufflon.

Parc Naturel Régional de la Corse

Legend:
- Regionalpark
- Fernwanderweg „Mare e Monti Nord"
- Fernwanderweg „Mare e Monti Süd"
- Fernwanderweg GR 20
- Fernwanderweg „Mare a Mare Nord"
- Fernwanderweg „Mare a Mare Centre"
- Fernwanderweg „Mare a Mare Süd"
- Wintersportzentren

20 km

©BAEDEKER

auch 143 Orte. Um der Abwanderung nachhaltig vorzubeugen, fördert die unter staatlicher Trägerschaft operierende Parkverwaltung u. a. die Schaf- und Schweinezucht und den **Tourismus.** Wanderwege und Reitpfade werden angelegt sowie archäologische Stätten, traditionelle Almhütten, die sogenannten Bergeries, und andere historische Bauwerke bewahrt.

** FERNWANDERWEG GR 20

Seit ihrer Gründung hat die Parkverwaltung mehr als 1500 km Wanderwege angelegt. Entlang der Hauptwasserscheide verläuft der Fernwanderweg GR 20 **(Sentier de Grande Randonnée),** der seinen Namen nach dem früheren Autokennzeichen des Départements Korsika erhielt und auch Korsika-Höhenweg genannt wird. Die Route ist laut Parkverwaltung mittlerweile insgesamt **200 km lang** und verbindet Calenzana im Nordwesten mit Conca im Südosten und führt durch eine wilde und grandiose Hochgebirgslandschaft, vorbei an den höchsten Gipfeln Korsikas. Der Hauptweg ist **rot-weiß markiert,** Varianten und Abzweigungen in Orange. Beste Wanderzeit für diesen Weg ist Ende Juni bis Mitte Oktober. Vor wenigen Jahren wurde die Wanderroute um den Abstecher Usciolu – Asinau verlängert, das ermöglicht, die Hochebene von Cuscionu zu entdecken. Unterkünfte in den Schutzhütten – Bettwäsche bzw. Schlafsäcke sind mitzubringen – könen online auf der Nationalparkwebsite reserviert werden. Im Winter kann der GR 20 mit Tourenski absolviert werden! ▶Baedeker Wissen, S. 104

(Randnotiz:) **Korsischer Höhenweg**

Die Route entspricht einer Gehzeit von 90 bis 100 Stunden. Bergsteigerverbände bereiten die Tour vor, begleiten Gruppen und sorgen für die Unterbringung in Hütten. Erfahrene Wanderer können den GR 20 auch alleine begehen. Eine wetterfeste Wanderausrüstung, gute Wanderschuhe, Proviant für vier bis fünf Tage und Erfahrung sind unabdingbar – jedes Jahr verunglücken Wanderer im korsischen Hochgebirge tödlich.

(Randnotiz:) **Hinweise für Wanderer**

Die »klassische« Wanderroute folgt in 16 Tagesetappen dem GR 20 – hier die Route von Nord nach Süd:

(Randnotiz:) **Wanderetappen**

Calenzana – Refuge d'Ortu di u Piobbu (1570 m)
Gehzeit: ca. 6 Stunden
Höhenunterschied: 1300 m bergauf, schwierige Etappe
Highlights: Forêt de Bonifato: Laricio-Kiefern, Steineichen, Stechpalmen, Baumheide und wilde Lilien wachsen in dem korsischen Urwald. **Einkehrtipp:** Auberge de la Forêt, Tel. 04 95 65 09 98, Waldgasthof an der D 251

(Randnotiz:) **1. Tag**

2. Tag **Refuge d'Ortu di u Piobbu – Refuge de Carrozzu (1270 m)**
Gehzeit: 6 Std.
Höhenunterschied: 550 m bergauf, 850 m bergab
Highlights: Blick auf das wildromantische Felsenchaos des Figarella-Baches beim Cirque de Bonifatu; **Tipp:** Gönnen Sie sich im Refuge de Carrozzu ein Glas vom Hüttenbier oder vom Hauswein.

3. Tag **Carrozzu-Hütte – Haut-Asco (1420 m)**
Gehzeit: 5 Std.
Höhenunterschied: 850 m bergauf, 700 m bergab – letzter Abstieg sehr anstrengend
Highlights: Auf dem Weg zum Muvrella-See unterhalb des gleichnamigen Zweitausenders überspannt die große Spasimata-Hängebrücke spektakulär eine türkisblaue Gumpe. Vom Hauptkamm besteht die Möglichkeit, den Monte Cinto (2706 m) zu ersteigen. Gute Verpflegungsmöglichkeiten gibt es in Haut-Asco.

4. Tag **Haut-Asco – Tighiettu-Hütte (1640 m)**
Gehzeit: 6 Std.
Höhenunterschied: 1000 m bergauf, 780 m bergab
Highlights: Von der Passhöhe Col Perdu (2183m) hat man einen sagenhaften Blick in das steile Felstal Cirque de la Solitude, den »Kessel der Einsamkeit«. Es besteht auch die Möglichkeit, zum Monte Cinto (2706 m) aufzusteigen.

5. Tag **Tighiettu-Hütte – Refuge de Ciottulu-di-i-Mori (2000 m)**
Gehzeit: 4 Std.
Höhenunterschied: 630 m bergauf, 270 m bergab
Highlights: Eine markante Scharte trennt das »Matterhorn Korsikas«, die Paglia Orba (2525 m), vom Capu Tafunatu (2335 m) mit seinem berühmten Felsloch.

6. Tag **Refuge de Ciottulu-di-i-Mori – Refuge de Manganu (1600 m)**
Gehzeit: 7 Std.
Höhenunterschied: 600 m bergauf, 1000 m bergab
Highlights: Unterhalb des Col de Verghio, mit 1464 m der höchste Straßenpass Korsikas, liegt direkt neben einem Skilift das **Hotel Castellu di Vergio**. Im Laden des Hotels kann man sich mit Proviant für die nächsten Tage eindecken. **Tipp:** Im Refuge de Manganu gibt es frisch gebackenes Brot, direkt neben der Hütte eine Badegumpe. Den Gletschersee Lac de Nino mit der Quelle des Tavignano umrahmen beweidete Sumpfwiesen.

7. Tag **Manganu-Hütte – Refuge de Pietra-Piana (1842 m)**
Gehzeit: 6,5 Std.
Höhenunterschied: 850 m bergauf, 600 m bergab

Gehört zu den großen Klassikern Korsikas: die Restonica-Tour

Highlights: Unterhalb der Passhöhe Bocca Soglia (2052 m) glitzert blau der Lac de Melo in einem weiten Hochgebirgskessel. Möglichkeit, zum Restonica-Tal zu wandern oder den Monte Rotondo (2622 m) zu ersteigen. **Tipp:** Im Refuge de Pietra Piana gibt es leckeren Kuchen und eine warme Dusche!

Pietra-Piana-Hütte – Refuge de l'Onda (1430 m) 8. Tag
Gehzeit: 4,5 Std.
Höhenunterschied: 350 m bergauf, 770 m bergab
Highlights: Tosende Wassermassen schießen das Manganello-Tal hinab. **Tipp:** Wasserfälle und tolle Badegumpen säumen den Weg zur Bergerie de Tolla (1010 m), wo es frischen Brocciu beim Bauern gibt – und warme Duschen. Beeindruckend: der Blick auf die Bergkulisse des Monte d'Oro

Refuge de l'Onda – Vizzavona 9. Tag
Gehzeit: 5,5
Std. Höhenunterschied: 600 m bergauf, 1100 m bergab
Highlights: Cascades des Anglais (1150 m): Die »Wasserfälle der Engländer« aus den Gumpen und Wasserfällen des Agnone-Baches sind im Sommer ein beliebtes Ausflugsziel und laden zur erfrischenden Pause. Alpine Variante via Monte d'Oro (2389 m)

Vizzavona – Capannelle-Hütte (1586 m) 10. Tag
Gehzeit: 5 Std.
Höhenunterschied: 870 m bergauf, 200 m bergab

Highlights: Geografisches Zentrum der Insel ist der Col de Vizzavona (1163 m). Zwischen Monte d'Oro (2389 m) und Bocca di Palmente (1637 m; mit erstem Ausblick auf die Ostküste!) erstreckt sich einer der schönsten Wälder Korsikas, die Forêt de Vizzavona mit Laricio-Kiefern und Buchen. Alpine Variante über Monte Renoso (2352 m)

11. Tag   **Capannelle-Hütte – Prati-Hütte (1820 m)**
Gehzeit: 6 Std.
Höhenunterschied: 850 m bergauf, 630 m bergab
Highlights: Zwischen Col de la Flasca und Col de Verde (1289 m) spendet Tannenwald den Wanderern schattige Kühle. **Tipp:** Genießen Sie im Refuge de Prati den Sonnenaufgang über dem Meer.

12. Tag   **Prati-Hütte – Usciolu-Hütte (1750 m)**
Gehzeit: 5 Std.
Höhenunterschied: 650 m bergauf, 715 m bergab
Highlights: Vom Col de Prati (1840 m) eröffnet sich eine wunderschöne Aussicht auf die West- und Ostküste.

13. Tag   **Usciolu-Hütte (1750 m) – A Matalaza (1530 m)**
Gehzeit: 4,25 Std.
Höhenunterschied: 380 m bergauf, 640 m bergab
Highlights: Angenehme Etappe, die Zeit lässt, sich umzusehen – halten Sie Ausschau nach dem blauen Akonit, einer nur hier wachsenden Art des Eisenhuts!

14. Tag   **A Matalaza (1410 m) – Asinau-Hütte (1530 m)**
Gehzeit: 4,15 Std.
Höhenunterschied: 6500 m bergauf, 545 m bergab
Highlights: Das Plateau du Cuscionu – mit 7000 ha die größte Hochebene der Insel – und Refugium für eine einzigartige Flora und Fauna; ein 35-minütiger Schlenker führt von hier zum Gipfel des Monte Incudine (2134 m). Der Gipfel begeistert mit herrlicher Fernsicht über den Süden Korsikas und die bizarren Feldspitzen der Bavella.

15. Tag   **Asinau-Hütte – Refuge de Paliri**
Gehzeit: 7 Std.
Höhenunterschied: 550 m bergauf, 1000 m bergab
Highlights: Der Col de Bavella (1243 m) ist der schönste Pass der Insel: Gen Norden ragen die Zacken der Aiguilles de Bavella auf, gen Südwesten ist das berühmte Riesenloch der Punta Tafunata di i Paliri (1312 m) zu sehen.

16. Tag   **Paliri-Hütte – Conca**
Gehzeit: 5 Std.
Höhenunterschied: 230 m bergauf, 1100 m bergab

Traumhaft: Korsikas Fernwanderwege zwischen Bergen und Meer

Highlights: Von der letzten Passhöhe, Bocca d'Usciolu (587 m), sieht man bereits das Dörfchen Conca (252 m), wo der GR 20 endet.

DIE FERNWANDERWEGE »TRA MARE E MONTI« UND »DA MARE A MARE«

Der orange gekennzeichnete Fernwanderweg **»Tra Mare e Monti«** führt auf der nördlichen Route in zehn Tagen von Calenzana nach ▶Cargèse, auf der südlichen Route in fünf Etappen von Porticcio bei ▶Ajaccio nach ▶Propriano.

»Zwischen Meer und Bergen«

Der Fernwanderweg **»Da Mare a Mare«** bietet drei Verbindungen zwischen beiden Küsten: Die nördliche Route führt in zehn Tagen von Pianella bei Moriani-Plage über ▶Corte und ▶Évisa nach ▶Cargèse; die Zentralroute führt in sieben Etappen von ▶Ghisonaccia über Zicavo und das Taravo-Tal nach ▶Ajaccio; die südliche Route in sechs Tagestouren von ▶Porto-Vecchio durch die ▶Alta Rocca nach ▶Propriano (▶S. 105).

»Von Meer zu Meer«

FIUMORBO

Die dünn besiedelte Bergregion mit weiten Kastanien- und Korkeichenwäldern gehört großenteils zum Parc Naturel Régional de Corse und wird vom Wanderweg **»Da Mare a Mare Centre«** von ▶Ghisonaccia nach ▶Ajaccio durchquert (▶Urlaub aktiv, Wandern). Bis

Abgeschiedenes Wanderparadies

Kinder aufgepasst: Im glasklaren Fluss Fium'Orbo leben Forellen.

vor wenigen Jahrzehnten waren die auf Anhöhen verstreut gelegenen Bergdörfer weitgehend von der restlichen Insel abgeschnitten.

Geschichte Als Korsika im Jahr 1769 an Frankreich fiel, lehnte sich die Bevölkerung des Fiumorbo heftig gegen die neuen Herren auf. Die Folge waren jahrzehntelange Repressalien, Massenhinrichtungen und Deportationen der Einwohner. Um 1815/1816 kam es nach Sympathiekundgebungen für Napoleon (►Berühmte Persönlichkeiten) zum **Fiumorbo-Krieg,** der Napoleons Herrschaft der Hundert Tage weit überdauerte. Bis zum beginnenden 20. Jh. war das Fiumorbo Schlupfwinkel der letzten **Banditen,** später Operations- und Rückzugsgebiet der **Résistance.** Der letzte Konflikt der streitbaren Region wurde durch die Verteilung von Landparzellen an nordafrikanische Rückkehrer in der Küstenebene ausgelöst.

Prunelli di Fiumorbo Der bedeutendste Ort der Region mit 2300 Einwohnern blickt aus 580 m Höhe auf die Küstenebene bei ►Aléria und ins Abatesco-Tal hinab. Unterhalb dieses recht ursprünglichen Dorfes befindet sich eine der ältesten Kirchen der Insel, **San Giovanni Battista** aus dem 6./7. Jh. Sie enthält vorromanische Kunstwerke, darunter auch eine Skulptur der Dreifaltigkeit.

Serra-di-Fiumorbo Die Häuser der auf dem 450 m hohen Bergkamm gelegenen kleinen Gemeinde drängen sich um die Pfarrkirche. Der großartige Panoramablick umfasst den Étang de Palo sowie den Süden der Ebene um ►Aléria. Von Serra-di-Fiumorbo wandert man in etwa zweieinhalb Stunden nach Pietrapola.

Pietrapola Die Heilwirkungen des kleinen **Thermalbads** Pietrapola am Abatesco wussten bereits die Römer zu schätzen. Sein warmes schwefel- und natriumhaltiges Wasser wird bei der Behandlung von rheumatischen Erkrankungen eingesetzt.

✶✶ **Porto**

✧ B 6

Höhe: 5 m ü. d. M.
Einwohner: 600

Porto wurde als Ferienort konzipiert, doch Bausünden wurden vermieden. Die Urlaubsdomizile in rotem Granit bilden mit dem tiefen Rot der Felswände, dem Grün der Macchia und dem strahlenden Blau des Meeres ein faszinierendes Farbenspiel – so schön, dass die UNESCO den Golf von Porto zum Weltnaturdenkmal erklärte.

Das Seebad Porto gehört zur knapp 5 km entfernten Gemeinde Ota (▶Évisa) im Landesinneren und besteht fast nur aus Hotels und Restaurants an der Mündung des Porto. Im Sommer wimmelt der Ort von Besuchern: Badegäste, Wanderer und Urlauber, die bei ihren Segeltörns entlang der Westküste einen Zwischenstopp einlegen. Eukalyptusbäume säumen den **Kieselstrand** mit starker Brandung. Fotogenes Wahrzeichen ist der mächtige **Genuesenturm** vor der Hafeneinfahrt. Er birgt ein kleines Museum zur Turmgeschichte und darf gegen Gebühr bestiegen werden. **Beliebter Urlaubsort**

Seit dem 15. Jh. bewacht der genuesische Turm den Hafen, von dem aus u. a. das Holz der Forêt d'Aïtone verschifft wurde. Die Bank des hl. Georg vertraute das Land 1546 **Domenico Giustiniani** an und erteilte ihm ein Exklusivrecht zur Korallenfischerei mit der Auflage, das Porto-Tal zu bewalden. **Geschichte**

✶✶ **GOLF VON PORTO**

Der Golf von Porto, der mehr als 10 km tief in die Westküste eindringt, gehört zum Gebiet des ▶Parc Naturel Régional de Corse und zum Weltnaturerbe der UNESCO. Im Norden trennt der 619 m hohe Monte Senino den Golf von Porto vom Golf von Girolata. Die kurvenreiche, oberhalb der Küste verlaufende D 81 bietet viele herrliche Ausblicke – besonders schön am **Col de la Croix,** der beide Buchten verbindet. Stichstraßen führen zu den Stränden Plage de Bussaglia, Plage de Caspio und Plage de Gratelle. Weitaus bekannter ist jedoch die Südseite des Golfs zwischen Porto und Piana, die berühmte ▶Calanche. Ein sehr guter Ausgangspunkt für die Erkundung der Felsküste ist das hübsch gelegene **Piana.** Die Unterwasserwelt im Golf präsentiert das Aquarium de la Poudrerie mit mehr als 150 Arten im alten Pulvermagazin unterhalb des genuesischen Turmes. **UNESCO-Welterbe**

Porto erleben

AUSKUNFT
Office Municipal de Tourisme Ota Porto
Place de la Marine, F-20150 Ota
Porto Tel. 04 95 26 10 55
www.porto-tourisme.com

BOOTSAUSFLÜGE
Von Mitte April bis Mitte Okt. schippern täglich Boote entlang der Küste des Golf von Porto zur ►Calanche, zum Capu Rossu, nach Girolata und zum Weltnaturerbe Scandola (Porto Linea, Tel. 04 95 26 11 50, www.portolinea.com, vier Rundtouren, ab Erw. 25 €).

ABENTEUER UNTER WASSER
Die Tauchgründe des Golfs von Porto gehören zu den interessantesten der Insel. Infos zu Tauchgängen und Kursen erteilt das Centre de Plongée du Golf de Porto: Pont de Porto »les oliviers«
Tel. 04 95 26 10 29
www.plongeeporto.com

ESSEN UND ÜBERNACHTEN
Le Méditerranée €€€ – €€€€
La Marine, F-20150 Porto
Tel. 04 95 26 10 27, April – Mitte Okt.
www.le-mediterranee.com
Alle 21 Balkonzimmer haben Blick auf den Golfe de Porto. Schwimmbad, Tennisplätze und eigene Tauchschule (Méditerranée Porto Sub La Marine; Tel. 04 95 26 19 47).

Brise de Mer €€ – €€€
Porto Marine, F-20150 Porto
Tel. 04 95 26 10 28
April – Mitte Okt.
www.brise-de-mer.com
Im Zentrum von Porto bietet das Hotel

20 hübsche Balkonzimmer und korsische Küche im Panoramarestaurant.

Le Romantique €€ – €€€
Porto Marine, F-20150 Porto
Tel. 04 95 26 10 85, April – Okt.
www.hotel-romantique-porto.com
Die 8 netten Zimmer haben einen Balkon und Blick auf den Hafen. Gespeist wird im Terrassenrestaurant.

U Caspiu €€ – €€€
Knapp 15 km nördlich von Porto an der Plage de Caspiu, Tel. 04 95 27 32 58
www.restaurant-u-caspiu.fr, Mai – Sept.
Frische Langusten in Orangensauce, gegrillter Fisch vom Fang des Tages, als Nachtisch eine unwiderstehliche Zabaione, alles bestens am Strand serviert.

Kallisté €€
Place de la Marine , 20150 Porto
Tel. 04 95 26 10 30, April – Mitte Okt.
www.hotel-kalliste.com
Fast alle 58 geschmackvollen Zimmer des eleganten rosa Granitbaus haben Balkon und Meerblick. Vom Gourmetrestaurant sieht man Portos Wahrzeichen: den Genueserturm.

Ein schmales, steiles Sträßchen führt von der D 824 hinab zur Anse de Ficajola. Umgeben von hohen roten Porphyrwänden, kontrastieren **Bucht und Strand von Ficajola** aufs Schönste mit dem Blau des Meeres und dem Azur des Himmels.

*Anse de Ficajola

Unvergleichlich ist der Ausblick vom Capu Rossu am Südwestende des Golfs von Porto, zu dem ein markierter **Wanderweg ohne Schatten** in drei Stunden hin- und zurückführt. Auf dem Kap thront 300 m über dem Meer die **Tour de Turghio.**

Capu Rossu

** BOOTSFAHRT ÜBER GIROLATA NACH LA SCANDOLA

Girolata ist **nur per Boot** oder per pedes zu erreichen. Schiffe verkehren ab Porto und ▶Galéria; vom 272 m hohen **Col de la Croix** führt ein Saumpfad in 90 Minuten hinab nach Girolata. Das **denkmalgeschützte Fischerdörfchen** an der zerklüfteten Westküste hat seinen natürlichen Charme bewahren können und ist, außer zur Hauptsaison, ein Paradies der Ruhe und Beschaulichkeit. Eine kleine Zitadelle bewacht die winzige Bucht, die Eukalyptusbäume einrah-

*Girolata

Wachturm aus genuesischer Zeit auf den Felsklippen bei Girolata

men. Die Bewohner der wenigen Häuser erhielten erst nach 1980 Leitungswasser und Strom. Hohe, violett schimmernde Granitwände bewachen die Abgeschiedenheit des Weilers. Einst war Girolata ein Räubernest. Am 15. Juni 1540 nahm Giannettino Doria, ein Enkel des berühmten Genueser Admirals Andrea Doria, hier den berüchtigtsten Piraten des Mittelmeers, Dragut, gefangen.

**Réserve Naturelle de Scandola

►Abb. S. 128

Westlich von Girolata schließt eine felsige Halbinsel aus Porphyr und Granit den Golf ab – das **UNESCO-Weltnaturerbe** La Scandola. Die Farbkontraste zwischen den riesigen roten Felsen, die schroff ins tiefblaue Meer abfallen, sind überwältigend. Auf zerklüfteten Felszacken nisten Kormorane, Silbermöwen und der **seltene Fischadler**. Das Hinterland bedeckt karge Macchia. Im klaren Wasser sieht man Korallenbänke, viele Algenarten und eine bunte Fischwelt. Bootsfahrten von ►Calvi, ►Porto, ►Cargèse ►Sagone oder ►Ajaccio aus bieten unvergessliche Eindrücke. Unter **Naturschutz** stehen 919 ha Land- und 1000 ha Meeresfläche. Wer das Gelände durchwandert oder im eigenen Boot anreist, muss strikte Auflagen einhalten.

* Porto-Vecchio

⊹ E 10

Höhe: 70 m ü. d. M.
Einwohner: 10 100

Korkeichen, Pinien und viele Buchten säumen den Golf von Porto-Vecchio, der einige der schönsten Strände Korsikas besitzt. Diese natürlichen Vorzüge lassen den Tourismus boomen: Die drittgrößte Stadt der Insel ist neben ►Calvi der beliebteste korsische Ferienort.

Touristische Hochburg

Die nach ►Ajaccio und ►Bastia drittgrößte Stadt Korsikas liegt im Süden der Ostküste auf einem befestigten Hügel des Golfs von Porto-Vecchio, der zwischen der Punta San Ciprianu und der Pointe de la Chiappa im Mündungsgebiet der Flüsse Oso und Stabiacco 10 km weit ins Landesinnere reicht. Porto-Vecchio – wörtlich »Alter Hafen« – besitzt einen kleinen Handels- und Fischereihafen sowie einen Jachthafen für 500 Boote. In der Umgebung erstrecken sich der mit rund 8000 ha größte **Korkeichenwald** Korsikas sowie großflächige **Salinen,** in denen seit der Antike das »weiße Gold« gewonnen wird.

Stadtgeschichte

In Porto-Vecchio landeten vermutlich die **torreanischen Siedler** der Bronzezeit, die um 1600 v. Chr. die Festungen und Dörfer von Tappa, Torre und Castello d'Arraggio errichteten. Die Römer verluden im

Auf Törn: Bis zu 500 Boote liegen im Jachthafen von Porto-Vecchio.

Hafen die Rinde der Korkeichen. Zur Stadtgründung kam es jedoch erst 1539. Im Auftrag Genuas begann die Bank des hl. Georg den Bau einer fünfeckigen Befestigungsmauer, um den Verteidigungsgürtel entlang der Küste zu vervollständigen. Wenig später kamen 110 ligurische Familien nach Porto-Vecchio. Trotz Malaria und Zwistigkeiten mit ▶Bonifacio wurden 1546 zwangsweise Familien aus allen Bezirken der Insel angesiedelt. Um 1564 bemächtigte sich **Sampiero Corso** (▶Berühmte Persönlichkeiten) der Stadt, worauf eine genuesische Flotte Porto-Vecchio dem Erdboden gleichmachte. Erst nach Ausrottung der Malaria in den 1950er-Jahren begann der Ort als Handels-, Verwaltungs- und Tourismuszentrum zu florieren. In der Hauptsaison drängen sich die Urlauber vor allem in der Oberstadt.

SEHENSWERTES IN PORTO-VECCHIO

Die Oberstadt umfasst die genuesischen Befestigungsanlagen mit fünf Bollwerken um die Altstadt. Die **Porte Génoise** öffnet sich südöstlich, die **Bastion de France** nordöstlich zur Küste, während die **Bastion de San Giorgio** die Nordwestmauer beschützt. Das Verteidigungssystem in der Stadt ergänzen die Türme **Torre di San Cipriano** und **Torre del Benedetto,** die von umliegenden Hügeln den

*Zitadelle

Porto-Vecchio erleben

AUSKUNFT
Porto Vecchio Tourisme
Rue Maréchal Leclerc
F-20137 Porto-Vecchio
Tel. 04 95 70 09 58
www.ot-portovecchio.com

MIT DEM SCHIFF
Fährschiffe fahren regelmäßig nach Marseille, Genua, Livorno, Neapel und Palau, Ausflugsboote zu den Îles Lavezzi vor Bonifacio und zu den Stränden. Wer selbst ein Schiff chartern möchte, findet am Jachthafen mehrere Anbieter.

ESSEN
❶ Casadelmar €€€€
Route de Palombaggia, östl. Buchtseite
Tel. 04 95 72 34 34, www.casadelmar.fr
Davide Bisetto berauscht die Sinne mit seiner Küche. Und wer die Tropfen des Weinkellers genießen will, kann hier in florentinischer Opulenz nächtigen oder im Spa auftanken.

❷ Le Sequoïa €€ – €€€
6 Rue Joseph Pietri , Tel. 04 95 51 21 37
Thunfisch-Tataki und Tartar nach Art des Hauses? Das kleine, stylische Restaurant hat köstliche kulinarische Surprisen auf der Karte – und die passenden Weine.

❸ U Borgu €€
35, Rue Borgo, Tel. 04 95 70 07 27
An der Stadtmauer mit fantastischer Aussicht über Golf und Hafen gibt es leckere Fischgerichte.

ÜBERNACHTEN
❶ Grand Hotel de Cala Rossa €€€€
Domaine Cala Rossa, F-20137 Porto-Vecchio, Tel. 04 95 71 61 51

www.hotel-calarossa.com
Noble Oase mit eigenem Strand und preisgekröntem Gourmetrestaurant; Entspannung pur bieten Sauna und Massagen im eleganten Spa.

❷ La Plage Casadelmar €€€€
▶Presqu'île du Benedettu, S. 101

❸ Le Goéland €€€
La Marine, 20137 Porto-Vecchio, Tel. 04 95 70 14 15, www.hotelgoeland.com
Hübsches Hotel mit 23 Zimmern. Gefrühstückt wird am Meer oder im schattigen Garten. Zu Tapas und korsischen Spezialitäten gibt es erlesene Inselweine.

❹ Holzer II €€ – €€€
12, Rue Jean Jaurès, F-20137 Porto-Vecchio, Tel. 04 95 70 05 93
www.hotel-holzer.com
Am Ortseingang von Porto-Vecchio warten 30 großzügige Zimmer. Nettes Restaurant, das korsische Spezialitäten serviert. Vermietung von Rollern.

❺ Mistral €€
5, Rue Toussaint-Culioli
F-20137 Porto-Vecchio
Tel. 04 95 70 08 53, www.lemistral.eu
Gepflegtes Zwei-Sterne-Hotel mit 31 Zimmern, 5 Appartments und einem kleinen Garten

AUSGEHEN
❶ Via Notte
Route de Porra (Südende der Avenue du Général Leclerc), www.vianotte.com
(Juni – Sept. tgl. 22.00 – 6.00 Uhr)
Die In-Disco der Insel: Philippe Starck entwarf das Interieur, der Sternenhimmel sorgt für's Ambiente beim Tanz-Open-Air.

Golf überwachten. Die Häuser innerhalb der Zitadelle sind nach ligurischem Vorbild aus ungleichmäßigen Granitblöcken erbaut.

Im Hafenviertel unterhalb der Altstadt geht es zwar nicht preiswerter, aber ruhiger zu als in der Oberstadt. Der **Jachthafen** bietet Platz für 500 Boote, vom Handelshafen werden Kork und Holz verschifft. Im drittgrößten Hafen der Insel legen Fähren und Kreuzfahrtschiffe an. An der Mündung des Stabiacco wird in der einzigen Saline Korsikas Salz aus dem Meerwasser gewonnen.

La Marine

UMGEBUNG VON PORTO-VECCHIO

Feinster Sand, rund geschliffene Felsen, grüne Strandkiefern, tiefblaues Meer und am Horizont die Inselgruppe Îles Cerbicales, die als Naturschutzgebiet nicht betreten werden darf: Die Bucht von Porto-Vecchio mit ihren Stränden ist ein paradiesisches Stückchen Erde. Bei **Cala Rossa** sind einige Strandabschnitte nur für die Gäste der Luxushotels zugänglich, was so manchem Korsen die Zornesröte ins Gesicht treibt. Frei für alle aber sind jedoch die Strände von **San Ciprianu** und **Pinarellu**. Die besten Badestrände erstrecken sich indes auf der Südseite der Landzunge – der für viele schönste Strand der Insel ist **Palombaggia** (▶Abb. S. 66), den große Schirmpinien beschatten, und die 6 km südlich gelegene Bucht von **Santa Giulia.** Am Südende des Golfes erlaubt das FKK-Paradies **Punta di a Chiappa** eine nahtlose Bräune.

**Traumstrände des Golfe de Porto-Vecchio

Das Erbe der Torreaner

Das geheimnisvolle Volk der Torreaner (▶Baedeker Wissen, S. 238) landete um 1600 v. Chr. im Golf von Porto-Vecchio und ließ sich auf Korsika nieder. Zwar ist die Meinung des Archäologen **Roger Grosjean**, es handele sich bei den Torreanern um das Seevolk Shardana, das von Pharao Ramses III. besiegt wurde und sich im ganzen Mittelmeerraum zerstreute, längst widerlegt, doch eine allgemein anerkannte Theorie gibt es bis heute nicht. Drei bronzezeitliche Stätten der Torreaner lohnen besonders den Besuch: Tappa, Torre und das Castellu d'Arraghju, eine der ersten torreanischen Siedlungen auf Korsika.

Tappa

Das torreanische Denkmal von Tappa geht auf die Zeit um das Jahr 1600 v. Chr. zurück und wurde ab 1960 von Roger Grosjean freigelegt. Den runden Bau mit falschem Gewölbe umschließt eine massive Zyklopenmauer. Der erste dort gefundene Menhir, der Tappa I, ist in ▶Filitosa zu bewundern, Tonscherbenfunde aus Tappa können im Museum von ▶Sartène betrachtet werden.

*Torre

Archaische Steinstufen führen zu einem prähistorischen Monument, das der torreanischen Kultur ihren Namen gab: der »Torre«, ein kegelförmiger **»Turm«**, den die Torreaner – ähnlich den sardischen Nuraghen – ursprünglich auf allen Kultbauten errichteten. Oben besaß der Torre eine Öffnung als Rauchabzug. Spuren von Asche und verkohlten organischen Resten lassen auf rituelle Feuerbestattungen schließen. Ist man ins Innere gekrochen, erkennt man einen Hauptgang, zwei Nebengänge und eine Nische. Vom Dach bietet sich ein schöner Blick auf die Bucht von Cipriano.

*Castello d'Arraggio

Nach 10 km auf der N 198 und D 759 führt in Arragio ein steiler Pfad in 30 Min. zur monumentalen Anlage des »Kastells«, das in 245 m Höhe auf einem Felssporn mit **Panoramablick** über den Golf thront. Ein mächtiger Mauerring aus großen Steinblöcken – 120 m lang, bis zu 4 m hoch und 2 m dick – schützte einst das torreanische Dorf. Durch ein Tor mit steinernem Türsturz betritt man die Festung. Erhalten sind Reste eines Torre für kultische Zwecke sowie drei kleinere Räume, die später für Wachposten eingerichtet wurden.

Massif de l'Ospédale

Von Porto-Vecchio steigt die D 368 die Hänge des Massif de l'Ospédale empor und erreicht Zonza zu Füßen des Col de Bavella (▶Alta Rocca). Die 30 km lange Strecke bis zur **Bocca d'Illarata** führt durch herrliche Wälder und bietet weite Ausblicke. Das Gebiet gehört zum ▶Parc Naturel Régional de Corse und eignet sich gut für kurze Wanderungen.

*Forêt de l'Ospédale

Mit Korkeichen, Schwarzkiefern und von Farn überwucherten Granitfelsen gleicht die 4500 ha große Forêt de l'Ospédale einem **Märchenwald**. Leider beschädigten Brände seinen unteren Teil.

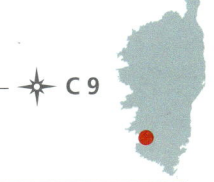

Entspannung, Sport und Spaß am Traumstrand von Palombaggia

*L'Ospédale

Schon die Römer wussten um die gesunde Wirkung der Höhenluft von L'Ospédale und errichteten hier ein Krankenhaus für ihre Truppen – so kam der Ort also zu seinem Namen. Vom Weiler aus genießt man eine herrliche **Aussicht** über Porto-Vecchio mit dem Golf und den Îles Cerbicales sowie zum Golf von Santa Manza. Die Wasserversorgung am Golf und im Stabbiacco-Tal sichert ein **Stausee** mit rund 3 Mio. m³ Fassungsvermögen. Ca. 1 km rechts hinter der Staumauer führt ein mit Steinhaufen eher unzulänglich markierter Weg in gut 45 Min. hinauf zur **Cascade de Piscia di Gallo.** Der 50 m hohe »Hahnenpiss«-Wasserfall hat im Laufe der Zeit äußerst bizarre Formen in den Fels geschliffen.

★ Propriano

C 9

Höhe: 25 m ü. d. M.
Einwohner: 3600

Das einstige Fischerdorf ist heute eine Urlauberhochburg mit schönen Stränden, reichhaltigem Wassersportangebot, Jachthafen und bunten Hafenrestaurants.

Geschichte Das Gebiet war schon in der Bronzezeit besiedelt, wie die Fundstätten im nahen ▶Filitosa bezeugen. Karthagische, etruskische und griechische Seefahrer erkannten die Vorzüge des Naturhafens. Dennoch wurde Propriano erst 1640 durch genuesische Siedler gegründet; 1906 der Hafen für den Umschlag von Öl, Wein, Kohle und Holz ausgebaut. Wirtschaftlichen Aufschwung brachte erst der Tourismus.

UMGEBUNG VON PROPRIANO

*Golf von Valinco Der Golf von Valinco wird im Norden vom Capo di Muro und im Süden von der Punta de Campomoro begrenzt. Die **schönen Sandstrände** von Porto-Pollo, Portigliolo oder Campomoro schufen die in den Golf mündenden Flüsse Taravo, Baracci und Rizzanèse.

*Campomoro Ein halbstündiger Spaziergang führt im Küstenort Campomoro an die Südspitze des Golfs. Vom **Genueserturm** an der Punta de Campomoro öffnet sich ein Blick auf die gesamte Bucht.

Bains de Baracci Das Thermalbad schätzten bereits die Römer. Sein schwefel- und salzhaltiges Wasser entspringt mit einer Temperatur von 47 °C und wird mit Erfolg bei der Therapie von Hautkrankheiten, chronischen Gelenkerkrankungen, Rheumatismus sowie Erkrankungen der Atem- und Harnwege eingesetzt.

Windgeschützt: Propriano wurde schon in der Antike als Hafen genutzt.

Propriano erleben

AUSKUNFT
Office du Tourisme
Port de Plaisance
F-20110 Propriano
Tel. 04 95 76 01 49
www.lacorsedesorigines.com

MIT DEM SCHIFF
Regelmäßige Fährverbindungen bestehen nach ▶Ajaccio, Toulon, Marseille, Genua und Porto Torres (▶Anreise, S. 298). Mit dem Boot kann man Ausflüge nach Campomoro und zum Capu de Senetosa mit Zwischenstopps an schönen Badeständen unternehmen (Infos: I Paesi di U Valinco, Tel. 04 95 76 16 78).

AUF DEM RÜCKEN DER PFERDE
Kurze Ausritte am Meer oder zweiwöchige Reiturlaube bietet das Centre de Randonnées Equestres de Baracci an der Route de Baracci (D 257). Infos bei: B. P. 65, 20110 Propriano, Tel. 04 95 76 08 02, www.corse-equitation.com.

NICHTS FÜR ANFÄNGER
Eine aussichtsreiche, 80 km lange Mountainbike-Rundfahrt, die 1000 Höhenmeter überwindet, führt von Propriano auf der D 19 über Arbellara und Fozzano auf den 729 m hohen Col di Siu, dann auf der D 557 zum Col de St-Eustache in 995 m Höhe und auf der D 420 durch Laubwald nach Aullène. Auf der D69 geht es über Sainte-Lucie-de-Tallano hinab in niedere Gefilde, auf der D 119 wieder zurück nach Propriano.

ESSEN
Restaurant Terra Cotta
31, Avenue Napoléon
Tel. 04 95 74 23 80

Korsische Spezialität: Langusten

Gebratene Foie Gras, die als Cappuccino daher kommt, Ziegenfilet mit einer Füllung aus schwarzen Oliven und Brocciu – oder doch lieber grundsolide Spaghetti mit Langustinen: Ob experimentell oder traditionell, Thomas Duval beweist sich seiner beiden Gault-Millau-Hauben als würdig. Lassen Sie ein wenig Platz für die köstlichen Desserts!

Le Cabanon ❷❷
26, Avenue Napoléon
Tel. 04 95 76 07 76
In der Brasserie am Hafen serviert Marc Chaudey grundsolide korsische Küche. Zu empfehlen: der Wildschweinbraten mit einem A.O.C-Tropfen wie Clos Ornasca oder einem Patrimonio-Muskat von Gentile.

ÜBERNACHTEN
Grand Hotel Miramar ❷❷❷❷
6, Route de la Corniche
F-20110 Propriano
Tel. 04 95 76 06 13
www.miramarboutiquehotel.com
(April – Okt.)

Alle 32 Zimmer des Mitglieds der »Small Luxury Hotels of the World« haben Balkon. Gefrühstückt wird im bezaubernden Garten, sonst speist man auf der schattigen Terrasse mit spektakulärem Blick auf den Golf von Valinco und einen großen Swimmingpool.

Le Bellevue ⓔⓔ – ⓔⓔⓔ
9, Avenue Napoléon
Port de Plaisance
F-20110 Propriano
Tel. 04 95 76 01 86
www.hotels-propriano.com
Der Familienbetrieb bietet 14 nette Zimmer mit Blick auf den Jachthafen. Auf der überdachten Terrasse der Brasserie kommen regionale Gerichte auf den Tisch.

A Cantina di Tempi Fa ⓔⓔ
7, Avenue Napoléon, F-20110 Propriano
Tel. 04 95 76 06 52

(April – Dez.)
www.hotels-propriano.com
Auf einer Schiefertafel verrät Freddy Faverot, welche Schlemmereien es heute in seinem äußerst sympathischen Bistro zu essen gibt. Für den kleinen Hunger empfehlen sich seine Tapas, die ganz ausgezeichnet zu den Weinen der Region passen.

Santa Maria ⓔⓔ
Place de l'Église
F-20113 Olmeto
Tel. 04 95 74 65 59, 04 95 74 66 17
www.hotel-restaurant-santa-maria.com
(Jan. – Okt.) Knapp 5 km landeinwärts. 12 nette Zimmer, im obersten Stock mit Panoramablick auf Propriano; in der ehemaligen Olivenmühle aus dem 17. Jh. kocht Marie Buresi authentisch korsische Spezialitäten wie Zicklein und Ravioli mit Brocciu-Füllung.

Olmeto An der N 196 landeinwärts säumt das wohlhabende Dorf Olmeto mit Granitsteinhäuschen und barocken Bürgerhäusern terrassenförmig die Hänge der 360 m hohen **Punta di Buturetu,** auf der die Reste des alten **Castello della Rocca** zu sehen sind. Von hier aus begann Arrigo della Rocca (▶Baedeker Wissen, S. 281) 1372, im Auftrag der Aragonier die Insel zu erobern.

In das Haus gegenüber vom Rathaus zog sich **Colomba Bartoli-Carabelli** zurück, nachdem einer ihrer Söhne der von ihr geschürten Blutrache in Fozzano (▶Alta Rocca) zum Opfer gefallen war. Sie starb hier im Alter von 96 Jahren. Ihre Familiengeschichte inspirierte **Prosper Mérimée** (▶Berühmte Persönlichkeiten) zu seiner bekannten Novelle »Colomba«.

Petreto-Bicchisano Der Doppelort Petreto-Bicchisano liegt 412 m hoch im Taravo-Tal, wo Weizen, Wein und Oliven gedeihen. Das saftige Weideland im oberen Tal dient seit alters her der Viehzucht. Die **Kirche von Petreto** mit einem Altar aus farbigem Marmor und wertvollem Holzkruzifix im Innern bietet von der Terrasse ein herrliches Panorama über Bicchisano mit den zum Teil befestigten Granithäusern und die weite Berglandschaft.

Sagone

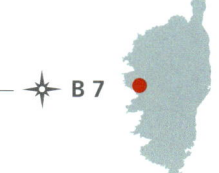

──────────────────────────────── ✳ **B 7** ●

Höhe: 0 – 10 m ü. d. M.
Einwohner: 800

Sagone ist eine der ältesten Siedlungen der Insel. Doch die einst blühende Stadt des 6. Jh.s präsentiert sich heute als eher gesichtsloser Badeort an einem langen Sandstrand – einzig der mächtige Genuesenturm erinnert an die glorreiche Vergangenheit Sagones.

Zwischen dem Golf von Porto und dem Golf von Ajaccio an der korsischen Westküste öffnet sich die größte Bucht der Insel, der Golf von Sagone, begrenzt von der Pointe de Cargèse im Norden und dem Capo di Feno im Süden. In den Golf von Sagone münden die drei Flüsse Liamone, Liscia und Lava, deren Ablagerungen **weite Sandstrände** gebildet haben.

*Golfe de Sagone

Die kleine Siedlung der Römer war ab dem 6. Jh. **Bischofssitz** mit Gerichtsbarkeit über elf Pfarrgemeinden. Sagones Blüte endete im 16. Jh. durch Sarazeneneinfälle und Malaria. 1572 verlegte der Bischof daher seinen Sitz erst nach Vico, 1625 dann nach ▶Calvi. 1578 errichteten die Genuesen einen Verteidigungsturm zur Kontrolle von Golf und Hafen, aus dem sie noch lange nach Aufgabe des Ortes 1660

Geschichte

Sagone erleben

AUSKUNFT
Office de tourisme du Golfe de Sagone et canton des Deux Sorru
B. P. 05, F-20118 Sagone
Tel. 04 95 28 05 36
www.golfedesagone.net

BOOTSAUSFLÜGE
Bootsausflüge führen von Sagone zum Weltnaturerbe La Scandola

ESSEN
Le Grand Large ❻ – ❻❻❻
Esigna Plage
Tel. 04 95 28 02 20

(April – Sept.)
Feines Strandrestaurant mit Pizzeria und Bar etwa 1 km südlich von Sagone – Reservierung ist empfehlenswert!

ÜBERNACHTEN
Cyrnos ❻❻ – ❻❻❻
F-20118 Sagone
Tel. 04 95 28 00 01
http://hotelcyrnos.chez.com
(Mai – Mitte Okt.)
Nettes Hotel in zentraler Lage am Strand; hier sollten Sie sowohl die Fischsuppe als auch die Wurstspezialitäten probieren.

Holz aus der Forêt d'Aïtone verschifften. Danach versank Sagone in der Bedeutungslosigkeit. Erst in der Nachkriegszeit lebte es wieder auf, nachdem das Gebiet trockengelegt und damit endlich von der Malaria befreit war.

Sant'Appiano   Oberhalb der Sagone-Mündung erinnern an der D 81 lediglich die spärlichen Ruinen der Kathedrale Sant'Appiano aus dem 12. Jh. an den einstigen Bischofssitz.

UMGEBUNG VON SAGONE

Cinarca   Im Hinterland des Golfs von Sagone erstreckt sich die hügelige Cinarca, deren Grafen einst eine große Rolle im Kampf zwischen Pisa und Genua spielten. Oliven, Zitrusfrüchte, Wein, Obst und Gemüse gedeihen auf den Terrassen des **»Gartenlandes«**. In der Macchia der Cinarca versteckte sich jahrelang der letzte Bandit Korsikas: der »Tiger der Cinarca«, der 1922 zwei Gendarmen in Sari d'Orcino ermordet hatte. Erst 1935 wurde er in Bastia hingerichtet.

Tiuccia, den einzigen Küstenort der Cinarca am Golfe de la Liscia, schützen zwei Vorgebirge mit genuesischen Türmen, im Norden die **Tour de Capigliolo,** im Süden die **Tour d'Ancone.** Nahe den beliebten und gelegentlich überfüllten Sandstrandes von Tiuccia erheben sich die Reste des **Schlosses Capraia** der Grafen von Cinarca. Die Ferienanlagen von Tiuccia sowie sämtliche Hotels der Cinarca werden in den örtlichen Hotelverzeichnissen unter dem Namen **Calcatoggio** gelistet, dem Hauptort der Cinarca.

Erste Station der Rundfahrt durch die Cinarca ist das Bauerndorf **Casaglione,** das 280 m hoch inmitten von Olivenbäumen, Kastanien, Eichen und Wiesen liegt. Die **Dorfkirche** birgt eine Kreuzigung Christi von 1505 und ein Gemälde des Stifters der Kirche, der vom hl. Franziskus die Gürtelschnur der Ordenstracht empfängt. Schöne **Ausblicke auf den Golf von Sagone** bieten Sari d'Orcino und Calcatoggio, von wo aus auch der Golf von Liscia zu sehen ist.

An der D 81 zweigt nach dem Bocca (Pass) San Bastiano ein Sträßchen links ab zu den drei Weilern von Appietto. Steigt man vor dem letzten Weiler rechts auf einem Saumpfad hinab zur **Fontaine d'Appietto** und auf der anderen Talseite wieder hinauf, gelangt man in anderthalb Stunden zur Ruine des **Stammschlosses**

Die Feudalherren der Cinarca

Die Grafen von Cinarca spielten eine wichtige Schlüsselrolle im Kampf zwischen Pisa und Genua. Da Anhänger beider Seerepubliken in der Adelsfamilie vertreten waren, kam es auch innerhalb der Verwandtschaft zu Verbrechen und Racheakten.

Berühmtester Spross der Grafen von Cinarca war **Sinucello della Rocca** (1221–1312). Bereits in jungen Jahren lernte er das Gesetz der Blutrache kennen, als er die Ermordung seines Vaters Guglielmo durch Verwandte rächte. Die Seerepublik Pisa erteilte daraufhin dem 24-Jährigen den Auftrag, den Streit unter den verfeindeten korsischen Adligen zu schlichten. Dieses tat Sinucello, indem er im Laufe von nur wenigen Jahren mit Ausnahme von Cap Corse die gesamte Insel unterwarf.

Richter der Cinarca

Sinucello verwirklichte zum ersten Mal in der korsischen Geschichte die politische **Einheit der Insel**. Sein Versuch, Korsika dem Einfluss der Pisaner wie der Genuesen zu entziehen, weckte jedoch das Misstrauen beider Seerepubliken. Im Jahr 1305 nahmen genuesische Truppen den angesehenen Edelmann gefangen. Einer seiner unehelichen Söhne hatte ihn verraten. Als »Guidice di Cinarca« (Richter von Cinarca) starb Sinucello 1312 im Kerker von Genua.

Glücklose Nachfahren

1376 erhielt Sinucellos Urenkel, **Arrigo della Rocca,** den Auftrag, die Insel zu besetzen. Zunächst war Arrigo erfolgreich, doch benahm er sich derart despotisch, das sich die

Korsen im Kampf gegen ihn mit den Genuesen verbündeten. 1398 war seine Zeit beendet. Sein Neffe **Vincentello d'Istria,** vom aragonischen König zum Statthalter ernannt, nahm den Kampf gegen Genua wieder auf und belagerte 1420 Bonifacio. Als Vizekönig von Korsika gründete er die Zitadelle von Corte. 1433 nahmen die Genuesen ihn auf See gefangen und enthaupteten ihn im folgenden Jahr in Genua.

Letzter Widerstand

Der letzte Widerstand korsischer Feudalherren wurde 1456 gebrochen, als Genua Raffé di Leca in seinem Schloss erhängte. Seine insgesamt 22 Brüder, **»Paladine di Cinarca«** genannt, lud der Genueser Gouverneur Spinola 1459 zu einem »Versöhnungsmahl« – nach dem Essen ließ Spinola alle 22 enthaupten. Genua hatte auf der ganzen Linie gesiegt.

Hoch über der Cinarca thront Calcatoggio im sanften Abendlicht.

Stundenlang baden, Muscheln sammeln, Burgen bauen – am
Strand von Sagone fühlt sich der Nachwuchs richtig wohl.

der Grafen von Cinarca und auf den 708 m hoch gelegenen **Rocher
de Gozzi** mit einem großartigen Panoramablick auf die Golfe von
Sagone und Ajaccio.

Vico

Das liebevoll restaurierte Städtchen Vico war im 16. Jh. die Residenz
der Bischöfe von Sagone. Sehenswert ist vor allem das 1 km entfernte **Kloster St-François,** das strahlend weiß über dem oberen Liamone thront. Das Kloster, 1481 von Gian Paolo de Lecca gegründet,
wurde bis 1793 von Franziskanermönchen unterhalten. Seit 1836
bewohnen die Missionare des Ordens »Oblaten der Unbefleckten
Jungfrau Maria« die Gebäude. Im Innern der Kirche verdienen das
marmorne Tabernakel aus dem 17. Jh. über dem Hauptaltar, das auf
das 15. Jh. datierte **älteste Christuskreuz Korsikas** und die bemalte
Holzfigur von **Tony Casalonga,** Mitbegründer der Künstlervereini-
gung »Corsi-cada«, besondere Beachtung.

Vicos 1192 m hoher Hausberg **Punta di a Sposata** (Gipfel der Braut)
verdankt seinen Namen einer Legende: Eine junge Hirtin, die einen
vornehmen Herrn aus der Cinarca geheiratet hatte, verhielt sich ihrer
Mutter gegenüber undankbar. Daraufhin verfluchte die Mutter ihre
Tochter, die daraufhin für immer in einen Berg verwandelt wurde.

***Fantasti-
scher
Fernblick**

Zwischen Vico und Évisa klettert die D 70 zum 1101 m hohen **Col de
Sevi.** Wer am Pass die Schweine ignoriert und die löchrige Asphalt-
piste hinaufgeht, wird mit einem unvergleichlichen Panoramablick
über den Golf von ▶Porto, die ▶Calanches, ▶Évisa und die Berge bis
zum ▶Monte Cinto belohnt.

Die korsische Autorin **Marie Sushini** (►Berühmte Persönlichkeiten) stammte aus dem Dörfchen Renno, das für seine Märkte bekannt ist. Sushini starb 1993 und wurde in Vico begraben.

Renno

Südlich von Vico führt die D 1 zwischen Edelkastanien und Erdbeerbäumen durch die wilde Schlucht des oberen Liamone hoch bis zum Dorf **Arbori.**

Gorges du Liamone

Die Heilquellen des kleinen **Kurortes** wurden schon von Napoleon, Letizia Bonaparte und Pasquale de Paoli geschätzt. Neben dem Wildbach erheben sich ein neues Kurhaus und das moderne Hôtel des Thermes (Tel. 04 95 28 30 68). Das nach dem Ersten Weltkrieg aus Natursteinen errichtete Thermalbad mit schwefelhaltigem Wasser wurde Anfang der 1990er-Jahre saniert. Die 37 °C warme **Thermalquelle Occhiu** (»Auge«) wird bei der Behandlung von Erkrankungen der Augen und der Atemwege eingesetzt; die 52 °C heiße **Source Venturini** wird bei Rheuma, Arthrose, Ischias und Hautkrankheiten angewendet. Der nahe Hauptort **Guagno** ist Heimat der Leca, einer der berühmtesten Familien Korsikas. Ein Denkmal erinnert an den Geistlichen Domenico Leca, genannt Circinello. Der Anhänger de Paolis trat hartnäckig für die Unabhängigkeit der Insel ein.

Guagno-les-Bains

Das benachbarte Orto liegt malerisch auf einer Terrasse vor den senkrechten Felswänden des **Monte Sant'Eliseo.** Nördlich von Guagno-les-Bains ist **Soccia** ein beliebter Ausgangspunkt für Tagestouren zum **Gletschersee Lac de Creno** in 1310 m Höhe.

*Orto

* Sartène

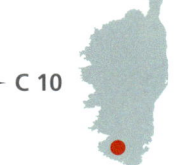

✶ C 10

Höhe: 330 m ü. d. M.
Einwohner: 3400

300 m hoch über dem Rizzanèse-Tal schmiegt sich die »korsischste« aller korsischen Städte« an die Hänge des Monto Rosso – und noch heute trifft der viel zitierte Ausspruch von Prosper Mérimée am besten den Charakter der einstigen Hochburg des Banditentums.

Sartènes fünf- bis sechsstöckige festungsartige Granithäuser mit den oft geschlossenen Fensterläden wirken ebenso malerisch wie abweisend gegenüber allen »Eindringlingen«. In den verwinkelten Gässchen, engen Passagen, dunklen Hinterhöfen und kleinen Plätzen des Altstadtviertels Santa Anna scheint die Zeit still zu stehen.

Mittelalterliches Flair

Sartène erleben

AUSKUNFT
Office de Tourisme
Cours Sœur Amélie, B.P. 114
F-20100 Sartène
Tel. 04 95 77 15 40
www.lacorsedesorigines.com

KARFREITAGNACHT
Alljährlich am Karfreitag lebt bei der
Büßerprozession »Catenacciu« (▶S. 288)
das Mittelalter wieder auf, wenn der
»Große Büßer« ein 32 kg schweres
Kreuz durch die Altstadt tragen muss.

BISCUITS TAMBURINI
Bei I Delizi in der Rue Borgo kann man
die begehrten Canistrelli von Tamburini
erstehen. Die leckeren Kekse sind mit
Honig, Mandeln und Nüssen, Zitrone,
Rosinen oder Anis aromatisiert
(www.tamburini-biscuiterie.com).

ESSEN UND ÜBERNACHTEN
❶ *Hôtel du Golfe Tizzano* ❸❸❸
Tizzano, F-20100 Sartène
Tel. 04 95 22 02 51
www.hotel-dugolfe-tizzano.
com (Mai – Okt.)
Hotel mit Balkonzimmern
20 km südlich am Felsstrand
von Tizzano; probieren Sie
gegrillten Fisch und Lamm
in Minzsoße.

❷ *Hôtel des Roches* ❸❸❸
20, Rue Jean Jaurès
F-20100 Sartène
Tel. 04 95 77 07 61
www.sartenehotel.fr
60 großzügige Zimmer, teilweise mit Balkon. Das Panoramarestaurant serviert Speziali-

täten der Region aus frischen Zutaten.
Sie speisen mit fantastischem Blick auf
den Golf von Valinco.

❸ *Domaine de Murtoli* ❸❸❸
Vallée de l'Ortolo, F-20100 Sartène
Tel. 04 95 71 69 24, www.murtoli.com
2000 ha Land und zwei Dutzend Schafe
umgeben die 17 Gästehäuser aus Bruch-
stein, jedes für sich ein Luxusidyll inmitten riesiger Ländereien. Gäste schlemmen in einer stylischen Fischerhütte am
Privatstrand, im Kerzenscheine der Grotte oder nehmen einen Picknickkorb mit
auf ihre Ausflüge, die Küchenchef Jean
Neels mit korsischen Spezialitäten füllt.

❹ *Auberge Santa Barbara* ❸❸❸/❸❸
Route de Propriano/N 96, F-20100 Sartène, Tel. 04 95 77 09 06 (April – Okt.)
Gisèle Lovichi verwandelt bodenständige
Gerichte mit besten korsischen Zutaten
in raffinierte Köstlichkeiten. Sie füllt zar-
te Lammkeulen mit aromatischen Kräutern der Macchia, lässt ihre Gäste in

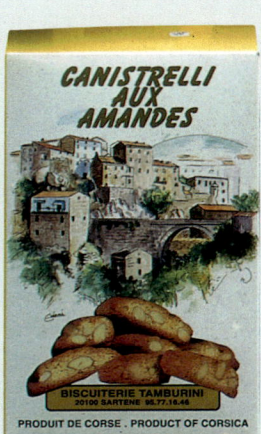

Soupe Paysanne
schwelgen und
offeriert korsische
Spitzenweine. Fens-
tertüren führen auf
die Terrasse und in
den blühenden Gar-
ten mit Blick auf Sar-
tène. Zur Auberge
gehören zehn Zim-
mer in traumhaft
schönen Ferienvillen.

**Unbedingt probieren:
die Canistrelli von
Tamburini!**

Sartène

100 m
© BAEDEKER

Spin'a Cavallu, Corte
LES TROIS CHAPELLES
Souspréfecture
Musée de Préhistoire Corse
VIEILLE VILLE
SANTA ANNA
Hôtel de Ville
Ste-Marie
Place de la Libération
Hôpital
Pont de la Scalella
Couvent de St-Damien
St-Sébastien
BORGO
Route de Propriano
Capu D'Alzu
Propriano
Bonifacio

Essen und Übernachten
❶ Hôtel du Golfe Tizzano ❸ Domaine de Murtoli
❷ Hôtel des Roches ❹ Auberge Santa Barbara

Das Sartenais, das sich als Dreieck zwischen Sartène im Norden, dem Küstenort Tizzano im Südwesten und dem Naturschutzgebiet Roccapina im Südosten erstreckt, war schon in der Vorzeit besiedelt, wie die **Megalithdenkmäler** von Cauria und Alo Bisucce belegen.

Sartenais

Die strategisch günstige Lage des Sartenais führte immer wieder zu Auseinandersetzungen zwischen den örtlichen **Lehnsherren della Rocca** und Genua. Nach dem Sieg der Seerepublik erhielt Sartène 1516 einen Mauerring und blieb ligurischen Siedlern vorbehalten, die das abtrünnige Hinterland kontrollieren sollten. Im Jahr 1565 eroberte Sampiero Corso Sartène. Als Piraten 1583 die Stadt plünderten, nahmen sie auch 400 Einwohner gefangen, die sie als Sklaven nach Algerien verkauften. Im 17. Jh. durften sich korsische Bauern im neuen Viertel Borgo außerhalb der Stadtmauer niederlassen. 1732 eroberte General Giafferi die Stadt; erst 1763 erkannte Sartène die Regierung de Paolis an. Um 1830 galt Sartène als heimliche **Hauptstadt der Vendetta,** bis 1834 ein Vertrag zwischen dem Armenvier-

Stadtgeschichte

tel Borgo und dem wohlhabenden Altstadtviertel Santa Anna, der in der Kirche Ste-Marie geschlossen wurde, die blutige Fehde beendete.

SEHENSWERTES IN SARTÈNE

Place de la Libération

Das Herz der Stadt bildet die Place de la Libération, im Volksmund **Piazza Porta** genannt. Im Straßencafé kann man gemütlich sitzend dem regen Markttreiben zuschauen. Die 1593 an der Ostseite des Platzes vollendete **Kirche Ste-Marie** stürzte 1765 ein und wurde bis Anfang des 19. Jh.s aus Granitquadern wieder aufgebaut. Attraktion des Innern sind neben dem barocken **Hochaltar** aus farbigem Marmor die Ketten und das **Kreuz der »Catenacciu«**-Prozession (▶Baedeker Wissen, S. 288). Durch den Torbogen des **Rathauses,** (Hôtel de Ville) das die Genueser im 16. Jh. errichteten, gelangt man zur Place du Maggiu der Altstadt.

*Altstadt

Die verwinkelten Gassen mit hohen Granithäusern, schmalen Treppenaufgängen und dunklen Hinterhöfen im **Santa-Anna-Viertel** sind ein Labyrinth des Mittelalters. Das geschäftige **Borgo-Viertel** ist fast genauso alt wie Santa Anna, aber viel weniger düster.

Die Place de la Libération ist das historische Herz von Sartène.

Das einstige Stadtgefängnis von 1840 beherbergt heute das **Museum für korsische Vor- und Frühgeschichte** (Musée Départemental de Préhistoire Corse et d'Archéologie). Die Sammlung in einem architektonisch ansprechenden Gebäude, zugleich das archäologische Forschungszentrum der Insel, zeigt 250 000 Fundstücke vom Neolithikum bis zur Eisenzeit. Aus der **Jungsteinzeit** sind Werkzeuge aus Obsidian und Feuerstein, Keramikfunde mit Muschelgravur, polierte Schleif- und Mahlsteine sowie Geräte für Weberei zu sehen. Die **Megalithkultur** belegen goldene und silberne Grabbeigaben aus Dolmen. Neben menschlichen Knochenresten aus Tafoni-Höhlen werden Metallwerkzeuge und -waffen sowie Schmuck aus Serpentin gezeigt. In **torreanischen Kultstätten** und Hütten wurden Bronzewaffen, Geräte zum Spinnen und Weben sowie importierte italienische Keramik gefunden. Die frühe **Eisenzeit** ist vertreten durch Keramik mit Asbest, Waffen und Werkzeuge aus Eisen sowie Schmuck aus Bronze und Glaspaste. Hinzu kommen zwei restaurierte Menhirstatuen mit eingemeißelten Waffen, der Tragstein eines Dolmen mit eingeritzten Symbolfiguren, Felsgravuren und -malereien sowie Fotos frühgeschichtlicher Fundstätten.

*Musée de Préhistoire Corse

❶ Mai – Sept.: tgl. 10.00 – 18.00 Uhr, Okt. – Apr., Mo. – Fr. 9.00 – 12.00, 13.30 – 17.00 Uhr; Erw. 4 €, unter 26 Jahre Eintritt frei
www.prehistoire-corse.org

In Sartène ist Jean-Paul Poletti daheim, der Anfang der 1970er-Jahre das alte korsische Liedgut wiederbelebt hat. Mit seinem Männerchor trägt er die mittelalterlich-polyphonen Gesänge der Insel wie die »Paghjella« durch Europa bis nach Fernost und in die USA.

Der Klang des Mittelalters

UMGEBUNG VON SARTÈNE

Die Hochebene von **Cauria** südlich von Sartène bedeckt im Frühling ein Blütenmeer von Affodillen. Hier errichteten vor vier Jahrtausenden Völker der Megalithkultur Dolmengräber und »Alleen« aus Menhiren (▶Baedeker Wissen, S. 238). Einige Menhire wurden später wiederverwendet und mit menschlichen Zügen, manche sogar mit Waffendarstellungen versehen. Eine heftig umstrittene Theorie besagt, dass die Megalithreihen – französisch: **»Alignements«** – vermutlich heilige Orte kennzeichneten und als Sonnenkalender und Observatorium dienten. Die **Megalithdenkmäler** der Hochebene von Cauria, alle nahe beieinander an der D 48A gelegen, stellen den größten prähistorischen Komplex dieser Art im Mittelmeerraum dar. Er wurde unter Leitung des französischen Archäologen Robert Grosjean in den 1960er-Jahren freigelegt. Leider ist er nicht ganz einfach zu finden und schädliche Umweltgifte und Erosion haben in den letzten Jahrzehnten Details der Menhirstatuen fast gänzlich zerstört.

**Megalithdenkmäler von Cauria

Perdono Mio Dio

Aus der Kirche Ste-Marie in Sartène tritt in der Karfreitagnacht eine Gestalt, die in eine rote Kapuzenkutte gehüllt ist. Nur die Augen des »Catenacciu« sind durch schmale Schlitze zu sehen. Die Büßergestalt trägt ein eisenbeschlagenes Kreuz, mehr als 30 kg schwer, und schleift am nackten rechten Knöchel eine schaurig klirrende, 14 kg schwere Kette (korsisch »catena«) über das Pflaster.

Die Prozession »Catenacciu« symbolisiert den **Leidensweg Christi**. Alljährlich lockt die traditionsreichste korsische Büßerprozession am **Karfreitag** Scharen von Schaulustigen in die sonst ruhige Stadt. Für die Einheimischen ist das mittelalterliche Ritual Ausdruck tiefster Religiosität und wird mit lebhafter Anteilnahme begangen.

»Catenacciu«

Der rot gewandete »Angekettete« büßt für eine schwere Schuld. Als »Großer Büßer« nimmt er den Passionsgang Christi auf sich, um die ganze Stadt von ihren Sünden zu erlösen. Aus einer langen Liste wählen die Geistlichen den **anonymen Bußwilligen** aus. Früher waren es oft Banditen und Bluträcher.

Kleiner Büßer

Auf seinem mühseligen Gang wird dem Großen Büßer streckenweise vom Kleinen Büßer in weißer Kutte mit Kapuze geholfen, wie einst **Simon von Kyrene** Jesus unterstützte, das Kreuz zu tragen. Die Zuschauer versuchen drei Mal, den Großen Büßer zu Fall zu bringen, um seine Identität zu entdecken. Das Fernsehen überträgt inzwischen theatralisch anmutenden Büßergang, zu dem auch immer mehr Touristen anreisen.

Prozession

Hinter den beiden Hauptdarstellern schreiten acht schwarz gewandete Büßer, die auf einem Leichentuch die **Holzfigur des toten Christus** tragen. Ihnen folgen Geistliche, Honoratioren der Stadt und zuletzt Gläubige. Sie beten und singen schrill **»Perdono Mio Dio«** (»Vergib mir, Gott«). Es ist tiefe Nacht in der Altstadt von Sartène, nur das spärliche **Kerzenlicht** in den Fenstern der Viertel Santa und Borgo weist dem langen Prozessionszug den Weg. Er führt bis zur **Kathedrale St-Sébastian** und zurück zur **Place de la Libération**. Nach der Predigt segnet der Priester die knienden Gläubigen mit der Holzfigur des toten Christus.

Über 30 kg wiegt das Kreuz des Büßers, der in der Karfreitagnacht den Passionsweg Christi auf sich nimmt.

Prosper Mérimée (►Berühmte Persönlichkeiten) entdeckte 1839 auf seiner Inspektionsreise durch Korsika den schönsten und besterhaltenen Dolmen der Insel (►Abb. S. 290): die **»Stazzona del diavolo«**. Die »Teufelsschmiede« besteht aus sechs senkrechten, glatten Granitplatten, die 40 cm tief in den Boden gerammt sind und 1,60 m hoch aufragen. Darauf ruht die 3,40 m lange, 2 m breite, 20 cm dicke und über 3 t schwere Deckplatte. Die Grabkammer misst 2,60 × 1,60 m.

**Dolmen von Fontanaccia

Zwei parallele Reihen von 25 aufrecht stehenden oder umgestürzten Menhiren aus dem 2. Jt. v. Chr. bilden das Alignement von Stantari, das 1964 von Grosjean entdeckt wurde. Acht **Menhirstatuen** stellen Krieger aus der Bronzezeit dar. Ihre Schwerter sind senkrecht eingemeißelt, an beiden Seiten der Helme befinden sich Löcher. Farbspuren auf den knapp 3 m hohen Statuen Cauria II und Cauria IV lassen auf eine frühere Bemalung mit rotem Ocker schließen.

*Alignement von Stantari

Einige Hundert Meter entfernt stehen im Schatten eines Steineichenwäldchens am Fuß des Felsens von Cauria zwei Reihen von 46 halbkreisförmig angeordneten und genau in Nord-Süd-Richtung ausgerichteten Menhiren, die zur Hälfte nicht höher als 1 m sind. In der Nähe des **Alignements von Renaggiu** wird nach Resten eines torreanischen Dorfes gegraben.

Das in Nord-Süd-Richtung angelegte **Alignement von Palaggiu** wird von den Einheimischen respektvoll **»Campu dei Morti«** (»Friedhof«) genannt. Der Komplex aus aufrecht stehenden und umgestürzten Menhiren, von Roger Grosjean 1964 – 1968 freigelegt und später restauriert, ist heute von üppiger Vegetation überwuchert und nur zum Teil zu erkennen. Vor allem die umgestürzten Menhire gehen in der Macchia unter. Nur auf alten Fotos wie im Museum von Sartène erkennt man das Alignement in seiner Ausdehnung: Seine **258 Granitmonolithe,** 2 bis 3 Meter hoch und in zwei 200 m langen Reihen angeordnet, bilden das größte Menhirfeld im Mittelmeerraum!

Skurril erodierte **Granitfelsen**, einem Elefantenkopf und anderen Tieren ähnlich, sind an der N 196 beim **Capu de Roccapina** zu sehen. Von der 144 Meter hohen Felsspitze

> **BAEDEKER TIPP**
>
> ! *Traumstrand*
>
> Zu Füßen des Löwenfelsens lockt eine breite Badebucht mit weißem Strand, der flach ins smaragdgrüne Meer ausläuft – die **Cala di Roccapina** ist ein Paradies für Familien mit Kindern. Die Dünen dürfen als Naturschutzgebiet nicht betreten werden.

bietet sich ein traumhaftes Panoram; zu Füßen des Kaps lädt eine kleine Bucht zum Bad im Meer. Auf halbem Weg zwischen Sartène und Bonifacio beim Genueserturm überwacht er steinern das Meer: der **Rocher du Lion** (Löwenfelsen), der einst ein Adliger gewesen sein soll, welcher aus Verzweiflung über eine nicht erwiderte Liebe zum Löwen erstarrte.

Prosper Mérimée entdeckte 1839 den Dolmen von Fontanaccia.

In **Alo Bisucce** westlich von Sartène kann man die Reste eines Kultmonuments sehen, das die **Torreaner** um 1700 v. Chr. in Teilen auf einer älteren neolithischen Wohnstätte errichteten. Zur Cella öffnen sich drei schmale Gänge. Eine doppelte Zyklopenmauer umgibt das Denkmal.

Spin'a Cavallu, die genuesische Brücke namens »Pferderücken«, die seit dem 13. Jh. den Rizzanèse überspannt, wirkt seit ihrer Restaurierung wie ein Neubau. Der Brückenbogen ist stark gekrümmt, mit großen Steinen gepflastert und nur für Fußgänger und Esel geöffnet.

Solenzara/Sari-Solenzara

━━━━━━━━━━━━ ✦ F 8

Höhe: 5 m ü. d. M.
Einwohner: 1400

»Solenzara« schmetterte Enrico Macias 1966 – und stürmte mit der Romanze am 20 km langen Sandstrand die Charts. Leider trübt gelegentlich Lärm des nahen Militärflughafens Travo das Urlaubsvergnügen.

Sonniger Badeort mit Bergkulisse

Bei Solenzara an der Mündung des gleichnamigen Flusses stößt die felsige Küste der südlichen Côte des Nacres an den sandigen Südrand der Plaine Orientale. Landein erheben sich die spektakulären Felsnadeln des Bavella-Massivs (▶Alta Rocca), die den Bummel auf dem breiten Kai des 450 Boote fassenden Jachthafens am Horizont begleiten. Herrliche Aussichten auf Berge und Küste zugleich lassen sich im 8 km entfernten Sari-di-Porto-Vecchio an der D 68 genießen. Die breiten, sichelförmigen **Badebuchten** von Solenzara – Scaffa Rossa, Cala d'Oro, Solaro, Canella, Favone, Tarco – säumen Eukalyptushaine. Reizvolle, da kühlere Alternative: der Fluss Solenzara.

Zwischen Solenzara im Süden und Prunete nördlich der Alesani-Mündung erstreckt sich die feinsandige **Costa Serena** – »serena« bedeutet klar, heiter. Diesen Begriff ließ sich übrigens die korsische Winzervereinigung einfallen.

Solenzara erleben

AUSKUNFT
*Office de Tourisme
de la Côte des Nacres*
Véchja scola
F-20145 Sari-Solenzara
Tel. 04 95 57 43 75
www.cotedesnacres.com

TARZAN ODER INDIANA JONES?
Hangeln, Klettern, Schwingen und
über schwankende Brücken balancieren:
Der Adventure Park am nördlichen Ortsausgang von Solenzara lädt zum Seiltrip
durch einen Eukalyptuswald. Mindest-
größe ist 1,40 m! (www.corse-
canyoning-parc.com).

ESSEN
A Mandria ⓔⓔ – ⓔⓔⓔ
Ld. Scaffa Rossa, Solaro
Tel. 04 95 57 41 95
Aus einer ehemaligen Schäferei hat
Sébastien de Rocca-Serra ein schnucke-
liges Terrassenrestaurant mit bester
korsischer Küche gemacht.

ÜBERNACHTEN
La Solenzara ⓔⓔⓔ
Quartier du Palais, F-20145 Solenzara
Tel. 04 95 57 42 18
www.hotel-lasolenzara.eu
Charmantes Haus aus dem 18. Jh. mit
20 geschmackvollen Zimmern und Pool

Vizzavona

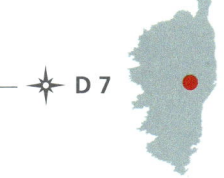

✦ D 7

Höhe: 910 m ü. d. M.
Einwohner: 10

**Ein großer Bahnhof für eine Handvoll Häuser: Wo einst im
großen Stil Holz verladen wurde, steigen heute Wander-
freunde aus und stiefeln auf dem GR 20 durch einen Märchenwald aus Lariciokiefern.**

Am höchsten Punkt der Bahnstrecke von ▶Ajaccio nach ▶Bastia liegt **Wander-**
der kleine **Luftkurort** am Fuß des 1163 m hohen Col de Vizzavona. **zentrum**
Mit der Bahnerschließung des Inselinneren 1889 wurden Vizzavona
und sein Grand Hôtel de la Forêt bei englischen Aristokraten sehr
beliebt – im Bahnhof der Schmalspurbahn erinnert eine kleine Ausstellung daran. Heute versorgt das einzige Lebensmittelgeschäft des
Ortes Wanderer mit Proviant. Infos und Karten gibt es bei der Verwaltung des ▶Parc Naturel Régional de Corse.

Der schönste ∗**Hochseilgarten** der Insel mit 12 Parcours auf fünf **Kletterspaß**
Niveaus wird von Corsica Natura auf dem Col de Vizzavona an der

Vizzavona erleben

ESSEN UND ÜBERNACHTEN

Grand Hôtel du Monte d'Oro ⓒⓒⓒ
Col de Vizzavona, F-20219 Vizzavona
Tel. 04 95 47 21 06
www.monte-oro.com
(April – Nov.); 32 Z.

Gepflegtes Haus mit einem nostalgischem Speisesaal. Das Hotel befindet sich seit über 100 Jahren im Besitz der Familie Sicurani. Einige der oberen Zimmer gewähren einen fantastischen Blick auf den Monte d'Oro.

N 196 betrieben. Für Anfänger gibt es einen Übungsparcours, für Experten einen Parcours Noir – es ist also für jeden etwas dabei.
Parc Aventure: 15. Juni – 15. Sept. tgl. 10.00 – 19.00 Uhr, Eintritt je nach Parcours 13-25 €, www.corsicanatura-activites.fr

UMGEBUNG VON VIZZAVONA

*Forêt de Vizzavona
Gut 50 km Wanderwege durchziehen den 1500 ha großen Wald von Vizzavona. Über **zwei anstrengende Aufstiege** kann man in etwa fünf Stunden den **Monte d'Oro** erklimmen. Der erste Weg führt von den Bergeries de Puzzatelli und dem Fuß des 2008 m hohen Punta Renosa zum Gipfel mit prachtvollem Panorama vom ▶Monte Cinto zum Monte Renoso und zur Plaine Orientale an der Ostküste. Die zweite Route, die als Abstieg zu empfehlen ist, folgt dem Tal des Agnone zu den **Cascades des Anglais** und erreicht über die 1364 m hohen Bergeries de Tortetto und den 2159 m hohen Col du Porc den Gipfel. Beim Col de Vizzavona führt eine 15-minütige Wanderung zur Ruine der **genuesischen Festung,** die einst die wichtige Straße durch das Landesinnere kontrollierte.

*Vivario
Malerisch thront Vivario am Fuß des Monte d'Oro auf einer Terrasse über der Schlucht des Vecchio. Dichte Kastanienwälder umgeben das Dorf, durch das jahrhundertelang Hirten des ▶Niolo ihre Herden trieben. Im Wald von Vezzani im Tagone-Hochtal werden von Oktober bis Dezember rund 600 t **Schwarzkiefernzapfen** gesammelt und in Vivario 12 Tage lang über dem Feuer getrocknet. Die ausgelösten Samen, jährlich rund 1 t, werden aufs Festland exportiert und zur Wiederaufforstung verbrannter Waldflächen eingesetzt.

Fort de Pasciolo
An der N 193 nach ▶Corte beginnt am Parkplatz ein 10-minütiger Pfad zur Ruine des französischen **Fort de Pasciolo** von 1770. Weiter nördlich überqueren eine Autobrücke und das 140 m lange Eisenbahnviadukt, 1888 von Gustave Eiffel aus Stein und Stahl konstruiert, die tiefe **Schlucht des Vecchio.**

Mit der Bahn über die Berge

Eine Tagestour mit dem »Trinighellu« oder »Micheline«, wie die Insel-bahn liebevoll genannt wird, ist eine Reise quer durch Korsika. Gute dreieinhalb Stunden braucht der Zug von Ajaccio nach Bastia – und länger, wenn Wildschweine auf den Gleisen umherlaufen oder das Schwätzchen am Haltepunkt kein Ende nimmt.

Technische Glanzleistung

Etwa 30 Jahre wurde geplant und weitere 16 Jahre gebaut, ehe man im Februar 1888 feierlich zur Eröffnung der neuen Bahn schritt. Damals wie heute ist die Streckenführung ein technisches Meisterstück. Den Viadukt über den Vecchio entwarf **Gustave Eiffel** – in 97 m Höhe überspannt er 140 m weit die wilde Schlucht des Gebirgsbaches. **Über 230 km** zuckelt die Kleinbahn durch 38 Tunnel und über 76 Brücken. Die Hauptstrecke führt auf 158 km von Ajaccio über Corte nach Bastia (einfache Fahrt ab 22 €). Von wirtschaftlicher Bedeutung war die Linie über die Berge nicht lange. Wenn die Hirten ihre Herden zwischen Küste und Gebirge hin- und hertrieben, konnten sie die Bahn nicht nutzen. Für den Transport von Hausrat oder der Käselaiben eigneten sich Lastwagen besser. Auch die im Gebirge gesammelten Schwarzkiefernzapfen füllten nur selten die Waggons. Im Winter aber, wenn der Schnee meterhoch liegt, war und ist der Schienenweg wichtig. Auch bei der **Bekämpfung von Banditenbanden** wie den Bonelli-Brüdern sollte die Bahn helfen. Im Pentica-Tal bei Bocognano bewirteten sie den Präfekten, und eine Prinzessin aus Mecklenburg war ebenfalls gern

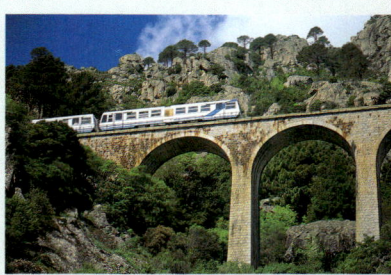

In fast 100 m Höhe zuckelt die kleine Inselbahn über den Viadukt bei Vivario.

zu Gast. Im Jahre 1888 beendete Frankreich das bunte Treiben.

Bahn für alle

Heute vertrauen viele Wanderer ihre müden Glieder der **»Micheline«** an. Mit dabei sind auch Studenten aus Corte, Schäfer von den Hochweiden des Niolo, Forstarbeiter, Pilzsammler und Handelsreisende. In Kehren und lang gezogenen Schleifen schlängelt sich der Zug die steilen Hänge hinauf, während man über blühende Macchia auf schneebedeckte Gipfel blickt. U Trinighellu heißt übrigens übersetzt »der Zitternde«, doch diesem Ruf wird die Bahn seit 2009 nicht mehr gereicht: Ihre grauweißen Dieselwagen mit roten Türen und getönten Panoramascheiben gleiten ganz ruhig über das Gleis.
Info: **http://cf-corse.fr**

Bocognano Knapp 8 km südlich des Col de Vizzavona braust der Verkehr durch den **Hauptort des Gravona-Hochtals.** Dabei lohnt der alte Ort mit Bahnstation und sehenswertem Kieselsteinbrunnen von 1883 einen Halt. 1792 wurde hier **Napoleon Bonaparte** (▶Berühmte Persönlichkeiten) von Paoli-Anhängern verhaftet. Erst die Intervention des mit der Familie Bonaparte befreundeten Bürgermeisters von Bocognano verhalf dem damaligen Oberstleutnant der korsischen Nationalgarde wieder zur Freiheit. **Wanderwege** führen durch Kastanien- und Kiefernwälder und hinauf zum Monte d'Oro.

BAEDEKER TIPP

!

Schleier der Braut

Nahe der D 27 lässt sich nach gut zehn Minuten Fußmarsch der höchste Wasserfall Korsikas bewundern: Aus einer Höhe von rund 150 m stürzt die **Cascade du Voile de la Mariée** in mehreren Stufen hinab in die Tiefe – am schönsten natürlich nach der Schneeschmelze.

Erfrischend: die Brise des »Brautschleiers« bei Bocognano

Zicavo

⊹ **D 8**

Höhe: 727 m ü. d. M.
Einwohner: 236

Einige Weiler mit alten Granithäusern, umgeben von Buchen- und Kastanienwäldern: Zicavo im Tal des Pincione ist zum Wandern wie geschaffen.

Das Bergdorf im Herzen des Hohen Taravo ist bevorzugter Ausgangspunkt für Besteigungen des 2134 m hohen Monte Incudine und Etappenziel der Fernwanderroute »Da Mare a Mare«.

Der Berg ruft!

UMGEBUNG VON ZICAVO

Die fantastische Wanderung zum 2134 m hohen **Monte Incudine** folgt zunächst der D 428 durch den Buchenwald Bosco di u Coscione zu den Bergeries de Basseta und bis zur Kapelle St-Pierre. Mit Allradwagen kann man bis zur Cavallara-Alm vordringen. Hier folgt man dem **Fernwanderweg GR 20** in östlicher Richtung. Man überquert das Bett des Tignoso, ersteigt den 1805 m hohen Col de Luana und erreicht über den Grat nach insgesamt gut zwei Stunden den Gipfel mit herrlichem **Panorama** über den Monte Renoso und das majestätische Bavella-Massiv.

Wanderparadies

Der Kurort am rechten Ufer des Taravo besitzt ein kleines **Thermalbad,** das mit 42 °C warmem, schwefel- und alkalihaltigem Wasser die Heilung von Rheuma, Gelenk- und Hautkrankheiten unterstützt. **Sainte-Marie-Sicché:** Im Ortsteil Casabianca ist der Turm des Hauses erhalten, in dem die Frau des Freiheitshelden **Sampiero Corso** (▶Berühmte Persönlichkeiten), Vannina d'Ornano, geboren wurde. Da sich die 34 Jahre jüngere Vannina vermutlich von ihrem Mann trennen wollte, wurde sie 1563 vom eifersüchtigen Sampiero erwürgt – den daraufhin die Verwandten der Ermordeten töteten (▶Ajaccio, Umgebung, Bastelica).

Bains de Guitera

Zicavo erleben

ESSEN UND ÜBERNACHTEN

Le Florida ●●
F-20132 Zicavo, Tel. 04 95 24 40 24
www.hotel-le-florida.com

Moderner Bau am oberen Ortsende mit acht gepflegten Zimmern und herrlichem Panoramablick; die Küche serviert leckere korsische Gerichte.

PRAKTISCHE INFORMATIONEN

Zu welcher Jahreszeit ist Korsika am schönsten? Wie kommt man auf die Insel? Welches Verhalten wird von den Einheimischen als Fauxpas empfunden, und wie fragt man höflich auf Französisch nach dem Weg? Lesen Sie es nach, am besten schon vor der Reise!

Anreise · Reiseplanung

ANREISEMÖGLICHKEITEN

Mit dem Schiff
Die sechs korsischen Häfen Bastia, L'Île-Rousse, Calvi, Ajaccio, Propriano, Bonifacio und Porto-Vecchio werden von Südfrankreich und Italien aus bedient. In der Hochsaison sind die Fähren hoffnungslos ausgebucht – **Überfahrten sollten daher mehrere Monate im Voraus reserviert werden!** Buchungen sind von jedem Reisebüro aus oder im Internet möglich.

Hinweis
Gebührenpflichtige Servicenummern sind mit einem Stern gekennzeichnet: *0180 …

Da Korsika näher an Italien als an Frankreich liegt, sind die Überfahrten von französischen Mittelmeerstädten etwas teurer als von italienischen – die günstigste und schnellste Überfahrt ist die Strecke Livorno-Bastia. In der Nebensaison und während der Woche sind die Tarife meist günstiger. Die Fahrtdauer schwankt beträchtlich: Tagsüber bringen NGV (Navires à grande vitesse) genannte Schnellfähren die Passagiere in vier bis sechs Stunden auf die Insel, die Nachtfähren schippern hingegen gemütlich von Nizza in zwölf Stunden nach Bastia. Der Check-in für die Fähren beginnt 90 Min. vor der Abfahrt. Besonders große Gepäckstücke wie **Fahrräder** oder **Surfbretter** auf dem Gepäckträger müssen vorab gebucht und bezahlt werden – sonst kann man schnell von der Fähre verwiesen werden.

Fähren von Italien
Den Fährverkehr von Italien nach Korsika teilen sich die großen Schifffahrtsgesellschaften **Corsica Ferries** und **Moby Lines,** auf der Strecke Santa Teresa die Gallura – Bonifacio verkehrt zusätzlich **Saremar.** Corsica Ferries bietet auf einigen Strecken Überfahrten mit Hochgeschwindigkeitsfähren an. Eine Übersicht der wichtigsten Verbindungen findet sich auf S. 299.

Fähren von Frankreich
Die größte Schifffahrtsgesellschaft Frankreichs ist das Staatsunternehmen **SNCM/Ferryterranée** (Société Nationale Maritime Corse Méditerranée), die Fahrten auf fast allen Strecken vom Festland nach Korsika anbietet. Einen kleineren Teil des Fährgeschäfts wickeln die konkurrierenden Betreiber **Corsica Ferries** und **La Méridionale** ab. Eine Übersicht über die einzelnen Fährgesellschaften findet sich auf Seite 299.

Mit dem Flugzeug
Die vier korsischen **Flughäfen Ajaccio, Bastia, Calvi und Figari** (Bonifacio) werden ganzjährig nur von Air France ab Paris-Orly bedient, von Juni – Sept. auch ab Paris Charles-de-Gaulle. Während der

FÄHREN VON ITALIEN
Genua – Bastia
Moby Lines, 6 h (Tagfahrt), 10h (Nachtfahrt), nur in der Saison
www.mobylines.de/routen/korsika/
faehre-genua-bastia.html

Livorno – Bastia
Moby Lines, 4 h (Tagfahrt), 7. Juni bis
2. September
Corsica Ferries, 4 h (Tagfahrt), 7 ¾ h drei
bis acht Überfahrten am Tag, ganzjährig

Savona – Bastia
Corsica Ferries, 4 ½ h (Tagfahrt),
8 h (Nachtfahrt)
15 Überfahrten/Woche, ganzjährig

Savona – Calvi
Corsica Ferries, 6 ½ h (Tagfahrt),
eine Überfahrt pro Woche
nur in der Saison

Santa Teresa di Gallura (Sardinien) – Bonifacio
Moby Lines, mehrmals täglich,
50 Min., nur in der Saison
Saremar, 1 h, ganzjährig, in der Nebensaison 2 – 3 Überfahrten tgl., sonst öfter

FÄHREN VON FRANKREICH
Marseille – Ajaccio
La Méridionale: 12 h, vier Überfahrte
pro Woche, April – Nov.
SNCM: 6 ¾ h, 9 h, drei Überfahrten tgl.
ganzjährig

Marseille – Bastia
La Méridionale: 10 h, zwölf Überfahrten
pro Woche, April – Nov.
SNCM: 10 ½ h (Tagfahrt),
12 h (Nachtfahrt),
zwölf Überfahrten/Woche, ganzjährig

Marseille – L'Île-Rousse
SNCM: 10 h, drei Überfahrten/Woche
ganzjährig

Marseille – Porto Vecchio
SNCM: 13 h, acht Überfahrten/Woche
ganzjährig

Marseille – Propriano
La Méridionale: 10 h, sechs Überfahrten
pro Woche, April – Nov.
SNCM: 9 ¾ h, vier Überfahrten/Woche
ganzjährig

Nizza – Ajaccio
Corsica Ferries, 6 h 15 Min. (Tagfahrt),
9 h (Nachtfahrt), fünf Überfahrten pro
Woche, ganzjährig
SNCM, 6 ¾ h, drei Überfahrten/Woche
ganzjährig

Nizza – Bastia
Corsica Ferries, 5 ½ h (Tagfahrt),
sieben Überfahrten/Woche
ganzjährig
SNCM, 7 h, drei Überfahrten/Woche

Nizza – Calvi
Corsica Ferries, 53/4 h (Tagfahrt),
sechs Überfahrten/Woche
ganzjährig

Nizza – L'Île-Rousse
Corsica Ferries, 5 h (Tagfahrt), 7 ¾ h
(Nachtfahrt), vier Überfahrten/Woche,
nur in der Saison
SNCM, 5 h, zehn Überfahrten/Woche
ganzjährig

Toulon – Ajaccio
Corsica Ferries, 6 1/4 h(Tagfahrt),
8 ½ - 10 h (Nachtfahrt)
drei Überfahrten/Woche, ganzjährig

SNCM, 10 h, eine Überfahrt/Woche, ganzjährig

Toulon – Bastia
Corsica Ferries, 10 h (Nachtfahrt), sieben Überfahrten/Woche, ganzjährig
SNCM, 10 ½ h, drei Überfahrten/Woche ganzjährig

Toulon – L'Île-Rousse
Corsica Ferries, 6 ¼ (Tagfahrt), fünf Überfahrten/Woche, nur in der Saison

FÄHREN NACH KORSIKA
Corsica & Sardinia Ferries GmbH
www.corsica-ferries.de
in Deutschland:
Corsica & Sardinia Ferries GmbH
Adelheidstr. 21
D-80798 München
Tel. *01805 00 04 83

in der Schweiz:
Tourship
Wehntalerstr. 102
CH-8057 Zürich
Tel. *0900 77 88 98

Büros in den Fährhäfen:
Corsica Ferries France
5 bis, Rue Chanoine Leschi
F-20296 Bastia
Tel. +334 95 32 95 95

Calata Nord
I –17047 Porto Vado (Savona)
Tel. +39 019 215 511

La Méridionale
4 Quai d'Arenc
F-13213 Marseille Cedex 02
Service-Tel. 08 10 20 13 20
(frz. Ortstarif)
www.lameridionale.fr

Moby Lines Europe GmbH
Wilhelmstr. 36–38
D-65183 Wiesbaden
Tel. 0611 140 20, www.mobylines.de
Ticketschalter in Santa Teresa di Gallura:
Tel. +39 789 75 14 49 und
+39 789 75 48 84

Sardegna Regionale Marittima S.p.A. (Saremar)
Via G. Mameli 40, 09124 Cagliari
Ticketschalter in Santa Teresa di Gallura:
Tel. +39 789 75 41 56 und
+39 789 75 47 88
Ticketschalter in Bonifacio:
Tel. 04 95 73 00 96, www.saremar.it

SNCM
Berliner Str. 31–35
D-65760 Eschborn
Tel. 06196 77 30 60
www.sncm.fr
61 Boulevard des Dames
F-13002 Marseille
Tel. 08 25 88 80 88

FLUGHÄFEN AUF KORSIKA
Ajaccio
Tel. 04 95 23 56 56
www.2a.cci.fr/Aeroport_Napoleon_Bonaparte_Ajaccio.html

Bastia
Tel. 04 95 54 54 54
www.bastia.aeroport.fr

Calvi
Tel. 04 95 65 88 88
www.calvi.aeroport.fr

Figari-Sud Corse
Tel. 04 95 71 10 10
www.2a.cci.fr/Aeroport_Figari-Sud_Corse.html

SNCM fährt von französischen Häfen nach Korsika.

Saison (April – Oktober bzw. Mai – September) fliegt Lufthansa aus Frankfurt und München nach Bastia, Eurowings jettet von Berlin, Köln und Hamburg nach Basita und Calvi, Airberlin hebt von Düsseldorf nach Calvi ab. Für alle, die im südbadischen Dreiländereck wohnen, empfehlen sich Hop und Volotea mit Abflügen ab Strasbourg nach Ajaccio und Calais. In Österreich verbindet Niki Graz, Innsbruck, Linz, Salzburg und Wien mit Calvi. Aus der Schweiz starten in der Saison gleich vier Gesellschaften zur Mittelmeerinsel: easyJet bedient ab Genf Ajaccio und Figari, SWISS ab Genf Calvi und Bastia, Air Glaciers von La Chaux-de-Fonds Figari, sowie Helvetic Airways aus Bern und Zürich heraus Calvi.

EIN- UND AUSREISEBESTIMMUNGEN

Für Reisende aus der EU und der Schweiz genügt der **Personalausweis.** Auch Kinder benötigen einen eigenen Ausweis. Im Zuge der Pariser Attentate vom 13. November 2015 hat Frankreich auch für EU-Bürger **wieder Grenzkontrollen** eingeführt. Reisende in Frankreich müssen seitdem **immer! ein Ausweisdokument** (Personalausweis oder Reisepass) mit sich führen.

Reisedokumente

Haustiere Hunde oder Katzen brauchen einen veterinäramtlichen **Heimtierausweis** mit einem amtstierärztlichen Gesundheitszeugnis, das höchstens 30 Tage alt ist, einem mindestens 20 Tage und höchstens 11 Monate vor der Einreise ausgestellten Tollwut-Impfzeugnis sowie einem Passbild. Außerdem muss das Tier einen Mikrochip oder eine Tätowierung tragen. Maulkorb und Leine sind bei Hunden aus Sicherheitsgründen mitzuführen.

Zollbestimmungen Für den steuerfreien privaten Gebrauch gelten folgende **Höchstmengen**: 800 Zigaretten, 400 Zigarillos, 200 Zigarren oder 1 kg Rauchtabak, 10 l Spirituosen, 20 l Zwischenerzeugnisse, 90 l Wein, davon maximal 60 l Schaumwein, sowie 110 l Bier. Für Nicht-EU-Länder wie die Schweiz liegen die Freigrenzen für Personen ab 17 Jahren bei 200 Zigaretten, 50 Zigarren oder 250 g Rauchtabak; ferner 2 l Wein und 2 l Schaumwein oder 1 l Spirituosen mit mehr als 15 Vol.% Alkoholgehalt oder 2 l Spirituosen mit weniger als 15 Vol.% Alkoholgehalt, 500 g Kaffee oder 200 g Kaffeeauszüge, 100 g Tee oder 40 g Teeextrakt, 50 g Parfüm oder 0,25 l Eau de Toilette sowie Geschenkartikel im Wert von 300 €, Flugreisende bis 430 €, Reisende unter 17 Jahren bis 175 €. Bei der Wiedereinreise in die Schweiz liegt die Freigrenze für Spirituosen bei 1 l mit mehr als 15 Vol.% Alkoholgehalt oder 2 l Spirituosen mit weniger als 15 Vol.% Alkoholgehalt.

REISEVERSICHERUNGEN

Krankenversicherung Mit der Europäischen Krankenversicherungskarte haben EU-Bürger im Krankheitsfall Anspruch auf **ärztliche Behandlung** in Frankreich. Trotzdem muss man meist ein Teil der Kosten für ärztliche Behandlung und Arzneimittel erst einmal selber bezahlen. Gegen Vorlage der Quittungen erstattet die Krankenkasse zu Hause dann die Auslagen – allerdings nicht für jede Behandlung. Dafür kann man eine zusätzliche private **Reiseversicherung** abschließen.

Auskunft

ATOUT FRANCE
Französische Zentrale für Tourismus
info.ch@atout-france.fr
Tel. +33 1 42 96 70 00
www.france.fr

AUSKUNFT IN KORSIKA
Agence de Tourisme de la Corse
17, Boulevard Roi Jérôme
F-20181 Ajaccio Cedex 1
Tel: 04 95 51 00 00
www.ajaccio-tourisme.com

Touristischen Großgebiete
Balagne: www.balagne-corsica.com
Bastia: www.bastia-tourisme.com
Castagniccia: www.castagniccia-
maremonti.com
Ostkorsika: www.corsica-
costaserena.com
Südkorsika: www.destination-
sudcorse.com
Taravo-Sartenais-Valinco:
www.lacorsedesorigines.com
Westkorsika: www.ouestcorsica.com
Zentralkorsika: www.centru-
corsica.com

DIPLOMATISCHE VERTRETUNGEN

Generalkonsulat der Bundesrepublik Deutschland
338, Avenue du Prado
F-13295 Marseille Cedex 08
Tel. 04 91 16 75 20
www.allemagne.diplo.de

Österreichisches Honorarkonsulat
10, Rue Bonaparte, F-20000 Ajaccio
Tel. 04 95 27 02 98, www.bmeia.gv.at
Nur während der Sommersaison
(Mai–Oktober) geöffnet

Schweizer Generalkonsulat
7, Rue d'Arcole
F-13291 Marseille Cedex 6
Tel. 04 96 10 14 10/11
www.eda.admin.ch

WEITERE INTERNETADRESSEN

Infos zu Frankreich allgemein
www.france.fr
www.frankreich-info.de

www.visit-corsica.com/de
Offizielles Korsika-Portal des
Fremdenverkehrsamtes der Insel
auch auf Deutsch

www.toute-la-corse.com
Sehr praktische Homepage, auch auf
Deutsch, die mit vielen hilfreichen
Informationen zu Unterkünften,
Shopping, Restaurants etc. sowie
etlichen nützlichen Links aufwartet.

www.korsika.fr
Informativ und umfassend: deutsche
Korsikaseite des Reiseveranstalters
MMV Reisen Italia S.r.l.

www.corsica.net
Privates Korsika-Portal (auf Deutsch)
mit praktischen Informationen,
Hintergrundthemen und Reiseführer
zu den Regionen

www.paradisu.ch
Ein Korsika-Fan aus der Schweiz teilt
sein enormes Wissen über die Insel mit,
inkl. Fotos und Links.

www.bike-and-smile.de
Die ultimative Website für alle
Biker und Hiker

Barrierefrei unterwegs

Korsika ist zwar behindertenfreundlich, aber wenig behindertenge-
recht. Wer eine individuelle Reise plant, sollte rechtzeitig damit beginnen – die Auswahl an geeigneten Hotelzimmern, Campingplätzen
oder Ferienhäusern ist begrenzt. Probleme bereiten auch die Zu-

Reisen mit Handicap

gänge zum Strand, die nur selten Rampen besitzen. Damit Menschen mit Handicap dennoch ihre Reise genießen können, vermittelt der BSK-Reiseservice geschulte »Reise-Assistenten« als Begleiter.

Elektrizität

Die Netzspannung beträgt 220 Volt Wechselstrom. In französische Steckdosen passen Flachstecker sowie Eurostecker.

Etikette

Zurückhaltung und Höflichkeit In Frankreich legt man Wert auf gute Umgangsformen. Höflichkeit, stilgerechtes Auftreten und rhetorische Feinheiten sind alltägliche Verhaltensstandards. Besonders an **religiösen Orten** ist Zurückhaltung geboten. Ärmellose T-Shirts, Shorts oder Miniröcke sind ebenso unerwünscht wie lautes Auftreten.

Bei der **Begrüßung** unter Freunden schütteln Männer sich die Hände, für Frauen gibt es Küsschen rechts und links, je nach Region zwei, drei oder vier – lassen Sie sich überraschen! Anders sind auch die Sitten am Abend. Während mittags im **Restaurant** noch legere Freizeitkleidung ohne Augenzucken toleriert wird, ist sie abends völlig out. Zum stilvollen Abendessen, das immer aus mehreren Gängen besteht und Stunden dauern kann, gehört auch, dass die Tische vorab reserviert werden – und niemand den Essensgenuss durch die Suche nach einem freien Sitzplatz stört. Eine freie Platzwahl ist in Frankreich nur in einfachsten Lokalen üblich – sonst wird am Eingang gewartet, bis die Bedienung den

Platz zuweist. Nicht nur nach einem ausgiebigen Essen in einem Restaurant, bereits nach einer Tasse Kaffee ist ein **Trinkgeld** üblich, das man auf das leere Tellerchen oder in die Rechnungsmappe legt.

Rauchen ist seit 2008 in allen öffentlichen Gebäuden, Hotels, Restaurants, Cafés und Diskotheken in Frankreich verboten. Die »Grande Nation« ist stolz auf ihr Land, ihre Kultur und Geschichte – der Schlüssel zum Verständnis vieler Eigenarten. So sind sich die Franzosen auch der Schönheit, Präzision und Klarheit ihrer **Sprache** sehr bewusst, tun sich aber im Allgemeinen schwer mit Fremdsprachen. Am besten eignen Sie sich vor der Reise die wichtigsten Wörter für Begrüßung, Zimmerreservierung und Bestellung im Restaurant an – man wird es zu schätzen wissen!

Geld

Der **Euro (€)** ist in Frankreich offizielles Zahlungsmittel. Für die nicht am Euro-Währungssystem teilnehmende Schweiz gilt:
1 CHF = 1,08 €, 1 € = 0,92 CHF

An den französischen Geldautomaten (bancomat) lässt sich mit **Kredit- und Bankkarten** – in Kombination mit der Geheimnummer – rund um die Uhr Geld abheben. Gängige Kreditkarten werden von Banken, Hotels, Restaurants, Autovermietern und vielen Geschäften akzeptiert.

? BAEDEKER WISSEN

Karte verloren?

Ist das Handy oder eine Bank- oder Kreditkarte verloren gegangen oder gestohlen worden, können sämtliche sperrbaren, diesem System angeschlossenen Medien unter einer einheitlichen Notfall-Nummer gesperrt werden (innerhalb Deutschlands kostenlos, gebührenpflichtig aus dem Ausland). Dazu muss man Bankleitzahl, Karten- und sonstige Nummern bereithalten. **Tel. 00 49 116 116.**

Gesundheit

▶ Anreise/Reiseplanung: Krankenversicherung

Unter www.allo-medecins.fr/20-Corse findet man Ärzte unter **»Médecins«,** Zahnärzte unter **»Dentistes«**, die meisten besitzen Englisch- oder Deutschkenntnisse. Ein grünes, nachts beleuchtetes Kreuz am Geschäft kennzeichnet die **»Pharmacie«**. Welche Apotheke nachts und am Wochenende Bereitschaftsdienst hat, wird im Aushang an den Türen der Apotheken und in der Lokalpresse angezeigt. Öffnungszeiten: 9.00 – 12.00, 14.00 – 18.30 Uhr.

Ärztliche Hilfe

Ärzte und Apotheken

Literaturempfehlungen

Krimis und
Romane

Dieck, Monika: Clan Destina: Begegnung mit dem Schicksal. Nil 2011. Freiheitskämpfer, Macht, Gier und eine Leiche am Strand: Kriminalkommissarin Layla ist immer ein bisschen schneller als ihre Kollegen und findet in den täglichen Verschwörungsdramen sprachbegabt und kompetent stets die richtige Strategie.

Goehrke, Klaus: Yvans Schatten: Hundstage auf Korsika. Ventura 2012. Eigentlich will die 17-jährige Lale nur mit ihrer Familie und Freunden ihre Ferien auf Korsika verbringen und ganz entspannt am Strand chillen. Doch als sie sich in den jungen korsischen Freiheitsaktivisten Claudio verliebt, steckt sie plötzlich mitten in den politischen Verwicklungen der französischen Insel.

Goscinny, René/Uderzo, Albert: Asterix auf Korsika. Egmont Comic Collection 2013. Goscinny und Uderzo in Bestform: Die Korsen sind ein stolzes Volk und haben die Rache perfektioniert – Männer, die Blutrache nehmen wollen, hält man nur solange zurück, wie eine Kastanie braucht, um vom Tisch zu fallen. Und die Korsen sind vor allem eines nicht: Franzosen. Aber das sind Asterix und Obelix ja auch nicht, sondern Aremoricaner, die großmütig einen von den Römern gefangenen Korsen wieder in seine Heimat bringen.

Hoch, Jenny: Gebrauchsanweisung für Korsika. Piper 2014. Die Berliner Journalistin kennt Korsika, seit sie vier Jahre alt ist. Sie hat dort Waldbrände verhindert und korsischen Käse lieben gelernt und wurde als »Allemande« in die verschworene Gemeinschaft eines kleinen korsischen Bergdorfes aufgenommen. Humorvoll berichtet sie von den Eigenarten der Inselbewohner.

Kleeberg, Michael: Der König von Korsika. btb 2010. Geheimagent, Liebhaber, Hochstapler und kaiserlicher Gesandter – Theodor Neuhoff lässt sich vom Schicksal durch ganz Europa tragen, weiß zu parlieren, zu brillieren und zu blenden – und gründet für acht Monate die einzige Monarchie auf Korsika (▶Baedeker Wissen, S. 60).

Lowak, Manuela : Ende der Saison: Korsika-Geschichten. Books on Demand 2014. Mit Spannung, Gefühl und Humor erzählte kleinere und größere Dramen auf der Sonneninsel, deren Helden fast ausnahmslos Einwanderer, Aussteiger oder Saisonarbeiter sind

Mérimée, Prosper: Colomba. Reclam 1990. Mérimées dramatische Meisternovelle über Blutrache, Liebe und das Heldentum der korsischen Banditen (▶Baedeker Wissen, S. 164).

Korsika im Film

Das Haus auf Korsika (dt. 2012, Au cul du loup, 2011)

Tina (Christelle Cornil), um die 30 Jahre jung und doch innerlich müde, erbt von ihrer Großmutter ein Haus auf Korsika – und das nicht etwa an der Küste, sondern in einem kleinen Bergdorf mit gerademal zwölf Einwohnern. Einfühlsam erzählt der belgische Regisseur Pierre Duculot in seinem Debüt die Geschichte einer Selbstfindung – und zeigt dem Zuschauer ein Korsika, so atemberaubend wie arm und so herzlich wie hart.

Willkommen bei den Korsen (dt. 2011, L'Enquête Corse, 2004)

Turbulente Actionkomödie mit Frankreichs berühmten Leinwandstars Jean Reno und Christian Clavier – ihr Sprachwitz, das große Plus dieses Films, ist bei der Synchronisation ins Deutsche allerdings an vielen Stellen leider verloren gegangen.

Die Schachspielerin (dt. 2010, Joueuse, 2009)

Als das korsische Zimmermädchen Hélène, gespielt von Frankreichs Superstar Sandrine Bonnaire, bei Dr. Kröger (Oscar-Preisträger Kevin Kline) das Schachspiel erlernt, gerät ihr gesamtes bisheriges Leben aus den Fugen ...

Der Felsen (2002)

Während ihres gemeinsamen Korsika-Urlaubs verlässt Jürgen (Ralph Herforth) seine langjährige Geliebte und Mitarbeiterin Katrin (Karoline Eichhorn) und kehrt zu seiner Familie zurück. Die Mittdreißigerin bleibt auf der Insel zurück, lernt den 17-jährigen Malte (Antonio Wannek) kennen und wird mitgerissen in einen Strudel der Ereignisse und Gefühle. Ihre Reise ins Innere der Insel wird zu einer Reise ins eigene Ich – ein faszinierendes Filmexperiment von Dominik Graf, das sich wohltuend abhebt vom Mainstreamkino.

Pollmann, Gudrun: Die Melancholie der Berge. DeBehr 2015. Nach einem Unfall erwacht Pasquin im Krankenhaus. An seinem Bett sitzt Josette, seine Frau. Doch er kann sich weder an sie noch an irgendetwas anderes erinnern. Langsam kämpft Pasquin sich ins Leben zurück – ein fesselnder Krimi über die Abgründe der menschlichen Psyche mit einem Hauch Erotik in der rauen Bergwelt Korsikas.

Renard, Jean: Der Kopf der Korsen. Emons 2015. Zwei Polizisten im Visier des Paten von Paris. Um ihr Leben zu retten, werden sie nach Korsika versetzt. Doch dort stehen die beiden Sonderermittler schon bald im Kreuzfeuer zweier verfeindeter Clans.

DuMont Bildatlas Korsika: Die wilde Insel. DuMont 2016. Elan Fleisher und Christian Nowak stellen die Mittelmeerinsel vor, führen durch weitestgehend unberührte Natur, zu wunderschönen Badebuchten und hübschen kleinen Städten mit viel Flair. **Bildband**

Fotoparadies Korsika, nicht umsonst auch Insel der Schönheit genannt

Medien

Fernsehen Dank Satellit bieten die Hotels auch deutsche Fernsehsender an, zumeist ARD, ZDF, RTL und SAT1. Einblicke in das Geschehen auf der Insel bieten der staatliche Regionalsender France3 Corse. Mit A Corsica TV gibt es inzwischen auch den ersten privaten korsischen Fernsehsender – allerdings nur im Web (www.acorsicatv.com).

Radio Deutlich vielfältiger ist die korsische Hörfunklandschaft, wie Radio Corti Vivu oder Radio Calvi Citadelle senden zahlreiche Stationen heute ausschließlich auf Korsisch. Sehr hörenswert ist online auch Corsica Radio, www.corsicaradio.com.

Zeitungen Auf Korsika erscheint täglich als einziges Regionalblatt die Zeitung **»Corse-Matin«** (www.corsematin.com), die in Bastia gedruckt wird. Zudem gibt es die Wochenzeitung »Journal de la Corse« (www.jd corse.fr). In größeren Ortschaften bekommt man auch die überregionalen Tageszeitungen »Le Monde«, »Le Figaro« und »Libération«. Die Wochenzeitung »Arriti« sowie die monatlich auf Korsisch und Französisch erscheinende Zeitschrift »U Ribombu« gelten als Sprachrohre der Nationalisten. **Deutsche Tageszeitungen** gibt es nur in den größeren Städten und während der Hochsaison in den Touristenhochburgen der Insel mit einem Tag Verspätung.

Notrufe

WICHTIGE RUFNUMMERN	*ADAC-Notrufzentrale*
Polizei	*München*
Tel. 17	Tel. 0049 / 89 / 22 22 22
Notarzt, Krankenwagen	*ACE-Notrufzentrale*
Tel. 15	*Stuttgart*
	Tel. 0049 / 18 02 / 34 35 36
Feuerwehr	
Tel. 18	*DRK-Flugdienst Bonn*
	Tel. 0049 / 228 / 23 00 23
Deutschsprachige Pannenhilfe	
AIT-FIPA Assistance	*ÖAMTC Wien*
Tel. 05 10 61 06	Tel. 0043 / 1 / 251 20 00
Deutschsprachige	*Schweizerische*
ADAC-Notrufstation	*Rettungsflugwacht Zürich*
Tel. 04 72 17 12 22	Tel. 0041 / 3 / 33 33 33 33

Post · Telekommunikation

In größeren Städten sind die **PTT** – Poste, Télégraphe, Téléphone –, die Postämter, Mo. – Fr. durchgehend 8.00 – 19.00 Uhr und Sa. 9.00 bis 12.00 Uhr geöffnet. In kleineren Orten sind die PTT mittags 12.00 – 14.00 Uhr geschlossen. **Postämter**

»Timbres« sind nicht nur in der Post, sondern auch in Tabakläden, Bars mit Zigarettenverkauf und dort, wo es Ansichtskarten gibt, erhältlich. Luftpost heißt auf Französisch »Par avion«. **Briefmarken**

Französische Briefkästen sortieren die Post vor – sie enthalten häufig mehrere Einwurfschlitze für die Ziele der **»Lettres«** – einen Schlitz für die Stadt vor Ort bzw. das entsprechende Département, einen Schlitz für »autres destinations« im In- und Ausland sowie für Eilbriefe mit dem Vermerk »par express«. **Briefkästen**

2016 sind die Tarife für **Mobiltelefone** innerhalb der EU nochmal erheblich gesunken, ab 15. Juni 2017 entfallen die Roaming-Gebühren innerhalb der EU. Prepaidkarten heißen »cartes prépayées«. Trotz der auch in Frankreich immensen Verbreitung von Handys und Smartphones (frz. portables oder mobiles) gibt es noch viele **Telefonieren und Surfen**

LÄNDERVORWAHLEN
Von Frankreich
nach Deutschland: 0049
nach Österreich: 0043
in die Schweiz: 0041
Die 0 der Ortsnetzkennzahl entfällt.

*Von Deutschland, Österreich und
der Schweiz nach Frankreich*
0033 + die 9-stellige Rufnummer des
Gesprächspartners ohne die Anfangs-0.

INNERHALB VON FRANKREICH
wählt man vor der regionalen
Kennziffer noch die Ziffer 0.

TELEFONAUSKUNFT
Tel. 12
(Renseignements
téléphoniques)

öffentliche Telefonzellen. Zur Nutzung benötigt man eine Télécarte, die man mit 50 oder 120 Einheiten in Tabac-Geschäften, an Kiosken oder bei der Post kaufen kann.

WLAN **Internetcafés** (cybercafés) finden sich in jeder korsischen Stadt. WLAN (accès **WiFi**) gibt es in größeren Orten in vielen Cafés, Hotels und Restaurants.

AEDEKER WISSEN

? *Was kostet wie viel?*

Doppelzimmer: ab 80 €
Espresso (»petit noir«): ab 2,20 €
Einfache Mahlzeit: ab 13 €
Dreigängiges Menü: ab 28 €
1 Flasche Wein
  im Restaurant: ab 21 €
Benzin (1 l Super): ab 1,40 €

▶ Preiskategorien für
Restaurants und Hotels: S. 7

Preise und Vergünstigungen

In **Bistros und Cafés** sind Getränke am Tresen günstiger als am Tisch oder auf der Terrasse und nachts zahlt man in der Regel mehr als tagsüber. Die günstigsten **Tankstellen** befinden sich in der Nähe von großen Supermärkten, wie Leclerc, Casino, Cactus oder Carrefour.
Kinder bis sieben Jahre erhalten meist einen Preisnachlass von 50 %; Kleinkinder können oft kostenlos Museen oder andere Attraktionen besuchen. Häufig werden auch vergünstigte **Familienkarten** angeboten. **Studierende** erhalten gegen Vorlage ihres internationalen Studentenausweises in Museen oder im Kino vergünstigte Eintrittskarten.

Reisezeit

Die wohl schönste Jahreszeit auf Korsika ist das **Frühjahr,** wenn von März bis Mai die Macchia blüht und ihren berauschenden Duft auf der ganzen Insel verbreitet. Zwar regnet es gelegentlich, doch die Temperaturen sind sehr angenehm. Da im Mai bzw. Juni in höheren Lagen oft noch Schnee liegt, sind die **Herbstmonate** September und Oktober eher geeignet für Wanderungen. Während sich die Insel in herbstliche Farben hüllt, lädt das Meer mit 20 °C Wassertemperatur zum Baden ein. Die **Winter** sind an der Küste kurz und mild mit Höchsttemperaturen von 18 °C. In Lagen ab 1500 m Höhe herrscht jedoch alpines Klima mit Frost und Schneefall, der sogar Wintersport ermöglicht (►Urlaub aktiv).

Klima-diagramm ►S. 17

BAEDEKER TIPP

! *Reisewetter*

Wettervorhersage
www.wetter.de
Französischer Wetterdienst
www.meteofrance.com
Aktuelle Wassertemperatur
www.wassertemperatur.org/korsika

Während der Schulferien im **Juli und August** herrscht Hochbetrieb an der Küste, viele Quartiere sind überbucht, die Straßen verstopft, auf den Stränden drängen sich Sonnenanbeter und Wassersportler. Die Sonne sticht vom Himmel, das Thermometer klettert bis auf 36 °C. Mit 23 bis 25 °C bietet auch das Meer nur wenig Abkühlung. Verregnete Ferien sind so gut wie ausgeschlossen – durchschnittlich gibt es auf Korsika nur 50 Regentage, dafür aber mit 2731 Sonnenstunden doppelt so viel Sonnenschein wie in Düsseldorf.

Aus allen Himmelsrichtungen bläst es – windstill ist es auf Korsika selten. Sieben Winde arbeiten an Stein und Fels, wühlen das Meer auf, erfrischen und erhitzen die Insel. Kühl und heftig faucht der **Mistrale** aus dem Rhonetal, heiß und trocken lässt der **Scirocco** aus der Sahara die Temperaturen steigen, kalt und trocken kommt der Bergwind **Tramontana** nach Korsika. Der Westwind **Ponente** ist mild, der Südwind **Libeccio** wild und stürmisch. Schwüle Luft aus dem Osten bringen der **Grecale** und der **Levante**.

Woher der Wind weht

Sicherheit

Gefahren und Vorsichtsmaßnahmen

Sprengstoffattentate und Morde: Zwar gerät Korsika immer wieder in die Schlagzeilen, doch handelt es sich fast immer um Abrechnungen im Drogenmilieu, um politische oder wirtschaftliche Rivalitäten oder um Anschläge auf Luxusimmobilien und Zweitwohnsitze von Festlandfranzosen. Verübt werden die Anschläge u. a. von Anhängern der FLNC (Front de libération nationale de la Corse). Im Zuge der Pariser Attentate vom 13. November 2015 hat Frankreich auch für EU-Bürger **wieder Grenzkontrollen** eingeführt. Reisende in Frankreich müssen seitdem **immer! ein Ausweisdokument** (Personalausweis, Reisepass) mit sich führen. Häufig sind **Autoeinbrüche.** Darum sollte man nichts sichtbar im Auto lassen, auf keinen Fall Wertgegenstände. Zu empfehlen ist eine **Reisegepäckversicherung**.

Sprache

Amtssprache Französisch

Bis 1769 war Italienisch Amtssprache, bis 1870 die Kultursprache, und in den 1970er-Jahren hatte das Französische als Amtssprache die überlieferte Regionalsprache fast verdrängt: das **Korsische.** Heute wird sie als Zeichen nationaler Eigenständigkeit bewusst wiederbelebt. In Tageszeitungen finden sich Artikel auf Korsisch, in den Schulen ist Korsisch Wahlfach, seit 1989 gibt es einen Lehrstuhl für korsische Sprache und Kultur an der Universität Corte. Über den Ursprung der korsischen Sprache, deren viele Inseldialekte heute mit »Hochkorsisch« unter einen Hut gebracht werden sollen, gibt es zwei Theorien. Nach einer Version basiert es auf Vulgärlatein, nach einer anderen auf keltisch-ligurischen Ursprüngen. Die Herrschaft der Römer und Genueser hinterließ italienische Spracheinfärbungen. So enthält das Korsische im Norden typisch toskanische Elemente, im Süden sardische Eigenheiten. Die Sprachgrenze verläuft ungefähr von Ajaccio über Bastelica, Bocognano und Ghisoni nach Aléria.

Sprachführer Französisch

DEUTSCH	FRANZÖSISCH
Allgemein	
Ja./Nein.	Oui./Non.
Bitte.	S'il vous plaît (s.v.p.).
Danke.	Merci.
Gern geschehen.	De rien.

Entschuldigen Sie!	Excusez-moi!
Wie bitte?	Comment?
Ich verstehe Sie/dich nicht.	Je ne comprends pas.
Ich spreche nur wenig Französisch.	Je parle un tout petit peu français.
Können Sie mir bitte helfen?	Pouvez-vous m'aider, s'il vous plaît?
Ich möchte ...	J'aimerais ...
Haben Sie ...?	Vous avez ...?
Wie viel kostet es?	Ça coûte combien?
Wie viel Uhr ist es?	Quelle heure est-il?
WLAN	WiFi
Wo finde ich einen Internetanschluss?	Où puis-je trouver un accès à internet?
Computer/Ladegerät	ordinateur/chargeur

Begegnung

Guten Morgen / Tag!	Bonjour!
Guten Abend!	Bonsoir!
Hallo / Grüße dich!	Salut!
Wie ist Ihr Name, bitte?	Comment appellez-vous, s'il vous plaît?
Wie geht es Ihnen / dir?	Comment allez-vous /vas-tu?
Auf Wiedersehen!	Au revoir!

Rencontre

Unterwegs / Auskunft

links / rechts	à gauche / à droite
geradeaus	tout droit
nah / weit	près / loin
Bitte, wo ist ...?	Pardon, où se trouve ..., s.v.p.?
Wie weit ist das?	C'est à combien de kilomètres d'ici?

En route / renseignement

Tankstelle

Entschuldigung, wo ist die nächste Tankstelle?	Pardon Mme / Mlle / M, où est la station-service la plus proche?
Ich möchte ... Liter	Je voudrais ... litres, s.v.p.
... Super	... du super
... Diesel	... du diesel
... Bleifrei / mit ... Oktan	... du sans-plomb / ... octanes.
Volltanken, bitte.	Le plein, s'il vous plaît.

Station-service

Unfall

Hilfe!	Au secours!
Achtung!	Attention!
Rufen Sie bitte schnell ...	Appelez vite ..., s.v.p.
... einen Krankenwagen.	... une ambulance.
... die Polizei.	... la police.
... die Feuerwehr.	... les pompiers.
... den Pannendienst.	... le service de dépannage.

Accident

Arzt

Könnten Sie mir einen guten Arzt
empfehlen?
Ich habe hier Schmerzen.
Medizin
Krankenhaus

Médecin

Pourriez-vous me recommander un bon
médecin s'il vous plaît?
J'ai mal ici.
médecine / médicament
hôpital

Essen gehen

Wo gibt es hier ...
... ein gutes Restaurant?
... ein gutes Café / Bistro?
Reservieren Sie uns bitte für heute
Abend einen Tisch für 4 Personen.
Wo sind bitte die Toiletten?
Auf ihr Wohl!
Bezahlen, bitte.

Aller manger

Pourriez-vous m'indiquer ...
... un bon restaurant?
... un bon café / bistro?
Je voudrais réserver une table
pour ce soir pour quatre personnes.
Où sont les toilettes, s'il vous plaît?
A votre santé / A la vôtre!
L'addition, s'il vous plaît.

Übernachtung

Können Sie mir bitte
... ein gutes Hotel empfehlen?
Haben Sie noch ...?
... ein Einzelzimmer
... ein Zweibettzimmer
... mit Bad
... für eine Nacht
... für eine Woche
Was kostet ein Zimmer mit ...
... Frühstück?
... Halbpension?

Hébergement

Pardon, Mme / Mlle / M, pourriez-vous
recommander un bon hotel?
Est-ce que vous avez encore ...?
... une chambre pour une personne
... une chambre pour deux personnes
... avec salle de bains
... pour une nuit
... pour une semaine
Quel est le prix d'une chambre, ...
... petit déjeuner compris?
... en demi-pension?

Post

Was kostet ...
... ein Brief?
... eine Postkarte?
... nach Deutschland?

Poste

Quel est le tarif pour ...
... une lettre?
... une carte postale?
... pour l'Allemagne?

Zahlen

0	zéro	8	huit
1	un	9	neuf
2	deux	10	dix
3	trois	11	onze
4	quatre	12	douze
5	cinq	13	treize
6	six	14	quatorze
7	sept	15	quinze

16	seize	60	soixante
17	dix-sept	70	soixante- dix
18	dix-huit	80	quatre- vingt
19	dix-neuf	90	quatre- vingt-dix
20	vingt	100	cent
21	vingt et un	200	deux cents
22	vingt-deux	1000	mille
23	vingt-trois	2000	deux mille
30	trente	10 000	dix mille
40	quarante	1/2	un demi
50	cinquante	1/4	un quart

Im Restaurant

Speisekarte	carte
Kellner/Kellnerin	serveur/serveuse
Trinkgeld	pourboire
Glas	verre
Flasche	bouteille
Gabel	fourchette
Messer	couteau
Löffel	cuillère

Petit déjeuner	**Frühstück**
thé au lait / au citron	Tee mit Milch / Zitrone
jus de fruit	Fruchtsaft
œuf à la coque	weiches Ei
œufs brouillés	Rühreier
pain / petits pains / toasts	Brot / Brötchen / Toast
croissant	Hörnchen
beurre	Butter
fromage	Käse
charcuterie	Wurst, Aufschnitt
jambon	Schinken
miel	Honig
confiture	Marmelade

Soupes et hors-d'œuvres	**Suppen und Vorspeisen**
pâté de foie	Leberpastete
saumon fumé	Räucherlachs
soupe de poisson	Fischsuppe

Viande	**Fleisch**
agneau	Lammfleisch
bifteck	Steak
bœuf	Rindfleisch

escaloppe de veau	Kalbsschnitzel
foie	Leber
porc	Schweinefleisch
rôti	Braten

Volailles et gibier — **Geflügel und Wild**

canard à l'orange	Ente in Orangensauce
coq au vin	Hahn in Rotwein
lapin chasseur	Kaninchen nach Jägerart
poulet rôti	Brathähnchen

Poisson, crustaces et coquillages — **Fisch, Krustentiere und Schalentiere**

calmar frit	gebratener Tintenfisch
sole au gratin	überbackene Seezunge
truite meunière	Forelle Müllerin
coquilles Saint-Jacques	Jakobsmuscheln
crevettes	Garnelen
homard	Hummer
huîtres	Austern
moules	Miesmuscheln
plateau de fruits de mer	Meeresfrüchteplatte

Légumes, pâtes et riz — **Gemüse, Teigwaren und Reisgerichte**

choucroute	Sauerkraut
haricots (verts)	(grüne) Bohnen
pâtes	Nudeln
poivrons	Paprika
pommes de terre	Kartoffeln

Desserts et fromages — **Nachspeisen und Käse**

crème brûlée	Karamellisierter Sahnepudding
gâteau	Kuchen
tarte aux pommes	Apfelkuchen

Fruits — **Obst**

cerises	Kirschen
fraises	Erdbeeren
framboises	Himbeeren
pêches	Pfirsiche
poires	Birnen
pommes	Äpfel
raisins	Trauben

Consommations — **Getränke**

café noir	schwarzer Kaffee
café au lait	Kaffee mit Milch

décaféiné	koffeinfreier Kaffee
vin	Wein
un (verre de vin) rouge	ein Glas Rotwein
un quart de vin blanc	ein Viertel Weißwein
bière	Bier
eau minérale	Mineralwasser (stilles)
eau gazeuse	Mineralwasser mit Kohlensäure

Verkehr

Die Nationalstraßen sind auf Korsika gut ausgebaut, Nebenstrecken **Straßen**
sind schmal und kurvenreich – ist eine Kurve nicht einzusehen, muss
gehupt werden. Schlaglöcher sind häufig, ebenso fehlen im Inselinnern oft die Randbefestigungen. Eine weitere Gefahrenquelle sind
Steinschlag und Felsbrocken, die mitunter die Straße blockieren.

Die Höchstgrenze für den Blutalkoholgehalt beträgt **0,5 Promille.** **Verkehrs-**
Die 2012 eingeführte Pflicht, Alcotests im Wagen mitzuführen, wur- **regeln**
de bereits ein Jahr später gekippt. Frankreich und Australien teilen
sich den Titel der Nummer eins der Alkoholtoten im Straßenverkehr.
Die Alcotests sollten helfen, die Zahl der Verkehrstoten durch Alkohol bis 2020 von 4000 auf 2000 zu halbieren. Durchschnittlich kon-
sumiert jeder Franzose jährlich 120 l Alkohol – weltweit sind es 91 l.
Heute setzt Frankreich wieder auf freiwillige Selbstkontrolle – und
drakonische Strafen: Bei einer Blutalkoholkonzentration von mehr
als 0,8 Promille drohen – selbst ohne jegliches Anzeichen von Trun-
kenheit – eine Geldstrafe bis zu 4500 € und/oder Gefängnis bis zu
zwei Jahren. Die **Höchstgeschwindigkeit** liegt auf den korsischen
Nationalstraßen bei 110 km/h, auf den Départementstraßen bei
90 km/h (bei Regen: 80 km/h); innerhalb geschlossener Ortschaften
gelten 50 km/h. Die Einhaltung des Tempolimits überwachen Radar-
fallen und »schlafende Polizisten«: Bodenschwellen. Schon bei geringen Tempoüberschreitungen sind **Geldbußen** bis zu 2000 € zu zahlen – sofort, sonst wird das Fahrzeug beschlagnahmt und u. U. der
Führerschein entzogen. Wer bei »Rot« über die Kreuzung saust, muss
nicht nur zahlen, sondern erhält auch Punkte in Flensburg.

Auf Korsika können die Abschleppdienste der **Dépanneur-remor-** **Panne –**
queur über die Polizei (▶Notrufe) erreicht werden. Rund um die Uhr **was nun?**
hilft der deutschsprachige Pannendienst der AIT-FIPA Assistance,
Tel. 05 10 61 06, weiter. Seit etlichen Jahren gehört es zu den Pflich-
ten, eine **Pannenweste** nach EU-Norm mitzuführen, und zwar für
jeden Insassen.

Parken Parkplätze sind in den Städten meist gut ausgeschildert. In der Zone bleue darf bis zu 60 Min. mit Parkscheibe geparkt werden. Ein rot-weißer oder rot-gelb gestreifter Randstein bedeutet Parkverbot. Auf Landstraßen ist Anhalten nur am unbefestigten Straßenrand erlaubt.

Fahrzeug-papiere Neben Führerschein und Kfz-Schein sollte die grüne Versicherungs-karte stets mitgeführt werden – sie ist zwar nicht Pflicht, wird jedoch bei Unfällen oder Kontrollen verlangt.

Tankstellen Das Tankstellennetz ist an der Küste gut, im Inselinnern sehr dünn – daher mit vollem Tank zu Touren starten! Auf dem Land sind die meisten Tankstellen am Wochenende, an Feiertagen oder nach 20.00 Uhr geschlossen.

Mietwagen Lokale Mietwagenfirmen sind manchmal günstiger als internationa-le Unternehmen, die man an den Flughäfen sowie in größeren Häfen und Ortschaften findet. Um ein Auto mieten zu können, muss man als Fahrer mindestens 21 Jahre alt sein und länger als ein Jahr den Führerschein besitzen. Wer ohne Kreditkarte mieten will, muss eine muss eine Kaution von bis zu 1000 € hinterlegen. Stets vor Ort zu zahlen ist die Kaskoversicherung – sie kostet ab 22 € pro Tag. Die Mietpreise beginnen ab 400 € pro Woche in der Hauptsaison.

AUTOVERMIETER
AVIS
Reservierung in Frankreich:
Tel. *08 21 23 07 60
bei Panne: Tel. 08 00 32 53 25
Reservierung in Deutschland:
Tel. *01806 21 77 02, www.avis.de

Europcar
Reservierung in Frankreich:
Tel. *0825 35 83 58
Reservierung in Deutschland:
Tel. 04 05 20 18 80 00
www.europcar.com

Hertz
Reservierung in Frankreich:
Tel. *08 25 80 09 00
Reservierung in Deutschland:
Tel. *0180 693 88 14
www.hertz.com

enterprise/National/citer
Reservierung in Frankreich:
Tel. 01 44 38 61 61
bei Panne:
Tel. 08 00 13 12 11
www.enterprise.fr

Sixt
Reservierung in Frankreich:
Tel. 08 20 00 74 98
Reservierung in Deutschland:
Tel. *0180 666 66 66
www.sixt.de

WOHNMOBILE
Avis Car-Away Corse
Route de Cargèse
(D 81) Alata
20167 Mezzavia
Tel. 01 47 49 80 40
www.aviscaraway.com

MIT BAHN UND BUS

Die Schmalspurbahn **»U Trichinellu«** verbindet zweimal täglich in drei Stunden Ajaccio mit Bastia und durchquert dabei herrliche Landschaften (▶Baedeker Wissen, S. 293). In Ponte Leccia zweigt eine 74 km lange Nebenlinie ab und führt über L'Ile Rousse nach Calvi. Vor zehn Jahren wurde das Schienennetz saniert, seit 2010 sind auch hochmoderne, behindertengerechte AMG-800-Triebzüge mit Panoramafenstern auf den Schienen im Einsatz (http://train-corse.com).

Ajaccio – Corte – Bastia (158 km)

Die **»Tramway de Balagne«** pendelt im Sommer mehrmals zwischen Calvi und L'Île-Rousse. In 45 Min. verbindet die »Straßenbahn« 20 Stationen, von denen die Strände an der Küste gut zu erreichen sind (▶Balagne, S. 175).

Calvi – L'Île-Rousse (22 km)

Küstenstädte und größere Orte werden mehrmals täglich von Buslinien erreicht; kleinere Orte nur ein- bis dreimal pro Woche. Fahrpläne gibt es am Busbahnhof von Ajaccio, in Touristenbüros und unter **www.corsicabus.org**.

Linienbusse

Zeit

In Frankreich gilt im Winterhalbjahr die Mitteleuropäische Zeit (MEZ), in der Zeit von Ende März bis Ende Oktober die Sommerzeit (MEZ + 1 Std.).

Uhrenvergleich

Register

atmosfair

Reisen verbindet Menschen und Kulturen. Doch wer reist, erzeugt auch CO_2. Der Flugverkehr trägt mit bis zu 10% zur globalen Erwärmung bei. Wer das Klima schützen will, sollte sich nach Möglichkeit für die schonendere Reiseform entscheiden (wie z.B. die Bahn). Gibt es keine Alternative zum Fliegen, kann man mit atmosfair klimafördernde Projekte unterstützen.

nachdenken • klimabewusst reisen
atmosfair

atmosfair ist eine gemeinnützige Klimaschutzorganisation unter der Schirmherrschaft von Klaus Töpfer. Flugpassagiere spenden einen kilometerabhängigen Betrag und finanzieren damit Projekte in Entwicklungsländern, die den Ausstoß von Klimagasen verringern helfen. Dazu berechnet man mit dem Emissionsrechner auf **www. atmosfair.de** wieviel CO_2 der Flug produziert und was es kostet, eine vergleichbare Menge Klimagase einzusparen (z.B. Berlin – London – Berlin 13 €).

atmosfair garantiert die sorgfältige Verwendung Ihres Beitrags. Alle Informationen dazu auf www.atmosfair.de. Auch der Karl Baedeker Verlag fliegt mit atmosfair.

Verzeichnis der Karten und Grafiken

Bildnachweis

Agostini: S. 146, 189
AKG: S. 54 (rechts)
Baedeker-Archiv: S. 220, 310
Bilderberg/Boisvieux, Chr.: S. 7, 104, 256
Bilderberg/Horacek, M.: S. 268
DuMont Bildarchiv: 90
DuMont Bildarchiv/Fleisher, Elan: U2, U3
   (unten) U7, S. 4, 8, 9, 29 (oben), 36, 42,
   73, 78, 88, 91, 92, 181, 296, 308
DuMont Bildarchiv/Widmann: U 4 (2.
   v. unten und unten), S. 6, 18, 22, 28,
   30, 31, 32, 34, 49, 54 (links), 68, 70, 76,
   82, 94, 102, 108, 120, 122, 131, 144,
   148, 154 (rechts unten), 157, 163, 174,
   178, 181, 182, 184, 186, 195, 201, 202,
   209, 214, 217, 219, 222, 254, 258, 269,
   281, 286, 288, 293, 294
Feltes-Peter, Astrid: U4 (2. v. oben),
   S. 47, 150, 154, 155 (links unten),
   238
fotolia/Vincenti, Ange Paul: S. 111
glowIMAGES/Sofood: S. 78 (unten)
glowIMAGES/Imagebroker RF: S. 79
Hackenberg, Rainer: S. 46, 59, 119, 155
   (oben), 156, 159, 161, 225, 251
Hotel la Plage Casadelmar: S. 96, 98
Hotel Les Voyageurs: S. 100
Huber/Giampiccolo, A.: S. 196
Huber/Giovanni: S. 3 (oben), 199

Huber/Fantuz, O.: S. 2, 11, 173, 177, 193,
   212, 252, 311
Huber/Simeone, Giovanni: S. 66, 128,
   208, 271
Huber/Spila, Riccardo: S. 5 (oben), 139
Lade: S. 259
laif/Thierry Dudoit, Express-Rea: S. 266
laif/Gonzalez: S. 3 (unten), 14, 167,
   232, 235, 242, 277, 282
laif/Jonkmanns: S. 24, 30, 265
laif/Krinitz: U8, S. 246
laif/Müller, Gerhard P.: S. 5 (unten),
   44, 64, 84, 86, 284, 290
laif/Raach: S. 171, 263, 275
laif/Streets: U 4 (oben), S. 107
laif/Zanetti: S. 88
Look/Raach: S. 134
Mauritius: S. 124, 301
Mauritius/Cash: S. 228
Moirenc, Camille: S. 12, 27, 114, 136,
   145, 227, 248, 276
Museum Cervione: U3 (2. v. oben),
   S. 61
Picture-allinace/akg-images: S. 165
Picture-alliance/dpa: S. 52, 176
WMF: S. 81
ZEFA: S. 1

Titelabbildung: Huber/Mirau

Impressum

Ausstattung:
159 Abbildungen, 25 Karten und
grafische Darstellungen, eine
große Reisekarte
Text:
Hilke Maunder und
Dr. Madeleine Reincke,
mit Beiträgen von Isolde Bacher
Bearbeitung:
Baedeker-Redaktion
(Dr. Madeleine Reincke)
Kartografie:
Franz Huber, München
MAIRDUMONT Ostfildern (Reisekarte)
3D-Illustrationen:
jangled nerves, Stuttgart
Infografiken:
Golden Section Graphics GmbH, Berlin
Gestalterisches Konzept:
independent Medien-Design, München
Chefredaktion:
Rainer Eisenschmid, Baedeker Ostfildern

12. Auflage 2017

Anzeigenvermarktung:
MAIRDUMONT MEDIA
Tel. 0049 711 4502 333
Fax 0049 711 4502 1012
media@mairdumont.com
http://media.mairdumont.com

Printed in China

Trotz aller Sorgfalt von Redaktion und Autoren zeigt die Erfahrung, dass Fehler und
Änderungen nach Drucklegung nicht ausgeschlossen werden können. Dafür kann
der Verlag leider keine Haftung übernehmen.
Kritik, Berichtigungen und Verbesserungsvorschläge sind jederzeit willkommen.
Schreiben Sie uns, mailen Sie oder rufen Sie an:

Verlag Karl Baedeker / Redaktion
Postfach 3162
D-73751 Ostfildern
Tel. 0711 4502-262
info@baedeker.com
www.baedeker.com

FSC
www.fsc.org
MIX
Paper from
responsible sources
FSC® C011918

Die Erfindung des Reiseführers

Als **Karl Baedeker** (1801 – 1859) am 1. Juli 1827 in Koblenz seine Verlagsbuchhandlung gründete, hatte er sich kaum träumen lassen, dass sein Name und seine roten Bücher einmal weltweit zum Synonym für Reiseführer werden sollten.

Das erste von ihm verlegte Reisebuch, die 1832 erschienene **Rheinreise,** hatte er noch nicht einmal selbst geschrieben. Aber er entwickelte es von Auflage zu Auflage weiter. Mit der Einteilung in die Kapitel »Allgemein Wissenswertes«, »Praktisches« und »Beschreibung der Merk-(Sehens-)würdigkeiten« fand er die klassische Gliederung des modernen Reiseführers, die bis heute ihre Gültigkeit hat. Der Erfolg war überwältigend: Bis zu seinem Tod erreichten die zwölf von ihm verfassten Titel 74 Auflagen! Seine Söhne und Enkel setzten bis zum Zweiten Weltkrieg sein Werk mit insgesamt 70 Titeln in 500 Auflagen fort.

Bis heute versteht der Karl Baedeker Verlag seine große Tradition vor allem als eine Kette von Innovationen: Waren es in der frühen Zeit u. a. die Einführung von Stadtplänen in Lexikonqualität und die Verpflichtung namhafter Wissenschaftler als Autoren, folgte in den 1970ern der erste vierfarbige Reiseführer mit professioneller Extrakarte. Seit 2005 stattet Baedeker seine Bücher mit ausklappbaren 3D-Darstellungen aus. Die neue Generation enthält als erster Reiseführer Infografiken, die (Reise-) Wissen intelligent aufbereiten und Lust auf Entdeckungen machen.

In seiner Zeit, in der es an verlässlichem Wissen für unterwegs fehlte, war Karl Baedeker der Erste, der solche Informationen überhaupt lieferte. In der heutigen Zeit filtern unsere Reiseführer aus dem Überfluss an Informationen heraus, was man für eine Reise wissen muss, auf der man etwas erleben und an die man gerne zurückdenken will. Und damals wie heute gilt für Baedeker: Wissen öffnet Welten.

Baedeker Verlagsprogramm

- Algarve
- Allgäu
- Amsterdam
- Andalusien
- Argentinien
- Australien
- Australien • Osten
- Bali
- Barcelona
- Bayerischer Wald
- Belgien
- Berlin • Potsdam
- Bodensee
- Brasilien
- Bretagne

- Brüssel
- Budapest
- Burgund
- China
- Dänemark
- Deutsche Nordseeküste
- Deutschland
- Deutschland • Osten
- Dresden
- Dubai • VAE
- Elba
- Elsass • Vogesen
- Finnland
- Florenz
- Florida
- Franken
- Frankfurt am Main
- Frankreich
- Frankreich • Norden
- Fuerteventura
- Gardasee
- Golf von Neapel
- Gomera
- Gran Canaria
- Griechenland
- Großbritannien
- Hamburg
- Harz
- Hongkong • Macao
- Indien
- Irland
- Island
- Israel
- Istanbul
- Istrien • Kvarner Bucht
- Italien
- Italien • Norden
- Italienische Adria
- Italienische Riviera
- Japan
- Jordanien
- Kalifornien
- Kanada • Osten
- Kanada • Westen
- Kanalinseln
- Kapstadt • Garden Route
- Kenia
- Köln
- Kopenhagen
- Korfu • Ionische Inseln
- Korsika
- Kos
- Kreta
- Kroatische Adriaküste • Dalmatien
- Kuba
- La Palma
- Lanzarote
- Leipzig • Halle
- Lissabon
- London
- Madeira
- Madrid
- Malediven
- Mallorca
- Malta • Gozo • Comino
- Marokko
- Mecklenburg-Vorpommern
- Menorca
- Mexiko
- Moskau
- München
- Namibia
- Neuseeland
- New York
- Niederlande
- Norwegen
- Oberbayern

- Oberital. Seen •
  Lombardei •
  Mailand
- Österreich
- Paris
- Peking
- Polen
- Polnische
  Ostseeküste •
  Danzig • Masuren
- Portugal
- Prag

- Usedom
- Venedig
- Vietnam
- Weimar
- Wien
- Zürich
- Zypern

- Sri Lanka
- Stuttgart
- Südafrika
- Südengland
- Südschweden •
  Stockholm
- Südtirol
- Sylt
- Teneriffa
- Tessin
- Thailand
- Thüringen
- Toskana
- Tschechien
- Türkische
  Mittelmeerküste
- USA
- USA • Nordosten
- USA • Nordwesten
- USA • Südwesten

**Viele Baedeker-Titel
sind als E-Book
erhältlich:
shop.baedeker.com**

- Provence •
  Côte d'Azur
- Rhodos
- Rom
- Rügen • Hiddensee
- Rumänien
- Sachsen
- Salzburger Land
- St. Petersburg
- Sardinien
- Schottland
- Schwarzwald
- Schweden
- Schweiz
- Sizilien
- Skandinavien
- Slowenien
- Spanien
- Spanien • Norden •
  Jakobsweg

Kurioses Korsika

Allen, die noch nicht genug über die Insel gelesen haben, präsentieren wir zum Abschluss ein paar korsische Kuriositäten.

►Höhlenleben wie um 1900

Über 25 Jahre lang hatte Reinhard Treder in einer Höhle auf Korsika seinen Aussteigertraum gelebt – ohne Fernseher, Telefon und Strom. Bauer Simon hat dem Deutschen lebenslanges Wohnrecht auf seinem Grundstück in der Nähe von Pianottoli-Caldarello im Süden der Insel gewährt. Dessen Tochter jedoch ließ 2007 das bescheidene Domizil des damals 66-Jährigen räumen.

►Hochprozentige Kastanie

Jean-Claude Venturini ist ein echter Korse. Kastanien sind für ihn ein Getreide. Und damit auch ein legitimer Rohstoff für den wohl ungewöhnlichsten Whisky der Welt: DM. Gebrannt aus Kastanien, Reis und Weizen, zwölf Jahre gelagert in alter Eiche: ein 42-prozentiger aromatischer Korse für Genießer.

►Geheimnisvolle Herkunft

Stammt Christoph Kolumbus aus Korsika? Ein Denkmal in Calvi vor dem längst verfallenen, angeblichen Geburtshaus behauptet es. Die Tatsache, dass neben Genua auch Städte in Portugal, Spanien, Norwegen und Armenien behaupten, Heimat des Entdeckers Amerikas zu sein, stört die Korsen wenig.

►Trailrunning-Rekord

Der GR 20 ist Korsikas berühmteste Wanderroute. Wer ihn auf 173 km von Nordwest nach Südosten begeht, überwindet dabei kumuliert 12 800 Höhenmeter. Alltagsmenschen schaffen die Tour in zwei Wochen, trainierte Bergfexe in 82 Stunden – den Streckenrekord jedoch hält seit Juni 2009 der Katalane Kilian Jornet mit 32 Stunden und 54 Minuten.

►Opfer der Flammen

Die Insel der Schönheit hält einen traurigen europaweiten Rekord: Rund 500 Mal pro Jahr brennt hier der Wald. Besonders hungrig waren die Flammen 2009. Innerhalb von fünf Tagen im Juli reduzierten sie im Süden der Insel 6500 ha Wald zu Asche – im Vallée de la Gravonne, im Vallée de l'Ortolo und in der Alta Rocca.

►Odysseus auf Korsika

Auf seiner Irrfahrt durch das Mittelmeer kam Homers Odysseus zu den Laistrygonen, einem Volk von Riesen und Kannibalen an der Südspitze Korsikas. Der Empfang dort war mehr als unfreundlich: Die Laistrygonen schleuderten Steine von den Felsen herab. Alle Schiffe wurden zertrümmert, fast alle Griechen von den Kannibalen aufgespießt. Allein Odysseus entkam, da er sein Schiff außerhalb der Einfahrt festgemacht hatte.